育儿智慧

何 定/著

光明日报出版社

图书在版编目（CIP）数据

育儿智慧 / 何定著. -- 北京：光明日报出版社，
2022.12（2024.3重印）

ISBN 978-7-5194-6967-2

Ⅰ.①育… Ⅱ.①何… Ⅲ.①儿童教育—家庭教育
Ⅳ.①G782

中国版本图书馆CIP数据核字(2022)第254607号

育儿智慧

Yu'er Zhihui

著　　者：	何　定		
责任编辑：	周文岚	封面设计：	周　伟
责任校对：	鲍鹏飞	责任印制：	曹　净

出版发行：光明日报出版社

地　　址：北京市西城区永安路106号，100050

电　　话：010-63169890（咨询），010-63131930（邮购）

传　　真：010-63131930

网　　址：http://book.gmw.cn

E - mail：gmrbcbs@gmw.cn

法律顾问：北京市兰台律师事务所龚柳方律师

印　　刷：武汉鑫佳捷印务有限公司

装　　订：武汉鑫佳捷印务有限公司

本书如有破损、缺页、装订错误，请与本社联系调换，电话：010-63131930

开　　本：	170mm×240 mm	印　　张：	27.25
字　　数：	435 千字		
版　　次：	2022年12月第1版	印　　次：	2024年3月第2次印刷
书　　号：	ISBN 978-7-5194-6967-2		
定　　价：	98.00元		

前　言

　　这本书的名字叫《育儿智慧》，看上去这个名字比较大，不聚焦，不是具体的某个主题和解决育儿过程中的某个具体问题。绝大部分家长更想解决具体的问题，如孩子打人怎么办？如何培养孩子的自信心？如何提高孩子的社交能力？怎样让孩子爱上学习？觉得这样能够学到直接能用的方法和技巧。在这么多年从事教育工作的过程中，大多数家长咨询的也都是这些问题，希望我们能传授一些方法和技巧，能一下子解决这些具体的问题。

　　实际上，如果不从根本上改变一些陈旧的观念和理念，即使知道一些方法和技巧，也无法正确运用。而且孩子在日常生活中各种各样的问题层出不穷，总是盯着这些问题，会觉得孩子这儿也有问题那儿也有问题，那问题是永远解决不完的。所以，家长只会越学越多，越学越累。有时还会看到专家们不同的观点，那就直接迷糊了，不知道到底该听谁的。即使学习了很多的方法和技巧，只要孩子出现新的问题，就又不知道该怎么办了。

　　具体原因有以下两点。

　　第一，任何事物都有核心和外围。核心是什么，是原因、是根本、是本质。核心只有一个，而由这个核心衍生出来的外围就是方法和技巧。如一棵树的根是核心，枝叶是外围，根决定了枝叶的繁茂；一个人的思想是核心，言行是外围，思想出现了偏差，就会有各种偏差的言行。

　　孩子总是不听家长的话，用各种方式跟家长作对，亲子关系紧张是外围；家长不尊重孩子，想要孩子听自己的，按照自己期望成长的理念是核心，是原因。

　　外围的方法永远也学不完。知其然，更要知其所以然，知其所以然就是知道核心是什么、原因是什么。只有发现问题才能解决问题，真正的核心问题又是最简单、最朴素的问题，没有那么深奥、复杂、难以理解，正所谓"大道至简"。只有发现核心问题、根本问题，才能有的放矢地解决问题。

　　第二，解决任何一个具体的问题都不能只集中在这个点上，如同"头痛医头，脚痛医脚"一样。人体是一个整体，每一部分相互之间都有联系和影响。解决一个点的问题太局限，并不能从根本上解决问题，所以需要有整体的思维和思路。育儿同样如此，孩子的成长是一个连贯的过程，而且会不断成长，最终进入社会。作为家长，需要把每个育儿的点都连成线，再将线组成面，面再组成一个立体，这样，构成一个完整、整体的育儿理念和思路，就知道孩子一步一步如何成长，成长的方向是什么，需要给孩子提供什么环境，如何引导孩子，这样就不会人云亦云。如今天看到某某家孩子参加了一个兴趣班，心里就焦虑了，也要让自己的孩子学，不然孩子就输在起跑线上了；明天又听一个家长说学了没用，就该让孩子玩儿，然后又犹豫了。但看着孩子整天玩儿，心里又很忐忑，总觉得这样不好，应该让孩子学点什么，但又不知道选择学什么、怎么学，这就是没有整体育儿思路和理念的表现。

关于什么是智慧，没有一个确切的定义。是聪明才智？聪明才智跟智慧比较起来显得太肤浅，没有"智慧"的那种恰到好处和睿智。是知识渊博？知识渊博又感觉不出"智慧"的那种四两拨千斤的灵动。智慧不是简单的知识堆砌，而是充分消化核心知识，能够根据需要随机应变。

有智慧的人从状态上可以清晰地辨别，那就是他们不困惑，遇到任何问题都知道怎么办。能不能做到，那是资源和能力的问题；困不困惑，知不知道怎么回事、怎么办，那是智慧的问题。

如知道见识对孩子成长的重要性，这是智慧；能给孩子提供什么平台、见识多少，那是家长资源和能力的问题。

这么多年来面对家长，不管是什么育儿问题都没有让我困惑过，就是因为我有一个明确、完整的育儿理念和思路，同时清楚地知道核心是什么。

《育儿智慧》就是帮助和启发家长建立一个整体的育儿思路和理念，同时知道孩子成长的每个点的核心是什么，把每个点真正理解透彻了，即为什么是这样，教育孩子就轻松自如了。如同经验丰富的农民种庄稼，每年都能种出好的庄稼。

《育儿智慧》遵循科学的儿童发展规律及教育心理学、脑科学、认知心理学的最新研究成果，结合华德福、蒙台梭利、瑞吉欧等教育家的教育系统和理念，以建构主义为基础，从"孩子是什么""基本安全感""孩子如何成长和发展""自由与界限"四大板块完整、系统地解读教育，帮助家长建立自己清晰、完整、系统的教育思路，了解孩子每个阶段发展的核心、教育的核心、生存和幸福的核心，让家长能够根据自己的状态、家庭的状态、孩子的状态，选择最适合的教育方式，真正做到不困惑、不焦虑，让孩子成为最好的自己，并拥有独立生存和幸福的能力。

目　录　Contents

第一章
孩子是什么　01

孩子是"一颗种子"　01

孩子这颗"种子"的内涵　04

"精神体"胚胎的内涵　07

"精神体"胚胎的特征　17

第二章
基本安全感　31

意识和潜意识　31

基本安全感对孩子的意义　35

外部安全感　44

内在安全感（自我价值感）　51

第三章

孩子如何成长和发展　　134

行为主义、成熟主义　　134

建构主义　　138

如何内化式建构　　140

　　一、体验　　141

　　二、吸收　　312

　　三、重复　　335

　　四、思考　　347

第四章

自由与界限　　368

自由与规则　　368

规则是什么?　　370

如何建构界限　　371

　　一、可以理解的界限建构　　374

　　二、理解不了的界限建构　　399

第一章　孩子是什么

孩子是什么？这是最基础的儿童观，决定了对孩子根本的教育理念和教育方向。

一种儿童观认为孩子是"一张白纸"，一种儿童观认为孩子是"一颗种子"。

认为孩子是"一张白纸"的，就会认为孩子一生下来脑袋空空，什么都不会，什么都不懂，什么都需要成人教。成人可以按照自己的意愿，在孩子这张"白纸"上画上自己想画的"图案"，让孩子成长为自己所希望、所期待的那个样子。

认为孩子是"一颗种子"的，就会认为孩子如同种子一样，内在包含了一切成长的"密码"，每颗种子都会按照自己内在的"密码"成长为自己。成人所要做的是如同园丁般，给予孩子所需要的成长环境和支持，让孩子成长为最好的自己。

孩子是"一颗种子"

记得小时候在农村家门口的田地里吃西瓜，一边吃一边玩儿一边吐着西瓜子儿，过了一段时间发现之前吐西瓜子儿的地方居然长出了西瓜藤并且结了小西瓜，当时那个兴奋惊喜啊，围着小西瓜观察半天。一颗小小的黑黑的西瓜子儿，怎么就长了这么多藤，还结了个小西瓜呢？小西瓜子儿里面能装得下这么多东西？我特意找了个西瓜子儿，剥掉坚硬的外壳，看看里面到底有什么，发现除了白色的瓜子仁，其他什么也没有。

　　大自然就是如此神奇，一颗小小的种子"自动"就会慢慢成长为一个生命。成千上万不同的种子孕育着芸芸众生，组成这个多姿多彩的大千世界，并且生生不息。

　　很多生物都有自己的种子，种子会由自己内在的一种"力量"驱使，在外界适合的环境中，按照自己内在的"密码"慢慢发展、成长、成熟……

　　人的成长如同其他生命一样，孩子就是人类的"种子"，天生内在就包含了一个生命成长所需要的一切"密码"，并且按照这个"密码"在适合他的外在环境中一步一步"自动"地发展、成长、成熟……而不是"一张白纸"，内在一片空白，需要外界不断灌输给孩子，被动接受、成长。所以，佛语说每个人"本自具足"。教育所要做的就是让孩子的内在能够充分显现，唤醒和激发孩子"本自具足"的内在，充分绽放！

　　每个孩子的内在都"本自具足"，不是"一张白纸"，而是包含了生命成熟所需要的一切"密码"。诚然，孩子的成长似乎具备很多"白纸"的特征，教孩子什么，孩子就学什么。古有中国东周战国孟母三迁的典故；近代有美国行为主义心理学家约翰·华生（John B.Watson，1878）"给我一些健康的婴儿，我可以把他们训练成为任何一种人物——医生、律师、艺术家、大商人，甚至乞丐或强盗"的言论。这些都说明了孩子"白纸"的特征，那是不是孩子是"一颗种子"同时也是"一张白纸"呢？

　　记得小时候，我第一次发现吐的西瓜子儿长出了小西瓜很是兴奋，每天早上第一件事就是去看看西瓜还在不在，有没有长大，心里期待着它能长成一个大西瓜，等到成熟了亲自采摘它，该多有意思。结果观察了一个多月，刚开始西瓜还慢慢长大，后来十几天就一直不长了，这时候虽然不知道怎么回事，但心里还是期待着，想着只要活着总归能长大吧，西瓜不都是这样长大的吗？又观察了一段时间，发现西瓜的藤慢慢枯萎了，西瓜也慢慢萎缩了，这个时候才意识到这个西瓜真的长不大了，很是伤心。然后，我就把那个小西瓜摘下来，切开后发现瓜瓤是白色的，一点儿没有熟。我有点失落，又不知道原因何在，就去问妈妈。妈妈说："一是西瓜长出来的季节不对。现在是秋天，天气越来越冷，不适合西瓜生长了，除非给它做个温室拱棚。二是长西瓜的那个地方旁边有很多的大树。西瓜小的时候不需要多少营养，所以还能正常生长，但随着它越长越大就需要更多的营养。小西瓜长在大树旁边，营养都被大树吸收了，所以西瓜就会因为得不到足够的营养而不再生长。"

这如同我们老师在学校院子的花盆里种的南瓜，一开始都长得非常好，生根发芽开花，也结出了小南瓜，但到后面南瓜长到一定程度，还没完全长大就不长了。就是因为南瓜越长越大，需要更多的营养，而小小的花盆里根本提供不了那么多的营养，所以南瓜就慢慢枯萎了。

一个生命的成长由一颗种子开始，每颗健康的种子都具备成长所需要的一切"密码"，并且在一种"力量"的推动下，按照这个"密码"主动发展。同时，外界的环境也要符合这颗种子成长的条件和需求，这样它才能健康地发展、成长、成熟。如果外界环境不适合，在成长过程中就会出现各种不健康的状态。如西瓜的种子，需要在春天播种，如果在秋天播种，就不能很好地成长；即使在合适的季节播种，在需要大量吸收营养的时候，如果没有足够的营养及时补给，果实同样也长不大，甚至会因缺乏营养而慢慢萎缩。

生命的发展规律都是一样的。孩子也是如此，按照自己的节奏，成长到某个阶段，当需要外界环境给予相应"营养"的时候，如果能够得到充分满足，就能够得到很好的发展。

孩子的成长和发展需要环境给予支持，需要结合外部的环境才能更好地成长和发展，所以能够呈现出"白纸"的特性，看起来好像环境给予孩子什么孩子就吸收什么。实际上是孩子成长到这个阶段，"内在"主动需要或能够接受，孩子才会吸收学习，而不是像白纸一样没有"内在"，外界环境给予什么就学什么，这两个状态是有本质区别的。孩子内在不需要的，或种子没有成长到这个阶段的，外界环境即使给了，孩子也吸收不到或仅仅吸收一点点，这样也没效果。如孩子在一岁半左右学说话的时候，给予什么样的语言环境，孩子就能学成什么样，孟母三迁说明的就是这个道理。一岁半的孩子还没有发展到书写的阶段，这个时候把孩子当成白纸，输入书写知识和训练，孩子根本学不会。

孩子在上中学时跟孩子讲关于宇宙的知识，他能够听得懂，能够增加知识面，但是孩子在三岁的时候跟他讲关于宇宙的知识，即使孩子能够记住一些词语和概念，但也理解不了。

行为主义心理学家华生的观点早就被学术界证明是错误的，如一个孩子天生喜欢运动，也擅长运动，家长却一定要让他学习艺术，虽然经过不断强化的学习和训练也能产生效果，表面看上去如同华生所说，把孩子训练成了家长所期待的样子，但孩子并没有感觉到快乐，这种行为甚至对孩子的个性成长造成伤害，这样的行为训练意义何在呢？

孩子的本质就是"一颗种子"。

从形而上，所有对于孩子的教育理念、教育方式和方法都要以此为基础。成人如同园丁，首先需要了解这颗"种子"——每个孩子的特性和成长规律，然后给这颗"种子"提供最适合他的成长环境。在成长的过程中如同种庄稼一样，适当的时候浇水、施肥、除虫、去除杂草，然后让庄稼自己生长，不需要时刻盯着庄稼。所以，如果在养育孩子的过程中家长感觉很累，需要时刻盯着孩子的成长，那基本的儿童观肯定错了，他们没有把孩子当成一颗"种子"，而是一张"白纸"。

孩子这颗"种子"的内涵

人和其他动物都是由胚胎慢慢发展、成长、成熟的，而人的内涵又跟动物的内涵不完全一样。

在你出生前，你住在星星之中，太阳、月亮、彩虹都是你特别要好的朋友。在那些日子里，太阳将它的光芒照射到所有的角落，你快乐地在阳光下跳舞。到了晚上，月亮跑来向你致意。在深夜，你睡着时，星星和月亮都还在照顾着你。

有时，你会往下看着这个世界，看着其他小宝贝对他们的爸爸妈妈微笑，你也常常渴望能与自己的爸爸妈妈在一起。你的天使对你说：

"我们将帮你找到特别好的爸爸、妈妈。"

他们又说："不过，你必须每天晚上回来拜访朋友哦！"

"噢！我会的！"你高兴地说。

然后，你的天使赐予你可爱的爸爸妈妈，太阳给了你舒适的温暖，星星给了你明亮的光，彩虹替你穿上闪烁的彩衣，月亮替你编织了银色的条纹，这样，你就能够找到回去的路，以便拜访你的朋友。

当这一切事情都在悄悄地进行时，爸爸和妈妈听见了从天上传来的低语，知道你快要来了，于是，他们幸福地拥吻对方。

你顺着阳光前来，很快就到了。妈妈怀着无尽的爱，将你藏在自己的肚子里，就在离妈妈的心脏不远的地方。

但是，那时你还是一个很小很小的小宝贝，在妈妈的肚子里一天天地长大，大到足可以出世时，妈妈帮你找到一个特别的方式，迎接你来到这个世界，你很高兴地滑了出来，而且惊奇地发现爸爸、妈妈、哥哥和姐姐都在等着祝福你。

你没有忘记你出生前的天使和朋友们，他们也没有忘记你。每天晚上睡觉时，你都会回去拜访他们。在白天，你的朋友托太阳把温暖的阳光和爱传递给你和大家，有时候，彩虹也一起来拜访你。当你在画画、唱歌、读诗或跳舞时，天使也会来探望你，给你灵感和智慧。

这是华德福教育里每次给孩子过生日都要讲的故事，用一种梦幻、美好的方式告诉孩子他们从哪里来。

从古至今，人类就感觉到自己和其他生命的不一样。《尚书》中说："唯天地万物父母，唯人万物之灵。"（《尚书·泰誓上》）先秦的儒家思想家荀子曾经把天地万物分成四类，他说："水火有气而无生，草木有生而无知，禽兽有知而无义，人有气、有生、有知，亦且有义，故最为天下贵也。"（《荀子·王制》）

"水火有气而无生"，就是说水火有气但是没有生命，这是一类；"草木有生而无知"，就是说草木虽有生命，但它没有知识、没有智慧，这是第二类；第三类是禽兽，所谓"禽兽有知而无义"，就是说禽兽有认知方面的功能，但是它没有义，这里的"无义"实际上是指禽兽没有礼义廉耻所确立的伦常关系；第四类就是人了，人"有气、有生、有知，亦且有义，故最为天下贵也"，人有气、有生命、有知觉，而且讲究道义，所以人是天下最贵重的。

人是万物之灵，人和其他动物，和其他一切的生物不一样，因为人有灵魂，有思想，有自我意识，有情感，有梦想……这些统称为精神。人除了肉眼能看到的身体以外，还有精神在体内。所以，孩子是成人的"种子"，需要发展、成长、成熟，这个种子也称为胚胎，包括了两个胚胎，一是看得见的"物质身"胚胎，二是存在"物质身"里面看不见的"精神体"胚胎。两方面都需要发展、成长、成熟，两种胚胎相互依存、相互影响，紧密联系。

"物质身"没有发展好，身体不行，"精神体"也会受到影响，精神状态差，萎靡不振，对什么都提不起兴趣，容易产生各种负面情绪和想法；"精神体"没有发展好，不自信，总是处在悲观、压抑、焦虑、恐惧等负面情绪状态中，对什么都没热情，做什么都提不起劲头，如此会影响整个身体的各种激素指标，饭也不想吃，觉也睡不好，慢慢各方面的身体机能就会下降。

同样，如果一个人的"物质身"发展得比较好，身体素质好，精力就会很旺盛，对什么都充满了好奇，积极乐观，专注持续，排解和消化负面情绪的能力也比较强；"精神体"发展得好，有自信，对这个世界充满了爱、热情和向往，能够充分地展示自己，情绪和精神状态好，积极地探索和学习，这样每天精力消耗也充分，饮食和睡眠都会好，促进"物质身"的发展也会越来越好。所以，"物质身"和"精神体"的发展紧密联系，都很重要。

孩子"物质身"的发展是能够看得见摸得着的，比较具象，普遍比较容易引起家长关注和重视。但同时，也会由于过度关注和重视反而出现偏差。如认为孩子长得越胖越好，会给孩子吃各种各样的营养品，这样反而会损害孩子的身体发展。如今，各种各样工业化的食品和零食层出不穷，里面都或多或少加有添加剂，对孩子的身体是一种伤害。同时，大量吃这些追求味觉刺激的食品，不仅营养得不到保证，而且让孩子的味觉刺激越来越强，反而影响了主食的摄入。这些偏差方式都会对孩子的身体造成直接的损伤。

很多幼儿园的点心就是吃这些工业化食品，这些食品长期摄入对孩子就是一种潜在的伤害。虽然当下显现不出来，但是随着孩子的成长，这些伤害不知道未来会以什么样的形式显现出来。

孩子"精神体"的发展是看不见摸不着的，所以很多家长感知不到，也不够重视，以为孩子吃饱穿暖就行了，根本没有关注孩子精神方面的发展。孩子只有身心健康，才是一个健康快乐的人，这也是每个家长内心的期望，让孩子身心灵智全面健康成长。

从某种意义上来说，一个人的内在比外在更加重要，内在就是一个人的"精神体"，教育就是深入研究孩子"精神体"胚胎如何健康地成长。

"精神体"胚胎的内涵

人之所以区别于其他生物，就是因为内在有"精神体"存在，"物质身"只是人"精神体"的一个载体。"精神体"如同"物质身"一样，从胚胎开始发展、成长、成熟。为了让孩子的"精神体"胚胎能够健康成长，首先需要了解的是"精神体"的内涵。

1.心灵

心灵是一个人真正的内在核心，是"精神体"胚胎最重要的一个内涵。心灵是人内在的思想、情感、价值观、意愿等精神层面的统称，是一个人的本质和内核，是一个人动力的源泉。

人有灵性，能感知，能感应，能感受，能同理，有情感。人心灵的感知跟运用大脑智力的思考是不一样的,这是超越大脑思考的,是直接成为一体,直接链接。

如孩子能直接感知到谁是真的喜欢他，是友好的，温暖有爱的。他们见到小狗就会模仿小狗爬，还会学小狗叫；还会跟花花草草说话，看什么都是有生命的；听到脚步声就知道妈妈回来了……这些都是孩子能够直接跟万事万物链接，成为一体，具足灵性的表现。

心链接到什么和链接的状态就是一个人心灵的内涵。

心链接的是爱、美、真、乐，心灵就是有爱的、美的、真的、乐观向上的，是饱满丰富的，有积极的思想和价值观，情感丰富，这是对心灵的滋养，是心灵的需求；心链接的是假、恶、丑、悲，心灵就是假的、恶的、丑的、悲观消极堕落的，是枯竭匮乏的，有消极偏差的思想和价值观，情感冷漠，这是对心灵的污染和伤害。所以，心灵决定了一个人最本质的特点，一个人的心灵是什么样的，这个人的本质就是什么样的。心灵是一个人动力的源泉。

心灵被什么打动，被什么触动，人就会向往什么，就会有什么样的目标、有什么样的志向、有什么样的梦想，这是来自心灵的源泉动力，是一个人内在最大的力量和能量。

教育最大的意义就是用爱、美、真、乐滋养、丰富孩子的心灵；用爱、美、真、乐打动、触动孩子的心灵，激发、唤醒孩子心灵的动力。对孩子最大最深的伤害是对心灵的污染和伤害。"哀莫大于心死"，那是内在根本性的伤害，会让一个人看不到这个世界的美好，悲观失落，甚至堕落，感觉人生毫无希望。

真正的快乐是内在心灵的喜悦，那是发自内心的喜悦，是感受到爱、美、真、乐的喜悦，跟万事万物能够链接的喜悦。

最大的痛苦是心灵的痛苦，是遭受假、恶、丑、悲的痛苦，那是痛彻心扉的痛，远远超越肉体的痛苦，会让一个人心灵封闭；对心灵的赞美是对一个人最高的赞美，对心灵的否定是对一个人最深的否定；最美的是心灵的美，最丑的是心灵的丑；最深刻的成长是心灵的感悟和成长，最大的悲哀是心灵的麻木和堕落。一个人首先心灵要是健康的，心灵的健康是一个人最大的健康。最本质的健康，这是一个人"精神体"最重要的内涵，其次才是"精神体"的其他方面内涵。

健康心灵的内涵：

○内心有爱、柔软

○乐观积极

○有丰富的情感，并且能够正确地表达

○健康有益的审美

○有良好的感受力和感知力

○有正确的价值观

○有目标、有志向、有梦想

2.心理

心理是人对自我和客观世界的一种认知与反应。孩子心理的发展是其在生活、活动、实践中，即在人与周围环境的相互作用中发展的。客观的生活环境和教育是心理发展的必要条件，但外界环境和教育的影响不是机械、直接地决定心理的发展，而是在人的积极活动中，通过主体的内部条件而起作用的，也就是心理发展是由孩子本身的特质和外界环境共同作用发展的。

孩子一生下来对自我和这个世界都一无所知。随着成长，有些人越来越自卑，有些人越来越自信；有些人越来越悲观消极，有些人越来越乐观积极；有些人很容易有情绪、爱生气，有些人就比较平和、包容；有些人总是焦虑担心，有些人会比较从容淡定；有些人总是迎合别人，没有自我，有些人慢慢活出自我，绽放人生……这就是每个人不同的心理发展状态。

孩子通过自己的感官与这个世界互动的过程中一点点地形成对外部世界的各种认知。同时，在孩子自己的特质和成长的环境的共同作用下，发展成各种各样的心理状态。

一些不健康的心理状态不利于孩子的生存和幸福，如过度自卑、逃避、恐惧、消极、忧郁、悲观、有受害者心态等。

正常的心理状态都是健康的，有利于孩子的生存和幸福，如自信、乐观、积极、包容、无受害者心态等。

孩子健康心理的状态：

○能够做自己（能够适度发挥自己的个性和表达、满足自己的需求）

○有目标、有志向、有梦想

○对探索、玩耍和生活有热情

○追求自我价值感和成就感

○情绪基本稳定

○能够适度地释放和控制自己的情绪

○能够正确认知自己，不自卑，不盲目自信

○没有受害者心态

○善意乐观看待人和事

○能够承受一定的挫折和痛苦

○能够接受一定的否定

○有良好的人际关系

○能够适应一定的变化和变动

3.品行

品行就是一个人的行为品德，是表现出来的对自己、对他人、对环境、对这个世界的一种态度，是一个人最基本的内在素养。品行端正，是对自己的接纳和自信，是对他人和这个世界充满的善意和爱；品行不端，品行恶劣，首先是自我的低自尊和低自我价值感，同时透露了对他人和这个世界满满的恶意。没有任何人愿意跟一个品行不端、品行恶劣的人相处，哪怕他的能力再强。对于一个人而言，品行的教育在任何时候都优先于能力的教育。

孩子必备的良好品行：

○善良

○诚实

○守信

○文明的言行

○节约

4.品质

生活中会发现有些人已经成年了，但一点也不成熟，这就是从小内在的精神品质没有成长好的结果。

每个人内在先天都具备能够生存和感知幸福的潜能，都能够自己生存，而且能够生存得很幸福。但有些人连自己都养活不了，靠啃老维持生活；而有些人即使身体有些残疾，但身残志坚，通过自己的努力，自力更生，不但自己生存得很好，还能养活一家老小。一个人未来能够生存得好与坏，跟先天的一些条件没有绝对关系，在人与人的差别中起决定性作用的是人内在的精神品质。

良好的精神品质包括：

○要有独立的品质，不要有依赖性

○要有坚强的意志，做任何事情遇到困难都要持之以恒，不随便放弃

○要有责任心，能承担责任

○要懂得付出，而不是一味地索取

○感恩

○要勇敢，勇敢去做，勇敢承担，勇敢表达

○有自省品质，不习惯性指责别人

5.智力

智力是指人能够做某件事的潜在能力。智力并不代表已经拥有的能力，而是一种尚未显现的能力，是能够拥有能力的潜能，需要在环境中得到成长和锻炼才能成为具体能力。

通常生活中所说的智力就是具有观察、记忆、想象、创造、分析判断、思维、应变、推理的能力。

1983年，美国的霍华德·加德纳通过观察统计和对人的大脑结构的研究，在其著作《智力结构》中提出了多元智能理论。

加德纳提出了人的八大智能，每个人拥有的智能结构是不一样的，哪方面智

能比较突出，就说明哪方面有突出的天赋。

八大智能包括语言智能、音乐智能、数学智能、空间智能、运动智能、人际交往智能、自我内省智能、自然观察智能。每个人的智能都由这八种类型的智力构成，只不过每种智能的水平是高低不同的，也就是在具体表现上，有的人某种智能水平比较高，有的人某种智能水平却表现得比较低。

6.能力

通常意义上能力的具体表现就是会观察、能记忆、能够想象、会创造、会分析判断、能够思考、会应变、能够推理。能力的大小就是以上方面表现的强弱而已。

对应到八大智能上，就是语言能力、音乐能力、数学能力、空间能力、运动能力、社交能力、自我内省能力、自然观察能力。

在这么多能力中，每一种能力对生活、生存和幸福的影响和作用都是不一样的。随着时代的发展，人工智能的出现让一些简单、机械、记忆复制的能力的价值越来越弱，社会更加注重一个人的观察能力、分析总结判断能力、想象能力、创造能力、思考能力、应变能力、推理能力。教育应该更注重能力的培养，而不是完全用死记硬背、题海战术的方式，出现高分低能的情况，这需要家长能够充分认知到。

必须发展好以下几种能力：语言表达能力、社交能力、专注能力、运动能力、思维能力、理解能力、创造能力、想象能力。

多种能力的综合就是一个人解决问题的能力，生存的能力，幸福的能力。

7.技能

技能是指掌握并能运用专门技术的能力。如一个工厂里做什么衣服，怎么做，需要创新能力、设计能力、规划能力、组织能力，具体缝制衣服就是技能。发明汽车属于能力，组装汽车、修理汽车属于技能。知识是直接创造、想象、经验的结果，直接记住属于技能，能够自己总结、归纳、推理属于能力。

孩子在七岁前精细动作、手眼协调等基本的技能必须发展好，否则就会影响后面各种能力的发展。

8.知识

知识有三种类型。

（1）人类智慧创造的统一符号

如语言、文字、字母、拼音等。

这类知识是长久以来人类智慧创造出来的统一符号，是为了人类更好地生存而服务的，是为了将文明成果能够更好地沟通、表达、学习、创造、发展、传承……

不掌握这些统一的基本符号，会限制人类进一步的学习和发展，限制人类的表达和创造，更会影响一个人的技能和能力的不断发展。

如汉语拼音没有掌握，就会影响识字，不认识字就会影响看书、写作、表达、交往交流，进而影响生活的方方面面……

（2）事实型知识

事实型知识是单个独立的认知点，不需要理解，只需要直接记住。事实型知识是不断深入学习的前提和基础，同时事实型知识的不断积累和丰富能有效提高学习的效率。在社交中拥有丰富的事实型知识能够减少很多的社交障碍，增强自信。如一年四季有哪四季？"豫"是中国哪个省？

每个成语都是一个事实型知识点。

（3）经验型知识

这类知识是通过实践、体验、学习、创造总结出来的结果，需要理解，并且能够通过运用产生效果。

如做一道菜，不会做的，可以按照别人的方法步骤去做，会做的可以把步骤写出来，让不会做的人效仿学习。这就是经验型知识，经验型知识是对人影响最大、最重要的知识，也是最难的知识。

我们平时跟孩子讲的所有"大道理"都是经验型知识。父母都想把最好的教给孩子，恨不得把所有的知识、人生的大智慧都教给孩子，孩子跟别人冲突了，跟孩子说"吃亏是福"，孩子争抢玩具跟孩子说"要懂得谦让，要大度，懂得分享，不要小气"……这些道理本身都是对的，是人生的大智慧。当然，有些经验型知识太深奥，孩子还必须经过一个内化的过程才能真正掌握这些知识，并通过运用，形成自己的能力。

教育的真正目的不是死记硬背这些知识，而是培养孩子能够创造知识的能力和素质。

一百年前，英国数学家、哲学家怀特海对教育的理解已经很深刻，在其著作《教育的目的》一书中说："一定要等到你课本都丢了，笔记都烧了，为了准备考试而记在心中的各种题目全部忘记时，剩下的东西才是你学到的。"

爱因斯坦曾经在一次演讲中说道："如果你把学校教授给你的一切知识都忘记了，剩下的那部分内容就是教育，我们的生活就是运用剩下的内容去思考，去迎接并战胜困难，去开创我们的事业，去追求我们的美好生活。"

他们所表达的都不是经验型知识本身，而是背后能够举一反三的总结创造能力，这样的学习才是核心，才是有生命力的。

9.基础感官

每一个感官是一个对外在世界的海湾

外在世界通过感官进入内在

眼睛是一个入口

每一个感官是一个门户

外在世界透过感官来遇见心灵

心灵往外去与世界相遇

世界经由感官进入滋养我的灵性

我的灵性往外去转化和开创新的世界

世界和心灵相互滋养

——Steiner

"精神体"需要有个跟外界世界链接的"窗口"，这个"窗口"如同"接收器""传感器"，吸收、感知着外界的一切，与外界交互融合，使"精神体"各项内涵得到不断发展，是发展其他八大"精神体"内涵的基础，这个"窗口"就是基础感官，包括外部感官视觉、听觉、触觉、味觉、嗅觉，内部感官前庭觉和深层感官本体觉。

"精神体"这九大内涵相互影响，缺一不可。

人的发展如同种子一样，是由内而外发展的。种子是先从种子内部开始有"活动"，然后开始生根、发芽，一点点成长。鸡蛋是在蛋壳里面开始孕育，孕育成熟后小鸡由内而外破壳而出。

种子内部的"活动"就是一个人的心灵，一个人的心灵影响着心理的发展，心灵和心理的发展决定了一个人的品行和品质。心灵、心理、品行、品质和智力又决定了一个人的能力、技能、知识和基础感官的发展。

拥有健康的心灵，内心有爱、有美、有真，乐观积极向上，有目标、有志向、有梦想，自然心理也是健康的，对生活充满热情，有激情有活力，有自我价值感，自尊自爱。拥有健康的心灵和心理自然品行端正、正直、有积极的言行。在实现目标、志向、梦想的过程中会全情投入，会积极主动，会百折不挠努力拼搏，其品质、智力、能力、技能、基础感官自然就得到了最好的发展，知识也会在这个过程中得到不断的丰富。

一个人如果心灵被污染了，是假的、恶的、丑的，自然心理也是不健康的，品行也会不端。品行不端的人，能力、技能越好，对自己和社会的危害就越大。

心灵被伤害了，连对生活的热情都没有了，没有心动的事物，没有目标、没有志向，也没有梦想，就会躺平，甚至抑郁避世，就不会充满热情、全力以赴地去做一件事，自然在品行上也不会严格要求自己，那么在智力、能力、技能等方面也都没有机会得到锻炼，都处于"荒废"的阶段。

一个人心灵的力量是无限大的，内心有爱、有目标、有志向、有梦想，就会有强大的动力、有无限的热情和精力，克服前进道路上的一个个困难和阻碍，迸发出无限的潜能。一切的能力、技能和知识都是因为有意愿和动力，是在做的过程中发展起来的，而不是凭空产生的。

大自然天生就给孩子设定好了机制，给孩子一个健康饱满的心灵，心灵能从做事中得到愉悦，让孩子乐此不疲，主动去做，从而发展生存能力。孩子主动要做一件事的时候，相应的综合能力（观察能力、分析总结判断能力、想象能力、创造能力、思考能力、应变能力、推理能力）和技能自然会得到锻炼。练习技能的目的是把自己想做的事做成，这是孩子天然的动力和意志力。

如孩子看到老师用针线在缝制一个天使娃娃，自己也很想做一个，感觉自己完全能做，就跟老师要材料做。在做的过程中会有些不会做的步骤，会遇到困难，会被针扎等。因为太想自己做成一个天使娃娃了，所以遇到不会的步骤就会主动问老师，遇到困难自己会主动克服，扎一下也无所谓，继续做。在这个过程中，意志品质，动手的能力，使用针线的技能，关于做天使娃娃的经验型知识，触觉、视觉、手眼协调的基础感官和感觉统合都自然得到了锻炼和发展，这就是由内而外的发展。

由内而外的发展是身心合一的状态。苹果的种子就会长出苹果树，结出苹果；橘子的种子就会长出橘子树，结出橘子。一切由心出发，所想即所做，所做即所想，这是人本来的状态。孩子天生就是如此，这样的状态让心灵得到绽放，是一个人最愉悦、最顺畅、最幸福的状态。

不遵从由内而外的发展就激发不出心灵的力量，让心灵受到压抑。所想非所做，所做非所想，严重的会造成身心的不统一，甚至身心分离。

同样是使用针线来锻炼孩子的能力，老师上课时准备好针线和两块布，告诉孩子："今天我们学习使用针线，用针线把两块布缝起来，先由我来示范一下。"紧接着老师给孩子们演示一遍缝制的过程，然后让孩子自己操作。这是绝大部分课程的学习方式。孩子开始会因为好奇而有热情去做，但仅仅是为了完成缝起来这个流程。为什么要学这个，学这个有什么用？孩子心里不清楚。所以，这种学习方式不能完全激发出孩子学习的热情，有可能孩子在缝制的过程中不小心被针扎一下就不做了。

这就是由外向内灌输式的发展，心灵的力量没有被激发出来。

上面案例中的孩子还是有点兴趣的，只是还没有完全激发孩子的学习热情，如果孩子完全不感兴趣，或理解不了，不符合孩子当下身心发展的规律，这样孩子身心就常常处于分离的状态，对心灵就是一种压抑，"精神体"其他内涵的发展也会受到影响。

成长和发展是由内而外的，同时也会由外向内一步一步影响着。

由于各种原因导致孩子从小基础感官发展受到影响，没有发展好，就会影响大动作、精细动作、手眼协调、感觉统合等发展，进而影响最基本的技能和能力，慢慢会影响自信。由于不自信，内心处于压抑等负面状态，慢慢就会影响心理状态，心理的影响会让心灵出现压抑、封闭等状态。

上面就是"精神体"胚胎的九大内涵和相互之间的关系。日常还有对一个人"精神体"内涵的其他描述，如灵魂、人格等，这些都是这九大内涵的另一种说法或某几个内涵综合起来的一个描述。

一个人的心灵和心理综合起来就是一个人的灵魂，心理、品行和品质就形成一个人的人格。

具体这九大内涵如何健康发展，后面章节会详细解读。

"精神体"胚胎的特征

了解了"精神体"胚胎的具体内涵，那"精神体"胚胎具有什么样的特征？

种子为什么会自动生长？为什么有些种子在石头缝里也能长？为什么种瓜得瓜、种豆得豆？为什么种子都在特定的季节、温度才能生根、发芽、开花、结果？谁告诉它的、指挥它的？这就需要了解种子有什么样的特征，也就是"精神体"胚胎的特征。

1.具有与生俱来的生命力

一颗种子在没有任何外力的作用下，会在自己内在的一种力量驱使下，生根、发芽、开花、结果……这股内在的力量就是生命力。生命力是大自然赋予每个生命的。生命力的目的是让生命体自己能够尽最大的努力和可能生存下去，并且尽可能达到最好的生存状态。这是生命最伟大、最宝贵、最美、最动人的一种力量。生命力能够让一棵小草在夹缝中生长；能够把覆盖的石头顶起来，即使力量不足以顶开，也会寻找任何可能的空间拼尽全力生长；生命力能够让一棵被雷劈得只剩半截的树桩重新发芽，抽枝生长、开花结果；生命力让大自然如此生机勃勃、生生不息。每个孩子天生内在就具有生命力，在生命力的驱动下，孩子只要醒着，就会一刻不停地用大自然赋予他的方式发展、成长。如果有外在力量限制他发展（如不让孩子玩水），就如同压在种子上的石头一样，生命力会驱使孩子有力量抵抗这样的阻力（抓着不放、哭闹等）。生命力赋予了孩子主动性，主动探索，所以孩子好奇心特别强，对周围的一切事物都感兴趣，都很敏感，看到没有见过没玩过的东西两眼放光，并且如同海绵吸水一样吸收着周围的一切"养分"。这样的主动性、好奇心、敏感性和吸收性让孩子能以最好的方式成长。

生命力能让孩子主动去成长，去学习。做任何事，主动做和被动做的效果至少相差二十倍，这就是为什么有兴趣、有目标、有志向、有梦想是最能够激发一个人的学习动力的。随着孩子的成长，很多家长会给孩子贴个不爱学习的标签，这都是冤枉孩子。每个孩子天生都爱学习，都会主动学习，会倾注一切热情学习成长，这是天生生命力赋予的，是孩子的天性。后来所谓的不爱学习只是给予孩子的一些学习方式或教育方式等不适合孩子，不能够激发孩子学习的主动性。

每个人天生就具有生命力，这是所有生命共同的特征。可以把生命力比喻成手机里的"电量"，是一种生命的能量。

现实生活中，有些人总是充满能量、有活力、乐观向上，不甘于平庸、好胜心强，总想着做成一些事情，不怕困难，勇往直前，各种生活的磨难都不能打倒他们，这些人似乎一直处于"满电"的状态，这就是充满生命力的状态；有些人却经常萎靡不振，悲观失落，不想做事，也没有信心做事，就想着做一些简单的事就行了，经历不了挫折，好像总是电量不足一样，这是生命力有点缺乏或者一部分生命力被压抑了。生命力决定了一个人的生存动力，决定了一个人的生存能力和幸福能力。

每个人生命力的强弱不一样，有先天因素，也有后天成长的因素。

（1）天生的遗传

如同种子有饱满的和干瘪的一样，不同种子天生生命力是不一样的。农民都知道要想获得好的收成，要筛选好的种子，筛选颗粒饱满的种子，这样的种子生命力比较旺盛。孩子同样如此，有些孩子精力特别旺盛，总是消耗不完一样，睡眠也不多，情绪的调节能力很强，摔了磕了哭两声很快就能缓过来又精力充沛地去玩了。这样的孩子家长带起来很累，但是要明白，这是孩子生命力旺盛的表现，是孩子最宝贵的一种特质。

面对这样的孩子，家长所要做的就是引导孩子的生命力往好的方向发展，而不是压制和压抑孩子的生命力。

有些孩子天生就有些弱不禁风的感觉，从小就特别乖，玩耍和探索的欲望也不强，总是要抱，很脆弱，特别爱哭，而且情绪很难缓和，这是缺乏生命力的表现。家长要注意保护和激发这类孩子的生命力，对孩子的各方面要求和管制可以相对其他孩子少一些。

天生遗传包括：

●父母本身生命力的遗传

龙生龙凤生凤，父母本身生命力的特质会有很大的概率遗传给孩子，这是生物繁衍的自然特性。

●胚胎刚形成时的身体状态

生物学上孩子的胚胎是由精子和卵子结合发育而成的，精子和卵子细胞的饱满状态直接决定了胚胎的状态。精子和卵子又是由父母双方生成的，所以父母双方如果当时的身体状态是最好的、最饱满的，那生成的细胞也会是健康饱满的，结合的胚胎也就是健康饱满的，生命力状态就饱满。同时，在妈妈肚子里孕育的时候，妈妈的生命状态也会直接影响孩子的生命力状态。怀孕时的状态会影响内分泌环境，如果经常是焦虑、情绪低落、紧张、抑郁的，就会分泌相应的激素，然后通过脐带传递给孩子，这就是胎教的作用和意义。

（2）后天的影响

所有健康的孩子出生以后都具有一定的生命力，对探索充满了热情，积极，有活力。学抬头、学翻身、学爬、学走路的时候，不管失败多少次都不气馁，这就是有生命力的状态。但随着成长，有些人慢慢变得没有活力了，没有自信了，脆弱了，对生活也没有了热情和冲劲；相反，有些人会变得越来越自信，越来越乐观。这就是后天的环境和教育的影响：或慢慢压抑了一个人的生命力，使他的生命力在不断消耗；或生命力被不断激发，越来越旺盛。

再饱满的种子遇到不专业，甚至乱种一气的园丁也开不出最美的花朵，结不出最好的果实，生命力不能完全绽放。

遇到专业的园丁，即使是一颗普通的种子，甚至不怎么饱满，也能在园丁的悉心照料下绽放出生命最美的状态，这就是对生命力的激发。

孩子遇到不懂这颗种子的园丁，在不适合的环境中，生命力就会处处被压抑，被一点点不断消耗着。

孩子在到处探索发展的时候，因为各方面的认知还不成熟，所以会给成人添很多的麻烦。成人嫌烦，认为孩子纯粹在捣乱而用各种方式阻断孩子的探索，孩子在生命力的驱使下会为了维护自己的成长权利而反抗，如果成人不理解，认为孩子在无理取闹、不听话而强力阻断孩子，胳膊拧不过大腿，孩子的力量终究是抵不过大人的，一次次阻断就是对孩子生命力的一次次消耗。

一个因为恐惧、不自信等各种原因而拘谨，封闭自己，不怎么探索和玩耍的孩子，在一个充满爱和温暖的环境中，成人给予孩子的是接纳鼓励和支持，慢慢地孩子就会打开自己，变得越来越自信，越来越有活力，会主动探索、玩耍，会跟越来越多的人和事物链接。这就是对生命力的激发，这就是教育的意义！能够激发出孩子全部的生命力。

后天环境和教育中孩子所遭受的当下年龄段不能承受的各种创伤、环境的匮乏和不适合、成人的阻断和不理解，都会一点点压抑和消耗孩子的生命力。在七岁前的压抑会根深蒂固地停留在大脑最深处的潜意识里面，形成一个人一生固有的偏差的认知模式，后天就会带着这样主观的偏差的认知模式面对人和事，对生存和幸福会造成各种负面的影响，并且自己还很难意识和觉察到。一些专业的心理学治疗和身心灵疗愈就是通过各种方式消除这些压抑的力量、偏差的模式，释放生命力。生命力得到释放，生命才能绽放！

教育所要做的首先是保护好孩子的生命力，同时能够不断激发孩子的生命力，让孩子充分绽放！

2.有自己天生的一些特质

每个生命都有自己的"种子"，每个"种子"都会最终长成生命本来的样子。苹果的种子会长成苹果树，结出苹果；橘子的种子会长成橘子树，结出橘子……园丁要做的就是让苹果的种子长成最好的苹果树，结出最好最健康的苹果；让橘子的种子长成最好的橘子树，结出最好最健康的橘子。而不是期待苹果的种子长成橘子树，结出橘子；或是橘子的种子长成苹果树，结出苹果。动植物很直观，都能理解，面对孩子，很多家长就不明白了。孩子是成人的种子，也有一些天生就带有的特质，现在科学研究出来叫基因。基因科学已经解码出很多的先天基因，基因是没有办法改变的。先天基因与后天的环境和教育对一个人的影响哪个更重要？遗传学的基础教材《基因蓝图》里通过大量可重复的科学实验研究表明，基因对一个人的影响至少有百分之五十，也就是基因决定了孩子的特质。基因遗传决定了一些生理疾病，众所周知，所有的心理疾病都有基因遗传因子，这样的遗传因子决定了孩子在后天成长过程中的易感性。

很多家长经常做的事就是想要改变孩子天生的一些特质。孩子天生就比较内敛，家长总是希望孩子活泼开朗，能说会道；孩子非常喜欢画画，家长却横加阻拦，认为不务正业，恨不得让孩子所有时间都学习功课……孩子跟动植物的区别就是孩子有一定的弹性，强大外力的干涉会让孩子朝着被期望的方向变化，这就会给家长一些误导，会更加执着于改变孩子。最后实际的结果就是孩子本身的特质得不到发展，家长努力让孩子发展的方面孩子却发展得不好，严重的甚至造成了孩子无法挽回的心理问题。

前面讲过的行为主义心理学家华生有句著名的话："给我一打健康的婴儿，并在我自己设定的特殊环境中养育他们，那么我愿意担保，可以随便选择其中一个婴儿，把他训练成为我所选定的任何一种专家——医生、律师、艺术家、小偷，而不管他的才能、嗜好、倾向、能力、天资和他祖先的种族。不过，请注意，当我从事这一实验时，我要亲自决定这些孩子的培养方法和环境。"这句话浓缩了行为主义理念的核心，就是强调环境对孩子的改变起决定性作用。

最早的行为主义受启发于巴甫洛夫的条件反射学说，就是他的著名的狗分泌唾液的实验：狗见到食物自然就会流口水，在给狗进食的同时摇响铃铛，长期这样刺激以后狗只要听到铃铛的声音就会流口水。这个过程就是建立条件反射的过程，进而推导出学习就是以一种刺激替代另一种刺激建立条件反射的过程。想要孩子达到什么结果，只要外界环境给予相应的刺激即可。所以，出现了上面那段话，可以把孩子培养成任何想要培养的人。

行为主义在美国20世纪20年代一度非常流行。1928年，华生出版了《婴儿和儿童的心理学关怀》，倡导一种行为矫正式的儿童养育体系，把孩子当作机器人一样塑造、训练和矫正。如早已被抛弃的，会给孩子带来严重创伤的育儿理念——哭声免疫法，就是华生提出的。华生的理念自己实践的结果是他的三个孩子一直带着心理创伤长大，大儿子雷纳多三十多岁的时候自杀身亡了。和前妻的两个孩子，女儿Mary易怒、酗酒，多次尝试自杀，小儿子到处流浪。这样的不良影响一直持续影响到了第三代，外孙女多次酗酒自杀。

行为主义理念说明了后天环境对一个人的重要性，这是行为主义值得肯定的地方，但同时这个理念也忽略了人的主观因素在成长过程中起的作用，忽略了孩子天生的一些特质对人的影响。

孩子"精神体"胚胎所有的内涵都带有一定天生的特质，然后结合后天的环境和教育，最终形成独立的个体。有些特质是作为人所共有的特质，有些特质是孩子个性化独有的，各种特质没有好坏之分，只是不同的类型而已，如同大自然中不同颜色的花朵、不同形状的石头一样。

如果非要分出好坏的话，每种特质都有其优势，同时也有其弊端。

培养孩子最重要的原则就是首先要了解孩子的先天特质，培养孩子基因优势的方向，不断发挥孩子的兴趣、优势和特长，而不是按照家长的意愿培养，甚至花大力气、高投入培养的是孩子劣势基因的方向，导致没有结果。明明孩子不适合应试体制的学习，非要让孩子走应试这条路，导致家长和孩子都痛苦、压抑、自我怀疑和贬低。

先天特质最显著地体现在心灵、心理、智力这三大内涵上。

（1）心灵特质

每个孩子天生都具有一定的心性和灵性，有爱、有情感、能感知、有审美，同时每个孩子天生的心性和灵性又有区别。有的孩子天生灵性特别强，比较有灵气；有的孩子天生灵性就比较弱，显得有点"木"，呆板。

有的孩子天生对人有灵性，有的孩子天生对事、对动植物有灵性；

有的孩子天生对美的事物感知力特别强，有的孩子天生对危险的感知力特别强；

有的孩子天生情感比较丰富细腻，有的孩子天生情感比较淡薄大条；有的孩子天生内心柔软，有的则相反。

有的孩子天生就比较感性，有的孩子天生就比较理性。

（2）心理特质

很多家长总是不接纳孩子性格内向，用俗话说就是"三棍子打不出一个闷屁"，就想让孩子活泼开朗。

和孩子接触多了就会知道，每个孩子自出生气质类型就不一样，先天气质决定了一个人绝大部分的性格，也就是说性格绝大部分是天生的，这是改变不了的。差不多六个月就能显现出孩子天生的一些气质类型了。有的孩子见到人就兴奋，手舞足蹈，虽然还不会讲话，但是只要跟他讲话，他也咿咿呀呀回应，平时情绪变化很大；有的孩子就特别怕陌生人，只黏着妈妈，情绪变化不大，逗他也没什么大的反应。

各种不同的气质类型没有好坏之分，每一种气质类型都有其优势和弊端。

孩子天生气质类型在心理学上有很多种分类法，虽然说法不一样，但是代表的都是同一层意思。

现代心理学通用的一种分类法是罗马医生盖伦根据希腊医生希波克拉底的体液论，提出了胆汁质、多血质、粘液质和抑郁质四种气质类型。

［胆汁质］胆汁质的人是以情感发生的迅速、强烈、持久，动作的发生也是迅速、强烈、有力为特征的。属于这一类型的人都热情，直爽，精力旺盛，脾气急躁，心境变化剧烈，易动感情，具有外倾性。

［多血质］多血质的人是以情感发生迅速、微弱、易变，动作发生也迅速、敏捷、易变为特征的。偏于这一类型的人，大多活泼好动，敏感，反应速度快，热情，喜与人交往，注意力易转移，志趣易变，具有外倾性。

［黏液质］黏液质的人是以情感发生缓慢、内蕴、平静，动作迟缓、稳重易于抑制为特征。偏于这一类型的人大多安静，稳重，反应缓慢，情感不易外露，沉默寡言，善于忍耐，注意力不易转移，具有内倾性。

［抑郁质］抑郁质的人是以情感体验深而持久、动作迟缓无力为特征的。属于这一类型的人大多反应迟缓，善于觉察他人不易觉察的秋毫细末，具有内倾性。

（3）智力特质

人天生的智力是不一样的，具体就是在语言、音乐、逻辑—数学、空间智力、肢体—运动、人际、自我内省、自然观察智力上天生是有高低强弱区别的。

强的表现就是在这方面接受能力、学习能力、领悟能力特别强，大部分都会表现出在这些方面特别有兴趣；比较弱的表现就是在这方面的接受能力、学习能力、领悟能力比较弱，大部分也都会表现出在这些方面比较抵触，没有兴趣。有些孩子天生就有语言天赋，一岁多就学会说话了，两岁就会表达完整的句子，而且口齿很清晰，吸收身边语言环境的词汇非常快，并且能够很好地运用；有些孩子从小就表现出运动的天赋，喜欢运动，精力旺盛，协调能力强；还有些孩子从小节奏感就很强，学唱歌学得很快，音准很准……

孩子七岁正式进入学校，学习阶段的成绩主要就是由智商决定的。智商决定了孩子学习成绩的上限，努力的程度决定了接近自己智商上限的程度。所以，李玫瑾教授曾说过："对孩子未来的教育规划要以孩子本身的智商为前提。"也就是并非所有孩子只要努力都能够取得好成绩，都能考上清华北大，没有考到就是努力不够。每个人天生智商是有区别的，首先接受这个事实，然后尽自己最大的努力，发挥出自己全部的智商潜能。家长对待孩子的教育理念首先需要明白这个特征，不要一味"逼"孩子，否则内在力量比较弱的孩子有可能出现严重的自我否定、自我价值感低等状态，造成各种各样的心理问题。

语言智力突出的孩子可能语文成绩会比较好；音乐智力比较突出的孩子在音乐方面的学习会较容易取得突出的成绩；逻辑—数学智力突出的孩子理科成绩会比较好；肢体运动智力比较突出的孩子在体育方面会取得突出的成绩……每个人都有基本的智力，绝大多数人都有自己比较突出的智力，作为家长，需要帮助孩子了解自己天生的兴趣和特长，并且尽自己所能提供条件让孩子不断发挥自己的兴趣和特长，这就是个性化教育的意义。

天生我材必有用！每个孩子都是独特的，都有具足的智力让自己能够独立生存和幸福！

有一个优势和特长就足以保证生存和幸福了。

家长不要想方设法让孩子改变缺点，而是要让孩子发挥自己的优点，把自己的优势和特长不断发挥到极致。把全面发展的完美主义思想彻底摒弃，特别是面对孩子时能发现每个孩子的价值、兴趣和优势是家长和老师最基本的素质。在学校的学习只是孩子成长的一部分，家长不要仅仅以学习成绩这个单一的评价体系来评价孩子，这样的话大部分孩子都会没有价值感和存在感，有的只是无能感和挫败感，所以会厌学。厌学不是精神方面的疾病，只是孩子不擅长不喜欢学习而已，只要不学习立刻就好。

每天都进行自己不擅长的、毫无成就感的学习，又没有其他有成就感的事平衡，谁都会痛苦不堪。

一个人的成功是多样化的，要给予孩子学习成绩以外的多样评价体系，特别是孩子所擅长的方面。

家长的眼界和格局要打开，智力是多元的，不要只盯着孩子在校的学习成绩。

如果孩子的智力擅长学习，不要忽略孩子性格等综合能力和素质的培养；如果孩子的智力不擅长学习，不要死磕成绩，拼命补习，需要找到孩子的特长和兴趣，给予重点发展；如果不是从事专业性极强或科研之类的职业，正常每个人的智力足够从事绝大部分工作，并且能够做到卓越，足以让自己生存和幸福，其所需要的更重要的是持续学习的能力、意志力、健全的人格、身心的健康等，特别是孩子面向未来更加发达、开放、日新月异的社会，智力之外的这些能力和素质更加重要。

"双减"政策的作用之一就是要形成促进人的全面发展的教育生态。

3.有自己生长的规律和节奏，并且会固执地按照这个规律和节奏发展

种过地的人都知道，种子什么时候播种、什么时候施肥、什么时候浇水、什么时候除草、什么时候收获，都有其特定的时间。因为种子什么时候发芽、开花、结果、成熟，有固定的规律，违背了这个规律种，子就得不到很好的生长甚至不会生长。现在，人们对动植物人为干预其发展规律导致的结果已经很清楚，而且深受其害。菜市场卖鸡肉的商贩自己都不吃自己售卖的鸡肉，一个自然状态半年长大的鸡在人为干预下两个月就能长大。添加各种生长激素，为了缩短养殖周期，养鸡场晚上也灯火通明，以此促使鸡持续进食，以最快的速度生长，结果就是鸡肉吃起来没有之前的味道了，而且不知道长期如此对人的身体有什么样的影响。同样，菜市场贩卖的各类反季节蔬菜失去了其原本特有的味道，这就是违背自然生长规律的后果。为了健康，人们都在追求有机、原生态、回归自然的生活方式。

万物皆有时。一呼一吸、白天黑夜、四季变换……大自然的一切都有自己的节奏和规律。这个节奏甚至细微到一天不同时辰都有固定的节奏。

植物会在白天通过光合作用吸收和转化能量，晚上则将有机物中的能量释放出来，供细胞分裂和生长用，所以植物在夜间生长量更大一些，夜晚在农村的庄稼地里甚至可以听到拔节的声音，早上常会发现竹子、草比昨天蹿高了一大截。

人体各个器官都有相应的节奏和工作时间：

○晚上9点至11点为免疫系统（淋巴）排毒时间

○晚间11点至次日凌晨1点为肝的排毒时间

○凌晨1点至3点为胆的排毒时间

○凌晨3点至5点为肺的排毒时间，此即为何咳嗽的人在这段时间咳得最剧烈

○5点至7点为大肠的排毒时间

○7点至9点为小肠大量吸收营养的时段

○半夜至凌晨4点为脊髓造血时段

孩子的成长同样如此，"物质身"胚胎和"精神体"胚胎的生长都有自己的规律和节奏。俗话说，怀胎十月，瓜熟蒂落。没有哪个家长在怀孕还不足十个月就迫不及待想把孩子生出来。由于一些特殊原因要提前出生也会尽量让胎儿在妈妈肚子里待的时间越长越好。但面对孩子学习的时候，家长就会急迫地在孩子三岁时就让孩子学习唐诗宋词，学认字写字。这和没有足月就要急着生出孩子的道理是一样的，是违背自然发展规律和节奏的。这样违背孩子发展规律的学习表面看上去会有一些效果，但那不是真正的成果。如同给一岁的孩子吃肉等有营养的食物一样，孩子那个阶段消化不了，吃再多也没有用，反而会伤害孩子，严重的甚至会给孩子带来不可逆转的伤害。所以，教育部三令五申严禁幼儿园课程小学化、超前教育。

美国心理学家盖塞尔（A.Gesell）有个著名的"双生子爬梯实验"。"双生子爬梯实验"是对遗传因素相同的同卵双生子A和B进行爬梯实验。A从出生四十八周起就开始每天进行十分钟的爬梯训练，而B则自然成长，不进行这种训练。在A进行了六周训练之后，B从五十三周开始每天也做十分钟的爬梯训练。呈现的结果是，B的爬梯能力在两周以后就达到了A经过六周训练后的能力。B开始爬梯训练的年龄大于A，但获得同样能力所需的时间却远远少于A。此后的几年，盖塞尔又对其他年龄段的孩子在其他学习领域进行实验，比如，识字、穿衣、使用刀叉，甚至将实验领域扩展到成人的学习过程，都得出了相似的结论。

这说明，人的各项发展首先依赖于机体的发展，在机体发展成熟以前，对幼儿进行的超前的学习和训练都是事倍功半，收效甚微或无用功，有些甚至对孩子有伤害。

盖塞尔成熟主义幼儿教育理论认为，幼儿的身心发展是有一定顺序的，这种顺序由先天因素决定，具体的表现是，幼儿到一定年龄就会表现出相应特定的行为。例如，"三翻六坐七滚八爬"，不到这个年龄，机体方面没有发展成熟，即便提前训练，也是事倍功半。

盖塞尔及其同事通过长期的实践积累了大量的实验数据和临床经验，充分认识到遗传所控制的成熟对个体发展的作用，才形成自己的理论体系。

现在我们的科学研究已经知道这个生长的规律和节奏就是基因决定的，每个孩子都会按照基因的密码一步一步地成长，并且生长到某一阶段的时候会固执地吸收环境中的一切来让自己更好地成长，这一阶段成长完成后进入下一阶段成长的时候会固执地吸收下一阶段成长所需的元素来自我成长，这也就是著名教育家蒙台梭利博士提出的儿童敏感期的概念。

敏感期是荷兰生物学家德·弗里在研究动物成长时首先使用的名称。蒙台梭利发现儿童的成长也会产生同样现象，所以将其运用在幼儿教育上。

孩子的敏感期是指孩子成长的特定阶段就发展特定能力的时期，孩子会在这个时期，只对环境中的某一个事物特别感兴趣和专注，这个期间会不厌其烦地重复实践，会忽视或拒绝其他事物。顺利通过一个敏感期后，孩子的心智水平便上升一个层面，并且自然进入下一个时期。

上面就是"精神体"胚胎的三大特征。

了解了"精神体"胚胎的三大特征就知道，成人需要给予孩子充分的自主。孩子会在生命力的驱使下自主生长，给予孩子自主就是释放孩子的生命力。

每个孩子内在都有自己的特质，给予孩子自主就是能够让孩子自身的特质得到充分发展，成为最好的自己，充分绽放。

每个孩子都有自己的发展节奏和规律，并且会主动、固执地按照这个规律发展。只有给予孩子充分的自主，孩子才能按照自己的节奏和规律，在成长的每一步都发展扎实。

三分教七分等、三分饥七分饱、三分寒七分暖，太满、太多、太过，都是对孩子自主性、主观能动性的压抑和压制。

现如今有多少孩子正在被各种有形无形的条条框框"禁锢"着，在生命最重要的时期，"禁锢"三年，"禁锢"六年，由外而内，进而"禁锢"灵魂，"禁锢"生命力，"禁锢"思想，"禁锢"创意、创造力。

实际上一个生命不需要外界的干预，自己就能够在大自然这个生态系统里生长发展。一片没人打理的荒地过不了多久就会长出各种野花野草，生机盎然。大山里的动植物也从来没有人去打理，却一直生生不息。

人的成长也一样，有些人从小父母忙于生计无暇顾及，经常饥一顿饱一顿，也健健康康长大。只是自然的生长需要天时地利，需要适应大环境，同时自然生长的结果也是"自然"的，有些枝繁叶茂，有些叶黄根枯，还有些被自然淘汰了。如果有一个懂生长规律的园丁，那生长的结果就能够最大化地可控，让这颗种子能够以最好的状态生长。对于孩子，这就是教育。

上面就是基本的儿童观。

孩子是成人的种子，而不是一张白纸。孩子的"精神体"胚胎在生命力的驱使下，会按照内在的规律和节奏发展。教育所要做的就是通过激发、唤醒和引导，让孩子内在"精神体"胚胎能够得到最好的发展，充分地显现和绽放，让孩子能够独立，成为最好的自己。

《致孩子》（节选）

作者：纪·哈·纪伯伦

你的孩子，其实不是你的孩子

他们是生命对于自身渴望而诞生的孩子

他们借助你来到这个世界，却非因你而来

他们在你身旁，却并不属于你

你可以给予他们的是你的爱，却不是你的想法

因为他们有自己的思想

你可以庇护的是他们的身体

却不是他们的灵魂

因为他们的灵魂属于明天

属于你做梦也无法达到的明天

……

"精神体"胚胎需要发展、成长、成熟，如何才能健康地发展？具体在什么条件下能够发展？在发展的时候需要学习，怎样学习？如何引导孩子发展？如何用语言跟孩子沟通？在发展的时候为了发展得更好，不至于"长歪"，需要"上规矩"，如何"上规矩"？下面章节详细讲解。

第二章　基本安全感

在讲基本安全感之前，先讲一个知识点：意识和潜意识。

意识和潜意识

人的心理结构可分为意识、潜意识，还有意识与潜意识之间过渡的前意识，前意识属于潜意识的一部分。关于这方面内容的研究，自从著名心理学家弗洛伊德提出来以后已经很全面和深入，我用简单清晰的思路阐述一下，这个知识点对于后面章节非常重要。

人区别于其他生物就是因为有意识。意识的作用是直接连接自我和外界环境，从外界环境中接受感知信息、思考加工信息，然后作出回应等。意识是人能够感知到的，自己在环境中看、听、说和思考时，自己又知道自己在看、听、说和思考，这就是在运用意识的部分。

意识只是人能够感知到的部分，意识的背后还有很大一部分信息和能量是人平时感知不到的，但在大脑深处"自动"地运转着。如最简单的走路，需要调动身体数以百计的肌肉和神经，能够恰到好处地协调好，这么复杂的事情，现在每个人做起来是如此轻松。我们在两岁后做起来就很轻松，意识根本感知不到，只需要发出指令，走就行了，其他所有控制和协调都在潜意识下自动运转了，"走"这个动作不需要耗费任何意识的能量和精力，在走的同时可以思考或做其他事情。如很多人看到狗，立刻就会警觉起来，因为大脑深处有个认知，狗会咬人，这个认知已经在潜意识里。很多人看到蛇会本能地害怕，即使之前从来没见过蛇，这就是先天的潜意识。

在工作中只要面对考核和压力就会紧张，因为从小父母对自己的否定，根深蒂固地在潜意识里认为自己不行，这是后天形成的潜意识。

潜意识虽然感知不到，但是在背后决定了我们的意识和行为，潜意识对人实际的影响比意识大了万倍以上，意识只是很小的一部分。弗洛伊德做了一个形象的类比，意识相当于露出水面可以看到的那部分冰山，而人的潜意识相比于意识是非常巨大的，相当于隐藏在水下的绝大部分冰山。从本质上可以说人的行为是自己的潜意识决定的。如上面提到的看到狗会害怕，即使面对的是一只很小的狗，意识层面明明知道没有危险，但还是控制不住会紧张，这就是潜意识的记忆在"控制"自己。

意识的空间和能力是有限的，而潜意识的空间和能力是无限的。

潜意识又分为先天的潜意识和后天形成的潜意识。

先天的潜意识包括从爬行动物开始就进化而来的各种本能、欲望、情绪等。

每个人先天的潜意识有共同的部分，如各种本能等，也有不同的部分，如性格、气质等。

后天形成的潜意识包括成长过程中认知到的、习得的，包括知识、技能、思维模式、认知模式、品质、品行、心理、心灵。

从大脑记忆的角度区别的话，潜意识属于最深刻的记忆，根深蒂固，不会遗忘。潜意识里的前意识属于长期记忆，记忆得比较牢固，但如果不加深的话，时间长了也会慢慢遗忘。意识属于短期的临时记忆，需要经过意识的思考等处理。意识的信息经过处理有一部分会进入潜意识，前意识和潜意识的长期记忆和深刻记忆又决定了一部分意识的思考活动等，这部分内容会在讲"思考"的章节详细讲解。

人平时绝大部分行为不需要意识时刻地思考来决定，因为这样会很耗精力。人的本能是追求效率最大化，用最简单轻松的方式解决问题，所以日常的活动就靠着之前已经形成的前意识和潜意识完成了。如每天开车回家，都不需要思考路怎么走，不知不觉就到家了。面对同一件事，不同的人会有不同的反应：有的人有情绪，有的人就没情绪；有的人能够接纳，有的人就接纳不了……有时候甚至自己都奇怪为何有那么大情绪，无法控制，就是因为之前形成的潜意识决定的，所以心理治疗的很多方式，如催眠等，就是通过探究内在的潜意识来治疗。

人在睡眠的时候意识是停止活动的，只有潜意识在活动，所以梦是潜意识呈现的一种方式。

意识根据外界情况来把关潜意识的作用。如：

有时自己很想做一件事，但有个声音告诉自己不能那样做。内心很想做的这种冲动就是自己的潜意识，知道不能做就是意识。一个孩子故意冒犯了自己，自己很生气，很想"修理"他一顿，但有个声音告诉自己打小孩是不对的，所以只能忍一忍，不跟"熊孩子"计较。从这个例子就可以看出，潜意识是最真实的自己，称为"本我"；意识是现实中的自己，称为"自我"；要做到外界对自己的要求、期待等，是理想中的自己，称为"超我"。意识的"自我"就是现实中调节"本我"和"超我"，能调节好，就是身心合一的，心理就比较健康，生存得好；调节不好，身心分离等，就会出现各种各样的心理问题。

例如，"本我"想学画画，毕业后从事与艺术相关的工作，但父母坚决要求自己上师范院校，未来当老师，"自我"满足了"超我"的要求，上了师范，但越学越不喜欢，"自我"满足了"超我"，压抑"本我"，心理就处于压抑的状态，压抑到一定程度，"自我"无法调节就会产生心理问题。上面的情况，如果"自我"没有满足"超我"的要求，顶着压力满足了"本我"的要求，毕业后从事了与艺术相关的工作，通过自己的努力，工作也非常顺利，父母也不再反对，这样强大的"自我"就协调好了"本我"和"超我"。

所以，人的成长过程就是建立自我的过程，建立自己的知识体系、价值观体系、思维模式等。在这个基础上，还要建立强大的自我，这样才能更好地生存和幸福。

上面讲了意识和潜意识的概念、作用和相互的关系，下面讲一下意识和潜意识的发展。

从刚出生到两岁之间，大脑的功能主要是在最低的脑电波水平上进行，频率是0Hz～4Hz（赫兹）。这个范围内的电磁活动被称为δ波。

成年人处于深度睡眠时的脑电波也是δ波，这是潜意识的波。

当一岁左右的孩子醒着时，他们的脑电波主要也是δ波，因为他们的活动基本上都来自潜意识。所以，外界信息进入他们的大脑时，几乎没有经过任何编辑、评估或判断，就直接进入潜意识。他们的意识，思考大脑（新皮质）此时在非常低的水平上运作。

在两岁到六岁期间，儿童开始表现出频率略高的EEG模式。这些θ波的频率是4Hz～8Hz。这个频率比δ波高点，说明这个时期孩子有了简单的意识，还不能真正思考，几乎不存在批判性和理性思维。所以，这个年龄段的儿童可能将你传递给他们的东西全盘吸收，环境中的信息等很容易进入他们的潜意识，只有一点点意识"过滤"信息。如遇到别的孩子说脏话，有的孩子会立刻指出"妈妈说不能说脏话"。

五岁到八岁期间，儿童的脑电波再次发生改变，变成了频率为8Hz～13Hz的α波，比θ波频率又高一点，说明这个时期儿童的分析思维能力开始形成，自我意识也慢慢变强了。

在八岁到十二岁之间，大脑活动进入更高的频率。在童年时期，频率超过13Hz的脑电波就可以被划入β波的范围。

从这个时期开始，跨越整个成年时期，β波会一直持续并达到不同的水平，它代表的是清醒的意识状态和分析性思维。

十二岁以后，意识与潜意识之间的那道大门通常已经关闭了。β波实际上可以分为低、中、高三种不同水平。当儿童进入十三岁时，脑电波通常会从低频β波上升到中、高频β波，此时就和大部分成年人没什么两样了。

从上面意识和潜意识的发展可以知道，意识是随着孩子年龄的增长慢慢发展起来的，直到十二岁才发展好。在此之前，孩子在环境中经历的一切很容易直接进入潜意识。年龄越小意识越弱，越是能直接进入潜意识，所以这就是为什么童年的经历——早年的教养环境会如此重要，有些甚至会影响人的一生，如老话所讲"三岁看大，七岁看老"。早年的教养环境包括原生家庭、学校和一些偶发性事件等。健康有爱的童年会滋养一生，童年时期造成的阴影和创伤也很难修复和消除，也就是著名心理学家阿德勒所说的："幸运的人一生都被童年所治愈，而不幸的人用一生来疗愈童年。"

基本安全感对孩子的意义

前面讲了，孩子的本质是种子，成人需要充分了解孩子这颗种子，只有了解其内在的成长需求，才能提供更好的环境让这颗种子健康成长。

一颗种子的使命就是让内在的生命充分显现出来，完成这个生命的使命。现实中我们会发现一种现象，一颗放在家里的健康种子长时间保持着种子的形态，不生根、不发芽。有新闻报道考古发现有几千年以前的种子，依然保持了种子的形态。

什么情况下，种子才会生根发芽？

种过田的人都知道，把种子播在土壤里，种子慢慢就会生根、发芽、生长。也就是一颗种子只有遇到合适的土壤才会生长。孩子是人类的种子，同样如此，对于孩子来说，"土壤"就是安全感。

每个孩子内在都具有生命力，在确保自己安全的前提下会主动探索、学习、成长。孩子什么时候缺少安全感，什么时候"精神体"胚胎就停止生长，或"长歪"。这就是安全感对于孩子的重要性，特别是在孩子幼儿时期（七岁前），几乎所有的问题都可以归结为是因为缺少安全感导致的，比如，孩子胆小、怕生、黏人……

生活中最直观的例子：一个两岁的孩子，跟妈妈一起去游乐场，适应一会儿后就会两眼放光地"扑向"那些玩具，如同饥饿的人看到面包一样。这些玩具就是孩子的精神食粮，"精神体"胚胎就是孩子在玩的过程中自然得到发展的，这是大自然在孩子出生的时候就设定好的成长机制。

变换另一种情况，孩子玩的时候妈妈突然离开了，留孩子一个人在游乐场里，这时会出现什么情况？孩子会用尽浑身的力气哭着找妈妈。同样的玩具，孩子根本没有心思去玩，内心的状态就是恐慌、害怕、焦虑，实际就是缺少安全感。妈妈离开多久，孩子恐慌焦虑的情绪就会持续多久，根本没有心思玩，自然各方面能力不能得到发展和锻炼，内在还印刻了一次恐慌焦虑感。

我们都有这样的经历，孩子生病住院了一段时间，康复以后起码一段时间会变得非常黏人，这就是缺少安全感的一种"退化"现象，心理年龄退化到更小的时候，这样就能够获得更多的安全感。

生活中也经常见到，同样两岁的孩子，有的孩子各方面的发展就比其他孩子要好，比其他孩子大胆，其中一方面的原因就是这样的孩子在成长的过程中安全感比较强，他可以把更多的时间和精力用在探索发展上。

在童·园的教育目标中，有一个就是要让孩子充分绽放，基础就是要给予孩子充足的安全感。这个效果对孩子来说简直是立竿见影，特别是对于从其他幼儿园转过来的孩子更是如此。这些转园的孩子入园初期普遍都是胆怯的状态，仿佛被束缚了手脚一般，这也不敢做那也不敢尝试，让人看了心疼。一般两周以后，他们就开始像其他孩子一样玩耍，整个人的状态也慢慢舒展了，这个过程就是疗愈安全感的过程。具体如何疗愈的，后面会详细讲解。

孩子的生命力非常饱满，给点阳光就会灿烂，关键是成人要能够意识到，能够懂孩子，给予孩子他们所需要的。

一个人自信最初的来源就是从小的安全感如何。

判断孩子的安全感，第一个就是感知孩子的整个状态是不是放松、舒展，从而能直接感受到孩子安全感怎么样，成长的环境是不是相对比较健康。

豆豆入园时刚好三周岁，小时候是爷爷奶奶带的，因为爷爷奶奶年纪也大了，爸爸妈妈又没时间带，所以在两岁的时候就把豆豆送去了家门口的托班。妈妈反映，即使豆豆已经上了一年托班也并没有完全适应，每天早上送去托班的时候基本上都要哭一下，天天说不要上学不要上学，在班里也不跟其他小朋友玩，都是自己玩自己的。通过这些情况基本知道，豆豆是极度缺乏安全感的孩子。

妈妈按照我们的要求，在入园前一天带着豆豆一起跟着班级过渡，在妈妈的陪同下跟老师和同学建立一些链接，这样等自己单独入园的时候就能消除一些陌生感，能更好地过渡。

第一天入园，果不其然，正如我们预想的那样，虽然上过一年托班，在跟妈妈分离的时候，豆豆依然鼻涕一把泪一把哭得好不伤心。老师温和坚定地抱着豆豆，让妈妈平和放松地跟豆豆说再见，告诉豆豆妈妈下午来接你。豆豆就在老师的怀里抽抽搭搭，嘴里只重复着一句话"我要找妈妈"。对于豆豆分离焦虑的情绪，老师一直态度温和地接纳她，时不时温柔地回应豆豆："老师知道了，妈妈下午来接你，老师会保护你，跟妈妈一样爱你。"老师就这样抱着豆豆，班里的其他孩子看到这种情况，有的忙着拿抽纸给豆豆擦眼泪，有的拿来自己最心爱的玩具教豆豆怎么玩，有的索性坐在豆豆身边只是安安静静地陪着她。

毕竟上过一年的托班，豆豆很快就止住了哭声，然后老师就带着豆豆参观了整个教室。参观结束后，老师告诉豆豆："老师要去工作了，你是想继续跟着我还是想自己玩呢？"豆豆回答说自己玩，然后老师蹲下来叮嘱了几句就转身去忙其他工作了。老师一边工作一边暗暗关注着豆豆，只见豆豆安静地坐着一动不动，眼睛望着其他在玩耍的小朋友。时不时有小朋友邀请她一起玩，她也不回应别人，一副抗拒的表情，也有些怯怯的感觉。本来就很缺少安全感，再加上到了一个新环境，就更加不敢轻举妄动了。豆豆从来不主动找老师，绝大部分时间只是安静地坐着看其他小朋友玩，偶尔也玩一下桌子上其他小朋友拿给她的玩具，只要老师不忙就会陪伴着豆豆，主动跟豆豆互动，给予豆豆足够的关注，午睡的时候也是全程陪同着，轻轻地唱着催眠曲哄她入睡。到了下午，豆豆主动要求跟着老师，这是好现象，老师不断主动给予豆豆爱，温暖她的心，豆豆能够在老师这里获得温暖和爱，获得安全感。

入园的第二天，跟妈妈分开的时候，豆豆竟然没有哭。虽然我们心里知道只要给足孩子温暖和爱，有了充足的安全感，孩子就会放松下来，适应环境，但也没有想到第二天她就不哭了，这也出乎妈妈的意料。第二天，豆豆大部分时间都跟着老师，依然很少说话，还有一种怯怯的感觉。每次别人热情地邀请她一起玩，豆豆都没有任何回应，但豆豆会看着他们玩，大部分时间就黏着老师。老师就一直让豆豆这样黏着，完全接纳。这样的状态是从未上过学的孩子刚入园时的状态，豆豆已经上了一年了，还是这样黏着老师，说明曾经没黏过，或没有黏够。就这样持续了一周，到了第二周，豆豆看到老师居然主动去拥抱老师，以前都是老师主动拥抱豆豆。而且明显感觉豆豆的状态跟前一周不一样了，愿意自己去教具柜挑选喜欢的玩具了，也不像上周那么黏老师了。以前每次想玩玩具会问一下老师，这个可以玩吗？这是之前的模式带给她的，一方面是因为没有安全感，另一方面这也是导致没有安全感的因素之一。老师每次都不厌其烦地告诉豆豆："教具柜里的玩具你可以随便玩，想玩什么都可以拿。"妈妈反映，回家以后豆豆的话也多了，会把幼儿园里发生的趣事说给爸爸妈妈听，早上也愿意起床上幼儿园了。

到了第三周，豆豆的变化更明显了，午睡的时候会效仿其他小朋友躲在被窝里故意窃窃私语，跟新入园那几天每次午睡都僵硬地躺在自己小床上一动不动形成了强烈的反差。跟其他小朋友也逐渐有了互动，能渐渐一起玩耍了，回家会唱着幼儿园里老师教的歌曲。她在幼儿园整体的状态也越来越放松，越来越好，不像刚来的时候身体都是僵着的。

马斯洛提出的人的五大需求理论，第一需求就是安全感。自然界任何生物的第一需求就是先要能够生存下来，所以任何威胁到生存的事都会激起最强烈的反应，并且印刻在大脑最深处的潜意识里。孩子生下来没有任何能力保护自己，完全依靠外界获取食物并保证自己基本安全的情况下才能得到成长。在成长的过程中，只要有威胁到自己安全的，孩子会本能地以自己能想到的、做到的任何方式来获得安全感，实在获得不了，会直接逃避封闭自己。

根据气质类型的不同，缺少安全感的孩子的人格表现大致有两类：

一类是胆小懦弱。时刻都是怯怯的感觉，没有活力，因为内心害怕，所以不敢轻举妄动。遇到感觉困难的事，或不友好的人会习惯性地逃避，甚至以向内攻击自我的方式来平衡自己。压抑到极点就会出现自我封闭的状态，外面太危险，让自己"躲"起来，不接触外面就安全了。严重的会导致过度焦虑、抑郁，形成焦虑症或抑郁症等各种偏差人格症状。

一类是暴躁暴力。这样的孩子遭受了太多的不友好或攻击，会激发出内在本能的攻击性和愤怒情绪，习惯性地用向外攻击的方式来平衡自己，对外界的姿态就是攻击不友好的姿态。严重的会出现暴力倾向、反社会人格等各种偏差人格症状。

还有的状态就是介于两者之间的。在有些情况下会向内攻击，焦虑，封闭自己；有些情况下会向外攻击，情绪很大，有攻击性，对外界不友好。

第一次接触易阳的时候，他妈妈就强调孩子语言发展不好，现在在上专门的语言训练课。易阳现在已经三岁半了，在其他地方还上过半年的托班，还不能说出完整的句子，只能说两个词语。除此之外，易阳妈妈没有谈及孩子的其他问题，估计家长也不知道有什么其他问题。

等易阳正式入园几天后，老师通过全方位的观察，发现这孩子不仅仅语言发展落后，还有更加严重的问题。从进班级的第一天开始就把整个班级搅得鸡犬不宁，把老师累得够呛。易阳每天进教室的第一件事就是把所有的教具乱翻一气，老师温和坚定地制止也毫无作用，根本不理会。他还表现出各种行为障碍，只要不满足他的要求就会哭闹，撒泼打滚，无法控制自己的情绪。完全不顾及其他孩子正在搭建的游戏便强行加入，搞破坏。一旦别的孩子制止，他就亮出拳头打人，有很强的攻击性，根本不会社交。上主题课、听故事、排队、吃饭从不遵守纪律，都是按照自己的想法来，温和坚定地限制他就哭闹。抗拒老师的拥抱，也不是完全听不懂老师的话，有时也能听得懂，但是他几乎没有语言表达，整体上老师跟他的沟通和互动如跟一两岁的孩子沟通一样。中午入睡特别困难，几乎不睡午觉。

综合了解了易阳的这些情况后，我们心里都在琢磨，这孩子是不是有什么先天性的问题，这是首先需要确定的。如果排除先天的问题，那这孩子曾经的带养方式和成长环境是绝对有偏差的。

在易阳入园满一周后，我们就约了他的父母到幼儿园来详细地沟通了解一下孩子的情况。家庭教育才是教育的根本，深入孩子的家庭，了解孩子的带养方式和生活环境是我们老师必做的工作之一。

我们真实客观反映了易阳在学校里的情况，虽然我们有些顾虑，怕家长接受不了，但我们又无比地清楚，只有真实才能显现问题，才能更好地面对问题和解决问题，隐瞒是极其不负责任的。我们向他父母委婉地表达了建议带孩子到专业医院的相关科室做一个全面的检查和评估，毕竟孩子耽误不得，结果他父母非常清楚孩子现在的情况，并且带孩子去过国内最具权威的几家医院，检查下来孩子确实不是自闭症，只是后天的带养方式造成的情绪行为障碍。如果孩子不是先天的问题，那我们就可以判断是带养方式的问题，具体就是安全感的问题。

我们跟他父母详细了解了易阳从出生到现在的带养方式，有以下几个关键点：

一是从出生到上幼儿园前都是保姆在带，吃喝拉撒甚至睡觉都是由保姆负责，其间总共换过三次保姆。当问及保姆对孩子怎么样，有没有对孩子有不好的行为时，他妈妈说就是因为对孩子不好才频繁更换保姆的，孩子学会的第一个字就是打，从来不要保姆抱。这基本就了解了保姆带孩子的状态了，在孩子那么小的时候居然遭遇了这样的带养人，那是严重影响孩子安全感的。

二是妈妈说孩子爸爸比较忙无暇顾及孩子，男孩太调皮了，妈妈经常打他，说了又不听，还经常把他关进"小黑屋"。

了解完以后，我们基本就确定了，易阳是正常健康的孩子，完全是带养的问题造成安全感的严重缺失，上面两条是最伤害孩子安全感的。

只要不是先天的，后天都可以通过一定程度的疗愈修复恢复正常，从现在开始改变带养方式和环境，疗愈修复孩子的安全感，将孩子拉回正确的轨道。我们郑重地跟易阳父母强调了安全感对于孩子的重要性，在七岁之前还有疗愈的机会，如果现在不从根本上重视起来，不做改变，将会给孩子带来不可逆转的伤害！同时给予了易阳父母坚定的信心，只要家庭和学校齐心协力，孩子一定可以最大限度地疗愈，并且针对他们家的情况制订了详细的家庭教育指导方案：

首先，妈妈必须克服一切困难自己带孩子，晚上陪孩子睡觉，带养方面不要让保姆插手，保姆可以辅助做饭、卫生等工作。

其次，爸爸每天一定要抽出时间陪伴孩子一起玩耍，跟孩子建立感情。

再次，妈妈从现在开始，任何情况下，哪怕孩子再调皮，比如，故意打翻油壶，都不要对孩子有情绪，尽可能放手让孩子自己的事情自己做，实在有危险性不能做的就温和地制止或转移注意力，不要对孩子有任何的情绪和暴力。

最后，后面遇到任何教育方面的问题及时跟我们沟通，彻底改变原来对待孩子的方式和模式。

家庭和学校统一理念，共同努力。

孩子缺乏安全感的具体表现有：

1.特别黏人

这是缺少安全感最普遍的现象，特别黏人，只要妈妈离开自己的视线范围就表现出内心焦躁不安、哭闹不止。那是不是一点都不黏人就代表安全感强呢？妈妈在不在无所谓，对妈妈也没有依恋，如果是正常的孩子，这种情况反而表明孩子安全感不强。孩子都会有些黏人，是妈妈的小跟班、"小尾巴"，如果成人经常不给孩子黏，甚至不胜其烦，那孩子要么就是越来越黏人，要么就是索性不黏了，因为想黏的时候遭受的是拒绝和伤害，有阴影了，封闭自己，这样安全感也被压抑着，得不到满足。

安全感充足的孩子到陌生环境也会黏人，妈妈不见了会找妈妈，但只要确定是安全的，或妈妈就在视线范围内，孩子就不会一直黏着妈妈，会离开妈妈去玩耍，发展自己。

2.适应能力差

缺少安全感的孩子，普遍胆小怕生人，害怕接触陌生事物和环境，因为这些都是不熟悉的，心里没底，不敢接触，综合的表现就是适应能力比较差。越是安全感强的孩子越容易适应新的环境，接受新的事物。

3.不自信

这是缺少安全感的直接表现，不自信，不敢尝试新事物，过于胆怯，抗挫折能力差，稍微遇到点困难就退缩了。

安全感比较充足的孩子喜欢跟比自己大的孩子玩，因为大孩子玩的都是自己不会的，比较有意思，在跟大孩子一起玩的时候不会有自己小、弱、比大孩子差的感觉。安全感不强的孩子会因为不自信而喜欢跟比自己小的孩子一起玩，小的孩子自己能"驾驭"，在小孩子身上能找到自信。

4.情绪不稳定

安全感不强的孩子内在会积压很多的负面情绪，这些负面的情绪如同"不定时炸弹"一样，不知道什么时候什么情况就会"引爆"，所以情绪不稳定，很容易有负面情绪，而且不容易缓和。

经常性的负面情绪，如焦虑、紧张、恐慌等会外显出吃手指、啃指甲、大小便紊乱等状态。还有些负面情绪的外显是攻击性比较强，而且下手不知道轻重。这些现象的本质都是缺少安全感。

5.自我封闭倾向

遇到自己排解不了的不安全因素，人本能地就会逃避，封闭自己。逃离、不接触，那自己也就不会受到伤害了，这是一种为了排解不安全感向内攻击的一种方式。具体表现就是逃避跟人链接、跟事链接，表面有些呆板、怯生生的状态。

6.承受不了挫折和否定

因为受到的伤害比较多，没有安全感，没有自信，所以内心比较脆弱，承受不了哪怕一点点挫折和否定。

安全感的缺乏对于成年后的影响：

○自卑不自信，总觉得自己不够好

○不喜欢麻烦别人，不敢或不好意思拒绝别人

○很在意别人的看法，害怕别人不喜欢自己

○敏感多疑，很容易有负面情绪，抱怨

○做事患得患失，优柔寡断

○害怕变化

○会讨好型付出

○固执、控制欲强

○对人缺乏信任感

这些状态都会影响自己的生存和幸福。

严重的不安全感还会造成各种人格障碍。

一颗种子的生长首先是在土壤下面生根，然后才是地上部分枝干、叶子的生长，根系的发达程度直接决定了地上部分的生长状况，根基才是真正决定生长发展好坏的核心。只有根基扎实，上面的茎枝叶才能稳固繁茂，才能禁得起风吹雨打。

我们校园的花坛里种植的向日葵，长得很高，花盘很大，看上去长得还算健壮，结果在一次强度一般的风雨过后倒伏了一大片，过后一棵棵扶起的时候才发现它们的根系就扎在很浅的泥土里，难怪如此脆弱。

任何事物都有基础，如同盖房子的地基一样，在这个基础之上慢慢一步一步演变和发展。如果基础不稳固，后续的发展就会有层出不穷的问题，想要根本解决还是要回到之前的基础问题，这样才能根本有效地解决。

"根深才能叶茂，基固才能楼高，地基不牢，地动山摇。"

孩子在幼年（七岁之前）阶段就是扎根打基础的阶段，安全感就是孩子人生的根基。

七岁之前，大脑皮层的意识还没有发育好，所经历和认知的一切都会停留在大脑最深处的潜意识里，根深蒂固。所以，各种教育学和心理学的研究都反复强调七岁前孩子教育的重要性，强调原生家庭对孩子的影响。安全感直接决定了孩子对这个世界和自我的认知，从而形成相应的人格状态，这样的人格状态在七岁以后基本会稳定下来，伴随孩子的一生。在孩子后面的成长直至成年过程中遇到的问题和障碍，基本是由七岁前形成的认知和人格导致的。专业心理学治疗的催眠、精神分析、认知疗法、森田疗法等，都是追根溯源，找到最初的偏差认知，然后再根据不同情况采取相应的疗愈方法。即使成年以后自己能够有意识地主动觉察和疗愈，受意志力、周围环境等各方面因素影响，效果也是有限的。

所以，作为家长，我们要明白安全感对于孩子的重要性，尽可能给孩子提供一个健康的成长环境，正确地对待孩子，建构健康的人格和价值观，为孩子一生的健康成长打好基础。

了解了安全感对孩子的重要性，我们该如何全方位地增强孩子的安全感呢?

外部安全感

外部安全感是孩子自己不能决定，需要家长给孩子提供的。如一个国家要给人民提供一个安全稳定的社会环境，如果有别国的侵略或内部的战争，那就没有一个安全的外部环境。

1.首先必须给孩子提供一个安全稳定适合的物理环境

因为越小的孩子适应能力越弱，对熟悉的事物才会有安全感，所以在孩子三岁前监护人要稳定，环境节奏要稳定。任何的变动都会引起孩子内心或多或少的不安，这样的不安带来的焦虑会影响孩子的安全感，进而影响到孩子探索和发展。

了解这一点就知道为什么孩子在外面的表现和在家里的表现完全是两个样子。

在家里"生龙活虎"，在外面"胆小如鼠"，就是因为面对陌生的环境缺少安全感。有些家长带孩子出去的时候会急着把孩子往外推，"去玩啊"，越是这样孩子越是往你怀里钻，这时家长会对孩子表现出一种恨铁不成钢的样子，把孩子凶一顿。孩子在陌生的环境本来就缺少安全感，放不开是正常的，越是把孩子往外推，反而会适得其反。家长如果经常如此，会让孩子对陌生环境有阴影，对陌生的地方恐惧排斥。所以，家长要做的不是把孩子往外推，而是要张开双臂接纳孩子，让孩子自己有个熟悉适应的过程，等孩子通过观察，感觉安全了，自然会挣脱妈妈的怀抱自己去玩，中途随时找妈妈都会有温暖的臂膀拥抱，这样孩子反而适应得比较快。有了前面的经历，以后同样遇到陌生的环境和事物会适应得越来越迅速，甚至会"自来熟"。

很多家长内心深处对孩子黏人这种行为总认为不好，一是让自己很烦，二是认为孩子"没出息"，依赖性强，总是试图纠正孩子的这种黏人的行为。

美国心理学家哈洛经典的心理学实验——恒河猴实验，充分说明了不让孩子依恋，冷酷对待孩子对孩子的伤害有多大。孩子依恋母亲不是为了获得食物，而是需要母亲的爱和温暖，需要安全感。

越是让孩子不要黏，孩子内心深处越是感觉得不到妈妈稳定的爱和依靠，越是更加想黏。

关于孩子黏人一定要转变思维，要尽可能地满足孩子，黏够了，内心有稳定的安全感了，自然就不会黏了，就慢慢走向独立，充满自信地去开拓了。

在孩子三岁之前最好不要出远门，即使要出去也不要在外面过夜，这样的变动很容易引起孩子内在的不安。孩子出远门时会非常"难带"，这种情况一定要理解孩子，接纳他，而不要认为他在无理取闹。

我印象最深刻的是我女儿刚满两周岁的时候不得已带她去了外地舅舅家。白天吃喝玩乐不亦乐乎，结果夜色降临她就立刻警觉起来，哭闹不止，坚决要求回自己家睡觉，死活不肯在舅舅家睡。立刻返程也不现实，各种方法哄她毫无作用，我们以为她哭闹一会儿就会停止，结果远远低估了一个两岁孩子的执着，8点上床一直断断续续哭到次日凌晨0点30分，直到声音嘶哑，"电量耗尽"才疲惫地睡去，其间被不同的邻居投诉过三次。

在蒙台梭利的敏感期理论中有个秩序敏感期，其核心原因就是安全感。东西变换一下就不熟悉了，就会感觉到不安，所以这段时间对于物品的秩序很执拗。有一次我进家门换鞋的时候没注意错穿了她妈妈的拖鞋，我女儿发现以后立刻号啕大哭，当时她才十五个月，还不太会表达，只是气呼呼地盯着我的脚看，一边哭一边断断续续地控诉。在孩子成长过程中，孩子带养人的变化对孩子影响最大。孩子一生下来，带养人一定要想办法固定，不要经常换，孩子在熟悉的声音、味道、身影中会感觉很安全。这也是为什么教育理论中反复讲，妈妈最好全职带孩子到三岁，这样带出的孩子安全感足，才会比较自信。

还有两个重要的注意点：

（1）带养人要能很好地感知到孩子的需求

在育儿圈有个理念叫"哭声免疫法"，一度大行其道，有些医生也教新手妈妈这样的方法。这是导致孩子未来有可能出现各种心理问题，甚至抑郁症的"元凶"，是非常不负责任的方法。"哭声免疫法"的目的是训练孩子好带，完全是从成人的角度出发，而不是从利于孩子健康成长的角度出发的。"哭声免疫法"具体就是孩子哭的时候不要抱，不哭才抱，慢慢孩子就不哭，不无理取闹了。一个刚出生的孩子，什么都不会，什么都不懂，也不会说话，当他饿了、渴了、害怕了，唯一的办法就是哭，用哭发出信号引起注意，从而得到帮助。结果没有人理自己，久而久之，一次次积累悲观失望，孩子就不再对人有期待，也不再有信任，自然哭的次数越来越少，甚至就不哭了，因为哭也是白费力气，彻底绝望了，没有期待了。一旦埋下这样的"种子"，成年后会以各种负面的形式显现出来，可能莫名地消沉自卑，抗挫折能力差，工作和生活中的一些正常的波折都感觉是不可逾越的鸿沟。

所有抑郁倾向、自我封闭、过于焦虑的状态潜意识里都有一个悲观的心理状态。

我的女儿刚出生的时候，为了让她能够得到更好的照顾，特意请了一个金牌月嫂。孩子出生没几天时一次正常的哭闹，月嫂说不要理她，由她哭去，不然以后不好带，被我明确制止！

孩子越小，发出的需求越要及时地重视满足，这是孩子最基础的安全感。

了解这一点就知道把孩子给一个不熟悉的保姆带一定要慎之又慎，有可能给孩子带来各种意想不到的安全感的缺失。带过孩子的宝妈一定深有体会，别看婴儿那么小一点点，带起来非常辛苦，尤其是独自一人带孩子的时候，经常吃不好睡不好，随时待命，身心俱疲。如果没有足够的爱和耐心，是没有那么强的意志力用心把孩子带好的。有时候妈妈都会忍不住对孩子发火，更何况是跟孩子没有任何血缘关系的保姆。带孩子的保姆如果没有足够的爱、耐心和责任感，一个人带的时候面对孩子的哭闹只有本能的烦躁，然后就是想各种方法制止和对孩子发泄，更不用说感受孩子哭闹背后的需求了，这会给孩子带来巨大的创伤。孩子越小创伤越大，而且直接停留在潜意识里，在成长过程中随时会"引爆"。

孩子在两岁之前，特别是刚出生的几个月要给予全然的安全感，年龄越小越要尽可能及时满足孩子的需求，即使不能满足也要给予孩子回应，而不要无视甚至嫌孩子烦。不能满足的，如危险的物品，可以转移注意力或避免让孩子接触到，因为这个时候孩子还理解不了为什么不能满足他。

（2）环境要安全，不要让孩子承受他这个年龄段不能承受的物理伤害

给孩子提供一个安全的成长环境，这完全是成人的责任。

孩子刚生下来对这个世界一无所知，只有千百年来基因沉淀下来的，对一些特定的表征有本能的危险意识。有一些共性的，如天然都怕声音大、怕蛇等。有些是个体独有的，如密集恐惧、怕带毛的动物等。

生活中还有一些事物没有明显的危险表征，孩子就不清楚具体什么是安全的，什么是危险的。有了孩子以后，特别是孩子七八个月会爬的时候，家具桌椅的棱棱角角等，只要有安全隐患的都要包起来。有些孩子能接触到的危险物品，如刀、玻璃杯、药品等都要收起来。这完全是成人的责任，一旦疏忽就会给孩子造成意想不到的伤害。严重的除了会给孩子带来生理上不可修复的创伤外，也会给孩子带来心理上的创伤。

安全永远是第一位的，同时也不要矫枉过正，过度保护孩子。现在很多家长对孩子的保护反而走向另一个方向的偏差——过度保护孩子。由于成人过度的担心、谨慎、恐惧，发现孩子只要有一点点安全隐患就会马上制止甚至恐吓，不让孩子接触，这样给孩子的感觉就是这个世界到处充满了危险，导致孩子这也不敢摸，那也不敢碰，从小就是被吓大的，这样也会让孩子没有安全感。

对于孩子的安全，家长不能大意，同时也不要过度保护，要做到不让孩子承受他这个年龄段不能承受的伤害，如骨折、严重烫伤等。换句话说，孩子这个年

龄能承受的伤害不但不要避免，而且很有必要，需要让孩子承受，这样反而可以锻炼孩子自我保护的意识和能力，能够提高孩子的安全感。如饮水机里55℃的直饮水，明知道孩子碰了会被烫到也不要制止孩子碰，烫过一次下次就知道了。

现在对孩子过度保护的情况越来越多，尤其是老人带孩子。这里不是对老人带孩子的批判，而是要充分理解老人。老人对孩子都有"隔代亲"，所以有时就会过度保护孩子，这也是一种爱的体现。还有就是老人是帮子女带孩子，唯恐孩子磕着碰着跟子女不好交代，有这样的心理负担自然会更加小心翼翼，有时会过度限制孩子。子女要认可老人带孩子的辛苦和付出，对老人多一份理解和包容，不要那么苛刻，这样老人在带孩子的过程中也会更加放松，孩子也能更加身心健康地成长。

记得有一次做讲座的时候，有一个爸爸向我咨询，孩子外公外婆总是带孩子待在家里，很少带孩子出去玩，跟他们说了也没用，问我该怎么办。了解下来才知道，孩子外公外婆都七十五岁左右了，孩子马上两岁半了，又是小男孩，正是调皮的时候，老人哪有那样的体力和精力经常把孩子带出来玩，能帮着带孩子已经很不错了，一定要理解老人。平时夫妻双方没办法自己带孩子只能退而求其次，利用下班时间或周末多带孩子进行一些户外活动，要感恩老人的辛苦和付出。

家长带孩子进入一个环境要能客观判断孩子玩耍环境中的安全隐患，既不能无端地限制孩子玩耍，又要能保证孩子在玩耍过程中的安全度完全在孩子承受范围内，保证孩子的安全。成人在带孩子的过程中要带着这样的意识，时刻保持警觉。

2.监护人平和稳定的情绪状态

这一点会更加影响孩子的安全感。

生活中会有这样一种人，整天闷闷不乐，面无表情，脾气很大，动不动就发火，跟他待在一起非常难受和压抑，就想赶紧逃离，原因就是跟这样的人在一起时刻有一种不安全感。试想一下，如果这样的人是孩子的监护人，孩子时刻面对的是这样的面孔，孩子会活在什么样的状态中？时刻恐惧着，压抑着，缺少安全感。长此以往，不但没有安全感，还会直接污染孩子的心灵，影响孩子性格和人格，使孩子悲观厌世。孩子最初的认知就来源于最亲近的人。如孩子对某个昆虫不知道害怕，如果妈妈看到这个昆虫的时候表现得非常恐惧，孩子会自然习得，不接触也会觉得这个昆虫很可怕。同样，如果带孩子的监护人整天闷闷不乐，悲观失落，整天无精打采，长期如此，孩子自然会习得，也会悲观。

一般这样的人脾气也会很差，对孩子缺少包容，动不动就会发火，对孩子发泄甚至攻击，孩子时刻都活在恐惧中。这是对孩子直接的情绪化和攻击，还有间接的，如家庭成员之间的情绪化、不和、吵架等。每个孩子都非常恐惧父母吵架，家对孩子来说就是整个世界，父母吵架给孩子的感觉就相当于这个世界要崩塌，就像一个国家处于战火中一样，这样自己的安全也得不到保障。

还有一种情况就是千万不要对孩子没缘由地忽冷忽热，孩子本身没做什么就对孩子没缘由地极好极坏，如此会让孩子的认知混乱分裂，不知道父母的要求到底是什么样的，自己该如何调整，严重的甚至导致人格障碍。即便是一直严厉，对孩子也没有本质的影响，时间长了孩子会有清晰的认知，调整自己的边界。心理学家专门用狗做过这样的实验：狗在被忽冷忽热、两个极端方式对待的情况下会出现精神障碍，有些精神障碍甚至是不可逆的。

给孩子最好的教育就是父母平和稳定的情绪状态和家庭的和谐。

要想了解一个人的脾气性格很简单，只需看他父母的脾气性格。有些人成人后情绪自控能力很差，这给自己的亲密关系和工作等带来了很多的障碍，自己也不想如此，但就是控制不住，就因为从小他的父母就是如此。有些人，性格脾气非常温和，人也比较容易相处，因此，朋友很多，做什么都很顺，很容易进入亲密关系，因为他的父母性格脾气都比较温和，父母也没有刻意教，就是从小熏陶的结果。

前面讲了，要给孩子充足的安全感，妈妈至少要全职带孩子带到三岁，这样孩子的安全感就会比较强。这句话只对了一半。妈妈全职带孩子，还要看妈妈的情绪状态，妈妈的安全感怎么样。有安全感的妈妈才能带出有安全感的孩子。否则，虽然是妈妈全职带，但如果妈妈的安全感比较差，情绪不稳定，这样潜移默化，孩子也会如此。如一个老鼠型的妈妈，一个老虎型的妈妈，两个妈妈都是全职带孩子。老鼠型的妈妈听到一点风吹草动就吓得躲起来，孩子跟在妈妈身边也会如此。老虎型的妈妈一副天不怕地不怕的状态，孩子跟在妈妈身边自然也不怕。两种妈妈都是全职带孩子，带出来的孩子安全感肯定不一样。

外部安全感对孩子影响最大最深的就是父母的情绪状态，这里的父母泛指孩子的监护人。如果孩子小的时候不得已要给别人带，最要注重的就是监护人的情绪状态，这是核心，而不是一些生活习惯等细节。老人带孩子就需要照顾好老人的情绪状态，不要认为老人带孩子理所当然，要认可他的付出和价值。对于老人带孩子要多一些理解和包容，每个人的习惯和观念都不一样，有些问题完全可以睁一只眼闭一只眼：涉及孩子核心的安全感、心灵、心理、品质和品行的睁一只眼；不是核心的，一些生活习惯等就闭一只眼。不要各种挑刺，挑完刺，老人有情绪了，虽然不会直接对孩子怎么样，但情绪没有消化掉，拐弯抹角都会释放出来，冷淡了、笑容少了、容易急躁了等，都会潜移默化影响孩子。

在带孩子的过程中还有一个必然遇到的问题，就是孩子的情绪问题，如何面对孩子的情绪？

孩子的情绪不稳定很正常，我们认为的"小事"都可能引起孩子的情绪波动，因为孩子还不成熟，不懂事，还需要成长和历练。但我们是成人，是孩子的父母，还要引领孩子成长，理应比孩子懂事、成熟，那些处理不了孩子情绪问题的家长好像比孩子更加幼稚。孩子因为冰激凌化了滴到了地上而大哭，孩子上一秒哭，家长下一秒就受不了了，会直接凶孩子："不要哭了，赶紧吃！"本来孩子的哭是因为冰激凌滴到地上，由于认知的局限，不理解，只是因为这件事，而家长对孩子凶让孩子感受到攻击和关系的破裂，又带来了内心的恐慌，会哭得更厉害，家长这个时候往往火更大……如此反复，最后孩子或因为疲惫，或因为害怕，不哭了，但创伤留下了。解决孩子情绪问题的一个基础就是，首先成人要比孩子情绪稳定，这样就能带动孩子的情绪慢慢稳定下来。如同两个人吵架，两个人情绪都不稳定，一方说一句，对方回一句，各不相让，这样肯定会越吵越激烈，最后有可能发展成打架。但如果有一方比较包容，或情绪比较稳定，另一方情绪也会慢慢稳定下来。

父母平和稳定的情绪状态和情绪管理能力会让孩子的性格也变得柔和，并且也具有良好的情绪管理能力。

父母的情绪就是一个家庭的风水，情绪的稳定相当于这个地方风调雨顺，人们能够安居乐业。情绪的不稳定相当于这个地方随时会有暴风骤雨、地震山洪，导致人们整日提心吊胆，惶惶不可终日。

父母情绪的稳定会给予孩子福报，如同从小给予孩子一个富饶的风水宝地，孩子能在这块宝地上安心扎根，在成长的过程中能够得到取之不尽的营养。

内在安全感（自我价值感）

外部安全感是别人提供给自己的安全感，是安全感来源的一方面，仅仅靠外部不足以保证所有的安全感，并且通过外部建立的安全感也不稳固。如总是想着天上掉馅饼通过中大奖发财，想找个有钱的另一半，希望自己父母有钱等。

要有踏实稳固的安全感就需要有内在安全感，也就是自我价值感，就是自我感觉自己是有能力的，有价值的，有力量的，自信的，对自我有这样稳固的认知才能让一个人有真正的安全感。

自己的价值没有真正提升，一切外在的光鲜都是虚妄，随时会消失。要想有真正的安全感、内心安定，最终还是要回归到内在成长的道路上去实现，通过向外抓取只会越走越远，越走越偏离。

父母能够给予孩子最好的不是物质上的几套房子，多少资产，而是让孩子内在有自我价值感。给予的再多，那都是外在的，孩子内在没有价值感，不会创造，早晚也会坐吃山空。有的父母即使没有给孩子提供物质上的帮助，但孩子有自我价值感，认为我行、我是有价值有能力的，未来他也会通过自己的双手去创造。

几乎所有心理问题的根源都能归结于自我价值感的问题，自我价值感低，所以有一种说法：心理学有三大课题，那就是自卑、自卑和自卑。

一个人的自我价值感来源于何处？如何提高孩子的自我价值感？

每个人自出生起就有具足的自我价值感，没有哪个孩子一生下来就觉得自己学不会抬头，学不会翻身，学不会行走，学不会说话……这种自我价值感是与生俱来的生命力所赋予的，这样的自我价值感又强大又脆弱。强大是因为与生俱来的生命力的强大，脆弱是因为这样的自我价值感是不自知的，没有形成一种稳固的自我认知，只是一种本能，很容易受到后天成长环境的影响。

孩子一生下来不知道自己是谁，自己"几斤几两"，还没有清晰的自我认知，主要是通过别人对待自己的方式和态度来认知自我的，就是心理学的"镜映效应"。

自我价值感认知的来源之一就是别人对待自己的方式和态度。

可以感受一下自己，如果一个人对你态度很差，你内心是不是会有难受、愤怒的感觉？这是因为别人那样的态度对待自己，让自己感觉自己很糟糕，自己不好。如果一个人对你态度很好，很客气，很尊重，你内心是不是很开心、喜悦？因为感觉自己被人喜欢，是有价值的。越是自我不强大的人越容易受到外界的影响。

成人已经建立了一定的自我认知，依然会认为别人对自己的态度而受到影响，更何况孩子。

外界如何对待孩子会直接影响孩子对自我的认知，特别是"重要他人"对待孩子的方式。

网上看到一个小学老师的言论：

摧毁一个孩子只需不搭理他，三次打招呼都不理，就足够了，他就再也抬不起头来。让一个孩子自闭，也很简单，只需当着全班同学的面狠狠批评他就行了。要击垮一个人很简单，持续否定他就行。

了解这一点以后我们就知道，要提高孩子的内在安全感，成人对待孩子的方式和态度就要让孩子感觉自己是有价值的、有能力的、能行，而不是让孩子感觉自己卑微、渺小、弱、不行！

这就是我们对待孩子言行的准则，我们就是孩子的人文环境。

好的人文环境能让一个本来自卑消沉的人慢慢变得自信阳光起来；反之，差的人文环境会让一个本来充满朝气、充满自信的人慢慢变得没有自信，总是自我怀疑，不敢行动，甚至造成各种各样的心理创伤。

记得曾经在一次讲座中有一个家长的分享让我印象特别深刻。当年她刚大学毕业进入一个企业，里面同事之间一点也不融洽，各种拉帮结派，相互之间都是冷漠和防备。初来乍到，工作上也没人引领她，只能硬着头皮自己摸索，在这种工作氛围下，工作状态可想而知。毕业后最黄金的时期，工作能力没有得到提升，人反而变得越来越颓废，不断自我怀疑，后来终于下定决心辞职。然后进入另一个企业，新企业各方面的制度很完善，很人性化，同事之间也能够相互理解、帮助和尊重，相处得很融洽，就是在这个企业自己的能力才得到不断发展。

人心都是一样的，感受自己，别人对待自己的哪些方式会让自己感觉很糟糕，没有力量，灰心丧气，那么，用这样的方式对待别人，别人也会是同样的感觉；别人一句话或一个动作，让自己感觉立刻就有力量了，内在充满了自信、神圣感和责任感，充满了希望，很兴奋，用这样的方式对别人，别人也会如此，也会激发成就别人。

成人要有这样的感受力，用心灵感受孩子，而不是用理论和原理来分析孩子，这样才能更好地感知孩子，觉察自己的言行和方式。

孩子的心灵是敏感的、可塑的，还没有建立强大的自我。如果完全不顾及孩子内心的感受，无端地对孩子贬低、误解、欺骗、指责、呵斥、冷暴力甚至打骂、恐吓，会形成孩子对自己、对别人、对事、对这个世界的负面扭曲的认知，随着成长，慢慢变得自卑、逃避、消极、冷漠……所以，具有同理心和感受力是所有家长和老师必备的最基本的素质和要求。

孩子在成长的过程中能遇到善解人意、感受力强、有同理心的家长和老师是孩子一生的幸运。

孩子会因为喜欢这个老师而喜欢这门学科，同样，也会因为讨厌这个老师而厌恶这门学科。

那么，具体如何对待孩子会让孩子有内在安全感、有自我价值感？

一、接纳孩子

【言行和标签】

在讲接纳之前,首先讲两个概念:言行和标签。这是后面所讲内容的一个基础。把孩子所说的、所做的称为言行。

首先需要区分言行和标签。

经常听到家长说,不要调皮,怎么这么不听话,一点都不爱干净,不要这么自私,这么不懂事。调皮、不听话、不爱干净、自私、不懂事,这些就是标签,直接给孩子定型了,孩子才多大,就这样给他直接定型了?这些标签都是人为主观的评判,不是客观事实。客观事实是孩子玩米,把家里弄得到处都是,就给孩子贴一个"调皮"的标签;跟孩子讲了几遍不要玩,孩子不听,就给孩子贴一个"不听话"的标签;玩具扔得乱七八糟的也不收拾,再给孩子贴一个"邋遢"的标签。通过这些标签或是刺激孩子,或是发泄自己的愤怒。

有的家长不自觉地就会用标签来表达,其中一个原因就是说得夸大、严重,是为了更好地发泄愤怒和情绪。成人间沟通也是如此,妈妈抱怨爸爸:"太懒了,一点不体谅人,从来不做家务,家里什么都是我做。"这样一说,爸爸有可能的反应是:"你说话要客观,我懒吗?怎么从来不做家务了?我没做过吗?一点不体谅你吗?"后面的沟通都是针对这些标签,沟通开始的第一句话就把沟通方向引导偏了。

要区分言行和标签,就是尊重客观事实而不要随意评价和评判。言行就是具体说了什么,做了什么。有个很形象的描述,就是手机能拍下来的、录音能录下来的就是言行,其他都是标签和评价。邋遢、不懂事,拍不下来又录不下来就是标签。情绪也是能拍下来录下来的,归为言行方面,家长也会给情绪贴标签,说孩子不讲理等。

给孩子贴标签会直接让孩子感受到不被接纳。虽然父母的本意并不是不接纳,但这种"贴标签"的沟通方式给孩子的感受就是自己不被接纳,导致沟通一开始就会失败或埋下后面沟通障碍的隐患，并且会对孩子造成伤害。

标签的具体影响还有以下三点：

1.夸大负面，贬低对方的自我价值感

标签伴随的是指责："你怎么这么邋遢，家里到处弄得乱七八糟，也不收拾？"每个人天生都有一定的自我价值感，被否定指责后会激起人本能的逆反心理。外向气质的孩子可能直接反击："我哪邋遢了，不就是还没来得及收吗？不就是客厅有点乱吗？"内敛气质的孩子可能不说话，好像默认了，接受了自己就是邋遢，或压抑着。这样就引发第二个影响。

2.长期如此，孩子对自我的认知就趋向于负面评价

总是说孩子不听话，不懂事，重复多了，孩子对自我的认知就是如此了，我是不听话不懂事的坏孩子。被贴标签的初期孩子还会反抗，长期如此，孩子甚至都不反抗了，成"老油条"无所谓了，油盐不进。等真的发展到这种地步，跟孩子也没法沟通了，想再激发孩子的自尊就很难了。

3.潜移默化地加重家长的焦虑和负面情绪

一般习惯性贴标签的家长都是有情绪的，用贴标签的方式表达会加重家长对孩子的情绪。本来孩子的问题有些是阶段性的问题，有些根本不是问题，非要定性为不好的行为，认为很严重，反而加重焦虑，影响沟通的顺畅。

这是负面标签，那正面标签能不能贴呢？"真懂事""真听话"之类的正面标签也要视情况而定。这里涉及如何夸孩子，是不是越夸孩子越自信？如果孩子夸得越多越好，越有利于孩子成长的话，那教育就太简单了，家长和老师就拼命地夸孩子就够了。实际不是如此，如何夸赞孩子使孩子发展得更好，后面会详细讲解。

沟通的第一步，尊重事实，不要评判和评价，描述具体行为，更不要贴标签。

反思一下自己，平时有没有随意贴标签。自己反思出来的才是真正的成长，学习的主角永远是自己，别人的观点和理论都是引发自己内在反思和生发的媒介，通过这些媒介引出自己内心生发出来的才是自己的。

【接纳孩子】

能被父母接纳是孩子自我价值感最基础的来源。

每个孩子内心深处都希望父母对自己无条件地接纳，父母对孩子的接纳是一个人最基本的安全感，是温暖的港湾，这个港湾能够给孩子提供无限的能量，让孩子能够勇敢地前行，不惧困难。

父母的不接纳会让孩子怀疑自己的价值，严重的甚至会导致孩子一生都在自我否定的桎梏中，一生的心愿就是能够得到父母的接纳。

接纳孩子，说起来容易，自己的孩子怎么会不接纳呢？但实际面对孩子的各种言行，能够真正做到接纳却没那么容易。

家长对于孩子所有的言行按照接纳与否分为两类，家长接纳的言行和家长不接纳的言行。

关于这个分类，讲四点：

1.家长并不能对孩子所有言行全部接纳

虽然每个孩子都期望家长对自己的所有言行都是接纳的，但实际是不可能的，没有任何家长能够做到。从孩子成长的角度也不能做到对孩子的所有言行都是接纳的。

这里要区分一下无条件的爱和无条件接纳。

对孩子的爱应该是无条件，无条件的爱是一种生物本能的爱，不求回报，没有功利，焦点都是孩子能不能健康成长，而不是是否对自己有利，自己的付出有没有回报。

对孩子无条件的爱，即使有时严格，那也是爱，是为了孩子能够健康成长，而不是为了自己，只是当下孩子感受不到这份严格是爱。

有条件的爱是功利的爱，是交换的爱，做到什么样才能爱你，符合自己自私的目的才爱你，对自己有利才爱你，焦点都是自己的感受和利益，而不是孩子能不能健康成长。

对孩子爱是有条件的，有时越是爱孩子，越会用爱来控制孩子。"我这么爱你，你竟然不听我的话"，这种观点是为了达到自己的目的，而不是为了孩子。

鸟妈妈会倾注全部的爱孵化鸟蛋，小鸟出生以后，鸟妈妈会每天不辞辛劳地捕捉虫子喂小鸟，为了保障小鸟的安全把窝搭在隐蔽的地方，都是本能的爱、无条件的爱。小鸟学会飞翔以后就会离开鸟窝，翱翔在属于自己的天空。鸟妈妈对小鸟完全是无条件的爱。

以前在农村家家户户都会养些鸡鸭鹅猪，目的就是养大后吃掉或卖钱，所以在选幼崽的时候就会刻意挑选健康的、品种好的。在养殖的过程中会细心照料，这种"爱"是有目的的爱，有条件的爱，目的就是等它们长大了吃肉或卖钱，所以在养的过程中只会满足最基本的饲养条件，而不会考虑它们关在笼子里是否开心等。

无条件接纳就是接纳孩子所有的言行。

很多父母把对孩子无条件的爱误解为对孩子无条件接纳，对孩子所有言行都接纳，无条件的爱不是无条件接纳。"父母之爱子，则为之计深远"，有时不接纳也是对孩子的爱，如对孩子无度地喝饮料、看电视的行为是不能接纳的，但这是对孩子的爱，只是孩子当下感受不到，无条件接纳是对孩子不负责任的爱。

同时父母也是人，开始也做不到无条件接纳，但不代表对孩子没有无条件的爱。

为什么开始做不到对孩子无条件接纳？

因为言行只是一个人外显看得见的"冰山"，背后是情绪和内心的感受，感受背后又是内在心灵和心理的需求，是一个人的认知和价值观的体现。

孩子有自己的需求和不同阶段的认知，父母也有自己的需求、自己的认知和价值观（自己的认知和价值观简称对孩子的期待）。对孩子所有言行的接纳就是父母放弃自己所有的需求、自己的认知和价值观（对孩子的期待），完全满足孩子。这没有人能够做到，也不应该如此，否则就是纵容型的溺爱了。

每个人都有自己的需求，都有自己的认知和价值观（对孩子的期待），所以真实的父母对孩子的言行就有一部分是不接纳的，一部分是接纳的。因为每个人的需求、认知和价值观不一样，不同的人对孩子接纳和不接纳的度也不一样。有的家长比较包容，对于孩子接纳度就比较高；有的家长就比较严格，对孩子的限制或规矩比较多，接纳的度就相对低一些。

不同家庭成员对于孩子的各种言行接纳程度也不一样，所以要求家庭每个成员对孩子的教育理念都要统一的做法是完全不现实的，也没必要，只要在一些核心的方面统一，不统一的方面成人不要相互拆台就行。世界上没有两片完全相同的树叶，人也一样，每个人的需求、认知和价值观都是不一样的。孩子也要充分认知到这样的差异，这样才能灵活地面对外面的世界。

成人自己状态不一样，情绪不一样，接纳程度也不一样。对于同样的言行，心情好的时候会接纳，心情不好的时候有可能就不接纳了；身体状态好的时候接纳度就高，身体状态不好的时候接纳度也会随之降低，这也是真实的状态。

成人也有各种正常的情绪，这种情绪不是前面外部安全感讲的对孩子有伤害的那种没来由的忽冷忽热的情绪，而是成人各种真实的情绪。各种情绪中真实的状态需要让孩子认知到，只有清楚地认知才能知道如何调整和应对。

有些育儿观点要求父母任何时候对孩子的接纳度都要始终如一，标准都要统一，这是不切实际的，也不需要如此。需要的是在自己状态不好的时候、有情绪时，如何有效表达对孩子的不接纳，让孩子认知到，具体内容后面会详细讲解。

孩子的状态不一样，父母的接纳程度也不一样。这点我相信绝大部分人都深有体会，比如，生病的时候，平时不被允许吃的一些零食，只要孩子提出来，父母都会尽可能满足孩子。

孩子的年龄不一样，父母的接纳程度也不一样。对于年龄小的孩子，普遍比较包容，接纳度高；随着孩子的成长，对孩子要求也会越来越高。

有时同样的一件事，对男孩和女孩的接纳度也不一样。如同样是摔跤了，女孩哭是正常的，男孩哭却被认为不坚强。

2.虚假接纳

家长对于孩子的言行，除了明确的接纳和不接纳以外，还有一种情况。如带孩子去超市，孩子要买糖，起初家长不同意买，但禁不住孩子的软磨硬泡和哭闹最终妥协了："好吧好吧，给你买，不要哭了！"这就是虚假接纳，在生活中也会经常出现。

有些家长对孩子教育很用心，也学习了很多好的教育理念，理性上知道不能随便凶孩子甚至动手打孩子，这样会对孩子造成伤害。但面对孩子的有些言行，内心一时难以接纳，控制不住情绪，就想凶孩子，发火，甚至打他一顿。这是潜意识的真实反应，但理性上知道不能发火、打孩子，所以会尽力克制不发火，这就是虚假接纳。

虚假接纳对孩子的影响：

（1）虽然表面是接纳了，但孩子能感受到实际是不接纳的，这样的状态会给孩子内心造成混乱。如上面孩子在超市要买糖，妈妈开始不同意，孩子经过一番哭闹后妈妈不堪忍受妥协了，虽然孩子最终如愿以偿，但能感受到妈妈的不开心不情愿，对自己不满意，孩子心里也会很忐忑，即使吃在嘴里也失去了原本的香甜。同时也给孩子做了一个心口不一、不真实的人格示范，会潜移默化影响孩子。

（2）虚假接纳会让孩子不知道父母的界限在哪里。有时不能做是真的不能做，有时自己争取一下，哭闹一下又能做了，如此会让孩子不断地探索父母的底线，感觉闹一闹就有希望了，而有时这种方式又遭受父母严厉的制止。这种状态的影响，一是反而会让孩子没有安全感，不知道接纳的底线在哪里；二是会把父母和孩子的精力和能量过多消耗在探索底线、相互拉扯上。

（3）虚假接纳会让父母一次次地"委曲求全"，慢慢地负面情绪积累多了有可能一下子爆发，对孩子发火、指责等态度会很严厉，远远超过孩子本身所做事情的度，这样会真正伤害孩子，给孩子留下阴影和创伤。

除了虚假接纳，还有虚假不接纳。如孩子考了一百分，兴高采烈回来告诉父母，父母内心其实很开心，但为了不让孩子骄傲，故意表现出不接纳："一次考一百分也没什么了不起，不要嘚瑟，要每次都是一百分才可以。"这样的虚假不接纳会否定孩子的成就感，孩子得不到认可，就会降低自我价值感。

真实的父母对于孩子的言行是有一部分不接纳的，要做真实的父母，而不要虚假接纳或虚假不接纳，这样真实的问题才能显现出来，才能面对问题，解决问题。

家长要不断成长，提高自己、修炼自己，内心要对孩子真正的接纳越来越多。特别是对于一些敏感气质类型的孩子，能够直接感知到家长内在最细微的状态，所以这类孩子的家长更需要不断成长。

是否真正成长的一个标志就是对万事万物能否更加接纳。

3.不接纳的表达需要磨合

有些具备一定教育理念的家长，在面对孩子不被接纳的言行时会控制不住自己的情绪，对孩子发火甚至打骂，又深知这种行为伤害了孩子，所以事后会进行"补救"，告诉孩子"无论如何妈妈都爱你"之类的，认为通过这种方式孩子就能意识到对他的不接纳是由于他错误的行为，而不是针对他这个人，妈妈是爱他的，这样就可以消除前面对孩子造成的伤害，很多育儿书籍里也是这么指导家长的。

实际上，孩子真实的感受是什么样的呢？

自己可以感受一下，在我们小的时候有时犯错也会被父母打，当时内心的感受是什么？伤心、难受、愤怒、感受不到父母的爱，虽然父母口口声声强调"打你是为你好""打你那是爱你，不爱你的人才懒得管你呢"，虽然有一部分确实是事实，父母确实是爱我们为我们好，但我们那时候能感受到是为我们好吗？感受到这样是爱吗？这种感受怎么也转换不了，严重的会影响孩子心理正常发展，认为爱好像就是如此表达。如果真的认为这样是爱，以后自己也延续这种方式表达对别人的爱，别人能够接受吗？这更多的是父母利用"爱"这个词来掩饰自己言行的不当，或降低如此对待孩子的愧疚感。当然，现在成年了，或自己做了父母了，理解了父母当时有些方式确实是为自己好，给自己立规矩，只是表达爱的方式不正确。但在没理解之前伤害已经形成，即使理解了还需要经过不断的自我反思才能疗愈曾经的一些创伤。还有一部分创伤即使成年以后也难以释怀，始终存留在心底，根深蒂固地认为父母就是不接纳自己，不爱自己。

那是不是表达不接纳的时候注意态度和用词，温和而坚定，只是描述行为而不是贴标签，这样孩子就不会受到伤害了呢？至少这样在方式上孩子不会受到伤害，而且孩子更易于接受，但不接纳是事实，孩子还是会感觉到不被爱。

试想一种情况，丈夫掌握着家庭的经济大权，口口声声说很爱妻子，但舍不得为全职在家带孩子的妻子花钱，妻子要做什么决定必须经过他的允许，这样妻子会真正感受到爱吗？显然，丈夫的做法是司马昭之心路人皆知，是只想满足自己，是一种自私的爱，不是真正的爱。

带过孩子的都会发现一种现象，在孩子小的时候限制他的一些言行时，不管父母态度多么温和友善，孩子依然哭得很伤心，慢慢孩子情绪稳定下来以后，有的孩子会主动去抱妈妈，这是孩子想修复关系，确定妈妈依然爱他、接纳他。

从人真实的感受来说，一个人感觉自己被接纳和被爱的程度取决于自己的言行被接纳的程度。

前面讲了，父母对孩子无条件的爱不是无条件接纳，这是从父母的角度来说的，因为父母要对孩子负责，要"为之计深远"，所以不能无条件接纳，同时父母也是人，也有自己的需求，也做不到无条件接纳。从孩子的角度看，只有父母对他无条件接纳才能感受到父母无条件的爱，孩子还理解不了有些时候对他的不接纳也是一种爱的方式。

这是矛盾的，凡是有矛盾就需要磨合，这样才能达到和谐统一。这就需要家长在面对孩子不接纳的言行时，要用一种不伤害孩子的方式相互磨合，最终达到一个平衡点。磨合是双方的事，所以这个磨合或是孩子调整改变，或是父母调整改变，或是双方共同调整改变，最终磨合好，达到和谐相处，父母对孩子的言行都接纳，孩子也能感受到父母满满的爱。

在生活中，当孩子偶尔跟爷爷奶奶、外公外婆接触的时候，老人会无条件满足孩子，平时在父母这里不被允许的看电视、吃零食等，在老人那里都被允许做。这种情况父母无须过多干预，因为也不是天天如此，当孩子跟父母在一起的时候孩子自然会调整。

老人无条件接纳孩子能让孩子感受到无条件的爱，这样的爱会不断给予孩子滋养和能量，增强孩子的自我价值感。孩子的内心能感受到还有人那样无条件爱着自己，想想都是温暖的，有力量的。

回忆童年，有一个无条件爱自己的老人（爷爷、奶奶、外公、外婆），这是多么美好有爱的感觉和回忆。

4.了解孩子的成长需求，给予接纳

孩子在一两岁的时候玩水，家长怕孩子把身上弄湿，不接纳孩子这样的行为，禁止孩子玩，孩子会哭闹以示抗争。这是生活中最常见的一类不接纳，原因就是家长有自己的需求和认知，孩子也有自己的需求。家长可以运用学到的最好的跟孩子的沟通方式，没有任何情绪地不让孩子玩水，但这样的不接纳会让孩子缺失必须有的成长元素。在这方面，家长要了解孩子的成长需求，给予孩子接纳，让孩子更好地成长，否则会影响孩子的成长和发展。

上面讲述了关于接纳的很多概念，还有概念与概念之间的关系，我已尽量按照清晰的逻辑来讲述，目的就是要把一个问题真正彻底思考清楚，这样才不会困惑，遇到问题才知道怎么办。如果一遍理不清，可以反复多看几遍加深理解，后面所讲的都是以此为基础的。

把上面的内容凝练地总结一下，理一下。

父母对于孩子的言行有不接纳的和接纳的部分，首先父母需要做真实的父母，真实面对孩子不接纳的言行，同时知道不接纳会让孩子有自己不被接纳和不被爱的感觉，还有些不接纳会影响孩子的成长。作为父母，一方面需要通过自我反思调整自己的接纳范围，一方面对于有些真实不接纳的言行要通过一种不伤害孩子的方式传递出来，在孩子成长过程中跟孩子不断磨合，或让孩子调整，或父母自己调整，或父母和孩子一起调整，共同不断扩大接纳的范围，最终和谐相

处，父母能够付出无条件的爱，感受到养育孩子的幸福和快乐，孩子能够感受到父母无条件的、满满的爱，由内而外地健康成长，整个家庭和谐幸福。

"接纳孩子"这部分内容就讲父母如何改变自己，调整自己，自我反思，扩大自己对孩子言行接纳的范围。对于还有一些不能接纳的部分，如何通过一种有效的、不伤害孩子的方式，让孩子调整改变，或父母和孩子共同调整改变，不断磨合，扩大接纳的范围，在后面的章节再分享。

父母如何反思自己，提高自己对孩子言行的接纳度？

对于不接纳的言行可以分为两类：

第一类是孩子的言行影响到父母的需求，比如上面讲的孩子玩水，会把身上弄湿，换洗衣服会给父母带来麻烦；孩子一直要妈妈抱，但妈妈已经很累了，没有力气抱了……

第二类是不符合父母的认知和价值观，简单来说就是不符合父母的期待。比如，孩子见到熟人不打招呼，家长认为这样不礼貌；孩子调皮，家长认为孩子需要听话；孩子考试考得不好，家长的期待是学习一定要好……

针对这两类情况，父母如何反思自己而提高对孩子的接纳度？

1.与孩子的需求冲突

前面讲过，父母也有自己的需求，父母的需求同样需要被满足和被尊重，后面章节会讲父母通过什么方式维护自己的需求，同时父母也要反思一下，当与孩子的需求发生冲突时，是否要让孩子满足父母的需求，孩子能不能做到，是否对孩子的成长有影响？如两岁的孩子玩水，由于各方面能力发展还不成熟，会把衣服弄湿，如果父母为了自己省事的需求，不让孩子玩，那牺牲的就是孩子发展的机会，这样的需求冲突，在孩子两岁的时候父母应该自己辛苦些，牺牲一下自己的需求而满足孩子，让孩子得到发展。

所以，父母要根据孩子不同阶段实际的发展和能力来反思一下当下的需求是否合理，是否需要牺牲一下自己的需求满足孩子，让孩子得到发展，这就是父母的意义，就是父母对孩子爱的具体体现。

（1）生理的需求冲突

通俗地说，就是孩子的吃喝拉撒睡。

孩子在刚出生的几个月里，睡眠和喝奶频率都很高。为了及时充分满足孩子的需求，家长尤其是妈妈的睡眠和饮食等需求受到了极大的影响，这时候需要完全地接纳孩子、满足孩子，而不是考虑父母的需求，绝大部分父母在这个时期都能做到。随着孩子的成长，父母可以慢慢满足自己的一部分需求，对于孩子还不能完全自己独立完成的需要给予充分的接纳。

（2）孩子需要发展探索的需求冲突

随着孩子的成长，需要各种探索来发展自己。家里会被弄得乱七八糟，身上会搞得脏兮兮的，时不时还会给父母来个"小惊喜"，砸坏电视机、打翻奶粉罐等，这是每个孩子成长发展必须经历的。孩子还没有能力做到不给父母添麻烦，认知还达不到，在成长过程中随着能力和认知的提高，慢慢才能够做到。如果父母完全从自己需求的角度出发，不愿意孩子给自己添麻烦，嫌烦，那除非让孩子不要动，不探索，这样孩子也成长发展不了。

穿得干净整洁，不能把衣服弄脏，这完全是成人的需求。所有孩子的需求都是要运动、要探索，不会在乎衣服的干净与否，甚至越脏越开心，跳泥坑、踩水、玩泥巴等。孩子一直保持干干净净，各方面的发展或多或少会受到一定的影响。孩子自己吃饭会把饭菜撒得到处都是，给成人添麻烦，所以直接喂饭，这不是爱孩子，而是成人爱自己。要以孩子为中心，孩子的成长是第一位的，而不是满足成人的需求影响孩子成长。

有些老师带孩子完全从自己需求的角度出发，而不是从孩子能够健康成长的角度出发。觉得孩子听话是最好的品质，喜欢乖的孩子，喜欢守纪律、对自己言听计从的孩子。那些调皮的孩子因为会给老师添很多麻烦，所以老师会用各种方式来给这类孩子上规矩。有些老师甚至跟家长说孩子有多动症，家长因为不懂，又是老师说的，所以也会觉得自己孩子有问题。有很多曾经被老师认定有多动症的孩子在我们这里得到了"平反"。

童·园对于调皮的孩子全然接纳，越调皮的孩子各方面会发展得越好，这个原因在成长的章节会分享。这些方面父母要调整自己的需求，理解孩子，给予孩子充分的接纳，心态要放好，孩子的成长过程必然有些物质"损失"。

如何面对孩子犯错

首先对犯错要有个正确的认知。绝大部分家长会认为犯错不好，不能犯错。首先对犯错的认知要改变，犯错是正常的，没有任何人可以不犯错，不付出任何代价就能成长和进步的，所以有了那句妇孺皆知的至理名言"失败是成功之母"。从这个角度上来说，犯错是有意义的。家长对孩子犯错一定要有个正确的认知，要接纳，而不是严厉指责、不接纳。

家长对孩子犯错不接纳，有个极端的案例，就是2010年轰动全国的药家鑫案件。2010年10月20日，药家鑫深夜驾车撞了人，本来是一场普通的交通事故，正常处理就行了，结果药家鑫特别害怕，感觉自己犯了滔天大罪，导致当时就失去了理智，持刀残忍地将伤者捅死，此后驾车逃逸至郭杜十字路口时再次撞伤行人，逃逸时被附近群众抓获。药家鑫为什么对于犯错有如此大的阴影？

中央电视台关于药家鑫的案件专门做了一期法制节目，分析探索案件的原因，其中有对药家鑫父亲的专访，他父亲就详细叙述了在药家鑫小的时候如何对他严厉管教的。有一次，药家鑫犯了一个错误，被关在地下室一个星期。药家鑫自己在庭审的时候也哭诉了他爸药庆卫对他的管教极为苛刻和严厉，不是关地下室就是用皮鞭抽，导致了他不敢面对责任、面对赔偿、面对回家后父亲的严酷惩罚，所以失去了理智。

家长面对孩子犯错时首先要接纳，知道这完全是正常的，心平气和地面对孩子，这样孩子对待犯错才会有正确的认知，不会认为犯错了就不是好孩子，父母就不爱自己了，甚至恐惧、焦虑。在接纳的基础上，孩子需要的是理解和帮助。

如果孩子已经知道自己犯错了，内心特别愧疚，在反思并要采取行动"补救"、承担，这个时候成人只需要接纳就行，保护好孩子的这种内在自发的内省品质，不需要过多地告诉孩子你犯错了，要如何如何，如此反而是对孩子的不信任。这种情况更不能不断批评指责孩子，否则会引起孩子的逆反心理，破坏孩子自发的内省品质。

如果孩子还不知道自己犯错，可以跟孩子一起探讨、分析，同时让孩子承担自己犯错的责任，而不是惩罚孩子。惩罚给孩子的感觉是他是故意犯错的，所以会被惩罚，这样反而会让孩子有逆反心理。

人非圣贤孰能无过，犯错是正常的，要善于总结经验，避免下次重蹈覆辙。同时，对于孩子所犯的错不是"逼"着孩子道歉，说"对不起"，而是能够尽自己最大努力和能力承担责任。一个尊严饱满的人在没有认识到自己犯错的情况下是不会心甘情愿道歉的，所以前提是让孩子先认识到。同时，认识到以后，核心是能够尽己所能弥补，承担责任，而不仅仅是"对不起"三个字。承担责任就是用行动表达"对不起"，不说都可以——损坏的东西赔偿，受伤了负责安抚好或治疗好。

有些没法实际承担的，道歉就是承担责任的一种方式。所以，要明白让孩子道歉的真正内涵，不要单纯地逼孩子说"对不起"，如此会造成有些孩子只要犯错就很敷衍地道歉，认为道完歉就好了，其他什么都不用做。要从小培养孩子敢做敢当的思维和品质，让孩子承担当下年龄能承担的最大责任，剩余的由孩子的监护人承担。

不小心把水杯打翻了，没事，下次就知道了，同时承担责任，自己用抹布擦干净就行。如果孩子年龄偏小，可以给孩子一块抹布先让孩子擦，擦不干净的地方父母再擦一遍。

孩子不小心打翻了水，洒得地上到处都是，不能上来就凶孩子："怎么回事啊，你就不能安稳点，这么调皮。"一边指责孩子，一边自己拿抹布去收拾，孩子则不知所措地呆愣在原地。或者对孩子无度地包容，直接自己去收拾了。上面两种做法孩子都没有承担责任，会养成孩子逃避责任的思维和不负责任的不良品质。让孩子具备承担责任的思维和品质，他以后自然就会谨言慎行，因为责任要自己承担。相反，不具备承担责任的思维和品质，反正不需要自己负责，会更加肆无忌惮，为所欲为，多少纨绔子弟就是如此。

（3）心理的需求冲突

每个家长都希望自己的孩子是天使宝宝，不哭不闹，情绪稳定，但现实绝大部分恰恰相反，孩子动不动就会哭闹有情绪。

只要听到孩子哭闹，有些家长就心烦意乱，特别是本身安全感不强的家长，这也是因为影响了家长的需求。

孩子的特点就是不成熟，各方面都需要发展，最明显的就是情绪极不稳定，动不动就会哭。情绪背后是一个人的感受，而感受是最真实的。现实生活中孩子哭，百分之九十九的家长第一反应就是让孩子不要哭，这就是对孩子的不接纳。禁止孩子哭泣相当于一个人感冒了咳嗽流鼻涕，让他不要咳嗽流鼻涕一样。哭是内在有情绪以后的自然反应，是天生赋予的，是表达释放情绪的一种方式，表达即疗愈，对自身是有益的。让孩子不要哭也就是告诉孩子，你的感受是不对的，不要相信你的感受。连自己的感受都被否定，不相信自己的感受，哪还会有自我价值感和自信可言？

情绪是一个人最真实、最自然的内心感受的流露，是内在能量的一种释放方式，是最真实的自己，要让情绪自然地流淌，真实地显现，这样才能更好地和情绪相处，处理好情绪，成为真实的自己。不让情绪流淌，以各种方式限制、压抑、逃避、转移，都会让情绪淤积，会不接受自己的一部分，割离真实的自己，造成内在的压抑或各种偏差的人格。前面讲的家长对孩子的言行有一部分是不接纳的，但对于孩子的感受和情绪需要完全地接纳，要给予孩子爱和支持，让孩子学会和自己的情绪相处。

接纳孩子所有的感受和情绪不是溺爱，接纳–允许孩子所有的言行才是溺爱。

父母如何表达对孩子情绪的接纳？孩子有情绪时最需要的是什么？

当孩子遇到问题了，自己摔了一跤、被人打了、被老师批评了、别人抢他玩具、不愿意上幼儿园等，有情绪了，家长的不接纳做法有哪些？

会命令："不要哭。""你打回去啊！""你也抢回来啊！""快进去！"

会批评指责："你怎么不抢过来？""胆子怎么这么小？"

会嫌弃："就知道哭，怎么这么没出息。""烦死了。"

会嘲笑："你看你，像什么啊！""除了哭，你还会什么？"

上述父母的状态和回应都是对孩子不接纳的状态。对孩子的不接纳会否认孩子的感受和情绪，会损伤孩子自我价值感，会让孩子的情绪越来越大，本来就有"火"，不接纳等于火上浇油，情绪温度越来越高。当情绪越来越大时会更容易出现一些不理智的言行，也没有办法冷静思考。

随着孩子慢慢长大，为什么不愿意跟家长沟通呢？家长也没法了解孩子，就是因为这样不接纳的状态。只要孩子表露出的情绪或负面想法跟家长期待的不一样，家长就要说教，批评指责。任何人面对这样的态度都会把嘴巴闭上，不想沟通交流。

如何表达接纳？

用被誉为"沟通之父"的托马斯·戈登博士写在《父母效能训练手册》中的方式——倾听孩子。

倾听是最能够表达接纳的，会让孩子感觉到这样的状态是正常的、被允许的、能够被理解。当有这样感受的时候情绪也容易缓解，降低情绪的温度，能够更好地面对和思考。

倾听孩子能够让孩子感觉到父母能够理解自己、帮助自己，心是和他在一起的，让孩子更加信任父母，愿意跟父母沟通，亲子关系也更加亲密。

首先要会基本的倾听，包括沉默、家长非语言的专注听的状态、简单的理解性应答和简单的主动倾听，询问。

具体可以详细学习《父母效能训练手册》第三章。

午饭时间，老师从三楼下来在大厅遇到了小卡，看到小卡嘟着小嘴，一脸不开心的样子，于是老师问小卡："小卡你怎么一个人下来，现在吃饭了。"

小卡没有理睬老师，而是继续嘟着嘴不说话，然后跑进卧室一屁股坐在了自己的小床上，嘴里很小声地叽里咕噜着。老师看到他坐在床上，继续提醒道："吃饭时间到了小卡。"可是，小卡似乎根本听不进去老师说什么，而是继续沉浸在自己的情绪中。（这时，老师突然发现错了，只顾着现在是吃饭的点，提醒孩子吃饭，却忽略了他当下的需求，也忘记接纳他的情绪）于是，老师调整了下自己的方式，静静看着卡小，并缓慢地问他："小卡你需要我给你个拥抱吗？"这时，小卡一直低着的头突然抬起来，点点头，抱住了老师。老师静静地抱着他一会，对他说："小卡你好受点了吗？"他点点头。老师说道："那我现在送你到教室吃饭，可以吗？"他继续点点头，紧紧拉着老师的手，跟老师下去了，正好走到门口，圆圆和miya出来看到了小卡，立刻迎上去关心地问小卡："小卡，你怎么了，不开心吗？"后来说些什么老师没有细听，剩下的事情交给孩子们就可以了，老师适时退出了。

很多时候，孩子需要的不是多少语言，一个拥抱足矣。一开始，老师只是把自己的需求和想法给了孩子，孩子不愿意接受，静下心体会孩子，看到孩子的感受，一个简单的拥抱，就可以让孩子信任。

拥抱的力量真的太强大了，成人需要，孩子也需要。

（4）心灵的需求冲突

越小的孩子越需要安全感，需要父母陪伴、拥抱，会黏父母。这些需求，父母要根据孩子的年龄充分满足孩子。

孩子还体会不到妈妈的辛苦，如果父母只顾自己的需求，忽略孩子，任凭孩子哭闹，甚至对孩子发火等，会更加损伤孩子的自我价值感、安全感，认为自己是不好的、没人爱的，会恐惧、孤独。父母对孩子的爱就体现在这里，爱需要付出，哪怕自己辛苦点，也要感受孩子心灵的需求，充分地满足孩子。真正爱孩子的家长这个时候甚至完全不会考虑自己的需求，就想着能够尽快满足孩子，会激发出自己内在的能量和力量。很多妈妈有肩周炎，就是抱孩子导致的。但当时感受不到，只知道孩子需要抱，这样能够让孩子安心。而心灵枯竭，没有爱的家长，考虑更多的是自己，累、烦、腰疼……自己的需求大于一切，更不用说感知孩子的需求了，这样会导致孩子心灵的成长也是干枯的、没有温度的、冰冷的，因为没有得到过温暖和滋养。

2.孩子不能满足家长的期待

没有哪个家长能做到对孩子没有期待，只是给予孩子爱，让他完全自由地发展。

家长对孩子或多或少，或合理或不合理，都有期待。同时有些期待是合理的期待，对孩子的成长有益，能激发出孩子一定的生命力，孩子也需要这种被期待的力量，这是成长的动力之一，在下面章节会讲到。

有些期待是不合理的期待，是家长按照自我想法对孩子的一种控制，家长持续的焦虑、压迫等，会带给孩子持续过大的压力，对孩子的成长是阻碍，会损伤孩子的自我价值感。如同在模具的禁锢下长成的方形西瓜一样，虽然被培养成了家长期望的样子，外在光鲜独特，而内在却失去了西瓜原有的甘甜。

"不是中了病毒，是有了自己的感受，不想被控制了。"一个青春期孩子的话，简单、真实、发自内心。

有多少家长总是想让孩子成为自己期望的样子，想改变孩子，跟孩子之间不断"斗争"，最后发现怎么也改变不了。有些孩子不但没有成为家长期望的样子，反而越来越"糟糕"，最后不得不接受现实，"妥协"了，接纳吧！这个过程中，孩子的自我价值已经受到一定程度的损伤，同时亲子关系也受到了影响。还有些家长会用各种方式执着于改变孩子，如此，严重的甚至会造成孩子抑郁、厌学甚至一些不可逆转的创伤，现在出现这样状态的孩子越来越多。

如果孩子已经出现了抑郁、厌学等状态，这时候不管孩子多大，家长首先必须做的事就是放下对孩子的所有期待，全然接纳孩子。没有接纳，所做一切都是徒劳，只会让孩子状态越来越严重。

家长自我的修为、对孩子的认知要随着孩子的成长不断进步，不断地反思自己，调整自己对孩子成长有阻碍的不合理的期待。

家长需要自我反思的不合理的期待有以下三类：

（1）孩子与生俱来的，自己没办法改变的，必须接纳。

如孩子的长相、性别、天生的气质类型等，这些没法改变，家长要摒弃自己个人的喜好，接纳孩子。

为什么现在有这么多人整容？其中一个原因就是小的时候听到谁说自己哪哪不好看了，这对一个孩子内心的冲击非常大，但又是没办法改变的事，这个"缺点"如同黑洞一样，会一直吞噬孩子的自信，遇到什么挫折和困难都归结于这个原因。作为父母，自己的孩子不管长成什么样，在父母眼中都是最好的，这样孩子也会接纳自己，而不会自我否定。

性别也是如此，如果有重男轻女观念比较重的家庭，爷爷奶奶喜欢孙子，不喜欢孙女，那方方面面都会体现出来，孩子都能感受到。长期如此，孩子对自己就会莫名不自信，认为自己没有价值，爷爷奶奶不喜欢自己。好在随着社会的发展这样愚昧的观念正逐步消失，不管男孩女孩都很宝贝。

上面两种现象家长都还比较容易接纳，面对孩子先天的气质类型，能够做到接纳的家长就很少了。接触了很多的家长，解答过不少家长的咨询，经常会遇到家长咨询如何让孩子活泼开朗，其实就是不接纳孩子内向的气质类型，想改变。如果家长出现这样的心态，结果只有一个，就是孩子会越来越内向，那样的内向是没有自信的内向，是低自我价值观的自我封闭。什么原因？就是因为孩子感受到家长的不接纳，让孩子有被否定感、被嫌弃感，所以会变得越来越没自信。一个人的气质类型是天生的，有的孩子天生就是活泼开朗的，特别善于表达，喜欢社交；有的孩子天生就是内敛的，喜欢观察，非必要就不表达，这个内容在讲"精神体"胚胎的特征时详细讲过。不同的气质类型没有好坏之分，各有各的优缺点。家长潜意识可能觉得未来孩子的生存和幸福，外向型的比内向型的更加有优势，所以希望孩子外向点。且不说是不是外向的一定就比内向的有优势，从气质类型来说，一个人的气质类型伴随一生基本是不会变化的，就是改变，也是在接纳现状的基础上，孩子才会变得越来越有自信而主动扬长避短。

家长一定要认知到这一点，首先必须接纳孩子当下的气质类型，接受他本来的样子，而不是你期望的样子，这样孩子的自我价值感才不会受到伤害，才能做最好的自己。人幸福的一个基础就是能够做自己，而不是别人眼中的自己。

还有些家庭，孩子一出生就有些缺陷，孩子也不想，但天生就如此，家长能做的就是要尽快调整好自己的心态，接纳这样的事实，否则自己和孩子都会生活在相互不接纳和矛盾中。

在这里需要特别讲一点，就是父母给孩子起名字一定要注意，不要起一些容易让别人开玩笑的名字，这样上学以后小伙伴会不断拿孩子的名字开玩笑，每开一次玩笑孩子就感觉被嘲笑一次，有可能造成很大的心理创伤，损伤孩子的自我价值感。

还有就是给孩子乱起绰号，有些绰号是小伙伴之间亲密的称呼方式，有些绰号带有一定的嘲笑和恶意成分，如果有恶意成分，感觉损伤到孩子自我价值感了，需要引导孩子勇敢地制止，如果孩子力量不足，成人就需要干预。

（2）孩子正常的发展节奏和能力必须接纳，不要期待过高。

这就要求父母对孩子的期待要太高，不要总是对孩子"恨铁不成钢"，总是拿孩子跟其他孩子比较，谁谁如何如何优秀……孩子本来是正常的，由于父母的不接纳就会认为自己比较差，没价值，没用，损伤孩子的自我价值感。为什么有些孩子越到大考就越紧张，发挥失常，其中一个原因就是父母太看重考试成绩，只要考得不好父母就不接纳，造成孩子越是面对重要的考试越会太过担心考不好，患得患失，紧张，心态失衡。

从整体心态上，父母反而要降低对孩子的期待，接纳孩子未来就是一个普通人的事实。实际上，绝大部分人就是普普通通的，不是每个人未来都能有很大的成就。孩子的未来也不是父母能规划出来的，规划反而是一种设限。接纳孩子，让孩子有自我价值观，不设限，孩子会绽放出自己无限的人生。

前面在讲家长改变自己不合理的需求时讲到孩子会把家里弄得乱七八糟，家长需要改变自己的需求满足孩子的成长。为什么有些家长不接纳孩子，认为孩子调皮，不懂事，瞎玩，就是因为不了解孩子的发展规律，不知道这是孩子这个阶段正常的状态，对孩子的期待错了。家长期待孩子要乖，听话，不捣乱，孩子不符合自己的期待，当然就对孩子有情绪，不接纳了。如果了解孩子的发展规律就不会有那样的期待，就会理解孩子这个阶段这样就是正常的，不但接纳孩子，还会主动创造条件让孩子有更多探索的机会。

孩子到两岁就进入人生第一个"叛逆期"，七岁进入第二个"叛逆期"，十二岁进入青春"叛逆期"，实际上孩子根本没有"叛逆期"，认为孩子叛逆都是成人站在自己的角度对孩子的评判。孩子到了一定阶段有自己的思想和主见了，成人不懂孩子，"驾驭"不了这个阶段的孩子，或想按照自己想法控制孩子又控制不了，然后就认为孩子叛逆。

站在孩子的角度，他要发展，要探索，要做自己，这是最正常的需求。——在安全的范围内给予孩子充分的自主，青春期时给予孩子更多的空间和尊重，能让孩子尝试的就放手让孩子尝试一下。

如孩子的"早恋"问题，一般孩子到九岁就会对异性有感觉，这完全是生理和心理发展的正常状态，家长所要做的不是禁止，视"早恋"如洪水猛兽般"扼杀"，如此会损伤孩子的自我价值观，扭曲孩子的恋爱观，压抑孩子的性灵。而是要充分地接纳，正确地引导，告诉孩子哪些可以做，哪些不可以做，给孩子树立正确的爱情观。激发孩子将其变成积极成长的动力，告诉孩子如何做才能让对方喜欢。

理解孩子，就不会跟孩子对立，不会有那么多冲突了。

学得越深入，越了解儿童发展规律，就越清楚孩子各个阶段的言行都是正常的，有的需要充分满足，有的需要正确引导，有的是阶段性的，有的是因为家人的带养方式问题，有的是需要慢慢调整的。这十几年来解答过数以千计的家长的咨询，毫不夸张地说，起码一半以上的回答都是"这是正常的"，然后就是解释为什么是正常的。

生活中经常遇到一些家长，三岁的孩子尿裤子，对着孩子就是一通责备。孩子才三岁，尿裤子不是很正常吗？孩子在两岁之前尿道括约肌和肛门括约肌还没有发育成熟，还感知不到大小便，所以需要给孩子自由，不能把屎把尿，否则会紊乱孩子这方面的发展。到两岁左右才能感知到大小便，这个时候只能感知到还不能控制。等到三岁左右能控制一点，但还不成熟，不稳定，所以遇到一些情况如兴奋紧张等就会紊乱了，尿裤子完全是正常的。家长了解了孩子发展的节奏和规律就会充分接纳孩子，而不会指责孩子。

我经常听到有些家长跟孩子沟通的时候会说这么一句话，"我再说一遍"，期望孩子一下子就能改变，别说孩子，成人能做到吗？比如，在家里妈妈要求每个家庭成员进门换好拖鞋后把自己的鞋子放入鞋柜里，结果都是习惯性地穿了拖鞋就走，忘了把鞋放入鞋柜，即使妈妈三令五申也不能让大家立刻就养成习惯。成人尚且如此，更何况孩子。孩子的理解能力和意志力还不足以一下子就能做到，这是自然发展规律,需要慢慢来,不断地重复,要对孩子这种成长的过程充分接纳。

这里要着重讲一下孩子发展规律中最重要的现象,就是孩子的敏感期,很多家长会因为不懂而不接纳孩子,制止或干预孩子,导致成长的缺失和不足。

家长比较容易误解的敏感期有:

●口腔敏感期四至十二个月

这个时期孩子喜欢吃手,喜欢把手塞进嘴里,会抓握以后,拿到什么都往嘴里放。

孩子是通过口腔来探索感知,这是每个孩子成长都必须经历的阶段。家长不但要接纳,还要充分满足孩子,让孩子尽情地吃,不要限制孩子。确保孩子塞到嘴里的物品安全且卫生,越丰富的物品越有助于孩子口腔敏感期的发展。

孩子只要能够被接纳,被充分满足,一般到十二个月左右,吃手的现象就会自然停止。否则到两三岁都有可能有吃手的习惯,因为之前没有发展好,后期需要弥补,但再怎么弥补也永远达不到那个阶段被充分满足的效果。

●手敏感期(零至二岁)

这个时期孩子最喜欢用手去探索,见到什么都要抓,吃饭时抓米饭,吃香蕉时会捏香蕉,各种物品都要尝试一下,越是新奇的东西就越有兴趣。

再大一点就喜欢扔东西,拿到什么都"乱"扔,扔完会盯着看,会很开心。这个过程中,孩子手臂的功能、手眼协调等方面会得到发展。从成人的角度看,这不是瞎捣蛋吗?乱扔有什么意思呢?但对孩子的意义就不一样。

所以,家长要充分地接纳和满足孩子,给孩子提供安全、种类丰富的物品让孩子尽情地扔,扔够了就不扔了,各方面也得到发展了。

●秩序敏感期(零至三岁)

这个时期孩子对环境、生活习惯等要求很高,需要是稳固熟悉的。如果有些变动,会引起孩子内在的不适,会有情绪、哭闹。如家里长期摆放在显眼处的花瓶突然不见了，打破了他内在对物品摆放的秩序，他就会不舒服、哭闹。乘电梯的时候必须自己按楼层的按键，如果哪次被家里其他人抢先按了按键，孩子会不依不饶要求按原来的秩序重新来。

当孩子处于秩序敏感期时，家长要尽可能地满足孩子，实在不能满足的，孩子有情绪也要理解和接纳孩子。

● 行走敏感期一至二岁

这个阶段是孩子学走路的阶段，对走路充满了兴趣，没学会独立行走前扶着，能独立行走以后会到处走，哪里不平走哪里。还喜欢执着地反复上下楼梯，不懂的家长会莫名其妙，不是已经上来了吗，怎么还要下去又上来？这是在行走敏感期，一定要走够才可以。所以，家长需要充分地接纳和满足，宁可自己累点，看护好孩子，也要满足孩子。

● 对细微事物敏感期（一岁半至四岁）

这个时期的孩子会特别关注细微事物，有时在路上走着走着就停下来观察蚂蚁，在家里地上会捡起头发，或发现一粒豆子，在大自然里会捡各种"宝贝"放在口袋里，什么小石子、小贝壳、树叶、果子等。

你不知道孩子从中能学到什么，也许最初的观察能力、对事物的兴趣就是从这里萌芽的，家长只需要接纳孩子，允许孩子这样做就行。

● 执拗敏感期（二至四岁）

这时候孩子大脑已经发展到一定程度了，有自我意识的萌芽了，有自己想法了。这个时期孩子特别难带，会总是跟家长作对，你让他往东他偏要往西，非要按照自己的方式来，说得最多的就是"不"。不了解的家长会觉得这还得了，照这样下去以后还不无法无天啊！了解以后就知道这是这个时期特有的现象，过了这个时期就好了，要给予充分的接纳。

●空间敏感期（二至四岁）

这个时期孩子会翻箱倒柜，到处找空间钻、躲，喜欢爬高，爬沙发、爬桌子、爬窗台，乐此不疲，这是到了空间敏感期了，孩子这是在用各种方式来感受空间。

虽然这样成人带得很累，有时还会担惊受怕，但一定要理解孩子，接纳孩子，满足孩子。

●占有敏感期（三至四岁）

这个时候有物权意识了，孩子自己喜欢的东西都想据为己有，而且不允许别人动他的物品。

这个时期要充分地尊重孩子，给予孩子一定的独立空间，尊重他，而不要认为孩子不懂事，或者随意支配孩子的物品。

●诅咒敏感期（三至五岁）

"打死你""把你踢死"……这些听上去既不文明又有些可怕的言语总是出自这个年龄段孩子的嘴里。孩子在这个时期发现语言是有力量的，诅咒是最能表现力量的话语，会引起别人强烈的反应。外界反应越强烈，孩子就越喜欢说。所以家长在这时候可以不要在意孩子的话，只需慢慢等待这个阶段过去。

家长对孩子的各种不接纳、情绪，和孩子之间的冲突，对孩子束手无策，绝大部分来自对孩子的不了解。

当你知道孩子几个月大的时候就是用嘴来探索世界的，你就不会带有情绪过多地干涉和制止孩子什么东西都往嘴里放。

当你知道孩子在两岁左右才能感知到大小便时，你就不会困惑于孩子不会表达而随时随地大小便。

当你知道孩子的"调皮"是在探索，是在学习，特别是在两岁左右，有很多自己的想法和主见想亲自去尝试的时候，你就不会跟孩子有很多的冲突。

当你知道孩子的"说谎"是他自我保护的一种方式或探索自己力量的一种尝试时，你就不会对孩子严厉批评指责。

孩子在成长过程中每个年龄段都有其阶段性特征，成人首先要做到的就是接纳孩子，这样孩子才能充分地显现，更好地成长。

在对孩子方方面面细致入微的了解上，老师和家长有无限的空间需要成长。养育孩子如同等花盛开，看树长大，牵着蜗牛去散步，让孩子慢慢成长。

下面是我们老师都要会唱的一首歌《慢慢》。

慢慢

清晨的露珠慢慢变成天上的云

毛毛虫在黑暗中做着飞翔的梦

不爱刷牙的孩子正在慢慢地长大

爱发脾气的妈妈慢慢学会觉察

慢慢来吧

慢慢来吧

别太着急了

（3）孩子的兴趣和正常的意愿，必须接纳。

这一点最能体现出父母是否开明、民主，孩子是否能做自己，能绽放。

多少女孩天生就不喜欢数理化，然后被家长逼着学理工科，选了一个自己不喜欢的专业；多少孩子喜欢看课外书或绘画，但被家长视为"与学习无关，不务正业"而想方设法阻止……这些都是对孩子的不接纳，都会影响孩子的自我价值感。到最后就是看谁的意志力强，如果孩子足够坚持，父母不得不让步，孩子就能够更好地绽放。反之，如果父母太过强势，看似最后孩子服从了父母，但孩子的生命力被压抑了，这是当下多少孩子实际的状态。对于孩子正常的兴趣和意愿，家长必须接纳，这样孩子才能最大化地发挥出自己的主观能动性，才能做自己，成为最好的自己。

上面的两类情况，家长可以通过自我反思扩大对孩子的接纳范围。有一种情况是同时影响家长需求和对孩子的期待，就是家长自己本身的状态。当自己心情不好的时候看什么都不顺眼，哪哪都不舒服，本来平常可以接纳的，心情不好的时候就想凶孩子，发火；平时叫孩子吃饭叫几遍孩子没反应也不强迫孩子，今天被领导批评了，晚上叫孩子吃饭，叫了几声都不来，就想发火……

影响自己状态的一个是身体状态，一个是情绪状态。

身体状态就需要成人拥有一个健康的身体、旺盛的精力，这是养育好孩子的首要前提。孩子对这个世界拥有饱满的热情和好奇心，无时无刻不在探索。如果成人精力跟得上，就会对孩子比较接纳，会充分允许孩子自由地发展自己。学再多如何带养好孩子的理论知识，如果成人精力跟不上，也会很容易对孩子有各种不接纳，有情绪。同样的行为，就会视为孩子在捣蛋、搞破坏，甚至好像故意在给自己找麻烦，给自己添堵，对孩子各种不接纳，从而对孩子有情绪，孩子也会经常受到一些莫名其妙的伤害，慢慢消耗孩子的能量。

家长首先要照顾好自己的身体，身体才是革命的本钱。除了身体还要照顾好自己的情绪，自己状态好了，对孩子接纳度自然就会比较高，这需要成人能够不断自我成长。很多人对自身的一些方面有些不满，到处学习，寻找方法和答案。殊不知，自我成长首先是接纳而不是改变。只有真正接纳自己的一切，才是能够改变的基础和开始。否则一直会跟现在的自我对抗，很多的情绪都是潜意识里对自己的不满，学得越多对抗越多。学习从接纳开始，不提高对自己的接纳，任何的学习效果都是有限的。

每个人内心深处都希望被别人接纳，孩子更是如此。父母对孩子的接纳是孩子自我价值感最基本的来源，是最基本的安全感。在孩子什么还不懂、不会，理解能力、意志力还没有完全发展起来的时候，父母首先要做的就是保持自我反思，反思自我的需求跟孩子的需求冲突而不接纳时，自我的需求在孩子当下是否比孩子的需求更重要，是否影响了孩子的发展；反思自己对孩子的期待是否对孩子有伤害，阻碍了孩子成长发展或损害孩子的自我价值感。不断的反思会让自己对孩子接纳的范围更大，孩子也能够感受到更多的爱，提高自我价值感，提高安全感，健康地成长和发展。

二、信任孩子

孩子自己穿衣服，穿了十分钟还没有穿好，你怎么做？

孩子自己吃饭弄得到处都是，你怎么做？

你做什么孩子都想帮忙一起做，你怎么做？

孩子的定义就是不成熟。因为不成熟，所以什么都不会做，笨手笨脚，慢，但不代表永远会这样。只要给孩子时间，只要信任孩子，孩子都能学会。

孩子生下来就要追求自我价值感，就想要自己能慢慢独立，什么事本能地都要自己做，不让他做他就会用各种方式来反抗，来争取自己成长的权利。随着长大，为什么有些人就变得越来越不自信？在成长的过程中发生了什么？一次次对孩子的不信任，就是其中的重要原因之一。

信任孩子，你会发现孩子没有我们想象的那么弱。

放手让孩子自己做

从孩子出生开始就要对孩子充分信任，只要孩子能做的事就放手让孩子自己做。

怎么知道什么时候孩子能做什么？关于这方面的观察研究已经很细致，有各种详细的对照表，什么月龄能做什么，做到什么程度，虽有一些个体差异，但大体差不多。这些数据家长可以作为参考，不需要严格对照这个发展表来带孩子，孩子会在生命力的驱使下，按照内在的发展节奏主动显现出来，家长只要放手就行了。喂奶时自己想用手扶着奶瓶；看到个好玩的自己就想伸手去拿；换下来的尿不湿会主动学妈妈扔到垃圾桶里；要拿勺子自己吃饭……当孩子有这样的想法和动作的时候，就放手让孩子自己做。开始肯定做不好，这是正常的过程，要信任孩子总归能学会的。

有时家长会发现，面对孩子，等一等会有不一样的惊喜。当孩子习惯性地找你帮忙的时候，你等一等，或借口有事在忙让孩子等待，或鼓励孩子再试一次，你会发现说不定孩子自己已经解决了。

现实中，家长要么是出于对孩子的爱，要么是觉得孩子做不好最后还是要麻烦自己，孩子想做并且主动尝试做的时候就直接抢过来替孩子做了。两岁了喝奶还要妈妈扶着奶瓶；要什么东西一个眼神妈妈就拿来了；两岁半了，换下来的尿不湿还要妈妈扔；吃饭一直都是家长喂，孩子只需要张口，甚至家长恨不得亲自嚼碎喂到孩子嘴里……家长以为这就是爱，或许当时确实省却了一些麻烦，实际传递的就是一次次对孩子的不信任，损伤孩子的自我价值感，让孩子有依赖性，是溺爱。现在这个时代孩子各方面发展普遍比较滞后，绝大部分原因就是家长代劳太多，还有就是怕孩子会受到各种各样的伤害。孩子没有那么脆弱，有一定的自我保护意识和能力。相信孩子能，他就能，越担心，他越小心翼翼，越不敢去尝试甚至直接放弃。

没有哪个家长不爱自己的孩子，但也要会爱孩子，不会爱反而会伤害孩子。

爱是需要付出的，不要嫌孩子慢，浪费家长时间；不要嫌孩子烦，家长要收拾；不要嫌孩子脏，弄得一塌糊涂；不要总是过度担心孩子，会磕着碰着这也不能去那也不能玩。孩子不会永远这样，但家长不放手、不信任，孩子就会停滞不前，永远这样。

孩子不自知，做都不敢做

一个四岁的孩子，爬到一个差不多半米高的石头上，想往下跳，但不敢。其实高度以孩子目前的能力完全可以，但孩子自己感觉不行，不敢跳。一是对困难预估过高，二是对自己的实际能力不自知，产生了信息的误差，所以不敢跳。

生活中，多少成人也遇到过类似的情况。在工作、学习、生活中，别人都觉得他可以，不至于如此，他也想做到，但他自己就是认为自己做不到，然后就一直原地踏步，在郁郁不得志中度过一生。这需要勇敢地突破自己，改变对自我和外界的认知。当自己内在的认知和力量不足以让自己突破改变的时候，就需要外界给予一定的力量去突破，这个力量就是主动信任他、鼓励他。

做任何事都是先相信自己能做成，才会全力以赴去做。有多相信就有多少信念，就会付出多少行动，就能产生多大的意志。

　　在做之前就认为自己肯定做不成，不相信自己，那自然就不会去做，连尝试都不会尝试，更别说坚定信念全力以赴了。

　　鼓励孩子就是相信孩子，孩子从成人对自己的信任中相信自己，自然就会不断尝试，直到成功。

　　上述那种跳石头的情况，在学校里只要我遇到，就会用坚定的眼神看着孩子，告诉他"你可以的，放心大胆地跳"，如果他还不敢，那就再给予他鼓励"你完全可以跳，没事的，我会保护你"，说完感觉他已经很想跳了，但还是有一点点怕，这时候就持续一次次地重复给他信心，告诉他"你可以的"，或者等待一会儿让他自己内心准备一下。如果还不敢跳，可以蹲在下面把手张开，作出能够保护他的姿势，一般这样孩子都会主动跳了。只要突破心理防线，跳过一次，后面就会对自己和这个高度有个重新的认知，相信自己能。

　　还有的孩子自己反复尝试了几次都没成功，想放弃。但成人知道，只要再尝试几次就能够做到。这种情况也需要给予孩子信任和鼓励，给孩子加持力量。

　　成成想去干涸的沟渠里捡棍子，目测沟渠深一米左右。

　　成成跟老师说："老师我要下去。"

　　老师："你可以的。"

　　成成："我不敢，要是摔倒怎么办？"明显有些底气不足。

　　老师走到跟前："不会的，我会保护你的，你可以试一试。"

　　成成还是不敢下去，转来转去，看上去在思考着什么。

　　老师蹲在成成身边陪着她，给她坚定的眼神。

　　成成转了几圈最后蹲下来，转身趴在地上，像滑滑梯那样刺溜滑下去，手紧紧地抓住地上的长草，成功地安全落地。

　　蹦蹦跳跳地捡了很多她喜欢的木棍，等想上来的时候似乎又犯了难。

　　成成没有求助老师，向前走走，又折回头向后走走，看样子是想找个容易爬的地方。在沟渠里来来回回地走了四五分钟，还顺便捡了几根棍子。这时依依下去了，送给成成一朵绿茎红瓣的小花。成成似乎并不是很喜欢。依依拿着小花往上爬。成成突然有了灵感，找了个有阶梯形状的地方迅速地爬了上来，跑过来开心地跟老师分享捡来的棍子。

成人需要感知到孩子确实是想做某件事，又完全能够做到，但由于对自己的不自知和对外界困难预估过高而不敢做，这就需要给予孩子信任和鼓励，给他力量的加持。如果是成人的意愿让孩子去做某件事而非孩子的意愿，这时孩子也不需要信任和鼓励。这种情况在接纳的章节讲过，父母要反思自己的需求是否有利于孩子成长。如果孩子不想做，但做了对他长期发展有好处，只是孩子还认知不到，这样的情况后面章节会分享成人该如何做。

还有一种情况就是孩子的能力确实达不到，即使给予鼓励孩子也不做，或做不成功，这对孩子的自信反而是一次挫伤，也会影响成人的权威。所以，这种情况就不适合一味地鼓励孩子。

有时孩子不想做是因为太不自信了，用不想做来逃避，一般成人都能感知到孩子这样的状态。如孩子看到别的小朋友一个个从石头上跳下来，特别好玩，自己眼巴巴看着，不敢上去跳，老师让他也加入游戏时赶紧摇摇头跑走了，但在玩的时候眼睛时不时会瞄向石头那边。这种情况首先要接纳孩子，然后可以等待一下，不要急着去引导，给孩子时间等待孩子自己突破，主动来跳。如果孩子无法自我突破，成人再适时地主动邀请孩子、鼓励孩子。

除了鼓励孩子，还可以表达对孩子的期望，让孩子有被期待的力量，从而朝着被期待的方向努力，最终实现目标。

心理学有一个皮格马利翁效应就说明了这样的力量。

皮格马利翁效应又称罗森塔尔效应或期待效应，它是心理学家罗森塔尔首先发现的。

1968年，罗森塔尔和雅各布森挑选了一所小学，以"未来发展潜力测试"的名义与校方展开合作。他们告诉校方，此次实验的目的是优化潜力生的挑选方法，以便重点培养这些学生。几天后，他们给校方和老师出示了一份所谓潜力生的名单，并嘱咐老师，为了避免学生情绪波动而影响实验效果，不要向任何人透露名单内容。

这个实验的精髓在于，这份名单并非特意筛选，而是随机生成。

八个月后，相比于其他学生，位列名单中的学生除了学业成绩进步更明显之外，其求知欲、适应力、思维活跃度、性格开朗程度等特质进步都更为明显。原因在于潜力名单左右了老师对学生的看法，让他们对所谓的潜力学生寄予更高的期望，从而对这些学生给予更多的关注，在不知不觉中传递了对他们的期待。这些学生在老师期待的作用下，学习的动力和自信心得以提升，继而获得更大的进步。

罗森塔尔和雅各布森由此得出结论：教师对学生的态度能影响学生的心理，从而使学生取得与老师期望方向一致的进步。

被期望能让自己产生力量。

生活中我们这样的体验也非常多，A班级和B班级举行拔河比赛，在双方均精疲力竭、僵持不下的紧要关头，A班的老师在旁边声嘶力竭地给A班加油，鼓舞士气，队员们也感受到了这种满满的被期待的力量，士气大增，一鼓作气赢得了比赛。

上学的时候，老师会让那些不守纪律的学生负责班上的纪律管理。神奇的是，被赋予了"重任"之后他们反而变得非常守纪律。李嘉诚对员工的激励就是一个人能挑七斤担就让他挑八斤担，这就是信任和期待的力量。

表达对孩子的期望，有时不需要用语言，孩子从成人的表情和状态中就能感受到对他的那种期待，就会收到这份力量。

当然，这种期望跟前面接纳章节中不要对孩子有不切实际的期望不一样。这种期望完全是积极正面的期望，是对孩子的信任，是在了解孩子基础上的合理的期望，焦点更多在孩子身上，让孩子能够成为最好的自己。最关键的是孩子面对这份期望不会有失去爱的压力，不会担心如果没有达到父母的期望父母就会不喜欢自己了，不接纳自己了，失去爱了。达到期望更好，会开心会自豪，没有达到也被接纳，依然获得爱。而在接纳章节讲的那种期望是一种有压力的期望，有些甚至是不符合孩子身心特点的期待，是父母"自私"地要求满足自己需求的期望。最关键的是，父母会传递给孩子，如果不符合期望，没有做到期望的那样就会失去父母的爱了，脸色变了，态度变了，甚至发火了，这样的期望让孩子既有压力也压抑，孩子没办法做自己，会损伤孩子的自我价值感。

人是具有社会性的，那种被别人期望的感觉是满满的被信任的感觉，会让自己更加积极向上，更加有力量去达到那样的期望，不会辜负这样一份信任。

做了，遇到问题了

孩子在做的过程中遇到了挫折，这种情况家长首先就要信任孩子，给予孩子充分的自主和时间，让孩子自己想办法解决。

每个孩子都会本能地自己解决问题。

从孩子两个多月时练习翻身，一次、两次……不断地尝试，那真是百折不挠，越挫越勇，最后终于成功。同样，练习坐、爬、走路、吃饭……都是如此。要信任孩子，有时明明知道孩子遇到问题了，只要孩子没有寻求帮助就假装没看见，相信孩子自己能够想办法解决问题。即使这次不能处理，随着成长和自己不断摸索，总会想出办法解决。在孩子寻求帮助时可以给予孩子一些鼓励或提示，最终要信任孩子自己有面对挫折和解决问题的能力。

有的家长心疼孩子，出于对孩子的爱，直接替孩子做或直接帮助孩子解决问题，这样反而是伤害孩子，是对孩子的不信任，会养成孩子的依赖性，损伤孩子的自我价值感。

如何面对孩子遇到问题或挫折时的情绪？在讲接纳的时候讲了一种情况就是，当孩子遇到问题了，自己摔跤了、被人打了、被老师批评了、别人抢他玩具、不愿意上幼儿园等，有情绪了，家长对孩子会有不接纳的应对方式：会命令、会批评、会嫌弃、会嘲笑孩子等。除了不接纳，家长对孩子还有不信任的应对方式，有可能父母不自知，认为那样是爱，实际孩子感受到的就是不信任。

不信任的方式有两类。

第一类：总想着要安慰孩子。

父母都是很爱孩子的，捧手心里怕掉了，含嘴里怕化了，见不得孩子受一点点委屈，所以孩子遇到问题有情绪了就急切地想消除孩子的情绪，安慰孩子。用各种方式安慰孩子就是认为孩子比较弱，承受不了情绪。不接纳是无视孩子的情绪和感受，安慰是夸大孩子的情绪和感受，担心情绪对孩子的伤害，不信任孩子自己有能力处理情绪，能承受一定的情绪，自己能够调节情绪，会让孩子有受害者心态。

安慰的方式有以下几种：

● 同情

被同情是什么感觉？就是感觉自己很弱，需要别人可怜，会夸大负面的情绪。要同理孩子，同理是感受孩子的感受，接纳这个感受，多少家长把同理实际做成同情了。孩子摔倒了，家长一看不得了，肯定摔疼了，赶紧冲过去抱着孩子哄："哎呀，宝贝摔疼了吧，哪里疼？不哭不哭……"本来不严重甚至孩子压根没哭，这样一来孩子反而因为家长的过度反应而哇哇大哭，收都收不住，这就是被同情后孩子的状态。家长觉得孩子很脆弱，不相信孩子能够承受一定的痛苦并自己解决问题。弱者都是被同情被可怜出来的。

被别人可怜时，别人用可怜巴巴的眼神看着自己时，瞬间就会感觉到自己弱，不行！

孩子更是这样，他还不知道自己是谁，还没有完全建立自我，而是处于正在建立自我的过程中。如果家长总是认为孩子弱、不行，会通过各种方式传递出来，孩子都能感受到，孩子从家长看他的眼神中就能感觉到别人是怎么看待他的，他是什么样的，长期如此，孩子就认为自己就是那样。

怎么样做是同理呢？举个生活中的例子就知道了。

有一次，我想把新买的水果刀从刀鞘拔出来，由于卡得比较紧，需要用力拔，结果一下子就割到手了，伤口很长很深，当时我就感觉这不是自己能够处理的，需要去医院处理。因为不知道严重程度，所以到了医院我内心非常紧张，小心翼翼地把伤口给医生看，担心要不要缝针，有没有伤到筋骨，会不会这个手指就不灵活了。然而，面对我的紧张和担心，医生始终很淡定，问了一些情况。又不是他的手受伤，他当然淡定了，我心里想着。实际上，医生的那种淡定慢慢缓解了我担心焦虑的情绪，我也慢慢平静下来，感觉没什么大问题，这就是同理的状态。医生既没有批评指责我，又没有表现出紧张的状态，而是淡定地接纳并处理这个情况，这个状态就是同理的形象的方式。有些家长看到孩子仅仅磕破了点皮就表现得比孩子还要夸张，这种状态就会吓到孩子。还有的家长直接批评指责孩子："你怎么搞的？这么不小心！"那就是无视孩子的情绪和感受了，不接纳了。家长是孩子的定海神针，要比孩子内心强大。家长首先要冷静，这样才能带动孩子慢慢冷静下来。不管遇到什么事，冷静才能更好地思考和处理，慌张、焦虑反而会让情况变得更加糟糕。

●逃避问题

成人为了安慰孩子，让孩子尽快从情绪里出来会直接逃避问题，玩具坏了，"没事没事，妈妈再给你买一个"，孩子哭闹不想上幼儿园，"不哭了，那我们就不上了吧"。这样的逃避可能让孩子当时停止了哭声，但问题并没有解决，还是不信任孩子自己有能力面对问题，处理情绪，解决问题，以后遇到一模一样的问题，孩子会出现同样的情况。

●说服接受

用这种方式的家长一般对孩子比较有耐心，会跟孩子讲很多道理，希望能够让孩子明白，说服孩子能够接受。如会跟孩子说："每个小朋友都要上学的啊，就跟爸爸妈妈要上班一样啊！"

"做不好是要被老师批评的，被老师批评的时候要想怎么改正自己。"

这种方式孩子首先感受到的是对自己感受的不接纳，认为自己的感受不对，不应该有如此的反应。同时还感受到对自己不信任，不能够面对这样的情况，自己的处理方式和想法是不对的，要按照成人的想法才对。

●夸孩子

想通过表扬、赞美孩子，用被期待的力量，给孩子戴个"高帽子"来反向给孩子"压力"，让孩子从情绪里出来。"宝宝最棒了，最勇敢了"，是最棒最勇敢的，所以不要哭了，哭了就不是最棒最勇敢的了。但孩子的成长是循序渐进、慢慢成长的，想一下变成被夸的那样也做不到。成人经常如此会让孩子有压力感，要满足成人的期待，进而情绪和问题会被压抑、掩盖，没有得到真正解决。还有一方面影响就是"虚假"夸孩子，如果孩子做不到，不能满足成人的期待，就不接纳孩子了，甚至会对孩子情绪更大，如此反而对孩子的伤害更大。

● 转移注意力

"晚上带你去超市好不好""要不要吃糖啊"。直接用孩子最喜欢的来转移注意力，试图让孩子从情绪里出来。这种方式在孩子两岁前还有点用，越大越不管用。转移注意力同样也是逃避问题，实际真正的问题并没有得到解决，以后遇到同样的问题还是要面对。

第二类：一开始就想直接帮助孩子解决问题。

成人的智慧肯定是高于孩子的，当孩子遇到问题，成人就会控制不住想直接帮助孩子，这样就是对孩子的不信任，不信任孩子能够自己想出办法，能够自己解决问题。帮助多了还会让孩子有依赖性，孩子自身的能力锻炼不了。有时对孩子的帮助完全是站在成人思维的角度，是成人的方式，对孩子并没有帮助，不是真正的问题所在。

直接帮助的方式有以下两种。

● 分析

直接帮助孩子分析，"是你先拿了别人的东西，所以别人也会拿你的东西的"。直接帮助孩子分析剥夺了孩子自己分析事物、思考的能力。

● 直接给予建议

"你可以告诉老师啊！"

直接给建议更是没有给予孩子自己思考的空间，让孩子依赖成人的办法。

那孩子遇到问题了，有情绪了，家长如何做？

首先就是要接纳孩子，在接纳的同时要信任孩子，信任孩子能够自己面对问题，解决问题，家长提供帮助也是帮助孩子更好地自己面对问题、解决问题。即使有些问题孩子没办法解决，也是帮助孩子找出了真正的问题所在，这样孩子才能更好地面对问题、解决问题，而不是安慰孩子逃避问题或直接帮助孩子。

如何帮助孩子自己面对和解决问题？

正确的做法应该是用积极倾听的方式，帮助孩子自己面对解决问题。

如何积极倾听，具体可以详细学习《父母效能训练手册》第四章。

现实中人的表达本能只会表达最表层的部分，这也是造成很多沟通障碍和误解的原因。

比如，一个人不想上班，这是最表层的想法，深挖一层原来是因为业绩总是完不成压力很大，再深挖一层业绩完不成的原因是内心总感觉自己不自信，所以比较消极，再深挖一层不自信的原因是面对压力和考核就紧张，再深挖一层，小时候父母对自己否定和指责太多，不认可自己，造成比较自卑的心态。这样一层一层深入，如同剥洋葱一样，最终剥出问题的核心，而脑子里表层的想法和向别人表达的就是不想上班。

找到问题才能从根本上解决问题，如果能够自我反思，不断一层一层深挖，深挖到最后一层，自己也就知道怎么解决了。成人就是通过积极倾听的方式，一步一步解码，帮助孩子能够发现自己的问题，然后自己解决问题。

积极倾听一定要用心，要能够一步一步地解读孩子话语中的真正意义，不带评价，具体就是描述事实和孩子背后的感受，一层一层解读、解码。如果解读错了也没关系，再重新解读，跟孩子确认。不用心是解读不出来的，如孩子说"我累了"，不要只盯着累，其实背后真正想表达的是要你抱他。

积极倾听能够帮助孩子一步一步找到具体的问题，找到问题背后具体的原因和自己真正的需求，从而能够更好地面对和解决问题。也能够让家长更了解孩子，在确实需要家长帮助的时候给予具体有效的帮助和引导。

○孩子在游乐场哭着不肯回家，背后原来是孩子最喜欢玩的项目一直在排队，孩子还没有来得及去玩。

○孩子不断地问"妈妈你爱我吗"，背后原来是因为妈妈前几天给弟弟买了件新衣服，没有给他买，心里难过，担心妈妈不爱自己了。

○孩子放学回家就气鼓鼓的，跟他说话也不理，原来是在学校里在全班同学面前被老师误解了，很没面子，很委屈。

○孩子下雨天不愿意穿雨披坐在电动车后面，非要打伞，而打伞又不方便。背后原来是因为觉得妈妈买的那个雨披太丑了，到学校同学看见了会笑话她。

○孩子让妈妈不要上班，原来背后的原因是看到其他小朋友放学都有妈妈接，她也想要妈妈接一次。

再比如，孩子会跟父母讲"我不要上幼儿园了"，不懂的家长或解码错误的家长可能第一反应就是，孩子想偷懒，就想玩，学都不想上了，所以会回应孩子"不行，必须上学，要听话"，这样的回应让孩子感受到的就是不被接纳和不被理解，会激起孩子逆反心理。"就不上，就不上！"孩子说着就哭起来了，父母看到孩子这样的状态更加来气，如此恶性循环。

如何用积极倾听的方式解读孩子？

孩子："我不要上幼儿园了！"

爸爸："你觉得上幼儿园不开心是吧？"

孩子："是的，他们都不跟我玩。"

爸爸："知道了，你想跟他们一起玩，他们不跟你一起玩，你有点伤心是吧？"

孩子："是的，乐乐搭的大桥不让我玩。"

爸爸："你想跟乐乐一起玩他搭的桥，他不让你玩，你很伤心。"

孩子："是的。我很想跟他一起玩。"

爸爸："你想知道有什么办法可以让乐乐跟你一起玩是吧？"

孩子："是的，我可以让他玩我的玩具，这样他就跟我一起玩了。"

这是我和女儿的对话，运用积极倾听的方式让孩子从本来不想上幼儿园到一步步自己找到新的办法解决在幼儿园遇到的问题。积极倾听让孩子自己不断深层地一步一步发现真正的问题，发现自己真正的需求，发现以后自己都能够解决。

孩子："妈妈，我不要这个妹妹了！"

妈妈："不要瞎说，她是你妹妹。"

孩子："我就是不喜欢她，讨厌她！"

妈妈："你怎么能这样？她是你妹妹！姐姐要爱护妹妹！"

孩子："就不爱护，就不！就讨厌她！"

用积极倾听的方式：

孩子："妈妈，我不要这个妹妹了！"

妈妈："你不喜欢这个妹妹啊？"

孩子："是的，她老是跟我抢第一名。"

妈妈："哦，你不希望她什么都跟你抢第一名是吧？"

孩子："不是，刚才写字明明是我第一名，她写的都不对还说自己是第一名。"

妈妈："你觉得写字你就是第一名，她不是第一名，她还说自己是第一名，所以你很生气。"

孩子："是的，她明明不是第一名，反正我知道我就是第一名，她说了也没用！"

说完，孩子又开心地去玩了。

从上例可以看出，积极倾听对孩子是接纳信任的，能够有效缓解孩子的情绪，降低情绪温度。情绪的方向会带动人思维的方向。有负面情绪时，人本能地朝负面想，如果不能慢慢冷静下来，会越想越有情绪。情绪慢慢冷静下来，情绪温度慢慢降下来以后，也会慢慢朝正面去想，想想也不是那么不可接受，不需要那么生气。

有情绪时是没有任何思考能力的，在情绪慢慢稳定下来、冷静下来以后才能真正思考，思路也会更加清晰，能更好地反思自己，能够更好地自己解决和面对问题。

人面对情绪本能地会释放出来，能释放掉那也是健康的，起码不会向内伤害自己。如同吃了添加剂等对身体有害的食品，如果能够释放排泄掉，那对身体也不构成伤害。如果情绪释放不掉，环境不允许自己释放，就会造成情绪的淤堵，随着时间的积累越堵越多，就会向内伤害自己，会造成各种心身疾病。

最好的方式就是消化情绪，如同吃下去的食物能够消化变成营养，情绪也可以消化，转换成自己的营养。消化方式就是一步一步深挖情绪，找到根本的问题，这样下次自己才能成长和进步，积极倾听的过程就是消化情绪的过程。

前面提到很多次"反思"，家长要能"自我反思"，"自我反思"就是自己能够一步一步地倾听自己，自己能够一层一层深挖，找到真正的问题和原因。

对孩子积极倾听就是在引导孩子能够自我反思。

在接纳的章节讲了基本倾听，在这个章节讲了积极倾听，总结一下倾听对孩子的积极作用：

（1）倾听能让孩子感受到被接纳、被信任，提升孩子的自我价值感。

（2）倾听使孩子能有效缓解自己的情绪，帮助孩子正确地认识、面对、掌控自己的各种情绪，消化情绪。

（3）倾听能够帮助孩子自己面对和解决问题。

（4）倾听能够让家长了解孩子言行背后真正的原因和需求，从而能够从根本上有效地帮助孩子。找到原因了，有的孩子自己就能解决，需要家长引导的，家长可以适当地引导。具体如何引导，后面成长的章节会分享。

（5）倾听能够让孩子更愿意和家长沟通，亲子关系更加亲密。

对孩子言行不接纳的一部分如何"批评"孩子？

在接纳的章节讲过，父母对孩子的言行分接纳和不接纳两种情况。父母有自己的需求和对孩子的期待，不可能对孩子所有言行都是接纳的。对于孩子言行不接纳的部分，要么父母改变自己，要么改变孩子。

在接纳的章节讲了，父母如何改变自己、自己的需求和对孩子的期待，哪些会影响孩子发展，如何反思自己，接纳孩子。

还有一部分确实是影响了父母的需求和对孩子合理的期待，如：

影响父母的需求

○父母跟朋友谈话，孩子总是来打扰

○已经很累了，孩子还要求父母跟他一起玩

○孩子把客厅弄得乱七八糟

○孩子看动画片声音很大

对孩子合理的期待

○对长辈没礼貌

○孩子晚上很晚才回来

○孩子乱扔垃圾

○孩子在学校里总是跟别人冲突、打架

○孩子不认真做作业

这部分需要孩子改变，孩子的改变也是一种成长，通过什么方式让孩子改变呢？

一般家长的方式：

第一类方式是直接告诉孩子怎么做。

会命令、指挥、说教、建议、给孩子解决方案等。

"把电视关掉。"

"不要打扰我们。"

"自己走，抱不动。"

"你需要把玩具都收起来。"

"快做作业。"

必须，应该，最好。

试想一下，如果你到一个朋友家，不知道家里有孩子在房间里睡觉，说话声音很大，显然这影响到你朋友的需求了，他想改变你，让你说话声音小点或不说话。假设他用直接告诉你怎么办的方式，命令、指挥、说教、建议等对你，"不要说话""请你说话声音小点"，你听了什么感受？总体的感觉是心里不舒服，具体的就是不被尊重，莫名其妙，直接让我这么做，不知道原因是什么，还有一种不被信任、被嫌弃的感觉。事实上，我们对朋友一般不会像对孩子这样直接告诉他怎么做，而是会用比较柔和、尊重和信任的方式。如果朋友跟自己说："孩子在睡觉。"自己是不是马上就意识到声音要小点，而且对这样的提醒自己心里也没有任何抵触，反而感到有点歉意。

直接告诉孩子怎么做给孩子的感受：

（1）有种被指挥被操控的感觉，本能地会有逆反心理。在不知道什么原因的情况下，任何人都不喜欢被命令或指挥，内心会本能地抗拒。

（2）感受到自己如同机器人一样，没有思考能力，不能主动想出解决办法，所以不告诉自己原因，有种不被信任、不被尊重的感觉。

（3）让孩子感觉到自己的需求不重要，父母的需求和期待更重要，只要影响父母的需求和期待就必须按照父母要求的去做。

第二类方式是责备孩子。

当用第一种方式直接告诉孩子怎么做，孩子没有做出相应行动的时候，父母的情绪一般就会上来了，就会责备孩子。有些父母只要孩子让自己烦了，不符合自己期待，劈头盖脸就是一通责备。

父母会用各种方式责备孩子，会指责、批评、羞辱、封闭、嘲笑等。

"你怎么这么讨厌。"

"你烦死了。"

"我发现你脑子是不是不好使？"

"你声音开得太小了，再大点，把房顶震破吧！"

"我对你太失望了。"

这些责备就是对孩子人格直接的攻击、全盘的否定、赤裸裸的不尊重，破坏孩子的自我价值感，充满了对孩子的厌恶。

这样的方式对孩子的影响：

（1）感觉自己是没有价值的、不被爱的，是坏孩子、被讨厌的人，自私自利不为别人考虑。长期如此，对孩子自我价值感会产生毁灭式的影响，对自我负面的认知会烙刻在潜意识里，形成固有的认知，影响他的一生，而且很难觉察和修复。

（2）会激起孩子对抗逆反的心理，这种方式就是对孩子人格的攻击，孩子本能地会反击。经常如此会让孩子对父母的态度本能地逆反和对抗。即使表面不对抗和逆反，这样的伤害会向内伤害孩子，一次次承受父母如此的贬低、嫌弃的态度和负面评价，破坏孩子的安全感，容易造成各种各样难以觉察和修复的心理问题。

（3）造成亲子关系的恶化。这样的方式孩子感受不到父母的爱，所感受到的就是父母的厌恶、嫌弃、不信任等，会让孩子和父母间的距离越来越远，更谈不上跟孩子有效沟通，对孩子有所引导和影响了。

如何有效地改变孩子又不伤害孩子呢？

用托马斯·戈登博士定义的"我-信息"来表达，具体可以详细学习《父母效能训练手册》第六章、第七章。

父母不接纳孩子的原因是由于孩子的言行影响到了自己，让自己感受不好，或不符合自己的期待，而前面两种方式孩子并不知道父母的感受是什么，具体影响了父母什么，就被直接告知该如何做，甚至被责备，好像是自己故意惹父母生气一样。为什么孩子会不懂事、不善解人意、不体谅父母，就是因为从来都是被直接告诉该如何做，或被责备，父母也从来没表达过自己的感受。

对于孩子不接纳的言行，影响到父母的需求和不符合对孩子的期待，要能够有效地让孩子改变，父母首先要信任孩子，主动表达"我-信息"，就是表达自己的感受，表达孩子的言行对自己具体的影响，"这么晚回来我很担心""说话声音这么大我没法工作了""这样说我很伤心"……这样孩子就能够充分了解父母、理解父母，从而主动调整自己的言行。

这里需要特别说一下"我-信息"里包含的家长的感受。

家长不接纳的原因就是让自己的感受不好，不好的感受或是因为那些不接纳的言行直接引起的，或是因为对自己有些具体的影响而导致的。我们传统的文化氛围不习惯表达自己的感受，向别人真实袒露自己的负面感受似乎别人会看低自己，表明自己比较弱，有种隐隐的不安全感，所以有不好的感受时会习惯性地隐藏，或转换成了指责、攻击等。真实表达自己的感受需要内心有足够的勇气，需要有基本的自我价值感，需要对人性有足够的信任。当勇敢地迈出这一步以后会发现，能够直接、真实地表达自己的感受是多么的喜悦，不用再压抑自己。同时会发现，当焦点不再指向别人，而是关注自己、表达自己，反而会收获别人的理解，使关系更加亲密，相互之间也更加信任。

在讲接纳的板块的时候就讲过，要区分言行和标签。只描述具体的言行，如"把客厅弄得乱七八糟"，而不要加上评判性质的标签："真邋遢。"

仅仅描述具体的言行是客观的事实，孩子会直接接受，不会有不想听、反击、逆反等心理。

● 对自己造成的具体影响

具体的影响是具体影响到父母的时间、精力、金钱，包括身体上的不适、疼痛或伤害等。

影响和感受相互关联。

影响或许是由孩子的言行直接造成的，因为这样的影响而引起不好的感受。如孩子抓妈妈头发，让妈妈很疼，因为疼所以感到生气、愤怒。或许是因为有些不好的感受造成了一些影响。如孩子很晚才回来，妈妈很担心孩子安全，因为担心，所以自己也睡不着，没心思做任何事。

向孩子表达影响时越具体，孩子越能够清晰地收到。

"你们说话声音这么大，我没办法工作了"可以表达为"你们说话声音这么大，我打电话就听不到对方在说什么，对方也听不到我说的话"。

"你进门不换鞋就会把家里弄脏了，我就要重新打扫一遍。"

"你早上起得这么晚，妈妈上班就会迟到，迟到了妈妈就要被批评。"

"这么晚睡会对身体不好，妈妈很担心。"

● 自己的感受

不接纳的原因就是让自己的感受不好。不好的感受或是因为那些不接纳的言行直接引起的，或是因为对自己有些具体的影响而导致的。

要真正把孩子当作一个能独立自主的人，信任孩子。作为父母，面对孩子不接纳的言行首先要保持反思，对孩子运用"我–信息"，而不是本能地用"你–信息"的方式。

"我–信息"能给孩子带来的具体影响：

○让孩子感受到被信任、被尊重，能提升孩子的自我价值感。

○发挥孩子的主观能动性，更能有效地调整孩子。

○让孩子更加善解人意，体谅、理解别人。

○亲子关系更加亲密。

上面讲的都是孩子与父母之间的言行，父母作为主动的一方如何做。孩子在成长的过程中不可避免地会接触其他的人和环境，也会发生类似和父母之间的各种状况。父母有义务对孩子的成长负责。实际上，绝大多数的父母只要认为是对孩子好的，能帮助到孩子的，或孩子有些言行父母认为是不好的，伤害到其他人或环境的，父母自然是要出面教育的。

由上面"你–信息"和"我–信息"的启发，直接用"你–信息"的方式：

"不要打妹妹，你是哥哥，要让着妹妹。"

"你怎么这么没爱心，不帮助他一下。"

"你怎么这么自私，就知道自己吃，也不给乐乐吃。"

"告诉你不要打人，下次再打人我打你！"

"叫叔叔，怎么这么没礼貌？"

很显然，如同上面一样会激起孩子的逆反、反抗心理，损伤孩子自我价值。

这些言行是针对其他人、事或环境的，会影响他人或环境，他人是不接纳的。父母想改变孩子，让孩子知道，就要正确编码，让孩子知道如何影响了他人。

"你这样打妹妹，妹妹会很疼的，很伤心的。"

"你打乐乐，乐乐会很愤怒，愤怒有可能也会打你。"

"你正在吃的这种饼干，乐乐也很想吃，如果你跟她分享她会很开心，如果你不给她吃，她会很伤心很难受。"

……

这样的表达孩子会更加容易接受，也能让孩子正确地解码，知道他的言行具体给他人带来什么样的影响和感受。

这样的信息不是批评指责孩子，也不是家长表达自己，而是家长感知到的孩子影响到其他人，是其他人的感受，所以可以称为"他–信息"。

"我–信息"和"他–信息"是在能够充分信任孩子的基础上运用的，家长首先要做的就是信任孩子，发挥孩子的主观能动性。当然还有很多情况，即使表达了完整的三部分"我–信息"，每一部分也表达得清晰具体，孩子还是没有调整，这其中有很多因素，有可能是孩子不愿意自我调整去照顾别人的需求，有可能是孩子知道了，但其意志力的发展还不足以控制自己做到。针对这些原因，父母具体如何做会在讲界限的章节分享。

还有一种情况，就是父母有自己的需求和对孩子的期待，孩子言行影响到了父母，父母用"我–信息"来表达，让孩子知道，主动调整自己，同时孩子也有他自己的需求和自己的意愿、想法，如果满足了父母的需求和期待，那自己的需求和想法就得不到满足。每个人的需求和想法都需要尊重，这部分父母如何做？在下个章节会分享。

孩子做成功了一件事

这是一则新闻：

南宁的吴太太无意中发现，自己的微信账户，竟然莫名其妙少了好几万元钱！经过查询，这笔钱竟然被只有十岁的女儿转走了。

吴先生说，女儿原本乖巧懂事，学习成绩也不错，最近跟几个同学玩上了网络游戏，她曾经向妈妈要钱买装备，被拒绝后，她猜到了妈妈的微信支付密码，并把钱转到了自己的微信上。

被发现时，女孩已经把大部分钱花在给网络主播打赏上。被问到为什么这么做时，女孩的答案让人啼笑皆非："每次我送礼物的时候，他们都夸我，说谢谢我的礼物。"

因为想听一句"谢谢你"，仅3月这一个月，女孩就打赏了1万元钱，从1月到现在，女孩打赏总共花了2.7万元，而这些钱，是她妈妈一整年的工资。

"我在家里也没人夸我。"女孩泣不成声说的这一句话，让人听了心酸不已。她祈求一句赞美该有多么强烈啊，强烈到只为一句"谢谢×××的礼物"，就把那么多钱，一次一次扔到虚拟的网络里。

从这个新闻里可以看出称赞对一个人内心的影响有多大。

在前面讲了，孩子还不知道自己是谁，有"几斤几两"，还没有清晰稳固的自我认知，认知还没有发展成熟，没有建立强大的自我。对于自身有价值的特质和做的有价值的事自己不是特别清晰，只有得到认可和肯定，也就是称赞，才能明确地感受到被别人接纳、喜欢、爱的感觉，感受到自己的价值，有自我价值感。

被认可和肯定是每个人内心深处都渴望的事。

导演姜文做客《十三邀》，被问道："你这么多年，遇到最大的失败是什么？"

他却回答："和母亲的关系一直都处不好，不知道怎么能让她看见我做的事情高兴。"

那一年，他将考上中戏的消息兴奋地告诉母亲。

母亲没有任何表扬，而是"啪"的一声将通知书扔在一边，说："你那衣服还没有洗呢，别给我聊这个。"

也正是这样，让已过知天命之年的姜文，依然认为自己在生活中其实很不自信，是一个不会生活的人。

作为中国知名的演员和导演，姜文也无法掩饰内心得不到母亲表扬的遗憾。

自己明明做了一件很有价值、很了不起的事，但在妈妈眼中好像没有价值一样，依然得不到称赞，感觉妈妈不爱自己，不喜欢自己，所以跟妈妈的关系始终不好。一个成年人尚且如此，何况一个孩子呢？

有些父母或是因为自己从来没有得到过称赞，本身自己的价值感就不足，内心是枯竭的，所以更加给不了孩子称赞。生活中越是自我价值不高的人越是不会发自内心地称赞别人，反而会见缝插针地表现自己，期望获得别人的称赞。还有一个原因就是认为称赞孩子会让孩子骄傲，因而对孩子极其吝啬自己的称赞，都是打压。

每个人都有值得称赞之处，都有其闪光点。称赞如阳光，会照亮一个人的内心，看到自己的闪光点，认识到自己也有光有热，也能发光发热，感觉人生也会明亮起来；没有称赞，都是打击和打压，如同吸光的黑洞，心中的光明会被慢慢吸走，始终被阴暗、消极、自卑、没有希望笼罩着，感觉人生也是灰暗的。

有段时间"夸夸群"几个字频频出现在热搜榜上和朋友圈里，夸夸群，顾名思义，只要进了这个群，无论你有多倒霉、多失败、多丧，都会有人拼命地夸你。

在"夸夸群"里，有的抑郁症患者决定不死了，有癌症患者得到了鼓励，也让很多对生活失去信心的人看到了希望。

一位西安交大的学生说，进入"夸夸群"以后变得很开心，因为在外面的世界，从来没有人这样夸过他，因为这些夸赞，他自己有了信心。

"夸夸群"火爆的背后，隐藏着一群小时候缺少赞美和夸奖的成年人。

随着时代的发展、物质生活的丰富，人们都更加注重精神的追求，更加注重教育，各种新的教育观念和理念越来越被家长接受和普及。其中对孩子要赏识教育，不要打压教育是最被有理念的家长所认同的。尤其是回忆自己小的时候缺失称赞，内心特别渴望，也造成现在的自己或多或少有点不自信，所以更加觉得对自己的孩子一定要多赏识，让他健康成长，有自信。

这又造成了另外一个极端，就是家长会一个劲地夸孩子，夸得简单直接，整天"宝宝真棒""宝宝真聪明""太厉害了"……挂在嘴边，连从滑滑梯滑下来都要夸一句"真棒"。

一次，有位带着孩子的家长在跟我们老师谈事情，我带着她四岁的孩子在游乐区玩，孩子家长一副非常夸张的表情："哇! 宝宝你真棒，你太厉害了!"

这是现在很多家长对孩子夸赞的状态。

走到独木桥上伸开双臂作出平衡的姿势，跟我说"叔叔，你看"，我立刻就明白了，她需要我夸她，我说："我看到了。"然后她一边走一边转过头来看着我，我没说话。走完独木桥原地站了会儿，好像不想玩了，可能是我没给她足够的称赞和关注，没"动力"玩了。"这个滑梯也很好玩啊，我们来玩一下吧。"

在我的引导下，她开始滑滑梯，刚滑下来，她妈妈过来了。

经常遇到这样的情况，有些孩子比较"脆弱"，说不得；还有些孩子会夸夸其谈，真正让他做马上就退缩，各种方式找理由。后来了解到，这些孩子的家长——要么是其父母，要么是爷爷奶奶外公外婆——带的时候很"用心"，都是赏识教育，夸大的。

孩子需要称赞，同时也要知道如何称赞对孩子的发展真正有益处。

有些家长想夸孩子，让孩子有自信，具体的做法却只会简单直接地说"真棒""真聪明""真懂事"之类的。频率太高，哪怕一个简单的事和表现都会这样夸孩子，过度称赞孩子。

这样带来的影响：

（1）让孩子对自我的认知虚高

在接纳的章节讲言行和标签的时候讲到给孩子贴负面的标签是对孩子的全盘否定，同样，"你真棒""你真聪明"这样笼统、概括性的称赞也是对孩子的一种评价和标签。孩子还在建立自我认知，长期这样做会让孩子感觉自己就是最棒的，就是聪明的。孩子做了点鸡毛蒜皮的事就被夸个不停，长期如此会导致孩子的自我认知"虚高"。这在某种意义上也是在"温室"中成长，禁不起来自外界的风吹雨打。

棒、聪明、厉害等是公认的"好"品质，是"好我"，笨、自私、调皮等是"坏"品质，是"坏我"，没有任何一个人只具有这些"好"的品质而没有那些"坏"的品质。过度强调强化这些"好"的品质，会让那些"坏"的品质处于压抑状态，见不得光，因为外界不接纳"坏我"，所以自己也不接纳"坏我"，就不能很好地整合真实的自我，不接纳"好我"和"坏我"的共存，这样有可能造成各种各样的心理问题和偏差言行。会接受不了否定、批评和失败，一旦被别人否定、批评了或失败了，自己就不棒了，就不聪明了，接受不了，会有很大的情绪，会逃避面对真实的自我。

斯坦福大学教授、全球最顶尖的心理学家卡罗尔·德韦克的小学时代是在20世纪50年代的纽约度过的，她的遭遇可能很多中国学生也多多少少经历过——她的班主任按照智商给学生排座位，在中国则是按照成绩排位。德韦克当时是智商测试中成绩最好的小孩，她获得了最聪明小孩才能坐的第一排座位，但长大成为心理学家后她才意识到，看似受益者的她其实也是受害者，被称赞聪明，保持聪明的压力让她惧怕失败，逃避挑战。也就是现在流行的一种说法——偶像包袱比较重。做事只挑简单的事做，稍微复杂的事就不做了，因为怕做不好自己就不棒了。会造成自大、自负的人格状态，会吹牛，不踏实。

（2）让孩子动力由内在转移到外在

这点需要家长对生命有本质的认知。

人做事最核心的动力来自哪里？是来自自己内在的动力，遵从自己的内心，自己主动想做、愿意做，自己觉得做的事有意义。还有就是为了迎合外在，做了能够得到外在的认可、赞扬、歌颂、奖励。

在"孩子是什么"的章节讲了，孩子的本质是一颗种子，每颗种子内在都是具足的，本能地会按照内在规律去成长和发展，要绽放出内在本来的样子，成为最好的自己，这样对一颗种子来说是最幸福的事。而不是成长为别人期待的样子，否则，种子内在的本质就得不到显现，是压抑扭曲的。

人做事的核心动力也来源于内在，而不是迎合外在。

内在的动力是持久的动力，遵从自己的心，能够建立真正的自我、强大的自我，能够建立自己独立的人格，有自己的主见、自己的价值观，不会人云亦云。人生也能够把控在自己手中，不会随便受到外界和别人的左右，获得和感受到自己内在真正的幸福感。

靠外在的动力，总是要迎合别人，人云亦云，会失去自我，不能建立真正的自我。迎合别人，每个人的标准和喜好都不一样，会让自己的内心杂乱无章，没有自我，没有主见，没有自己的信念和价值观，也感受不到真正发自内心的喜悦和幸福，有的只是迎合了别人暂时的开心和放松。

扶着老太太过马路，是发自内心地觉得这样做有意义，帮助别人，自己有价值感、神圣感，这是自己内心感受到的，跟有没有其他人看见、有没有其他人赞赏没有关系。

　　看到老太太过马路，如果心里想的是能不能获得别人赞扬，或者希望有人可以拍下发到网上去，说不定自己就可以出名了。有这种想法在帮助的时候会看周围有没有人，如果没人直接就不做了，或做的时候也会无意识地左顾右盼，看有没有人看到。如果全程都没人看到会感觉很失落，觉得白做了。如果发现有人，会刻意地表现得特别热情，因为不是发自内心的，是刻意做出来的，所以会不自然、做作、假。

　　上面就是遵从自己内心和迎合外在的状态，也是两种不同的人格状态。

　　所以，对于孩子的学习，所有教育专家学者都会倡导要激发孩子内在的动力，这样才是持续根本的，而不是靠外在的称赞奖励，这样只是表面的、一时的。

　　观察孩子会发现，孩子从小做任何事都是由内而外自发的，不是为了得到外在夸赞才去做。自己内心真正想做的事不但不需要外在的夸赞，即使遭受外在的不断打压、限制，也会想方设法去做。如玩滑梯、搭积木等，如果家长经常如此夸赞孩子，会让孩子做的动力慢慢由内在转移到外在，要得到别人夸赞才会去做，或做了是为了得到别人夸赞。

　　有一个小村子里住着一个孤独的老头儿。每天晚上，总有一群小男孩来他家房前玩耍。男孩们吵吵嚷嚷、打打闹闹，老头儿不胜其烦。有一天，老头儿把孩子们叫过来说，他非常喜欢听孩子们的笑声，如果他们答应明天还来，他给每个人一个卢布。第二天，男孩们如约而至，说笑打闹的声音更大了。老头儿给了男孩们每人一个卢布，然后说，如果他们还来，他会再给他们。第三天晚上，老头儿给每个孩子五十个戈比（俄罗斯辅币单位，一个卢布等于一百个戈比），而第四天晚上，老头儿只给了每个孩子十个戈比，并且解释说他的钱已经用光了。"孩子们，我再没钱给大家了。你们还能来这儿玩吗？"老头儿问。男孩们大失所望，拒绝了老头的邀请，声称他们再也不来这儿玩了。一点儿报酬都不给，谁还白白浪费那么多力气呢？

　　（3）孩子会感受到家长的不真实和不真诚

　　"你真棒""你真聪明"随口就来，孩子小的时候还能糊弄孩子，随着孩子逐渐长大就没什么用了，孩子能感受到家长的不真实和不真诚，而且这样夸多了也廉价了。所以，孩子大了以后家长再用这种"小儿科"的方式夸孩子，不仅没有效果，甚至还会适得其反。

任何事过犹不及，过度了反而会有负面的影响。

那么，该如何称赞孩子？

对于一个人的称赞大体就是两方面：一方面是对他本人具有的一些特质、闪光点的称赞；另一方面是对他所做的，也就是言行的影响和意义的称赞。

首先第一方面，对他本人具有的一些特质、闪光点如何称赞？无数的心理学实验已经证明了称赞具有激励和强化的作用。

前面讲了，对于"你真棒""你真聪明"等这种笼统概括性的称赞，孩子不断强化的也是自己棒和聪明，全盘肯定有可能后面造成的就是全盘否定，或为了维护这种认知"弄虚作假"，自大自负。原因就是不知道自己具体棒在哪、聪明在哪。

明确产生力量！

孩子的自我认知是一点点建立的，这样才稳固扎实，让孩子知道自己明确的闪光点，值得称赞的地方，孩子也会明确地强化这一点，这一点也会得到激励。如同上面讲的，让孩子明确知道自己什么言行对别人有影响，才能明确知道如何调整自己，这样对孩子的健康发展才是有益的。

因为一件事而笼统地称赞整体，后面也会因为一件事而否定整体。

一个一个具体的称赞，对自己的认知也是由一点一点具体的认知积累起来的，这样遇到某件具体的事也只是某件事代表了什么，不会影响一个整体。

如同建房子一样，房子是由一块砖一块砖建起来的，即使后面拆了几块砖也不会影响整体。如果是一整面一整面建起来的，甚至一下子就是整体建起来的，要动也是一整面或整体，对整个房子的影响就比较大。

结合前面讲的，有言行不好的，知道具体哪不好；有言行好的，值得称赞，知道具体什么值得称赞，这样能够真实客观地建立自我，"好我"和"坏我"能够充分地整合，如此才能健康地发展，有扎实稳固的自我价值感和自信。

知道要称赞具体的，那具体称赞哪些呢？这就需要知道哪些是对孩子的成长和发展有益的，这也需要家长本身对生存、生命有自己的感悟和正确的认知。

称赞是通过后天能够改变的，而不是先天具备的，建立成长型思维。

家长要让孩子知道自己的天赋和特长是上天给的，要感恩，而不要称赞。一个人先天嗓子再好，后天不努力也成不了歌唱家。需要称赞的是后天通过积极努力能够改变的。

斯坦福大学著名心理学家卡罗尔·德韦克曾经在长达十年的时间里反复研究一个课题：表扬对孩子的影响。

他们的研究团队在纽约二十多所学校进行实验，测试分四轮，要求孩子们独立完成一系列智力拼图游戏。

第一轮，题目设置非常简单，孩子们完成拼图任务后，研究人员会将其分成两组，告诉其中一组孩子："你在拼图方面很有天分，你很聪明。"而告诉另外一组孩子："你刚才非常努力，表现得很出色。"

第二轮，题目难度不一，孩子们可以自由选择。

结果发现，被夸聪明的孩子大多选择了跟上一轮一样较为简单的题目；而被夸努力的孩子则大多选择了难度大于第一轮的题目。

第三轮，他们刻意给孩子们制造了些困难，设置了一些较难的题目。被夸聪明的孩子全程一直很紧张，表现得很沮丧；而那些被夸努力的孩子则一直保持着努力的状态，去思考各种解决难题的方法。

第四轮，设置题目难度与第一轮相同，结果却令人诧异——那些被夸努力的孩子，获得的分数高于第一轮百分之三十；而那些被夸聪明的孩子，成绩却低于第一轮百分之二十。

德韦克发现那些发展得很好的人往往拥有不同的思维模式，他们更倾向于成长型的思维模式，相信通过努力、良好的策略、其他人的反馈和帮助等，他们的能力可以得到不断提高。

而另一些人更倾向于固定型思维。他们在心里对自己说："我的能力是天生的，在童年后，我的能力就是固定的了，我无能为力做出改变。"

先天的不能改变的就是固定型思维，后天能够通过自己努力改变的就是成长型思维。

如：

①努力；②用心；③尽管很难，但没有放弃（意志-坚持、坚毅、耐心、勇气）；④态度专注认真；⑤心态积极；⑥进步；⑦能够为他人考虑，理解他人，合作精神；⑧创意创造；⑨帮助别人，爱心，热心；⑩勇敢地参与；⑪责任心、条理性；⑫领导力；⑬信用，守信；⑭深入地思考；⑮细心，考虑周全；⑯学习吸收别人的建议，学习能力；⑰能够自我反省。

第二方面就是对他所做的，也就是言行的影响和意义的称赞。

如同前面讲的，"你真棒""你真聪明""真懂事"等都是"你-信息"，孩子从这样的"你-信息"中解码的只是对自己的一个总体评价。父母（编码）-你真棒-孩子（解码）-我棒。孩子并不知道自己具体棒在哪里，用"我-信息"的方式，孩子可以真实知道他的言行对别人的影响和意义。

"帮我扫地让我能够轻松点。"

用"我-信息"的方式具体表达了他的言行对我的积极影响和意义"让我能够轻松点"。

孩子的言行对于别人有积极的影响和意义，可以用"他-信息"来表达对他的称赞。

"你帮奶奶拣菜，奶奶就没那么累了，奶奶会很开心。"

这里再额外讲两点：

1.称赞细节

对于孩子的言行可以既不称赞个人的特质，也不用"我-信息"描述影响和意义，可以具体描述所做的一些"闪光"的细节，通过描述细节孩子自己就能感受到其中具体的价值，提升自我价值感。

"这个眼睛画得很传神。"

2.有时也可以直接称赞

上面说了直接称赞"你真棒""你真聪明"等方式的弊端，很多育儿理念都强调不能如此称赞，实践中发现家长学习吸收到了以后反而成为日常的一种障碍了。以前脱口而出的"你真棒""真厉害"现在想说的时候开始纠结了，到底要不要夸，该怎么夸？夸了是不是对孩子反而有不好的影响，这样反而会失去一部分的真诚，多了一些刻意。

直接称赞的弊端主要是针对孩子还小的时候，说得频率特别高，同时家长是带着某种目的如此称赞，不是真正发自内心的、真诚的。

随着孩子的成长，只要孩子能明白家长具体夸的是什么，有些情况完全可以这样直接称赞，孩子自己会把称赞跟他具体的言行联系起来，能感受到家长的心，而不会笼统地认知。

三、尊重孩子

什么会得到尊重？价值。

有价值才能得到尊重，得到尊重说明有价值，被尊重会感受到自己有价值。

能发现、知道、感受到价值就会产生尊重。

能感受到大自然花花草草的价值，就会尊重花花草草，爱护它；能发现一粒粮食的价值，就会尊重一粒粮食，珍惜它；知道蜜蜂的价值，就会尊重蜜蜂，歌颂赞美它。

在世俗的世界里，表面的有钱有权会直接得到人的尊重。再深入了解，其中有一部分人越发值得尊重，而有些人虽然有钱有权，但不值得尊重，背后也是因为他们对社会真正的价值不同。物欲横流的社会，金钱至上，笑贫不笑娼，普遍的价值观只尊重羡慕有钱的人，而不管钱的来源是什么。扭曲的价值观对一些在社会上真正有价值的人反而不够尊重，这样的大环境会让这些人越来越没有价值感而缺乏动力，如此形成恶性循环，越来越多的人信奉金钱至上，越来越少的人踏踏实实真正追求价值。

一些看上去没钱也没权的科学家、医生、护士、技术工人……同样有价值，而且某种意义上价值更大，更应该得到尊重。

价值产生尊重，尊重提升价值。

孩子有没有价值，需不需要得到尊重？

每个孩子都会认为自己是最有价值的、最好的，都不会承认自己比别人差，问班上的孩子今天谁最棒，都会争先恐后地说"是我，是我"，但到大学课堂里问同样的问题反而大家都会低着头没人回答。

孩子一生下来看上去那么弱，什么都不会什么都不懂，但随着成长，会在生命力的驱使下，主动利用环境给予的一切，学会爬、走路、说话……再随着不断成长，能理解数学、物理现象，还会音乐、美术……这一切的一切在孩子出生前就包含在孩子体内，随着成长逐渐显现，最后能够发展成什么样，造福人类？改变世界？谁也不知道，向上的空间是无限的，孩子具有无限潜在的价值。

每个孩子天生就有饱满的价值，有饱满的尊严，就应该得到尊重，侵犯孩子的尊严就是否定孩子的价值。

　　每个人或多或少都有其价值，如果没有也只是潜藏在内没有显现出来，每个人都应该得到尊重，人与人之间最基本的界限就是相互尊重。

　　有自我价值感的人就会有自信，有自信的人就会自己爱自己，有自爱就会自己尊重自己，有自尊，不允许别人随意对待自己，需要别人尊重自己，这代表了自己的价值。一个人的自尊水平代表了一个人的心理健康程度。越是有自信、有自我价值感的人，越懂得尊重别人，认可别人的价值，能够照耀别人；越是没有自信没有自我价值感的人，越是会向外寻找自信，寻找那种高高在上的感觉，用各种方式贬低别人，"我的包比你的贵、衣服比你的牌子大"……试图通过贬低别人来抬高自己，这样给对方带来的就是没有价值感，人们会厌恶这样的人，跟这种人待在一起会毁灭自己的自信。

　　内在没有自我价值感的成人，在面对特别弱小的孩子的时候，那种不受控制的，见缝插针要找价值感的状态就会表现出来，因为孩子太弱小了，太"好欺负"了，对孩子各种逗趣捉弄、颐指气使、随意打骂。自己内心的阴暗是得到发泄了，牺牲的却是孩子的心灵。

　　对孩子的尊重具体体现在以下七方面。

尊重孩子的身体

　　这是对孩子力量的尊重。

　　不要认为孩子小，没有力量，就对孩子随便触碰，甚至打孩子。在孩子对你还没有熟悉和接受之前的随便触碰让孩子感受到的就是不尊重。随便拉扯孩子的时候观察一下孩子的表情，看看他是否有特别不舒服、不知所措的感觉。打孩子更是对孩子严重的不尊重。

　　很多家长担心孩子在学校里会遭受校园暴力和欺凌。避免的方式很简单，从小保护好孩子的尊严就行了。很多遭受校园暴力和欺凌的孩子首先就是在家里被父母一次次伤害了尊严，家长经常不尊重孩子，打孩子。

　　每个人一生下来，尊严就是饱满的，所以第一次打孩子时孩子反应很大，甚至会反抗，因为尊严被伤害了，一反抗父母更来气，打得更凶。长此以往，造成两个结果：一是被打也没反应了，也不敢反抗，尊严被彻底伤害了，没有尊严可言了，认为自己就是应该被人打的；二是对别人也特别暴力，不会尊重别人，感知不到别人被打是什么感受，冷酷无情。看一下那些遭受校园暴力和欺凌的孩子，不管怎么被打，都默默忍受，不敢反抗，所以会被无度地欺凌。一个有尊严的人别说被打，排队时被路过的人推开让个道，被推得重一点心里都很愤怒，有种不被尊重的感觉。只要有尊严，被打的时候都会有反应，愤怒、反抗，或向外寻求帮助，如此就会给对方造成威慑而不敢轻举妄动，就怕无动于衷没有丝毫的反应。

把孩子当"人"看，尊重孩子。

跟孩子正式交流的时候蹲下来目光平视，说话态度和语气要温和，每个孩子内心对父母最深层的渴望之一就是：希望父母能跟自己好好说话。这是对孩子的一种尊重。

如果仅仅是打招呼，不蹲下来，起码做一个弯腰半蹲的姿势，这样孩子也能感受到被尊重。在任何场合，这样对待一个身高比自己矮的人，都体现了一个人的素质和涵养，尊重别人，认可别人的价值。

在孩子特别小的时候，带养人给孩子换尿不湿、穿衣服的时候，在做之前要跟孩子提前说一下"我们要换尿不湿啦"，孩子虽然听不懂，但能感受到那份尊重。接着动作要柔和，不要用力、急促，让孩子感觉很舒服，不要对孩子大力地拉扯、推搡。孩子还小，还反抗不了对他的不尊重甚至侵犯，这份力量要么会被压抑着，愤怒会一天天积累，等到青春期，有力量了，会"报复性"地发泄出来，显现出一系列青春期问题。

身体是人尊严的最后一道防线，伤害身体是最直接的不尊重，所以校园暴力对一个人的伤害是巨大的，会给受害者带来一生的阴影。

尊重孩子的智力

不要认为孩子小，什么都不懂，什么都不知道，就可以随便捉弄他。

看到孩子手上拿了个吃的，就想方设法地逗孩子，"能不能给我吃点啊"，逗的时候会掺杂欺骗，"你给我吃我就带你去买好吃的"，会威胁恐吓，"不给我吃我就不喜欢你了"等，骗到手以后再还给孩子，孩子被骗得一愣一愣的，这种逗孩子的方式就是在戏耍孩子。

一个叔叔拿了个玩具给孩子，孩子伸手去接，为了逗孩子又故意把玩具收回，让孩子叫声好叔叔再给，孩子迫切地希望得到玩具，马上照做，结果又被要求说自己的爸爸是坏蛋，就这样随意捉弄、戏弄孩子。

还有跟孩子说"你妈妈不要你了，跟我走吧"，把孩子吓哭了然后成人哈哈大笑，这样的捉弄完全不考虑孩子的感受，在成人的笑声中孩子感受到的是嘲弄和屈辱。作为父母，以后遇到这种情况要及时出面制止，并明确告诉他"我孩子不喜欢这样"。

尊重孩子的能力

妈妈在做家务的时候会发现孩子什么都想参与，什么都想帮忙，这是孩子内在对自我价值的一种本能的追求，做的过程中就在一点点地建立自我价值感。同时，孩子能做的和会做的毕竟有限，大部分时候都是在帮倒忙。这个时候，成人的态度对孩子就很重要，要尊重他的能力。孩子能够或有机会给成人哪怕带来一点点帮助和价值的时候，就要向孩子表达对他的需要。

如让孩子摆放碗筷，拿条毛巾，让孩子一起搬东西……

让孩子有被需要感，这是对孩子能力的一种信任，也是一种尊重。

被需要会让孩子发现自己的价值，贡献自己的价值。

被需要会让孩子意识到自己责任的重大，更加有责任感。

被需要会让孩子渴望变得更有价值，能够更好地担当。

被需要能唤醒和激发孩子内在的生命力，更加有动力成长。

被别人需要，不仅不是负担，反而是幸福的，自己能发出光芒，有价值感。不被需要的内心是孤独的，没有价值感，如风中的柳絮无依，似雨打的浮萍漂泊。

世界公认最好的学习法——费曼学习法的核心理念就是：把自己所学的内容教会给其他人。也就是把孩子当老师，这是对孩子能力的尊重，能够最大化地激发孩子学习的意愿和主动性，孩子会首先主动把所学习的内容真正理解、学会，如此才能更好地教会其他人。

费曼学习法流传的一个案例：一位没什么文化的农民父亲，他的子女却一个考上了清华，一个考上了北大，之后有人采访他有什么教育绝招，他说"我这个人没什么文化，其实也没啥绝招，我只不过是让孩子教我罢了"，这就是在向孩子表达对他的需要！

尊重孩子的需求

在接纳的章节讲了，每个人都有自己的需求和价值观，父母有自己的需求和对孩子的期待，同样，孩子也有自己的需求和价值观。在信任的章节讲了父母如何用"我-信息"来表达自己的需求和对孩子的期待，让孩子能够主动调整自己。当父母的需求和对孩子的期待跟孩子的需求和价值观发生冲突的时候，父母不能只考虑自己而忽略孩子。孩子也是独立的个体，拥有独立的人格，有尊严，孩子的需求和价值观同样需要得到尊重。

当孩子的言行影响到父母时，父母要充分信任孩子，用"我-信息"的方式，让孩子主动调整自己。当用"我-信息"时，孩子依然不调整自己，甚至有自己的理由不作出改变。

妈妈："再不走我就要迟到了。"

孩子："可是我还没有玩好。"

为什么孩子会如此？因为孩子也有孩子的需求，这个时候就是父母的需求和孩子的需求发生了冲突。

一般情况下父母有两种方式：

（1）使用自己的权力

父母在有些情况下确实需要使用权力。

当孩子还小时，理解能力和沟通能力还没有完全发展好，如孩子拿着刀，父母发现了肯定是立刻从孩子手上拿过来，而不会顾虑孩子玩刀的需求。还有就是确实对孩子自身发展不好，而孩子的意志力还不足以控制，或还认知不到，这时候要使用父母的权威。父母天然拥有权力，而不一定拥有权威，父母真正需要的是权威，如何拥有权威？我们将在后续章节分享。

只要父母和孩子需求发生冲突，父母就使用权力，或绝大部分时候都会使用权力来压制孩子，让孩子听从于父母，按照父母的意愿做事，父母总是"赢"的一方，托马斯·戈登博士称之为"第一法"。

这种方式的影响：

○孩子不被信任和尊重，损伤孩子的自我价值感。长此以往，孩子要么逆来顺受，胆小懦弱，要么叛逆易怒。

○都是按照父母的意愿去做，按照父母的解决方案执行，孩子只是被动地执行，没有参与其中，缺少做的意愿和动力，即使服从也是因为屈服于父母的权力，害怕父母的"暴力"或惩罚而不得不做。

○因为是按照父母的意愿来做的，不是自己的意愿，也没有照顾到自己的想法，潜意识里就认为自己对此不需要负责，父母最终要负责，孩子缺少做事的责任心。

○孩子感觉到不被信任、不被尊重，自己的需求被忽视，甚至父母用暴力、各种惩罚、责备的方式会让孩子对父母心生敌意和怨恨，恶化亲子关系。

（2）无限度满足孩子

当父母的需求和孩子的需求发生冲突时，父母会通过"你-信息""我-信息"等方式传递给孩子，孩子有可能拒绝接受父母发出的信息，潜台词告诉父母："我不听你的。""我也有我的需求，为什么要满足你的需求？"

这样对父母积极的一面是父母可以视为对自己的一种"提醒"，让父母可以反过来重新审视一下自己的需求是否合理，不满足孩子，是否影响了孩子的发展。

孩子在洗碗池玩水。

妈妈："不要玩水了。"妈妈认为玩水把衣服打湿换衣服会给自己带来麻烦。

孩子："我就要玩。"

妈妈："好吧，玩玩也没事，湿了再换衣服吧！"妈妈最终满足了孩子的需求。

这能促使父母反思，增加自己的接纳范围。

当跟孩子之间发生需求冲突的时候，父母用"我–信息"的方式告知孩子，孩子依然没有调整自己，摒除孩子还小，理解能力和自我控制能力还不足的情况（这样的情况在后续章节讲解），有些父母或因为担心拒绝孩子会伤害孩子，而给予孩子充分的自由和民主；或因为顾虑孩子哭闹，潜意识认为让孩子哭了就不是好父母；或因为担心跟孩子间会发生冲突；或因为父母内心力量的不足，双方发生冲突时，父母总是"妥协"，孩子总是"赢"的一方，这是一种溺爱，托马斯·戈登博士称之为"第二法"。

这种方式的影响：

○因为孩子总是在跟父母的冲突中获得胜利，所以最直接的影响就是养成孩子任性、难以管教、自私自利、不会内省、不会理解尊重别人、只会索取、难以合作等特质。

○这样的模式和特质会影响孩子进入群体后的社交，毕竟谁都不喜欢跟一个任性、自私、无视他人感受、难以合作的人交往，会让孩子在进入群体以后处处受挫，损伤孩子的自我价值感。

○孩子总是赢，似乎孩子能够感受到更多的爱，但这样的爱是以父母压抑自己为前提获得的，父母内心会对孩子不满和烦躁，所以实际上孩子感受到的爱也是不稳定和不确定的，亲子关系也会有隔阂，影响亲子关系。

父母总是"赢"的方式可以简称为严厉型的方式，孩子总是"赢"的方式可以简称为娇纵型的方式。

现实中，有可能父母双方都是严厉型的方式或都是娇纵型的方式；有可能父母的一方是严厉型的，另一方是娇纵型的；有可能父母在孩子小的时候是娇纵型的，等孩子大了，父母又变成严厉型的了。这些情况结合孩子不同的先天气质类型或多或少都会造成各种各样的心理问题。

除了父母总是"赢"的严厉型方式和孩子总是"赢"的娇纵型方式还有一种就是"双赢"的尊重型方式，就是托马斯·戈登博士的"第三法"。

如何运用"第三法",可以详细学习《父母效能训练手册》第十一章、第十二章、第十三章。

父母有父母的需求,同时孩子有孩子的需求,父母不必压抑自己,同时也要尊重孩子的需求,双方的需求都需要得到尊重,所以可以共同商讨一种方案同时都能满足双方的需求,这就是"双赢"的尊重型方式。

妈妈:"在客厅里玩水弄在地上会损坏木地板的。"

孩子:"可是我要玩。"

妈妈:"可以去卫生间玩,卫生间是瓷砖地面没事。"

孩子:"好的,妈妈。"

"双赢"的尊重型方式的影响:

〇最直接的影响是孩子得到了尊重和信任,尊重孩子的需求,信任孩子能理解父母的需求,能够主动解决问题。这种方式既不会像父母总是"赢"的严厉型方式伤害孩子,也不会像孩子总是"赢"的娇纵型方式溺爱孩子。把孩子真正当成一个有独立自主能力、独立人格的成人对待,提升孩子的自我价值感。

〇因为被尊重和被信任,能体现出自我价值感,所以孩子有更大的热情参与商讨。由于是自己参与决定的,会主动执行解决方案。

人对自己决定的事情,自然有动力去做,所以在运用"双赢"的尊重型方式时,在了解双方需求和感受的基础上可以引导孩子先提出一个解决方案,然后在这个解决方案的基础上再商讨优化,这样更能发挥孩子的主观能动性,孩子更加有动力参与和执行这个解决方案。

〇能够更有效地找到真正的问题,进而找到解决问题的方案。

"双赢"的尊重型方式是建立在充分尊重和信任的基础上的,在这样的状态下如同在信任章节讲的积极倾听那样,孩子会坦诚地表达出内心的需求、感受和情绪,更能明白问题的本质和核心,同时,父母也充分表达自己内心真实的需求、感受和情绪。双方真实深入的沟通能够不断找到真正的问题,当真正的问题找到以后,解决问题的方案自然也是最有效和根本的。

严厉型的方式和娇纵型的方式会把真正的问题掩盖,要么孩子掩盖压抑状态，要么父母掩盖压抑状态，一次一次得不到真正有效解决，相互之间的隔阂和矛盾始终存在，有可能越来越严重。

〇"双赢"的尊重型方式能自然有效地鼓励孩子进行思考，锻炼了孩子的思考能力；在过程中锻炼了孩子的共情、理解、体谅他人的能力；整个过程锻炼了孩子解决冲突的能力。父母在跟孩子用"双赢"的尊重型方式解决问题的过程中发展各种能力，能够让孩子在进入群体后也能有效解决跟同伴之间的冲突，适应能力更强。

尊重孩子的感受

在接纳的章节讲了要接纳孩子的情绪和感受，在这里需要告诉家长的是，孩子的感受不仅要接纳，还要尊重，因为一个人的感受有其巨大的价值，特别是对于一些有灵性、感知能力强的人。

人就是通过自己的感受来发展自己、调节自己，作出各种决定的，这是大自然天生就赋予每个人的。感觉冷了，知道要加衣服；感觉饿了，就会找吃的；感觉一个东西是危险的，就会远离，保证自己的安全，虽然说不清为什么危险，但就是感觉得到；感觉一个人特别好，就会主动接近他，跟他接触，相处；自己唱歌的时候感觉特别好，就会经常唱歌，然后主动学唱歌……大自然给每个人的机制都是有利于生存的，具体就是用感受来判断哪些是有利于自己的，哪些是不利于自己的。有利的感受就好，不利的感受就不好，这是大自然给予每个人最基本的生存机制，不仅仅是人，动物也是如此。

感受决定行为。

一个人的感受是最真实的，有可能自己也不知道为什么有那样的感受，逻辑上、道理上很有可能说不通，但就是有那样的感受，那肯定是有一定的原因、有一定的价值的，父母需要尊重孩子真实的感受。

明明孩子说不冷，成人就是觉得孩子冷，给孩子穿了过多的衣服，所以"有一种冷是奶奶觉得你冷""有一种饿叫妈妈觉得你饿"。带孩子到饭店吃饭，刚坐下来没多大一会儿，孩子就拉着妈妈要走，莫名其妙，后来一问才知道原来孩子看到墙角有一只大蟑螂，或是害怕，或是感觉不好，如果不走这样的卫生条件有可能吃了就会生病。带孩子去上画画课，第一堂课下来孩子就不愿意去了，那肯定是孩子感受不好，后来从孩子口中了解到，老师有点凶，说自己画得乱七八糟的，觉得老师不喜欢自己，这种不好的感受会让孩子觉得压抑。如果长期在这样的环境中学习，孩子的自我价值感会被不断地打击。

每个人也都要尊重自己的感受，这是最有价值的，不要总是依赖理性思考。大脑的理性思考是有局限的，一个人的感知远远超过大脑的理性思考，真实的感受是思考不了的，那才是真实的自己。

能够尊重自己的感受才能更好地尊重孩子的感受。

尊重孩子的想法、观点和意见

孩子在两岁左右就开始有自我意识了，会有自己的想法，有自己的主见，并且有一定的力量坚持自己的主见，所以孩子会顶嘴，不听话。成人要对孩子这样的状态有一个正确的认知，在多数情况下，这算是孩子的优点，只要在界限范围内，成人不仅仅要接纳，还要给予尊重。这决定了孩子自我意识的发展，是培养孩子拥有独立人格、独立思考能力的基础。孩子对一件事有一定的经历或见闻后就会有自己的想法、观点和意见，虽然在成人看来会比较稚嫩，有时很可笑，但这是孩子当下显现出来的最闪光的价值，是更高智慧的源头，要给予充分的尊重，而不是忽视甚至打击。对孩子的观点的评价也要站在孩子的角度，根据他当下的能力评价，而不是以完美的角度不尊重孩子的想法、观点和意见，对孩子的管教过于严格会损伤孩子的自我价值感，影响孩子自我意识的发展，让孩子没有自我、没有主见，人云亦云，容易被负面群体意志所裹挟。

随着孩子的成长会遇到友情、爱情、价值观等各种问题，家长首先需要接纳孩子，任何问题都可以跟孩子平等地敞开探讨，尊重孩子的感受、想法、观点，共同研究，保持沟通渠道，如此才能更好地了解孩子、影响孩子，让孩子更好地成长。

家长要把询问孩子的想法、观点和意见形成一种习惯。

尊重孩子的权利

孩子再小都是独立的个体，有独立的人格和尊严，有相应的权利。

1.物权

孩子在两岁左右开始有自我意识的时候就有基本的物权意识了。自己的东西就是自己的，别人不能随意侵犯，要拿也是要在自己同意的情况下。要拿别人东西之前需要首先询问一下别人，这是最起码的尊重，别人同意了才可以拿，不同意就不可以。从小尊重孩子的物权，孩子的物权意识就会比较强，就有力量维护自己的权利，也会尊重别人的物权。

2.隐私权

孩子都有自己的秘密，需要自己的私人空间，需要给予孩子充分的尊重。孩子大了会有自己独立的房间，这是孩子自己的空间，他可以自己布置，放一些自己喜欢的东西，心情不好的时候可以到里面静一静，这样的空间有可能连最亲近的父母都不让随意进入，这个需要尊重孩子。

孩子上学以后会有自己的日记本，甚至还会上锁，这是孩子自己的秘密。有些父母跟孩子沟通不了，又想了解孩子的内心世界，就偷看孩子的日记，这对孩子来说，不是为他好，而是一种伤害，要充分尊重孩子的隐私权。

一个社会的文明程度体现的一方面就是对每个公民隐私权的尊重，没有基本的隐私权，就不会有基本的安全感，人人自危。

3.决定权

每个人都有自己的喜好，有自己的主见，有自己的决定，最终责任自己愿意承担，这一点必须给予孩子充分的尊重。

从小尊重孩子的决定权孩子长大以后也敢决定，敢负责，有担当。如果什么都是父母替孩子做决定，慢慢地，孩子也就没有了主见，做什么总是依赖父母，对自己做的决定不自信，也就没有自我价值感，最终永远独立不了。

随着孩子的成长，在孩子自己能决定的范围内要给予孩子一定的决定权，并且尊重孩子的决定。

从决定穿什么衣服，到决定玩什么，决定跟谁玩，决定做什么工作，找什么样的另一半……

未来的社会越来越开放、自由、民主，所以从小父母创造的家庭氛围也要是这样的，这样孩子未来才能更好地适应社会，能够自己生存，创造幸福。而不是用那种封建专制的思想观念对待孩子，一切都要听父母的，什么都是父母安排好，自己有什么想法最终也得不到重视和尊重，长此以往损失的必然是孩子的自我价值感、自信心，最后独立不了，连工作也要父母帮忙找，工作中遇到困难也没办法独自面对，父母不能帮助决定所有。孩子没有办法独立，甚至干脆啃老，受害的还是父母自己，这个结果就是父母自己造成的！

4.参与权

试想一下这样的一个场景：全家人一起参与讨论规划周末要去哪里玩，每个家庭成员都发表了自己的观点和建议，父母也很认真地听取了你的意见和观点，最后还采纳了一部分你的意见，你是什么感觉？

是不是感受到父母很重视很尊重自己，主动让自己参与到家庭事务的一部分决定中，把自己正儿八经当"人"了，自己的意见也是有价值的，瞬间会感觉自己长大了，腰杆子都会不自觉地挺得很直。

这就是尊重孩子参与权给孩子带来的自我价值感。

孩子是家庭的一员，未来成年了有责任参与家庭的各项事务，能具有一定的担当，这需要能力和自信。这样的能力不是到了成年一下子就具备的，而是在孩子成长的过程中慢慢积累的，临时抱佛脚抱不来自信心。需要父母从小随着孩子的成长，给予他并且尊重他的参与权，孩子立刻就能感受到自己在家庭中的价值，对整个家庭也有参与感，这是目前中国家庭最为缺乏的。

巨婴都是由于父母一直把孩子当孩子造成的。

四、关注孩子（跟孩子链接）

每个人内心深处都渴望被关注、被看见，这是一种情感的链接，是对爱的渴望。正如心理学家武志红说的："人都希望被看见，这和自恋需求一样，是一种极为根本的需求。"

对孩子来说，被忽视就是被抛弃！没人关注自己、看见自己，跟父母之间没有情感的链接，这样会有一种深深的孤独感，也感受不到自己的价值。

就像《被忽视的孩子》一书中说的："这世界上的任何一个家长都有过让孩子失望的教育失误。但真正有害的是情感忽视的父母对成长中的孩子的情感需求一直充耳不闻、视而不见。"

拯救了无数儿童的哈洛的恒河猴实验证明了父母对孩子的养育不能仅仅停留在喂饱的层次，要让孩子健康成长，一定要通过触觉、视觉、听觉等多种感觉通道（触摸、运动、玩耍）让孩子感觉到父母对自己的爱，满足孩子的依恋，从父母那里得到安全感。

渴望被关注就是渴望爱，渴望情感。

发朋友圈之后会时不时翻一下有多少人点赞了，多少人评价了，如果数量多，内心就会有喜悦感，就是得到关注了，跟人有链接。

留守儿童最大的问题就是缺少关注，父母都不在身边，缺少和父母的链接，内心是枯竭的，所以整个的状态就是灰溜溜的、不自信的感觉。

孩子在小的时候如果受到的关注不足，就会用各种方式来吸引成人的注意。生物的潜意识里得到关注就是得到更多的爱，进而得到更多的生存机会。同时孵化出来的幼鸟，为了得到更多的生存机会，有时会相互残杀。很多家长会误解孩子这有些"故意"的行为，对孩子表达出情绪和愤怒，其实孩子是渴求关注和跟父母的链接，父母一方面要积极回应孩子，另一方面要知道孩子缺少关注了，平时多跟孩子链接，多关注孩子。爸爸出差刚回来，孩子明明会自己吃饭，偏偏要爸爸喂饭，孩子是要通过爸爸喂饭感受爸爸的爱，要满足孩子。而关注不足，情感的匮乏、内心情感的枯竭，会导致人向外去抓取，通过外在物质、刺激等来填补内心的空虚。情感富足，内在丰富饱满，自然追求也是积极向上的。现如今多少人逃离现实，沉迷于网络和游戏，在虚拟的世界里寄托自己的情感和存在感。

"男孩穷养，女孩富养"，女孩富养的是什么？就是给予足够的关注和情感、足够的爱，如果太缺乏，只要外界给予一点关注就会一叶障目，就会讨好地向外界寻求爱和关注。

具体如何给予孩子关注，跟孩子链接，表达对孩子的爱？

亲自做给孩子

出生前要给孩子准备尿不湿、毛巾、毛毯等各种新生儿用品……这个时候宝宝在妈妈肚子里，妈妈一边准备一边跟宝宝说话，准备的每一个物品都带着妈妈浓浓的爱。等孩子出生以后每次喂奶，妈妈都是饱含爱意地看着宝宝，宝宝喝的奶都带着妈妈的体温。孩子再大一点能够吃辅食了，妈妈会查各种资料，咨询能接触到的各类育儿专家，会买最好的食材，用心地做好辅食，然后一口一口地喂给宝宝。父母自己给孩子做的饭，自己给孩子做的衣服、鞋子、玩具，孩子得到的不仅仅是身体的营养和温暖，更重要的是情感上的输入和链接，是爱滋养着孩子。

饭店的饭菜味道再好也吃不出幸福感，只有吃妈妈做的饭，才能体会到幸福。老师亲自用心给孩子制作的各种教具，给孩子做各种点心、饭菜，孩子在玩耍的时候，在吃的时候，也会感受到老师对孩子的浓浓的爱！孩子最珍惜的玩具是妈妈亲手做的玩具，因为里面渗透着浓浓的爱，这样的玩具会时刻滋养着孩子，给孩子力量。

孩子最容易模仿的歌就是妈妈亲自唱给孩子听的歌，长大以后回忆起来是那么的温暖，那么的甜蜜，那么的幸福。

母乳喂养的重要性不仅仅在于营养，还在于能够让孩子跟妈妈之间全然地链接，滋养孩子。

现在物质丰富了，所有东西都可以买现成的，连讲故事都可以用故事机代替，而不需要妈妈自己讲，但这些都没有注入妈妈的爱。买的衣服再好看也没有妈妈自己做的温暖，饭店的饭菜再精致也不及妈妈做的粗茶淡饭有滋味……因为这些都倾注了妈妈满满的爱。物质的丰富，科技的发达，反而疏远了人与人之间的链接。

能够自己做的一定要自己做，这是爱的体现、爱的传递，能滋养孩子的心灵。心灵和情感饱满富足，自然会乐观、开朗、阳光、温暖、善良、坚韧、坚强……

跟孩子直接链接

我们的文化表达链接和爱的方式比较含蓄，不习惯直接通过肢体的接触来表达。每次讲课的时候我都会向学员提出一个问题，回家以后会跟自己父母拥抱的请举手，举手的寥寥无几。每个人的内心都渴求温暖和爱，即使是铁石心肠的罪犯都有爱深藏在心底，但不会表达爱和链接。

很多家长在孩子还小的时候跟孩子还有很多的亲密时刻，经常拥抱孩子，亲吻孩子，等孩子越来越大，这样的动作就越来越少了，自然跟孩子之间的链接也少了，相互之间的亲密感也少了。

一个人未来与人的社交模式就是从小与父母的社交模式。从小跟父母之间很亲密，进入群体以后跟其他人也容易建立感情。

跟孩子直接链接，表达对孩子的爱，这个主动权完全掌握在父母手中。

下面讲四点日常生活中直接链接的方式。

1.每次看到孩子的时候就是喜欢和爱的感觉，这个状态就会滋养孩子

有多少人童年最美好的回忆就是每次去爷爷奶奶或外公外婆家的时候，他们见到自己就特别激动，特别欢喜和热情的样子，拉着自己的手关心地问这问那，还抚摸着自己的脸庞心疼地说又瘦了之类的话，这是多么的温暖有爱，有这么爱自己的人，内心会时刻被滋养。

2.要主动跟孩子表达亲密，可以抚触孩子、拥抱孩子、亲吻孩子、拉着孩子的手等

在孩子小的时候对孩子的抚触不但能够促进孩子感知觉的发展，更重要的

是还能够跟孩子直接链接，让孩子感受到妈妈的爱，增进亲子感情。在童·园，孩子们早上来到学校，老师第一件事就是热情地呼唤着孩子的名字打招呼，并且一一跟孩子拥抱，受老师的影响，孩子与孩子之间也会拥抱，已经形成了每天的习惯。家庭里可以定一个机制，每次回家的时候第一件事就是跟每个人拥抱一下，这样的机制会让家庭成员之间更加亲密。

在给予别人能量时，拥抱他。当自己内心没有能量时，找个人拥抱。

跟孩子直接链接，表达亲密，说起来简单，实际做起来对有些人来说还真的不容易，甚至是巨大的挑战。有些父母自己内在都是匮乏的、枯竭的，内在没有爱，没有温暖，自然也给不了孩子这样的爱和亲密感。这是每个成人在这方面必须反思和成长的，父母自己内在的成长直接决定了孩子的成长。

有些人就是跟别人亲密不起来，链接到一定程度，再深入亲密一点就做不到了，似乎有种莫名的力量束缚着自己。这个状态就是由于曾经在这个点上的创伤造成的，成人需要反思，需要一点点用意志力克服掉。每个人的内心都需要链接、渴望链接，每个孩子天生就有这样的需求和能力，越小这样的需求越高。在孩子还小的时候，当需要妈妈拥抱的时候就会用哭来表达，这个时候妈妈或许在忙，或许没有理解孩子的需求，不做任何回应，甚至还嫌孩子哭闹很烦而严厉地呵斥，如此孩子需要链接的时候反而会遭受痛苦，对痛苦的应激反应会让孩子以后逃避这样的需求，压抑自己的情感。这样的创伤在潜意识里就会形成跟人的链接障碍，莫名地亲近亲密不起来。

明白这个原因，成人就可以自己反思，不是自己不想跟别人亲近，而是之前受到过这样的创伤，而这样的创伤不是事实本身，要用意志力"逼"着自己突破这个障碍。只要持续这样做，就会慢慢自我疗愈。

3.用语言或文字向孩子表达爱

可以直接跟孩子说，妈妈是多么爱你，跟孩子讲讲他小时候的故事。可以在孩子生日、毕业等一些特殊的时刻表达对孩子的爱，拥有爸爸妈妈是多么幸福等。

这也是一种"我-信息"，是表达自己对孩子爱的"我-信息"。

4.送孩子礼物

这是直接的表达爱的方式。看孩子收到礼物的状态，就知道孩子是多么开心。记得在我家孩子四岁那年的圣诞节，我给她准备了精美的圣诞礼物并告诉她是圣诞老人送给她的。孩子特别开心，问我："圣诞老人是谁啊，他为什么送我礼物呢？是他喜欢我吗？"

花时间陪伴孩子

爱不是一句空话，而是要实实在在地陪伴。

在一起做一件事，链接就自然建立了，这样建立的链接牢固，感情深厚。

孩子不是天生就跟爸爸妈妈之间亲密的，而是谁陪伴他最多就跟谁亲密。父母如果没有陪伴，也如同陌生人一般。

有家长咨询上小学能不能给孩子上寄宿学校。如果条件允许，起码孩子在上初中之前一定要跟爸爸妈妈生活在一起，每天放学能够回家。十二岁之前的孩子还没有建立足够强大的自我独自面对社交、学习等遇到的挫折和困惑，需要父母给予及时的帮助和引导，同时这个时期的孩子还特别需要父母的关注和陪伴。孩子不在乎物质上有多匮乏，最在乎的是能不能跟爸爸妈妈在一起。

●陪孩子一起睡

有一种说法，说国外孩子一生下来就自己独立睡小床，这样有助于培养孩子的独立性。在我们国内也有三岁分床、七岁分房的说法，很多家长就以此作为给孩子分床、分房的固定参考标准。

关于这一点，不能完全按照一套固定的模式来，而是要根据孩子的实际情况灵活对待。任何育儿方法都只能借鉴，具体如何做需要家长感知自己的孩子，结合孩子自身的实际情况而定。如果孩子缺少安全感，一个人睡的时候非常不安稳，动不动就会哭、惊醒等，那必须跟父母睡在一起，这样能够给予孩子安全感。具体什么时候分床、什么时候分房也要看孩子当下的状态，孩子安全感足够了会自然地分床和分房的。

母乳喂养也是一样的，并没有一个明确的断奶时间，只要孩子需要，喝到三岁都可以，孩子不需要了自然会断掉。

●陪孩子一起玩耍、游戏

一起玩耍做游戏是最能增进人与人之间的亲密感的。

孩子永远玩不够，通过玩耍、游戏的方式能够锻炼孩子方方面面的能力。孩子在玩耍中会有愉悦感，在愉悦的时候人的整个身心都是打开的，所以更加容易跟人链接。一起玩耍，一起做游戏，过程中会发生各种有意思的事情，会发展很深的"革命"友情。

跟孩子一起玩耍、做游戏需要父母真正地付出时间和精力，需要用心，在游戏中还能够释放孩子情绪，引导孩子，疗愈孩子，对于孩子的成长有巨大的意义。美国心理学家劳伦斯·科恩专门写了本书《游戏力》，里面深刻详细地解读了游戏对于孩子的意义，同时里面有各种各样的游戏能给予父母启发。

●陪孩子看书

每个孩子都喜欢听故事，父母有时间一定要陪孩子一起读书或讲故事给孩子听，既能发展孩子的语言和思维能力，又能增进亲子关系。

●陪孩子聊天

孩子需要表达、倾诉，需要被理解，需要有人倾听，谁能做到跟谁就会比较亲密，父母是最好的聊天对象。

记录孩子的成长

可以想象这样一个场景，在你十八岁生日的时候父母突然拿出一本相册，上面完整收集了你从出生到十八岁的照片，这个时候你是什么感觉？肯定是非常感动，感受到爸爸妈妈对自己如此深厚的爱。

爱需要用心，这就是用心的方式。

○给孩子过生日。

○可以用日记记录孩子的成长和趣事。

○可以把孩子从小到大的照片和视频记录整理出来。

○把孩子从小到大的绘画、各类手工作品等用心保存好。

上面就是内在安全感，也就是自我价值感的全部内容。

一个人有自我价值感，有自信，在成长的道路上就会不断前行，在前行的过程中又能进一步提高自我价值感，形成良性循环；相反，连自我价值感、自信都没有，认为自己不行，在前行的道路上畏首畏尾，停滞不前，各方面能力也得不到锻炼和成长，导致自我价值感更低，形成恶性循环。

"凡人畏果，圣人畏因。"孩子的自我价值感不是直接外求得来的，不能直接求"果"，直接跟孩子说，你要有自信！而是要做在"因"上，接纳孩子、信任孩子、尊重孩子、关注孩子，这样自然会呈现出"果"。

外部安全感和内在安全感共同决定了一个人的安全感。安全感是一个人的根基，安全感越强，根基越扎实，家长首先要给予孩子充足的安全感。同时要正确理解这个充足的安全感的含义，不是把孩子保护得好好的，什么都不让孩子做，什么都给得足足的，就是充足的安全感，通过整个章节的讲解就知道，如此反而会让孩子没有安全感，因为有自我价值感才有真正的安全感。

这种充足的安全感是在孩子小的时候要全然地给予，随着孩子的成长要越来越少，只给予最基本的，需要孩子发展自我价值感，需要自己能独立，所以更准确地可以表述为基本安全感，家长要给予孩子基本安全感。这就是客体心理学的代表人物、精神分析学家唐纳德·温尼科特提出的，要做"足够好的妈妈"，著名心理学家曾奇峰老师将其称为"六十分妈妈"。六十分和四十分代表的是有所为有所不为，而不是该做好的做到六十分就行了。如孩子在两三个月的时候饿了就要及时给他喂奶，到三岁饿了只需提供食物，剩下要孩子自己吃，到十三岁了饿了就要自己想办法做吃的。而不是两三个月的时候孩子饿了妈妈只做到六十分，满足孩子六十分；孩子长大以后倾听孩子说话，跟孩子之前的链接也只做到六十分，这样孩子也只能感受到妈妈六十分的爱。

引用温尼科特的理论表述：

妈妈会在婴儿出生后的几周内处于一种"原始母性专注"的心理状态：淡化自己的主体性、个人兴趣和生活节奏等，把主要精力放在婴儿身上，关注婴儿的喜怒哀乐、一举一动。这期间的妈妈会处于对孩子高度敏感的状态，这样她能够较好地适应和满足婴儿的愿望和需要。

妈妈的原始母性专注，让婴儿感到是自己的愿望创造了事物，当他饿了，就有奶水流出来，供他吸食；当他冷了，有温暖舒适的衣服被子出现，给他温暖。

当他的大部分零散需要和愿望都能得到实现时，他会感受到来自这个世界的善心。

外界对婴儿需求的及时回应与满足，这种体验的不断重复，还会让他感受到有个持续存在的"我"。同时，也给了他一种"我在控制这个世界"的感觉。这就是婴儿的全能自恋感，这是他安全感的来源。

一个足够好的妈妈，在这个阶段所做的，就是满足他的全能自恋。也就是说，婴儿是在妈妈的关注与无微不至的照料下，感受到自己的安全感与存在感的。

如果妈妈不去适应和满足婴儿的需求，反而让婴儿来适应和照顾妈妈的需要，他就会感觉到这个世界是失控的，觉得"我的感受与需要是不真实的"，他只能在妈妈的偶尔关注与满足中，偶尔感知到一点破碎的自我，甚至觉得"我"是不存在的。

那么，这个婴儿就会因为没有安全感而感到非常恐惧和焦虑。婴儿生命最初几个月的体验质量是婴儿今后成人后个体状态的关键。在出生后的前六个月，婴儿的意识中只有自己，他觉得自己和妈妈，甚至和世界是一体的。

成长是一个破自恋的过程，当婴儿的意愿不是总能得到满足时，才意识到自己和妈妈是两个独立的存在，他渐渐有了"你"和"我"的概念。随着婴儿的生长，妈妈逐渐地降低适应的程度。在这个过程中，婴儿相应增长的能力可以应付妈妈的失败，婴儿的"自体感"以及"适应客观世界的能力"得到培养。

一个足够好的妈妈能在婴儿需要的时候及时出现，也能在不被需要时适时的退离，应具有足够的敏感性和灵活性。随着婴儿成长，能力不断增加的同时，逐渐减少婴儿的依赖感，让婴儿有机会去锻炼适应外部挫折的能力，并实现安全的分离。

一个足够好的妈妈需要在孩子出生后几周至数月内保持着毫无条件、放弃自我的付出与牺牲，要完全满足孩子。但随着孩子的逐渐成长，妈妈需要根据孩子的情况慢慢退出，不再对孩子完全地满足，只需要接纳孩子、信任孩子、尊重孩子、关注孩子，跟孩子能够顺利地分离，让孩子能够独立，成长为最好的自己。

这就是给予孩子充分安全感的真正内涵，也就是要给予孩子基本的安全感。有的家长说，给予孩子基本安全感，都是接纳、信任、尊重、关注孩子，那孩子就不需要有挫折教育吗？有时家长会"故意"对孩子不接纳、不信任、不尊重、不关注，试图用这样的挫折让孩子内心强大。有的家长说我就是从小被打到大的，现在不也蛮好，孩子不打会太娇气。

父母和家庭相当于土地，孩子的根就扎在家庭这块土地里，安全感相当于孩子的根。孩子在家庭这块土地里生根，然后发芽、生枝、开花、结果。在土地以上生长的时候，没有父母的干预，在环境中自然会遇到风吹雨打等各种各样的挫折，相当于孩子遇到积木搭不起来、跟别人打架、受了委屈等挫折和困难。如何能够应对这些挫折？就靠扎在泥土里的根，土地越坚实，根系越发达根扎得越深，抵御风雨的能力越强，也就相当于孩子安全感越强，越有自信，在成长过程中抵御外界挫折的能力越强。父母和家庭这块土地会不断地给根提供营养，让根吸收，这个营养相当于父母对孩子的接纳、信任、尊重和关注。

让孩子自然面对外面的风吹雨打才是挫折教育，如果土地以上都用大棚遮起来，成为温室里的花朵，这才是溺爱，才是缺乏挫折教育。父母对孩子的不接纳、不信任、不尊重、不关注相当于动了土地，不施肥、不灌溉，土地不稳定、缺乏营养，根系自然深扎不了，会让孩子抵御风雨、抵御外界挫折的能力减弱。要让孩子有挫折教育，经历挫折。但是，是经历外界风吹雨打的挫折，而不是经历家庭动荡、父母对待孩子方式恶劣的挫折。家永远是一个人的港湾，是一个人的加油站。

那有的家长说他就是从小被打大的，为什么现在还过得挺好，各方面挺健康？那是因为生命没那么脆弱，每个人都有与生俱来的生命力，能够抵抗一定的负面能量，如同有些植物被大风吹倒了，及时栽培在土里还能存活，或虽然土地比较贫瘠，但这种植物生命力比较强，会见缝插针地找地方扎根。只要遭受的挫折没有超过自己心理的承受极限，依然能够生长。但这没有共性，因为每个人的生命力、气质类型不一样，父母对待自己方式的程度也不一样，这位家长从小被打到大依然能健康成长不代表所有人都是如此。任何事都有例外，这样的例外是由多种因素决定的，深入了解孩子研究教育目的就是解决共性的问题，能够最大概率地让孩子健康成长。经常会遇到家长咨询我一些孩子"调皮""不听话"等问题怎么办，我解释了一系列相关原因以及家长应该具有的心态和应对方式后，有的家长会忍不住再追问一句："能不能打，不能打是吧？"似乎想从我回答的字里行间找一些支持她能打孩子的理由。

打，这种方式确实能快速解决问题，而且能发泄成人对孩子的不满。对成人来说，既好用又用得舒服，但一次次对孩子心理带来的伤害真的很大。

可以自己感受一下，被人打了，是多么屈辱和伤自尊，会给人心理造成或大或小的挥之不去的阴影，后天需要耗费巨大的能量去消化和弥补。

2017年，八十四岁的南大教授黄林森通过央视寻亲节目《等着我》找到失联23年的学霸儿子黄小海，但儿子却拒绝见面。23年来，黄小海一直生活在北京，却毅然决然斩断了与父母的一切联系，不仅没有回过一次家，也没有给父母打过一次电话。

因为父母曾经对他造成严重的伤害，即使过去了整整23年，也难以让黄小海在心里翻篇。横亘在这对父子之间的是一道无法互相理解的心灵深沟。

父亲黄林森是苦孩子出身，他母亲虽然没有文化，却非常重视教育，对他要求很严格。黄林森也很争气，1949年后考上了中国人民大学。这种成长经历在黄林森内心留下了很深的烙印。毕业后，他成为大学教师，生活发生了天翻地覆的变化，这让他不但不记恨自己的母亲，还很认同母亲的教育方式，打心底认为传统观念的棍棒教育行之有效，能让孩子成才。所以，他对儿子的管教非常严格，实行高压教育，说一不二。儿子与他断联后，他反思自己，可能是自己动手打骂儿子，未顾及孩子的自尊心，造成父子矛盾很深。

父亲黄林森回忆，儿子小学时，爬到人家房子上面，把房顶的瓦片踩碎了，别人上门告状时，他非常恼火，就命令儿子跪在家门外走廊上的一个角落里。当时住房紧张，几家人共用一条走廊，总有人在门外走来走去，黄小海等于是跪在一个公共场所"示众"，很伤自尊心。

黄小海有个缺点，字写得不好。初二时，因为一次字写得不工整，狠狠打了他两记耳光，左手一个耳光右手一个耳光，两边脸上都留下了手印。而黄小海没哭没叫，只狠狠瞪了父亲一眼。从那以后，儿子就再也没喊过他"爸爸"。

当节目组寻找到黄小海后，黄小海表示他完全没有跟父母打交道的意愿，交流之后才得知，他对曾经挨过父亲打骂之事有记忆，但对他来说不是很重要，让他最反感的是上大学以后父母对他的那种封建社会的"精神控制"，顺我者昌逆我者亡。从学习、交友到谈恋爱，父亲事事干涉，让他感到毫无自由可言，甚至有一种窒息感。

黄林森说，黄小海的老师他几乎都认识，有人见了他也会主动说一下黄小海的学习、生活情况，这让他对儿子的日常生活了如指掌。黄小海本以为上了大学就可以逃离家庭，能拥有自己的独立空间，可没想到父亲竟然经常跟自己的老师们打听情况，这就好像自己的一举一动都被父亲派人跟踪监控了。

据黄小海回忆，父亲方方面面都要控制自己。黄林森曾指定他去追求某个女生，还要他"死缠烂打"。对此他根本不能接受，他觉得自己与那个女生并不熟悉，也没有什么共同语言，根本也没产生爱慕之心，他也不是死缠烂打的人。黄小海有个中学女同学曾向他借了70元钱，用于做文化衫生意，因为拖了段时间没有还，黄林森得知后，竟然去找了这个女生的辅导员，话说得很重，"差点让她退学"，钱是拿回来了，但他不知道怎么面对他同学了，在路上遇见了这个女同学，同学装作没看见他，连招呼都没打，就面对面走了过去。

大二时，黄小海得到一辆分配给他的自行车。有一天，他早上骑车去上课，课间下了场雨，放学后，他没能找到自己的车，后来才得知是被父亲拿走了。这让黄小海很郁闷，南京大学的校园那么大，学生那么多，自行车也不少，他每天的课程安排都不一样，父亲是如何得知儿子的车停在那里的呢？让他最难受的是父亲的说话方式，"我把我的车拿回来了"，其实这车是他的，父亲连招呼也不打就拿走了车，似乎是把儿子的一切都理所当然看成自己的，类似这样的事情太多了。

回到家里，他必须事事遵照父母的安排。有一段时间父亲一定要逼着他吃自己饭量两倍的饭，实在受不了，下午不得不另外抽出两小时散步，以消除腹胀。如果不吃，父亲会用各种方式整他。有一次实在受不了，实在不想吃了，父亲又逼着自己吃，愤怒之下他把碗都砸了，父亲大骂他"你反了，无法无天"，黄小海回嘴道："你又不是法，又不是天！"而父亲却几乎不假思索地脱口说道："我是你老子，就是你的法、你的天！"

回想父亲以前的种种举动，黄小海认为，父亲的封建残余观念已经不可改变，他就是要从精神上控制儿子、左右儿子的人生。为此，黄小海特地给辅导员写了封长信，信中抗议父亲到处布置眼线监控自己，让他没有一点自由的空间，而信件内容很快也被父亲得知了。

他的种种抗议和争斗都没有效果，黄小海一度想争取母亲的支持，而母亲刘雅琴却站在黄林森一边，还谆谆告诫黄小海一定要听父亲的，因为黄林森既是他亲生父亲又是南大教授，做任何事的动机都是为他好，也会尽心尽力给他最好的培养。黄小海听不进去，生气地说道："妈，要是有人每天扇你耳光，你怎么办？你该怎么做？"而母亲竟然不假思索地反问他："每天扇你耳光需要花你多少时间？"母亲的回答让黄小海彻底心冷了，他对自己父母的改变不再抱有希望，只求能尽早远走高飞。

1994年，毕业前夕，他在填写分配志愿表前特地写了份声明，说："只要不在南京，别的地方只要能给我一个能思考问题、看看书、做学问的地方，我都去！"后来，黄小海被分配到北京的一个单位，7月2日报到，学校给他买的是7月1日晚上的车票，父母和姐姐都给他准备了一笔钱，家里人打算在7月1日中午给他办个送行宴。而等父亲来到他宿舍，才得知儿子一拿到派遣单，就迫不及待地离开了南京，为此，黄小海甚至放弃了学校提供的车票，自己买了前一天的站票。从此，这对父子再未能见面。

黄小海去北京报到后的三个多月中，家人多次打电话想联系黄小海，却都没有联系上。一天，母亲刘雅琴在家里信箱发现了儿子寄来的两封信，其中一封信是专门写给黄林森的，信上言辞激烈地写道："由于你长期控制和操纵我，所以我决定与你、你的家庭、你的亲属网断绝一切联系，从此我就是一个有人格尊严、能追求自己自由生活的人。"他也宣布与母亲"自动脱离了关系"。

刘雅琴仍然希望能与儿子和解，一段时间后，她从黄小海同学那里获得了儿子的手机号码，拨通之后，黄小海问道："谁呀？"刘雅琴高兴万分，赶紧说："我是你妈！"而黄小海却毫不犹豫地挂断了电话。此后，这个电话再也打不通了。

儿子的冷漠让刘雅琴辗转难眠，她回想黄小海离开南京前那几年的表现，发现那段时间里，儿子一天比一天沉默，经常流露出不想回家的念头。刘雅琴认为，这个家没让儿子感受到温暖与爱，是她这个当母亲的失职了。于是，她想发自内心地跟儿子道歉，取得儿子的谅解。当时她用一个老旧的手机，只能使用拼音输入，为了把自己的"忏悔信"发给儿子，刘雅琴先写好短信草稿，再翻字典，把短信一个字一个字地"翻译"成拼音，然后在手机上编成短信发给儿子。她坚持发了十几年短信，却没得到儿子一次回复，后来才得知儿子有可能把她的手机号拉黑了，长期屏蔽着她的短信。

找到黄小海后，寻人团的工作人员三次上门劝说他与父母相见，黄小海都拒绝了。听到父母在节目现场不断反思自己的错误、向他道歉的话，黄小海也没有回心转意，他说："我跟你们讲一个故事吧，23年前，有一个人一直拿刀要杀你，直到你逃走后，他们才开始说，知道他们当时是不小心做错了，你觉得可信吗？"

他认为，父亲好像对自己有一种"怨毒"之情，因为在自己慢慢长大、不听话之后，父亲感到无法再驾驭儿子，于是就极力打压儿子的个性、制止他的反抗，自己的生活边界不断被父亲侵犯，失去了选择的权利，"没有人格尊严"，这些令二人关系最终走向了对立。

黄小海觉得自己被父母给"害"了，虽然在大学时按父亲的意思学了物理专业，但这个专业并不符合他的志趣，他也看不到自己在物理学方面的发展前景，最终辞去了原先的工作，后来凭着较高的英语水平另找了一份工作，在北京坎坷的就业经历让他过得不太如意，快五十岁了仍是单身，房子也买不起。他觉得，虽然父母老态龙钟、风烛残年，但自己比他们"更可怜"。尽管寻人团多次劝说，黄小海也没有与睽别23年的父母见面。不过，第三次与寻人团工作人员交谈时，他的态度已经有所缓和，还提起自己这些年其实回过两次南京，站在家门口时也曾感慨万千，或许，经过几次促膝长谈，黄小海得以倾吐了往日的苦恼，怨愤之情有所减少，感觉时间能够洗掉很多东西……

"时间能够冲洗掉很多东西"这句简简单单的话让我们看到了一丝亮光。我们希望时间能够让这场没有胜利的战争早日停止，让这种家庭悲剧不再重现。我们应该反思父母到底应该怎样教育孩子，与孩子沟通，到底怎样做才能给孩子更好的爱，让我们期盼这个破碎的家庭早日与自己的命运和解。

成人原生家庭的一些缺失和创伤，如果不经历自我成长、自我反思，会不知不觉地、控制不住地把同样的创伤带给孩子。小的时候经常被父母打，自己有了孩子以后一旦对孩子不满意，会延续小时候被对待的方式对待自己的孩子，动手打孩子。家长要时刻保持自省和反思，要朝着能让孩子健康成长的方向努力。

现在青少年的心理问题越来越严重。

根据我国的青少年心理健康现状调查，"我国青少年心理问题发生率目前在45%左右"，接近一半了，这是个非常严重的问题。"青少年心理问题成因的最大因素来自家庭。有心理问题的孩子多来自家庭关系不和、亲子关系紧张及家庭教育失当的家庭，生活在这种家庭的孩子心理相对较敏感，承受能力差。"

在新闻媒体上时常看到孩子抑郁自杀等事件。

当然，每个人都有一定的自我调节能力，能够消化一定的负面情绪。形成创伤和心理问题主要有两个外界因素：

（1）短时间高强度的伤害，这样的伤害有可能一次就会留下很深的创伤和阴影。如校园霸凌。

（2）长时间持续的伤害，这样的伤害可能每一次的强度不是很大，每一次孩子似乎都能够承受，但时间长了会形成根深蒂固的负面思维和情绪，造成心理问题。如持续性被否定，得不到认可；持续的压力环境，并且得不到疏导和排解。现在的孩子除了吃饭、睡觉、上厕所之外，剩余时间几乎都在学习，所以会通过沉迷游戏和网络的方式来释放内心积蓄的压力。

自我成长、自我反思的能力，是每个老师和家长都应具备的能力。

当自己觉得孩子哪儿都不好，总想批评指责他的时候，意识层面要立刻觉察到，原来是自己小的时候父母经常批评指责自己，从而让自己内心自我价值感缺失，所以会不知不觉，控制不住地通过"欺负""贬低"弱小者来填补内心的黑洞。自己的父母为什么这样对自己？是自己父母的父母就这样对他们的。自己深深地觉察到了，再痛苦也要逼着自己改变，让这种不好的轮回从自己这里断开，不要总停留在自己原生家庭的创伤中，成人有能力调整自己，给孩子一个好的原生家庭。为了一切变得更好、更健康，成长是必需的和值得的，而不是用一些"某某也没这样做，孩子不照样长大了吗"这种例子来逃避成长，否则就有可能给孩子带来各种各样的心理问题，严重的，超过孩子心理调节能力限度的，会造成孩子各种心理创伤。

上面所有讲的都只是基本安全感，要有更稳固的安全感，要能独立，仅靠外部提供、别人认可是获得不了的，这些是基础、起步的条件，进一步提高安全感还需要在成长过程中孩子能获得自我效能认知，就是实实在在认知到自己能做什么，自己的价值是什么，把自我价值感一步步变成自我价值，真正有价值，这就需要不断成长和发展。

下面章节就具体分享在有基本安全感的基础上孩子如何有效地成长，成长需要学习，如何学习？通过成长实现自我价值，一步一步发芽、生枝、开花、结果。

第三章　孩子如何成长和发展

在有基本安全感的前提下，孩子的"精神体"就要成长了，如同"物质身"的成长需要食物一样，"精神体"的成长也需要精神食粮。一个健康的人，如果一段时间不工作就会感觉空虚难受，原因是没有精神食粮的补充，所以精神会有"饥饿感"。孩子更是如此，如果整天无所事事，孩子的精神也会处于"饥饿"状态，表现就是莫名烦躁，精神状态不好，情绪很不稳定，有各种负面破坏性行为，等等。

孩子只要有一点安全感，就会发展自己，让自己"精神体"成长，这是内在安全感，也就是自我价值感的另一个来源，是最稳固最重要的来源，来源于明确知道自己会什么，能做什么，能独立，有自己能够生存和幸福的能力，也就是自我效能认知，不断成长就能够不断提高自我效能的认知。

外界给予自己的只能满足最基本的安全感，要想有真正的安全感只有不断地成长发展，不断提高自我效能认知，明确认识到自己会做什么、能做什么，有成就感，才能够不断地给自己带来稳固的安全感，让自我价值感变成自我价值。在成长的路上，在提升自我价值、自我效能认知的道路上没有止境。

孩子"精神体"如何成长？精神食粮是什么？是如何学习成长的？

行为主义、成熟主义

花花是个特别文静的三岁小女孩，一直是外公外婆带，能感觉到外公外婆特别爱花花，每天都把她打扮得漂漂亮亮。外婆以前是小学老师，对花花的教育和成长特别用心，并引以为豪，跟老师交流的时候会有意无意地提到花花的聪明，现在都是自己看绘本，认识三百多个字，会背三十首唐诗了，特别懂事，特别乖。

每次听到家长夸孩子很乖，我们就不由得警惕起来，有时候乖对孩子来说并不一定是好事。花花确实很乖，在学校里最喜欢的事就是看书，自由活动的时候其他孩子叽叽喳喳玩得不亦乐乎，在教室里这种嘈杂的环境下，她也能安静地看绘本，只是会时不时抬头看看嬉闹中的小朋友，有时候看得出了神会被正在游戏的小朋友逗得咯咯咯直笑。老师把一切都看在眼里，经常主动去跟花花链接，想引导花花参与到其他孩子的游戏中去，可花花有点不愿意。

"老师我会背《望月怀远》。"

"哦，是吗？""海上生明月，天涯共此时。情人怨遥夜，竟夕起相思。灭烛怜光满，披衣觉露滋。不堪盈手赠，还寝梦佳期。"

花花流利地背了出来，然后很期待地看着老师。老师很平静地说："我听到花花背出来了。"这样的反应估计花花有些失落，如果是在家里，外公外婆肯定会拍手称赞了。

花花特别爱干净，在户外的时候玩得最多的就是荡秋千和滑滑梯，孩子们最喜欢的沙池，花花反而很抗拒，怎么吸引她都不进去玩，更别说在土地上爬、打滚、玩泥巴了。

花花的自理能力很强，吃饭穿衣服基本可以自己做了，而且做得很好。

一次，花花看到三十个月大的毛毛一直抽着纸巾盒里的纸扔到地上，特别感兴趣，目不转睛地盯着看。老师说："花花，你也可以这样玩的。"花花犹豫了一下又摇了摇头，显然"有贼心没贼胆"。

这些都是花花刚刚入园时的状态。

每个家长都是全然爱孩子的，都想把最好的给孩子，望子成龙、望女成凤是每个父母对孩子的期望。

孩子几个月的时候就开始给孩子用杜曼闪卡，让孩子认识各种水果、动物、植物、数字、加减乘除……孩子也比较"争气"，闪一段时间就都认识了。

再大点孩子会说话了，一有时间就教孩子背诵唐诗宋词，认识汉字，只要教了，孩子都能学会，父母很有成就感，见到人就让孩子表演一番。

等到孩子三岁刚会拿笔的时候就教孩子画画。

孩子四五岁的时候看上去什么都能学了，就教孩子算数，教孩子写字，背英语单词。

上幼儿园的时候给孩子上画画、英语、围棋等各种各样的兴趣班……就认为孩子小的时候学习能力很强，时间一点不能浪费，这样才能让孩子赢在起跑线上。

杜曼闪卡是根据杜曼博士的教育理念开发的一套学习方法。用不同的图片，图片上有数字、汉字等要"学习"的内容，机械地在孩子眼前快速地闪示，以刺激孩子大脑相关神经通路，可以提高孩子的悟性和情商、记忆功能，使孩子具有良好的学习习惯、超强的知觉能力，拥有独特的创造力、快速运算能力、快速记忆能力，可活化大脑细胞、提高大脑事物想象能力……杜曼的理论早就过时和被科学界所抛弃了。

耶鲁大学的一位助理教授总结杜曼方法为："杜曼模式技术是以破产的、完全被抛弃的理论为基础，同时也在受控条件下测试失败，这个过程浪费家长的时间、精力、感情和金钱。"这些都是可以公开查询到的。实际运用杜曼闪卡的孩子会出现认知发展缓慢、眼神呆滞、语言发展迟缓、心理发展落后等问题。

还有一个行为主义理论。

这个理论是美国行为主义心理学创始人约翰·华生创立的，在"孩子是什么"章节讲过。行为主义理论认为一切行为都遵循着刺激（S）-反应（R）的学习过程，通过刺激可以模拟反应，通过反应可以推测刺激。这个理论否认遗传在个体成长中的作用，想要孩子达到什么结果，只要外界环境给予相应的刺激就行。

前面说了，孩子是人类的种子，内在天然就具有生命力、自己的一些特质和生长节奏，杜曼理论和行为主义有个共同的点就是忽略孩子内在主观的因素，而被动对孩子训练和灌输，不考虑孩子主观能不能接受，不考虑孩子的发展规律和发展节奏。

　　这样的训练和灌输如同给孩子直接喂很多的营养品，孩子根本消化吸收不了，最后都堆积在体内反而对身体有害。那些知识和大道理如同后天装上的假牙假发一样，不是由内而外自己生长出来的。

　　灌输式的教育无法使孩子跨越成长的自然阶段，如果试图用灌输和突击训练的方式使人跨越自然成长阶段，在暂时欣喜后带来的损伤是惊人的。

　　孩子是人类的种子，内在就有生命力、自己的生长密码和生长节奏，那是不是不需要干预孩子，只要让孩子按照自己的方式成长呢？

　　这就是另外一个学派理念——成熟主义。

　　成熟主义的幼儿教育理论的代表人物是美国心理学家盖塞尔。成熟主义的幼儿教育理论认为："幼儿的身心发展是有一定顺序的，这种顺序是由先天因素决定的。这种发展规律表现在，到一定年龄，幼儿就会做什么事情。例如，到一定年龄，幼儿就会走路、爬楼梯，不到这个年龄，机体这方面的能力没有成熟，即便去提前训练，也是事倍功半。"

　　成熟主义理论对幼儿教育有以下三点积极意义：

　　（1）教育要循序渐进。学习需要机体一定程度的成熟为前提，所以在婴幼儿教育中要按照婴幼儿身心发展的顺序，循序渐进地进行教育，不可拔苗助长。教学内容必须符合幼儿的身心发展状况与水平，不能超越幼儿身心发展的规律。

　　（2）教育要"适时"。当儿童机体的发展达到某一种学习的条件的时候，适时的进行这种学习，这时候效果最好。所以要充分了解儿童的发展状况，抓住教育的有利时机，提供适当的学习内容与学习环境，因势利导，事半功倍。

　　（3）教育要有差异化。成熟主义的幼儿教育理论认为幼儿的身心发展是有一定顺序的，同时也认为，由于遗传、环境与经验的影响，发展是有个别差异的。两个同年龄的幼儿发展也不可能是完全一样的。因此，在教育上要考虑和尊重幼儿发展的个别差异，根据每个幼儿的发展状况采取适宜的教育措施和方法。

　　成熟主义充分尊重孩子是"种子"的特性，同时太过注重这样的特性，而忽略环境等其他因素对孩子的影响。

　　孩子刚学会走路的时候想到处走，家长嫌烦嫌累，整天把孩子放在家里，导致孩子感统失调；孩子上小学学认字写字，一开始对写字的标准要求不注意，习惯不好，导致后面一直延续错误的习惯，很难改变；在孩子会阅读的时候没有给予孩子大量的阅读材料，导致后期孩子对新的阅读材料不感兴趣……这些就是孩子内在已经成熟，但外部环境给予的支持不够，导致那方面没有成长发展到最健康的状态。

完整健康的成长发展方式是每个孩子按照内在特质和规律结合外部的环境和引导，一步一步建构式的成长发展。

建构主义

建构主义最早提出者是瑞士的心理学家皮亚杰（J.Piaget），建构主义认为："儿童的认知发展是由内因和外因相互作用的。儿童是在与周围环境相互作用的过程中，逐步建构起关于外部世界的认知，从而使自身认知结构得到发展。"

建构主义同时强调了儿童个体主动性和外界环境刺激在孩子认知发展中的作用。

所以建构主义认为："孩子的发展不是通过教师传授得到的，而是在一定的环境、情境即社会文化背景下，借助其他人（包括教师和学习伙伴）的帮助，利用必要的学习资料，通过建构的方式而获得。"

按照皮亚杰的发生认识论原理，孩子的发展不是简单的S-R，刺激-反应，而是S-AT-R

S：代表环境里的各种刺激

A：代表每个孩子个体

T：代表着每个孩子本身的特质

R：代表着在刺激和每个孩子个体特质下共同产生的结果

建构主义给我们直接的启发就是：孩子发展是孩子个体因素和环境因素相互作用的结果。其中，既有成熟主义理念的尊重儿童发展规律和先天发展顺序，又有行为主义的环境和成人的帮助及引导对孩子的积极作用。

所以，一个孩子的发展成长是在了解孩子内在各方面发展规律和特点的前提下，以孩子为中心，成人给孩子提供相应的适合他的成长环境，过程中给予适当的帮助和引导，孩子吸收环境的"营养"，由内而外一步一步"长"出来，孩子自己完成自我建构。

教育不是拼命往孩子脑子里装东西，而是让孩子内在长出自己的东西。

【内化】

建构的每一步必须经历一个过程，就是内化的过程，只有一步一步内化了，才是真正稳固扎实的建构。

在讲内化之前，我们来看一下皮亚杰认知发展理论中孩子是如何一步步发展建构的。讲得比较理论化，理解起来可能有点难度，这只是让大家明白背后的科学原理，不理解也没关系，最终能理解内化的概念就行了。

在《儿童智力的起源》一书中，皮亚杰认为："随着儿童年龄的增长，其认知发展涉及图式、同化、顺应和平衡四方面。其中图式是一种结构和组织，它们在相同或类似的环境中，会由于重复而引起迁移或概括。所谓同化，就是个体将环境因素纳入已有的图式之中，以加强和丰富主体的动作；所谓顺应，就是个体改变自己的动作以适应客观变化。个体不断地通过同化与顺应两种方式，来达到自身与客观环境的平衡。图式最初来自先天的遗传，以后在适应环境的过程中，不断变化、丰富和发展，形成了本质不同的认知图式（或结构）。"

用通俗的话讲，就是孩子的各种认知等是在跟环境的相互作用，在同化和顺应中，不断建构发展的。并不是简单地看到、知道、会背诵就算同化和顺应了，而是要能够真正吸收和理解，成为内在的一部分，也就是要内化。如同吃下去的食物，能够真正消化，转化成营养，被身体吸收，而不是吃了一堆的石头，看上去吃了很多，实际没法消化，石头是石头，自己是自己，融合不到一起。或者吃了一堆的营养品，消化不了，有的堆积在体内伤害身体，一部分排泄掉，也没办法融合到一起。

内化就直接进入了最深层的潜意识里，成为根深蒂固的深刻记忆。

一步一步能够内化是建构的前提，否则都不算是真正的建构。如同建房子，内化就是垒的每一块砖都用混凝土跟其他砖牢牢地粘在一起，一点一点扎扎实实地垒高，这就是一点点内化的建构。没有内化的建构如同直接把砖头垒起来，砖头与砖头之间没有砂浆粘连，看上去似乎是垒高了，但实际不稳，而且垒到一定高度就会倒塌，现在多少孩子的成长学习就像这样，应试的、灌输的，看上去学了很多，实际真正内化建构的却很少。

如何内化式建构

首先了解一下皮亚杰的认知发展理论，这是孩子不同阶段的认知发展规律和特点，决定了孩子不同阶段能够建构的内容和方式。

皮亚杰认知发展阶段理论：

1.零至两岁，感知运动阶段

仅靠感觉和动作适应外部环境，应对外界事物。

认知特点：

（1）通过探索感知与运动之间的关系来获得动作经验。

（2）低级的行为图式。

（3）获得了客体永存性（九至十二个月）。

某一物体从儿童视野中消失时，儿童知道该物体仍然存在。

2.二至七岁，前运算阶段

这个阶段有五个重要的特征。

（1）万物有灵论，也叫泛灵论，认为一切事物都有生命。

（2）一切以自我为中心。幼儿只能站在自己的经验中心来理解和认识事物。

（3）思维具有不可逆性和刻板性。

（4）没有守恒概念。如果在高矮、粗细不同的三个杯子里倒入相同水量的水，孩子往往会认为高瘦的杯子里的水多，就是因为他没有守恒概念。

（5）作出判断时只能用一个标准或维度（单维性）。

3.七至十一岁，具体运算阶段

这个阶段的基本特点：

（1）这个阶段的标志是守恒概念的形成（守恒性）。

（2）思维必须由具体的事物支持，可以进行简单的抽象思维。

（3）理解原则和规则，但只能刻板遵守规则，不能改变。

（4）思维具有可逆性（儿童思维发展最重要的标志）。

4.十一至十六岁，形式运算阶段

基本已经具备一个成人的认知水平。

（1）能够根据逻辑推理、归纳或演绎方式来解决问题。

（2）能够理解符号意义、隐喻和直喻，能做一定的概括。

（3）思维具有可逆性、补偿性和灵活性。

这是目前整个教育界公认的科学的认知发展理论，清楚地说明了孩子哪个阶段能够内化哪些认知，而不要做无用功。了解了孩子具体的认知发展阶段就知道为什么全世界的孩子都是七岁上小学，因为七岁才进入具体运算阶段，才能够理解一些抽象的概念，进行抽象的思维。

根据认知发展理论，具体通过哪些方式能够内化式建构，怎么建构呢？

一、体验

只有体验到才能真正理解、内化，才是自己的。

孩子的视、听、触、味、嗅、前庭觉，各种感官就是在体验的时候综合感知各种信息，传递到大脑，这样由体验得来的信息大脑才能吸收，直接能够内化，进而得到各种基础的认知。后面所有的思维、抽象思考等都是建立在这个基础之上。

没有体验到的即使靠死记硬背记住，没有经过内化的过程，也理解不了，自然也用不出来。

体验是一个人认知能够得到真正发展、成长和建构的最初始最基础的通道，是最直接最基础的内化方式，是不可缺少的。离开了体验，所有的建构都是无源之水、无本之木，是空中楼阁。

孩子刚生下来对这个世界一无所知，怎么认知什么是硬的、什么是软的，什么是苦的、什么是甜的？翻开字典把软和硬的解释读给孩子听，让孩子背下来？只有让孩子亲自去体验一下！这样软和硬的综合感觉（看到的、触摸到的……）就储存在体内了，就内化了，虽然说不出来，等后面语言发展起来的时候再把这个感觉跟语言对应上，就能表达出来。即使语言表达也不能完全表达出内在体验到的、内化的所有的感觉和信息，还可以用各种艺术化的方式表达得更加充分。让孩子死记硬背背下来就是灌输，让孩子体验就是建构。

要让孩子体验，自己感知、触摸这个世界是什么样子的，而不是家长灌输给他。家长通过语言对孩子喋喋不休灌输的认知都是虚的、空的。

一些早教机构用的各种各样动植物的卡片做得再逼真，对孩子的意义都不如一个真的苹果、橘子。桌子上冒着烟，孩子就会好奇，就要去拿，家长看到了立刻阻止孩子，"烫，危险"，发现孩子根本听不见，伸手继续去拿，家长也急了，说了烫、危险，怎么不听呢？然后给孩子贴个标签，这孩子怎么这么不听话！太犟了！这是日常跟孩子之间最常见的"矛盾"。家长说得一点没错，确实烫、危险，孩子为什么不听？因为听不懂！什么叫烫？什么叫危险？因为没有体验过，所以根本没有概念。孩子也委屈，孩子就是遵从生命力的指引去探索新的事物，莫名其妙就遭受了阻断和"暴力"。了解了体验的意义就会更懂孩子，跟孩子之间就会少了很多矛盾，孩子也不会遭受那么多无端的伤害。孩子碰了开水直接会烫伤，可以调一个五六十度的水让孩子感受，体验后就知道了，大脑就会真正理解，内化，成为深刻记忆，以后看到冒烟的不用成人提醒自己就会注意。在触碰时如果成人告诉孩子烫，孩子就会把语言和这个感觉连接起来，就会表达烫了。不自己摸一下，跟孩子讲再多遍开水烫、危险，孩子也没有具体概念。

体验越多，孩子的理解能力越强，领悟能力越强。如电也是危险的，但不能让孩子真的电一下才明白，那怎么做？如果孩子被烫过，或有被针扎过的经历，可以跟孩子讲，被电到就跟你上次被烫到，或被针扎了一下的感觉一样，这样孩子就会触类旁通，一下就能听明白。从来没有体验，只是看着书本背了很多的概念，记住了很多结论，那也消化不了，理解不了，没有内化，如同假肢装在自己身上一样，不是自己的，不能应用自如。

世界著名的意大利教育家玛利亚·蒙台梭利说过："我听到了，但随后就忘记了；我看到了也就记得了；我做到了也就理解了。"

"纸上得来终觉浅，绝知此事要躬行。"有体验才有真正自己的观点和见解，否则都是"纸上谈兵"。

没有踢过足球的人看足球比赛会觉得很枯燥乏味，没兴趣，原因就是看不懂，不知道里面精彩的部分。踢过球的人看足球比赛才能看出里面的门道、精彩的部分，甚至惊叹于球员们水平的高超。

我在上大学时虽然学习了职业规划这门课，但对各种工作和职业一点概念都没有，也不知道自己适合什么职业，喜欢什么职业，因为没有工作过，没有体验过。毕业实习时才体验了各个工作的状态，才有感触。

在有条件选择的情况下，真正符合自己的职业规划是体验出来的。

人不会因为知道而改变，只会因为经历过、体验过触动了而改变。如果只要大脑记住了就能做到，那每个人都能成为圣人。有绝对大智慧的名言警句很容易就可以得到，但实际也只是能记住或装点门面用，要深刻理解、明白，只有经历过、体验过才会真正领悟。为什么懂得很多道理却过不好这一生，因为懂得的道理没有内化，不是真正懂得。我们在读一些名言警句的时候对自己曾经经历过的，不用刻意记，也会过目不忘，对没有经历过的，刻意记忆也会忘记。听歌也是一样，为什么听到有些歌曲会回味无穷甚至泪流满面，有些歌曲只能欣赏它的优美旋律，原因就是是否有体验。"吃亏是福"这句话人们经常挂在嘴边，小时候听到时觉得不可思议，无论如何都理解不了吃亏怎么跟"福"扯上关系。随着成长，经历越多，特别是进入社会以后，越来越能够体会到这句话的内涵所在，这就是体验带来的真正成长和发展。

想让孩子在哪方面发展和成长，首先就要考虑能不能让孩子在这方面体验一下，体验完自然就会知道，这是最好的自我教育，然后成人可以再引导，这样孩子才能内化，并且领悟得更加深刻。

自我价值感最稳固最重要的来源——自我效能认知，就是实实在在体验到自己会什么，能做什么，体验到成就感、价值感和存在感，这是扎扎实实的，"打不倒"的自信。

如果孩子在真实世界体验不到成就感、价值感和存在感，就会在虚拟的网络和游戏中寻找。在那里成就感、价值感和存在感可以轻松、快速地获取，而且刺激性强，所以很容易"上瘾"，越上瘾越跟真实的世界链接不上，适应不了真实的世界，毫无存在感，越是适应不了真实的世界就越会沉迷网络和游戏，如此形成恶性循环。这是这个时代孩子成长过程中最大的陷阱，一不小心就会深陷其中。特别是在高强度、高压力的应试学习下，绝大部分孩子体验不到学习的成就感，会更加容易沉迷网络和游戏。

要让孩子在真实的世界体验到成就感、价值感和存在感，体验到多维度的成就感、价值感和存在感，提高孩子的自我效能认知。

会表达，能表达得充分也是需要建构的，但这不是根本，表达的根本和源头是要有内容表达，最深刻的内容来自哪里？就来自体验。

"飞流直下三千尺，疑是银河落九天"是李白的《望庐山瀑布》里的两句诗，描述的是壮丽的瀑布，这两句诗是怎么来的？是李白在现场看到瀑布那样壮丽的场面心灵被震撼到有感而发的，是先有体验、感觉和感受，然后再有的表达，所以"艺术来源于生活"。图片再美，只用眼睛看永远体会不到身在其中感受到的广袤和震撼。艺术的核心不是外在的表达方式，而是内在要表达的内涵。

在孩子七岁前所有感官完全打开的时候，所要做的就是让孩子真实地去体验和感受，而不是花大量的时间去记忆别人的感受。古诗词是中华文化的精髓，是艺术，需要学习，可以熏陶，但不应该超前花大量时间去记忆而忽略孩子的体验，这样反而本末倒置。

再来看一下皮亚杰的认知发展阶段，这不仅仅是一个人不同年龄阶段的认知发展规律，对一个事物的认知也是按照这样的认知发展阶段进行的。如果顺序颠倒了，那就是事倍功半，反而做了很多无用功。

孩子刚生下来对这个世界一无所知，也没有语言系统，跟他交流他也听不懂，如同一个从来没接触过汽车的人要独自学开车一样，看到汽车一无所知，开门都不知道怎么开，这里碰一下，那里摸一下，碰到哪里都是密封的，就认为永远是这样的，根本不知道车门还能打开，相当于孩子还没有建立客体永存性，认为什么消失了就消失了。无意间触碰到车门把手打开车门，这一个动作就建立了一个最简单的认知和思维，车门打开后就像发现了新大陆，里面完全是另外一番天地，继续摸索会发现原来有"机关"可以把窗户打开。这相当于孩子在零至二岁的感知运动时期，通过探索感知与运动之间的关系来获得动作经验。然后反复几次发现窗户打开了不是就一直打开着，还能关闭，这就相当于孩子随着成长和反复探索发现妈妈经常不见了然后又回来了，就知道了客体永存性——某一物体从儿童视野中消失时，儿童知道该探索一段时间。把汽车上简单固定的按钮都探索完了以后，就开始学开车。刚开始学的时候因为不熟练，只知道刹车、油门，所以只能在简单的路上开，专心控制油门，注意力全部集中在踩油门的脚上，开始根本不知道油门、刹车来回切换，也根本关注不到手上的方向盘、路况和周边的环境。这相当于孩子的第二个阶段二至七岁，前运算阶段，"一切以自我为中心""思维具有不可逆性和刻板性"。这个时期开车也不知道看速度表，就看旁边的参照物进行判断，比骑自行车的快，就感觉速度很快了，旁边没有参照物就感觉不到速度。这就相当于"没有守恒概念""作出判断时只能用一个标准或维度（单维性）"。随着开车越来越熟练以后，能直接看速度表，发动机转速表，而不是看外面来判断速度了。这就是七至十一岁，具体运算阶段"守恒概念的形成"。能够关注到汽车的静音性、舒适性，方向盘的力度怎么样，就相当于能理解"具体的形象思维"。能知道定速巡航的概念了，也就是"可以进行简单的抽象思维"。如果自己没开过车，直接讲定速巡航，那一点概念也没有，更不用说理解了。继续驾驶一段时间，就又能深入理解防抱死制动系统（ABS），电子制动力分配系统（EBD）……能够更加深入地理解汽车原理，甚至有些汽车故障都可以自己修，这就是孩子十一至十六岁的形式运算阶段，"能够理解符号意义、隐喻和直喻，能做一定的概括""能够根据逻辑推理、归纳或演绎方式来解决问题""思维具有可逆性、补偿性和灵活性"。认知任何事物都是这样一个规律，由体验入手，然后再深入理解一些抽象的概念。如果没有接触过车、开过车，一开始上来就学习定速巡航怎么用，防抱死制动系统、电子制动力分配系统等是怎么回事，会一头雾水。如果这个需要考试，为了考试可以死记硬背记住，但很快就会忘记，而且也运用不出来。现在多少学习模式就是这样颠倒过来的，完全不符合认知发展规律，所以孩子会不感兴趣，会缺少学习的热情和动力，学起来困难重重，甚至会产生厌学心理，不知道学习到底是为了什么。

孩子七岁之前还处于感知运动阶段和前运算阶段，还没有抽象思维，在运算阶段，思维还必须有具体的事物支持，所以七岁之前孩子认知的发展都是建立在体验上，也就是平常所说的玩，华德福教育的玩耍，蒙台梭利教育的工作。孩子天生就会在生命力的驱使下主动去探索、玩耍，只要醒着就停不下来，通过玩耍建构起来的认知都是可以理解的，能"消化"的，会越玩耍、越探索越觉得有意思，认知自然也在不知不觉中不断地提高。

没到运算阶段，给予孩子运算阶段才能理解的很多知识、道理、概念，孩子就理解不了，理解不了就没有兴趣，甚至反感。如果在成人的强迫下学习，长此以往，孩子对学习就会产生抵触心理，甚至产生各种各样的心理问题，这对孩子长久的伤害是最大的。前面讲的盖塞尔的"双生子爬梯实验"，一个提前进行了专门的训练，一个没有训练，而是自然地发展，虽然结果是两个孩子都学会了爬行，但那个提前进行训练的孩子对爬行的认知和感受是什么样的？

孩子的认知发展是按照感知运动阶段、前运算阶段、具体运算阶段、形式运算阶段四个阶段发展的，前一个阶段的发展是后一个阶段的基础，能发展到后面的阶段必须是前面的阶段得到了充分的发展。前面的一个阶段发展得越扎实，为后一阶段打的基础越牢固。《伤仲永》一文中的主人公方仲永从小诗词歌赋、四书五经样样精通，但随着成长越来越"后劲不足"，真正的理解能力、学习能力没有随着年龄的增长而提升，反而越来越弱，就是因为成长的不同阶段该发展的内容没有扎扎实实发展好，基础没打好，直接影响了后面阶段的发展。很多家长由于焦虑，对孩子进行很多的超前教育，试图让孩子赢在起跑线上，虽然表面上取得了一定的成果，汉语拼音、汉字、唐诗宋词都会，确实比同龄人在这方面快了一步，但失去了更重要的体验玩耍的时间，孩子当下这个阶段该发展的没有发展好，进而会一步一步影响后面阶段的发展，严重的甚至会造成各种各样的心理问题，如此反而是输在了起跑线。前几年我买了部单反相机，完全不会用，说明书上一堆的什么iso、白平衡、曝光时间等概念，压根不知道说的是什么。为了快速掌握摄影方法技巧，我特地去请教了专业摄影师，结果被告知让我自己先拍两年再教我。还没有上手拍过照片，别人即使跟我讲一些高超的拍摄技巧和理念我也听不明白，也不能感同身受。

自己拍一段时间，体验一下，各种情况都经历过了，各种各样的照片都拍过了，这样再给我讲的时候我才会吸收，且吸收得更快更好。为什么要拍两年？就是因为自己体验的时间越长，基础打得越扎实，后面再学习的时候吸收得会越快越好。

世界三大教育理念之一的华德福教育认为每个人都需要发展好十二感官。

引用华德福教育对十二感官的解读："十二种感官分为三个层次：一是对自己身体的感觉，包括触觉、生命觉、运动觉、平衡觉四个基础感官；二是中级的感觉，是对外界环境和世界的感觉，与感受相联系，感受周围的人、自然、环境，包括嗅觉、味觉、视觉、温暖感觉；三是高级感觉，社会、社交型感觉，和思考有关，用来感知人类社会，感受他者，包括听觉、语言感觉、思想感觉、自我感觉。"人是通过这十二种感觉感受世界，零至七岁发展第一层次（四大基础感觉）的感觉。七至十四岁发展第二层次的感觉，十四至二十一岁发展第三层次的高级感觉。十二感官的发展是相互影响的，如果某一阶段应该发展某一感官，却没有得到很好的发展，会影响之后其他感官的发展，这些影响会在日后特别、明显地表露出来。

在基本安全的前提下，让孩子、允许孩子、鼓励孩子体验世间的万事万物，只有体验才能内化，才能产生有效的认知，才能真正地成长和发展。

体验的形式

1.玩耍，游戏

玩和游戏是人一生都需要的活动，孩子绝大部分的成长就是通过玩和游戏来实现的。

每个孩子天生都会玩耍，玩耍能够不断刺激多巴胺的分泌，让人快乐，乐此不疲，废寝忘食，这是大自然天然赋予孩子的。从最基础的视听触味嗅感官发展，到复杂的手眼协调、平衡等感觉统合的发展，再到组织能力、创造力、社交能力等发展，都是从玩耍和游戏中得到最好的发展。

对孩子来说，一切皆可玩，乐趣无穷。家里所有的物品都是可以玩的，厨房和卫生间的物品最丰富，所以孩子最喜欢。沙、水、土，孩子可以一直反复玩耍，永远不会厌烦。两个小伙伴在一起简单的你追我、我追你的游戏都会玩得不亦乐乎。

所有孩子都喜欢过家家的游戏，从孩子成长发展的角度来讲也需要玩过家家的游戏。过家家就是把生活中看到的自己演绎一遍，演绎的过程中自己就体验了一遍，就内化了。孩子内在自发地要把生活中遇到、见到、听到的各种场景和零碎的片段通过实践，经历一遍。过程中会自己组合，一遍遍实际体验在场景中的感觉，从而内化了对生活的各种认知和逻辑。通过自己实践的"过家家"游戏对于孩子学习的意义远远大于头脑中简单的死记硬背。这是孩子内在本能的需求，仅眼睛看到还不"过瘾"，产生不了内化，要自己再演一遍才"过瘾"，经历了、体验了，才能内化为自己的。看到妈妈烧菜，自己就会找来代表"锅碗瓢盆"的工具，用野草、树叶、贝壳、小石头等作为食材，然后全身心投入做饭做菜；有过打针的体验或者目睹过别人打针的场景，就会模仿护士用尖锐的东西给"病人"打针；参加过婚礼后又会跟小伙伴玩结婚的游戏；会扮演警察，还会扮演妈妈照顾小孩……

游戏还需要各种能力、技能，游戏里有社交，有冲突，有组织，有创造，有思维，有竞争，有博弈，有现实的模拟，有收集收藏等，这些就是孩子未来进入社会所需要的。广义上说，进入社会以后就是在社会的规则下大家一起在玩游戏，看谁能玩得好，人人无非都是在玩一场人生的游戏。

游戏的种类越丰富，孩子各方面的成长和发展就会越好，越全面。

记得我们小时候每隔一段时间就会玩一种游戏，而且会玩得很专业、很厉害。

印象特别深刻的有丢沙包，特别锻炼反应能力；抓石子，在室内玩的是用纽扣做的，既需要手眼协调又需要反应快，后来我能玩"通关"，变换各种花样都能抓到；打弹珠，进老虎洞，既需要各种力度准度的把握，又需要特别专注；打纸板，需要力度、角度还有技巧，那时候会到处收集四方片，看谁收集得多，赢得多；斗鸡、背人撞大牛，需要力量、团队协作和技巧；砸铜钱、用竹筒做小炮……

现在的孩子都是在玩手机游戏，自然各方面的成长和发展就会有所缺失。

一定要让孩子多玩耍，跟同伴一起玩耍，每天必须保证孩子足够的玩耍时间，尽情地玩耍，玩各种各样的游戏。

2.经历

经历过就知道了，讲再多的道理都不如经历一遍。读万卷书不如行万里路。人不会因为知道而改变，只会因为经历过了、触动了而改变，人生就是经历的总和。风霜雨雪、喜怒哀乐、悲欢离合……都需要经历，这样的人生才是立体的、有深度的人生。

气傲皆因经历少，心平只为折磨多。

父母给予孩子最好的，莫过于丰富的、有意义的经历。

3.操作

西红柿炒蛋，讲再多遍，哪怕记住了，都没有自己操作一遍的意义大。

关于经验型知识，不管记得有多牢，要想真正理解、内化就要亲自操作一下。看上去似乎是浪费时间，但这是内化必经的过程，能够更快更好地理解，反而是节省时间。

在引导孩子的时候，如怎么保护自己，要把别人推开，讲完以后就操作一遍，演练一遍，这样就能内化了。停留在大脑里始终是个概念，只有操作一下、演练一下才能吸收、内化。

4.运用

知识本身没有任何意义，只有能够运用知识才有意义。

大自然天然赋予孩子生命力，所以对于孩子自己主动要做的事、感兴趣的事，学习动力是最强的，学习的能力是最好的。也就是在学习之前孩子内心清楚我为什么要学，学了以后做什么？运用到实际中是最好的学习方式，所以在运用中学习和学习了可以运用，能够达到最好的学习效果。

只有不断运用才能不断内化，只有内化了才能运用出来，否则都是夸夸其谈、纸上谈兵，都是语言的巨人、行动的矮子。

5.故事

为什么每个孩子都喜欢听故事、看绘本？因为孩子在听故事时会身临其境，仿佛自己经历了一遍。这跟看电视剧和电影一样，看到惊险刺激的画面自己也会心跳加速热血沸腾，看到伤心悲苦的剧情时自己也会情不自禁伤心流泪。人有灵性，能把自己融入故事的情境里，如同自己在经历和体验一样。听故事起码能够达到百分之七十的自己体验的效果，所以引导孩子的时候讲相应的故事效果是最好的，就像带孩子体验了一样。禅宗除了会带你去亲自体验体悟，还会常用一些智慧的禅宗故事，让人自己领悟。

除了技能和基础感官，心灵、品行、品质、能力和知识，"精神体"的每一项内涵，包括每一项内涵里面细分的内涵都有相应的故事，都可以用故事引导孩子，都可以自己编相应的故事。"故事知道怎么办"，故事总会有办法。

6.活动和仪式

活动和仪式是精神内涵的体验。一些精神内涵，如感恩、敬畏、祝福、希望、信心、加持等需要通过祭祀、祈祷、宣誓等活动和仪式才能升起、传递和进一步内化。

某地发生洪灾，需要人民解放军去救援，在出发前会有誓师大会、共同喊口号等活动，传递团结一心、众志成城的气势，坚定必胜的信心和信念！

我们看到原始部落那么落后，都会有形式各样的活动和仪式，通过这些活动和仪式来传递相应的精神内涵。

我们中华民族有千百年流传下来的各种传统节日，在这些传统节日里都有各种各样的活动和仪式，目的就是升起、传递和内化一些精神内涵，这些传统的文化是中华民族的根，要一代一代传承。

"精神体"的九大内涵如何在体验中成长和发展

1.基础感官

脑科学的研究表明，正常孩子一出生大脑就有大约一千亿个脑细胞，或称神经元，脑细胞和脑细胞之间是彼此独立的，只有很少的一些链接。

孩子从一出生就开始通过各种基础感官来感知环境，接受环境的刺激。

据现代科学研究，人有十九种之多的感知觉，主要感知的有七大基础感官，包括外部感官视觉、听觉、触觉、味觉、嗅觉，内部感官前庭觉和深层感官本体觉。

基础感官如同最前端的"传感器"，通过其无数的感觉细胞感知外界的刺激和信息，然后通过遍布全身的，跟感觉细胞相连的神经传递给大脑。大脑是人体的"统帅"，是所有信息的处理中心。大脑接受了这些刺激和信息后，脑细胞（神经元）就会生成许多树枝状的"树突"，树突之间通过"突触"互相联结，脑细胞和脑细胞之间就通过"树突"和"突触"相互链接，形成神经网络，也就是各种认知、思考、情感等"精神体"各方面的发展和成长。

大脑只有在得到刺激和信息以后才会形成神经网络，得到的刺激和信息越多，神经网络越发达，大脑功能越强，各方面的智能也就越高。

智力的发展需要结合环境的刺激，没有环境的刺激，天生智力再高也发展不了，会被耽误。

通过基础感官的发展过程可以看出，基础感官的器官能够感觉到，能看到、听到、触摸到、尝到、闻到，这是前提，基础感官的器官发展健康与否直接决定了是否能收集到信息及收集的信息是否准确。同时，基础感官的发展单靠感官器官感觉到还不够，还要能够通过神经传输到大脑，大脑要能够生成神经元的链接，形成认知，能够内化，这样才能得到不断发展。比如，上课能听到老师讲课的声音，这是听觉器官耳朵没有问题，但能不能听懂讲课的内容，就需要看大脑能不能理解。所以，基础感官的发展是一个系统的发展，包括基础感官器官、传输神经和大脑，每一个基础感官都是一个基础感官系统。

（1）视觉系统

视觉系统是眼睛感知环境中各种事物的大小、明暗、颜色、形状、人的表情动作等刺激和信息。随着发展，结合大脑其他各功能区，不仅仅是停留在看到，还可以感知深层的距离、方位、空间、比例等关系。

视觉系统是人接受外界刺激和信息最多的两个感官之一（另一个是听觉）。

如果视觉系统发展不好，跟视觉系统相关的一些"精神体"的发展将会产生一定程度的功能不全或功能障碍。

如读写困难，图形辨识困难，脸盲，容易迷路，视觉聚焦、视觉追踪、颜色辨别能力、轮廓掌握能力、平面与立体转换能力、视野扩展能力、图像创造能力、层次辨别能力、视觉预测能力、视觉记忆等受到影响。

（2）听觉系统

听觉系统是另一个接受外界刺激和信息最多的感官。

人通过听觉系统感知环境中声音的刺激和信息，通过感知到的各种声音，结合大脑其他功能区域，感知和判断声音的大小、类型、距离等各种信息。

听觉系统是语言发展的首要条件，听觉系统是输入，语言是输出，没有输入就不会有输出。

如果听觉系统有缺陷或发展不好，会直接导致语言发展不好，还有行动迟缓、反应迟钝、事物感知不足等问题。

（3）触觉系统

触觉感官遍布全身，是人体感觉神经细胞最多的感觉系统，是所有感觉系统的基本感觉通路。

触觉系统是指通过皮肤表面受到刺激而引起的感觉，这种感觉包括压觉、触摸觉和振动觉。

触觉敏感会导致孩子容易出现爱哭闹、打人、咬人、缺少安全感、胆小怕生、容易受到惊吓等问题；触觉迟钝又会导致孩子摔跤不觉得疼、行为过度、爱扔东西或推倒积木、会自己打自己的头或用头撞地等情况。

（4）味觉系统

味觉系统是通过舌头表面的味蕾感受各种味道的刺激和信息，酸甜苦辣等。

味觉系统发展不足会导致对味道敏感或感知不足；饮食单一，不喜欢固体食物，影响口部肌肉发展，进而影响语言发展；挑食，进而影响"物质身"的健康发展；等等。

（5）嗅觉系统

嗅觉的感受器位于鼻腔的顶端，通过鼻子感知环境中气味的刺激和信息。

通过嗅觉系统能够感知到环境中的各种气味，好闻的、难闻的，熟悉的如妈妈的或其他家人的气味，甚至本能地感觉到对自己有害的气味等，能够让孩子对环境保持警觉。嗅觉系统还能够增加食欲，促进饮食，进而对"物质身"的发展有良好的促进作用。

嗅觉系统发展不足会导致对气味不敏感、反应迟钝、不能区分不同的气味、影响味觉的发展，等等。

（6）前庭觉系统

前庭觉是大脑的雷达和门槛。前庭觉系统位于大脑后下方脑干的前面。前庭觉系统主要有三个作用：

●过滤作用

前庭觉系统能够过滤及辨识来自视、听、嗅、味、触讯息，然后再传入大脑，这样注意力才能有效集中。孩子未来视、听性质学习的专注力，前庭觉系统的影响最大。

●平衡作用

人在地球时刻受重力的影响，翻、爬、坐、站、跑等都和重力相关。
前庭掌管着人体和重力相关的平衡和空间方位的感应，如同飞机轮船的陀螺仪一般。前庭觉系统会根据环境和身体感知到的信息，调整身体的各个部位及重心，指挥肌肉骨骼做出正确的动作，维持全身平衡和协调。

●调节作用

前庭系统能够帮助大脑保持清醒和警觉状态。当身体快速转动停下时会感觉眩晕，一会就会恢复正常，这就是前庭系统在迅速调节，让我们保持适度的清醒。如果前庭系统活动量小，锻炼不充分，调整的作用便会发挥不良，孩子就容易出现多动及注意力散漫的现象。
前庭觉发展不足的影响：
对空间距离知觉不准确，方向感不强，常会跌倒或撞墙，身体动作协调能力差，容易晕眩，注意力差等。

（7）本体觉系统

本体觉的感觉接收器在内部的肌腱、骨膜、韧带、关节、深层肌肉等里面，所以又称深感觉。本体觉系统是胎儿出生后由最初产生的触觉系统发展出更多的分支和网络而下沉时，与长在肌腱、骨膜、韧带、关节、深层肌肉等处的感觉接收器相结合才逐渐形成发展起来的，是触觉下沉的产物。实际上，本体觉系统属于触觉系统的一部分，是深层的触觉。

本体觉系统可以不依靠视觉系统，不用看镜子，就可以摸到我们自己的鼻子、眼睛、嘴巴等；我们不用看楼梯，也可以顺畅地上下楼梯；喝水能感知到水流到哪了，饭噎到哪了，鱼刺卡在哪了；不需要照镜子看着自己的动作，直接就能够模仿别人的动作……

本体觉系统是所有感觉系统中最慢成熟的一个，它是其他六大基本感觉系统发展的综合表现，特别受触觉系统和前庭觉系统的影响比较大。触觉系统和前庭觉系统如果没有发展好，本体觉就会受到影响而无法独自发展好。

本体觉系统发展不好的影响：

感知身体概念不良、常常摔跤或绊倒、距离感分寸把握不好、平衡和协调性不好等。

孩子认知的发展——"精神体"的发展就是建立在这七大基础感官系统的基础上。有的只需要某种感官系统，有的需要多种感官系统的参与，绝大部分都是需要多种感官系统的参与，这就需要多种感官系统能够有效地配合好、协调好，就是感觉统合。

孩子通过基础感官从环境中接受各种刺激和信息后，通过遍布全身的感觉神经传入大脑的各个功能区，大脑把这些感觉的刺激和信息进行整合，在作出相应的"决策"以适应或改变环境时，大脑会通过神经元发出信息，发出的信息会通过神经传输到身体的相应部位，控制相应的肌肉或感官，作出相应的反应。

从收集刺激和信息到作出"决策"控制身体相应部位以做出相应的反应，整个过程就是感觉统合的过程，是身和脑互动协调的过程。

这个过程能够成功顺利地完成，就需要基础感官，通过大脑这个"统帅"和身体，三者能够统合协调好。

1970年欧美、日本这些发达国家的问题儿童情况日趋严重，这些儿童都呈现好动不安、注意力不集中、笨手笨脚、严重害羞等状态。经过不断观察研究，终于在1972年由美国南加州大学爱尔丝博士根据脑功能研究，提出感觉统合理论。

现在随着中国城市化和经济发展，带养方式的变化，也在步之前20世纪70年代欧美、日本的后尘，感觉统合问题越来越严重，感觉统合失调的孩子越来越多，各种各样的言行、学习障碍，高智商低能力问题暴露出来。

社会上锻炼孩子感觉统合的机构很多。有专门专项训练孩子感觉统合的机构，在锻炼孩子综合能力的机构里也有感统课程，所有早教机构都有感统课程，这些都体现了基础感官和感觉统合对于孩子的重要性。

孩子一出生，基础感官、大脑和身体几乎是相互独立的，还没有统合好，需要在成长的过程中不断发展。经过一段时间的发展，如果三者能够协调好，那感觉统合就发展得好；如果不能够协调好，那感觉统合就没有发展好，就是感统失调。

感觉统合对孩子非常重要，为了更加清晰地理解，举个例子：

孩子看到桌子上有个杯子，想要用手去拿，完成这个动作需要大脑协调这个系统。首先视觉上，眼睛看到杯子，能够判断得出自己离杯子的距离，然后传到大脑，经过处理，根据距离控制手部肌肉，用手去拿。在碰到杯子的时候，手的触觉通过感知杯子，然后传到大脑，经过大脑的处理，再发出信号控制整个手掌、手指的多块肌肉进行抓握，抓握的力量大小也是触觉感知来控制，用的力道不大不小，能把杯子抓住。整个过程就是感觉统合的过程。

我们看似最简单的一个动作，需要调动无数的感官细胞、神经、大脑神经元和肌肉，并且在大脑的"统帅"下要有条不紊地精确配合协调好，孩子才能成功完成这个动作。在成长的过程中，如果能够配合协调好，那感觉统合就能够完成；如果不能够配合协调好，那感觉统合就不能够完成。

在孩子七个月大的时候，整个感觉控制系统还不能协调好，眼睛看到杯子，控制手去拿，在手还没有碰到杯子的时候手指就开始抓握了，这是视觉还没统合好。这样多抓几次以后慢慢就统合好了，看到杯子就能够在恰当的时机用手抓。

在碰到杯子开始抓的时候，抓的力量也控制不好，要么力量太小，抓不住，杯子掉下来；要么力量太大，用力过猛，这是触觉还没有统合好，随着发展触觉就会慢慢统合好，抓的力道就会恰到好处。

成人觉得这个动作简单是因为已经经历过这个过程，统合好了，不用"费脑子"了，已经在潜意识里自动运作了。

从上面这个例子就能理解为什么有些感觉统合失调的孩子言行总是不知道轻重缓急，给人感觉是个乱动、多动的孩子。

孩子走路、运动等都需要感觉统合。所以，感觉统合失调会导致身体的协调性差，不灵活，平衡能力差，容易摔倒，做事也感觉笨手笨脚的，等等。

前庭觉的失调还会导致晕车、晕船、大幅运动或剧烈运动时会眩晕等。

语言的发展需要听觉、视觉和触觉，所以这方面感觉统合失调会导致语言发展的迟缓，发音的清晰度和表达能力都会受影响。

在孩子七岁上学以后坐姿也需要感觉统合，感觉统合失调会导致坐姿始终不端正。

写字需要手眼的协调，感统失调会导致书写困难，字写得不端正，甚至总是写不到一条线上，不知不觉就写歪了。

在上课的时候，老师在黑板上写一个字，或报一项内容，孩子要模仿，这就需要听觉、视觉、触觉、前庭觉等感官和身体的统合。如果统合不了，这么一个最基本的学习流程做起来都会有困难，慢慢因为做起来有困难，心理抗拒，造成学习障碍，导致上课不专心、注意力不集中。感统失调不是智力的问题，但会影响智力的发展。

良好的基础感官发展让孩子的智力能够得到正常发展。同时仅仅有基础感官发展还不够，还需要感觉能够统合，如此，孩子后面的知识、技能、能力、品质、品行、心理和心灵才能够得到更好更全面的发展，智力才能够充分显现出来。如果感觉统合发展不好，感觉统合失调，会影响后面的知识、技能和能力，这些方面发展得不顺利会损伤孩子自我价值感，会影响孩子的自信等，进而影响品质、品行、心理和心灵的发展。

壮壮长得如同他的名字一样，又高又壮，虽然还不满四周岁，但个子跟一般六周岁的孩子差不多。就这样生长"超前"的孩子，在数家权威机构都做过专业测评，结果都是发育迟缓。

最明显的就是语言方面，壮壮的语言表达能力跟两岁半的孩子差不多，能表达出来，但口齿不太清楚，只有妈妈能够全部听得懂。

我把壮壮和他妈妈带到室外，跟我们园内的孩子一起参加户外活动，以此观察壮壮的状态。很快就发现，一个四岁的孩子走在这种高高低低的石板路上还走不稳，趔趔趄趄的。我们学校的孩子天天走这样的路，每天过去如履平地，健步如飞，壮壮明显是感统失调的表现。来到大草坪上，壮壮看到孩子们玩得那么欢快兴奋，有的孩子在爬大石头，从一块石头轻松地跳到另一块石头上；有的在大草坪上玩着你追我赶的游戏；有的围坐在一起不知道在研究着什么神秘的宝贝；还有的班级在老师的带领下玩着老鹰捉小鸡的游戏……

壮壮被大石头深深吸引了，一路小跑着直奔大石头，迫不及待要往上爬。壮壮这么高的个子，这又不是什么高难度的动作，对他来说应该很轻松才是，出乎意料的是他似乎不知道该怎么协调四肢，对于爬的动作是应该先伸胳膊还是先抬腿都不会协调，就胡乱地扒拉着。看着孩子的举动，我问妈妈之前孩子有没有玩过类似的攀爬游戏，妈妈说在他一岁半的时候有一次在小区里玩攀爬网，手臂摔骨折过一次，后面就再也没带他玩过这个。难怪如此，这是感统失调重要的原因之一。

壮壮尝试了几下没有成功，转身朝大草坪跑去，学其他孩子那样，像脱缰的野马似的在草地上奔跑着。很快又发现他特别容易摔跤，不足五分钟的时间足足摔了三跤，尤其是遇到凹凸不平的地方，准会摔跤，又是感统失调的典型表现。户外活动结束了，我带壮壮和妈妈到了一个没有孩子上课的教室。壮壮看到有那么多的玩具，立刻冲上去玩，拿着积木首先不是搭建，而是都扔到地上，这是一岁多的孩子玩耍时的状态，现在四周岁了应该早就过了这个阶段了，说明在成长的过程中还有很多的缺失。我拿出纸和剪刀给壮壮，让他剪纸玩，通过他极其笨拙的动作不难看出壮壮剪刀用得不熟练，或从来没用过剪刀，简单的剪纸都费劲，更不用说剪出自己想要的形状了。我又拿出了弹珠轨道，目前壮壮自己应该是搭建不了的，我搭建了一个简单的轨道，拿着一个弹珠放到了弹珠孔里，弹珠就顺着轨道滚了下去。壮壮看了觉得很有意思，我给了他一个弹珠示意他放到弹珠孔里，壮壮捏着弹珠还没等对准孔洞就直接"粗暴"地一丢，结果弹珠滚到了地上（这个操作两岁半的孩子都能独立完成）。第二次再放的时候手的力道没把握好，直接碰到了搭的轨道，整个轨道随之坍塌。跟妈妈了解了一下壮壮之前的成长经历，妈妈说一岁半之前孩子很聪明，很早就说话了，后来店里生意忙，无暇顾及孩子，在孩子一岁半的时候就开始整日整日地看动画片，也是在一岁半的时候玩攀爬网不慎手臂摔骨折，然后这些户外的项目就很少带孩子玩了。这是两条最重要的信息，这两个因素造成了孩子严重的感官刺激不足，感统失调。

基础感官和感觉统合是孩子所有发展的基础。

那基础感官系统和感觉统合是不是任何时候都可以发展，能不能在孩子小的时候不发展，等孩子长大了再发展和教育呢？

看一个典型的例子，这个例子很能说明问题。

狼孩的故事

在印度的一个村庄有个古老的习俗，如果一家人第一胎生的女孩，就会把她扔掉，第二胎生女孩才能留下。有一天，村民发现有狼群带着两只四脚爬行的"似人怪物"，于是解救了这两名狼孩，大的七八岁，小的只有两岁，她们根本不会站立，只会学着狼妈妈那样四足行走。村中的牧师想尽办法让她们回归正常的人类生活，还给她们姐妹分别取了名字，叫卡玛拉和阿玛拉。

然而事与愿违，两名狼孩还是昼伏夜出，只吃生肉，还会学狼嗥叫呼唤同伴。小点的阿玛拉长到四岁，便因病死去，而年纪大的卡玛拉在十三岁时终于学会了站立，十四岁时学会了行走。但直到十七岁不幸去世，她也只学会了四十五个单词，智力相当于四岁幼童的水平。

这个故事说明了环境对一个人的影响和重要性，前面讲的行为主义充分说明了这一点。

还有一个问题，卡玛拉在狼群里面待了七年，在人类社会里待了近十年，但只学会了四十五个单词，智力也相当于四岁的孩子，长达十年都无法改变，正常孩子四岁都超过她。这是真实发生的案例，全世界还有很多这样极端的事情发生，为什么会如此？就是因为狼孩首先是在狼群里待了七年，然后再在人类社会里待了十年，越早对孩子的影响是越大的，越是根深蒂固的，后面越难改变，为什么会难以改变？

经过科学的研究，一个人刚出生时的脑重量三百五十克左右，一个成年人的脑重量是一千四百克左右，看上去相差很大，但一岁时的脑重量就达到了六百克左右，约占成人脑重量的百分之四十；三岁时的脑重量就达到一千零五十克左右，约占成人脑重量的百分之七十；六岁时的脑重量就达到一千二百六十克，约占成人脑重量的百分之九十；到十二岁时就差不多达到成人的重量一千四百克。

了解这个数据我们就会发现，孩子的大脑不是匀速发展的，孩子越小大脑发育的速度越快。三岁时大脑重量就达到成人的百分之七十了，到六岁大脑重量就达到成人的百分之九十，也就意味着六岁以后只剩下百分之十的成长空间了，也就是说大脑的发育在六岁基本已经完成了。

神经生理学家提供的数据表明：人类的脑细胞数量在出生时就超过了一千亿个，而且这个数目在出生时为最高值，终其一生不会增加，反而会减少，一个成年人的脑细胞是一百亿至一百二十亿个。大脑细胞的数量减少了，但大脑的重量却在不断增加，就是因为大脑在出生以后，基础感官受到外在环境的刺激，经过神经传输到大脑，脑细胞和脑细胞之间会形成"树突"和"轴突"的神经网络，同时"树突"和"轴突"外面会形成髓鞘化，通俗地讲就像电线外面包着的一层塑料绝缘层，是为了保护神经网络在传输信息时不"漏电"，也是起到保护神经网络和绝缘的作用。

脑细胞只有在基础感官得到刺激，有信息传输过来时才生成"树突"和"轴突"，接受什么刺激就形成什么样的神经网络，同时形成以后会有髓鞘化进行保护，难以改变，所以狼孩大脑神经网络跟狼是一样的，并且都已经髓鞘化，"固化"了，难以再改变。没有得到刺激，没有信息传输过来的脑细胞就会"用进废退"，会自然地被淘汰掉，消亡。

因为大脑发育的速度不是平均的，孩子越小大脑发育越快，所以在孩子小的时候脑细胞非常活跃，只要基础感官得到刺激，收集到信息，传输到大脑后，脑细胞马上就会生成"树突"和"轴突"，形成神经网络，得到发展，并且髓鞘化，难以改变。

那些没有得到刺激的脑细胞不会一直等着信息的刺激，继而发展，如果没有得到及时的信息刺激脑细胞就会"荒废"掉，消亡了，后面想弥补都很难。

所以，孩子刚出生时脑细胞很活跃很"饥渴"，迫切地需要各种信息的刺激，如果能够得到充分的刺激，相应的就能够得到快速有效的发展，并且"固化"下来，得到什么信息刺激就"固化"什么。得不到充分刺激，就会慢慢消亡或钝化，到后面就再也回不到之前那样饱满、活跃的状态，而且很难发展和改变。

这是大脑发展最关键的特点，孩子其他方面的发展同样有这个特点，跟感觉统合相关的遍布全身的肌肉也是如此，在孩子小的时候肌肉非常灵活，到处都是"软软"的，随着成长慢慢就会"僵化"，再也回不到之前那样灵活的状态。

还有生活中最常见的，学舞蹈的孩子体会更深，孩子的韧带越小越容易拉伸，随着年龄的增长，韧带会越来越硬，到成年再去拉韧带难度可想而知。

基础感官系统，包括基础感官、神经、大脑，还有肌肉、韧带等，只有在"使用"中才能得到发展，得不到刺激和使用就会"过期作废"了。

中国有句古话，"三岁看大，七岁看老"，说的就是这个道理。要把握好孩子七岁之前的阶段，这是孩童身体各方面发展最快，也是最关键的时期。

蒙台梭利在一百多年前通过对孩子大量的观察和研究就已经发现了这样的事实，首次提出了孩子发展各个阶段"敏感期"的概念。

孩子会在敏感期这股力量的驱动下，在基础感官发展最快、最关键的时期，能够主动去环境中寻找所需要的，来充分满足自己这方面的发展。

敏感期会让孩子有主动性，主动去满足自己的成长，成人所要做的就是能够懂孩子，给予孩子充分的自由，同时提供给孩子适合他当下敏感期所需要的环境。

绝大部分敏感期都是在三岁之前，在敏感期之内的发展会事半功倍，如果错过了，或没有得到充分满足，后面只要条件允许会再次主动弥补，但弥补的效果无论如何也达不到敏感期时被充分满足的效果，而且随着孩子成长，越往后越难以弥补，有的甚至没有弥补的机会。从这个意义上来说，这样的错过就很难弥补，或将没有弥补机会的敏感期称为关键期更合适，敏感还不足以说明这个时期错过了就很难弥补的重要程度，敏感是这个关键期的最明显的特征。

现实中多少这样"惨痛"的教训，错过了孩子基础感官发展的关键时期，错过了孩子感觉统合发展的关键时期。

基础感官系统和感觉统合发展的关键期都是从出生到六岁，越小越关键。在从出生到六岁期间，每一个基础感官系统和感觉统合的发展还各自有最关键的时期。

视觉发展关键期零至六个月。

听觉发展关键期零至一岁。

触觉发展关键期零至一岁。

前庭觉发展关键期胎儿二十周至一岁。

味觉发展关键期零至十二个月。

本体觉发展关键期零至三岁。

口腔发展关键期四至十二个月。

爬行发展关键期六至十个月。

手敏感期零至十二个月。

手眼协调关键期三个月至一岁半。

咀嚼吞咽发展关键期六个月至一岁。

口语发展关键期六个月至四岁。

大动作发展关键期在零至六岁。

精细动作发展关键期八个月至三岁。

行走（腿）发展关键期一至两岁。

细小事物敏感期一至两岁。

色彩发展关键期三至四岁。

时空知觉（空间）发展关键期一至六岁。

如果每个关键期能得到充分发展，没有受到压抑或创伤，孩子正常的发展就能够得到满足，各方面的状态和言行也不会有什么偏差，会自然迈入下一步的成长。如孩子在一两岁的时候要玩撕纸、抽纸，让孩子尽情地玩，而不是阻止孩子，甚至认为孩子在捣乱而训斥孩子。

如果在某个关键期没有得到充分的满足，那孩子这方面发展的需求是被压抑的，或受到一些创伤，这种压抑和创伤时刻等待着机会弥补和修复，越早得到修复效果越好，越晚效果越差，甚至没有修复的机会。在修复的时候会把曾经压抑或创伤的部分过度地释放出来，这时候一定要理解孩子、满足孩子，越是过度越能极速修复，越过度说明了曾经的压抑或创伤越严重。如同一个很饿的人看到食物会吃撑一样，如果经常挨饿，只要条件允许就会找一切机会能吃多少吃多少，极尽所能地收集食物，过度地满足。食物充足，没有饿过，面对食物的时候就会按照实际需求吃，适可而止。

一个从小自卑的人，有过被别人看不起的经历，未来有条件了会找各种出口，或通过过度炫耀自己，或通过贬低别人来填补内心的那种创伤。如果自己自我价值感比较高，就不需要通过刻意炫耀自己或贬低别人来填补内在的自卑。所以，越是自信的人越是低调平和，不显山露水，越是不自信的人越是会显得自己很自信很强大，这是一种过度的满足。

在孩子的修复时期认为孩子是在胡闹，阻断压制孩子，反而会让他更加压抑，创伤也得不到修复。如果能给予孩子接纳、理解和自由，孩子会抓住一切机会修复自己，过程中肯定会矫枉过正，有些"过"，越"过"修复得越好越快，成人这个时候做好心理准备，自己累点、烦点，一定要理解、接纳，然后给予孩子充分的自由，让孩子尽情地修复自己。

前面讲过花花的案例。

花花确实很乖、很聪明，外公外婆带养得特别用心，在童·园上了一段时间以后，老师知道花花最需要的就是"接地气"，之前大脑用得太多，同时因为带养得太精致，最基本的基础感官、感觉统合和一些关键期的发展还有些不足，需要修复。

花花看到毛毛不断地抽纸巾盒里的纸时两眼放光，老师知道花花也想这样玩。

这是一两岁孩子的游戏，现在花花这个年龄应该早就过这个时期了，肯定是在一两岁的时候要玩被成人制止了，这是需要修复的。老师开始的时候告诉花花你也可以这样玩，花花还是有点不敢，后面老师就找机会让花花突破一下，故意让花花帮老师拿抽纸，一开始拿一张，慢慢让花花拿好多张。有一次花花吃完了点心去自由活动，就看到花花走到教具柜前，将放在其上的抽纸，一张一张地抽出来玩，很享受其中的乐趣。"老师，花花把纸都抽出来了，弄得到处都是。"有孩子发现了，花花很紧张，马上就不玩了，老师知道这个时候很关键，孩子曾经就是被这样制止而压抑的，现在花花的内心刚刚打开，刚开始修复，不能再一次被压抑下去。"老师知道的，花花是在玩这样的游戏，你们是不是都玩过这样的游戏啊，花花以前没有玩过，所以老师允许花花玩，而且抽出来的纸可以放到卫生间里用，还帮了老师的忙呢！"说完，老师跟花花说，"花花你继续玩吧，他们以前都玩过这样的游戏。"在老师的保护下，花花又继续沉迷其中。从那次以后一发不可收，每天过来都要玩一遍抽纸，老师也准备了足够的抽纸给她玩，大概一天断断续续能玩一包，就这样玩了差不多一周就不怎么玩了，这一点修复了。

花花还有一点特别明显，就是极其爱干净，一点不接触沙、土，这会严重影响触觉感官系统的发展，而且沙、土完全是开放型的，也会影响思维和专注力的发展，这点后面会详细讲解。这不是个人喜不喜欢的问题，是一定要修复的，这件事老师一直放在心里。一次，老师跟孩子一起玩泥巴，手上都是泥，故意去牵花花的手，花花被这突如其来的脏手吓得直接愣住了，表情非常难受，不停地甩着小手，想把泥巴甩下来。老师说："花花可以两只手把泥巴搓掉。"花花照做了，结果另一只手也弄脏了，花花有点蒙，两只手不停搓啊搓。搓着搓着，花花似乎对泥巴没那么抗拒了，发现搓成一条一条的还蛮好玩的，这就是突破了，从此花花再也不抗拒沙子和泥巴了。有一次，一直到户外活动结束，她依然沉浸在沙池里，双手和手臂沾满了沙子。老师没有打断她，因为花花太需要这样的"接地气"了，这是在修复，专门有个老师一直陪她玩到不玩为止。

孩子的基础感官发展和感觉统合及以此为基础的精细动作、大动作等各种技能和能力的发展，最关键的就是七岁之前，特别是三岁之前，越小越重要，到十二周岁基本就定型了，如果错过了，弥补起来就很难，越早发现越早弥补效果越好。一定要懂孩子的成长，扎扎实实经历成长的每个步骤。

以上内容都是在阐述孩子自出生起基础感官和感觉统合发展的重要性。那么，具体如何健康地发展？

（1）保护

●营养

这是基础感官在母体和出生以后能够健康发育的物质基础，要有充足的营养保证基础感官的器官健康地成长。

这又体现了母乳喂养的重要性。科技的发展让人造的奶粉有无限接近母乳营养的可能，但永远做不到像母乳那样能够给予孩子所有的营养。

如眼睛的发育需要一个主要元素——叶黄素，只有母乳里才有。

随着经济的发展现在普遍地充斥着工业化的食品以及使用了各种农药化肥的瓜果蔬菜等，天然健康的食物越来越少，这些都会对身体有伤害，对基础感官有伤害。

●节奏

万物都是在节奏中运行，都有其节奏。

在节奏中生命得以稳定、规律、健康地发展。

春种夏长，秋收冬藏。有了冬天的"藏"，积蓄保存着生命的能量，蓄势待发，然后到了春天在合适的温度等条件下播种，准备释放生命能量，由于适宜的生长环境，一直到夏天持续地生长着，充分地绽放，到秋天收获果实和种子，再到冬天积蓄保存着生命的能量……如此循环往复。

一天中有白天黑夜，日出而作，日落而息。有日落的"息"，才有白天更好的"作"，劳累了能够得到足够的休息，然后才能更好地劳作，如此才能平衡，生生不息。总是"作"，没有"息"，紊乱节奏，对生命是一种消耗。都是"息"，没有"作"，生命无法绽放。

人有一呼一吸，有呼排出二氧化碳就必须有吸，吸入氧气，这样固定稳定的节奏维持着"物质身"的稳定生存。

孩子需要有稳定的节奏，这样整个的身心才能健康稳定，在节奏中"有呼有吸""有动有静""有息有作"，平衡健康地发展。身心的稳定和健康也会让孩子基础感官的状态稳定和健康，能得到充分的"息"，有饱满的状态"作"，去感知。

恰当稳定的节奏是对孩子基础感官的保护和滋养。

很多孩子由于各种原因，或因为家庭环境的嘈杂，或因为父母作息时间的不稳定等，一天的节奏经常性不稳定，睡得晚、起得晚，三餐也不稳定，身体内部每个脏器也都有自己的节奏，这样就会导致孩子生命能量的紊乱，"物质身"各方面在得不到很好发展的同时还要额外消耗能量平衡这种紊乱。这种紊乱有各种各样的表现形式，或生命能量的不饱满，萎靡不振、无精打采；或动不动就莫名的有情绪和愤怒，状态不稳定等，自然也就会影响各种基础感官的发展和感知。

（2）发展

基础感官系统和感觉统合发展的核心就是让孩子体验，体验包括实实在在去感知、玩耍、实际操作、运动。

只有及时、充分、适度的体验才能真正发展孩子的基础感官和感觉统合。

所有基础感官"眼耳鼻舌身意"，无数个感觉细胞需要真切地感知到环境中的"色声香味触法"，真切地体验到、感知到、感触到、触碰到，才有真切的刺激和信息通过神经传递到大脑中，大脑才能形成神经元网络，才能激活基础感官。

每个基础感官的器官就是等着体验到真实的感觉刺激才有它存在的意义。

用手真正触摸到粗糙、光滑、黏才能调动触觉的感知，才能感知到粗糙、光滑、黏是什么感觉，这里有巨大的信息，虽然还不能用语言表达出来，但是储存在体内了，在大脑里形成了"树突"和"突触"，在未来会用语言、艺术等各种表达方式把内在感知到的充分表达出来。

感觉统合需要把感觉、大脑、身体统合起来，协调好，就需要三者一次次地"磨合"，就需要在动中"磨合"，需要做事、玩耍、运动。

所有让基础感官和感觉统合更好发展的方式都离不开体验，都是各种方式和形式的体验。离开体验，通过语言说教、大脑想象等方式都不能真正让基础感官得到发展，自然感觉统合也不能得到锻炼。

了解了基础感官系统和感觉统合发展的核心后，在生活中对孩子要注意以下三个方面：

●给予孩子充分的自由

现代社会家长带养孩子有两大主观因素会极大地影响孩子的体验：第一个就是限制太多；第二个就是包办太多。

水不能玩，会弄湿；石头不能捡，沙、土不能玩，脏；不能跳，不能跑，危险；手不要乱摸，不卫生……这不能做那不能干，各种各样的限制太多太多，什么都不让孩子接触，孩子的感官系统是干什么的？空有"传感器"，没有信息输入，大脑也调动不起来，各种感觉也统合不了。

出生的方式是剖宫产还是顺产，都会影响孩子的基础感官发展。剖宫产的孩子没有经过产道的接触、挤压，直接就"拿"出来了，孩子最开始的触觉就少了一个天然的刺激，所以大部分都会触觉系统发展不足。

孩子在生命力的驱使下会主动探索，发展自己的基础感官系统和感觉统合，所以只要在安全范围之内放开了让孩子玩，玩水、玩沙、玩土，捡石头、贝壳、树枝、树叶等,让孩子跑、跳,可以接触任何安全的物品,用手去触摸,鼻子闻闻,有些可以尝尝……这样基础感官系统才能得到刺激和信息。

同样,或出于对孩子的爱,什么都替孩子做,大包大揽,生怕孩子累到,从小抱到大,妈妈累了爸爸抱,爸爸累了奶奶抱,奶奶累了爷爷抱……从孩子"精神体"胚胎发展的角度,没有什么比从小抱到大对孩子伤害更大的!孩子根本没机会运动、体验。

或出于嫌孩子动作慢、添麻烦等,孩子吃饭慢,又弄得到处都是,穿个衣服又笨拙又慢,父母直接接过手来,替孩子做了,孩子只需张张嘴、伸伸手就行了,有的连手都不用伸,都是父母拿着手脚穿。

本来孩子自己想做的事,自己又能做的事,孩子应当自己做的事,成人会由于各种原因帮孩子代劳了,又剥夺了孩子自己体验的机会,基础感官系统处于闲置状态,得不到足够的刺激和信息,感觉统合也得不到锻炼。

在第一章节讲内在安全感的时候讲到对孩子限制过多和包办代替,孩子感受到的是不被接纳、不被信任,会损伤孩子的自我价值感。同时,了解了孩子的成长发展就知道,这样不仅仅影响孩子的心理、自我价值感,还影响孩子基础感官系统和感觉统合的发展,进而影响孩子"精神体"胚胎的发展。

父母要不断地成长,反思自己,在确保孩子基本安全的前提下,不要对孩子限制太多。要会爱孩子,不是什么都替孩子做了、包办了,才是爱孩子。这方面,一般妈妈比爷爷奶奶外公外婆做得好,爸爸又比妈妈做得好。

● 多运动

感觉统合最重要的就是运动!运动!运动!重要的事说三遍。

现在感统失调的绝大部分原因就是三岁之前运动量严重不足!

孩子上学以后注意力不集中等问题的绝大部分的原因就是:孩子在六岁之前,特别是三岁之前运动量严重不足。

现在的孩子普遍缺少运动,没有运动,前庭觉和本体觉就没有机会运作起来,统合协调各个感官系统。

孩子从出生开始的抬头、翻身、坐、爬、行走，一次次都是在进行感觉统合。这些都要让孩子自己做，让孩子的大脑自己统合感官和身体，所以经常被抱着的、用学步车学走路的，感觉统合都会受到影响。

一般抬头、翻身、坐、爬和行走，绝大部分孩子都会经历这些"程序"，但也有不少孩子没经历过爬行，"跳跃"式发展，直接会走路，很多家长不重视孩子的爬行。爬行是孩子第一次双手双脚和身体的所有肢体，和触觉、视觉、前庭觉、本体觉的统合协调，对孩子感觉统合的发展至关重要。爬行发展得越扎实越好，爬行的时间越长越好。孩子会走以后就很少爬行了，哪怕孩子独立行走晚一些也不能错过孩子爬行的阶段，不能缩短孩子爬行的时间。

等孩子完全能够独立行走以后就需要跑、跳、爬、钻等各种运动。有些运动既能刺激基础感官系统，又能锻炼感觉统合。

不要把孩子整日"关"在家里，尽可能地带孩子多活动、多运动，不管是室内还是室外，缺乏运动会导致各种感统失调。现在城市里有很多专门训练感统的机构，训练的方式就是通过各种各样的形式让孩子动起来。

●适度使用电视、手机等电子产品

电子产品又是现在孩子基础感官发展不好、感觉统合失调的一大主要原因。

如果家长不注意，有可能造成对孩子无法逆转的伤害，这样惨痛的例子在平时接触孩子和家长的过程中遇到太多太多了。

印象最深的是有个孩子乐乐（化名），三周岁的时候在其他地方上过一段时间幼儿园，后来被劝退，据家长说园方给出的理由是带不了乐乐。辗转找到我们学校的时候孩子已经四岁多，让我震惊的是，通过观察发现乐乐的认知、大动作、精细动作、语言表达等远远落后于正常四岁的孩子，综合能力甚至不及一岁半的孩子。语言方面只会说一些简单的单词，不会说完整的句子。精力特别旺盛，一刻都停不下来，而且完全不听指令。通过深入沟通排除了孩子先天性的原因，纯粹是后天错误的带养方式造成现在的后果。等孩子出现严重问题了，妈妈才幡然醒悟追悔莫及。从乐乐出生开始一直是妈妈一个人带，小男孩精力旺盛越来越难带，妈妈时常感到力不从心。在孩子八个月的时候，有一次她在厨房做饭，怕孩子打扰自己，就把电视打开给孩子看，发现孩子看电视的时候一动不动，妈妈当时还很开心，终于找到一个轻松带娃的秘诀，此方法也被妈妈运用得"炉火纯青"，白天只要孩子醒着，大部分时间都是给他看电视，也就是从八个月开始这个孩子每天看电视的时间有六七小时。

随着社会的进步，科技的发展，电视、电脑、手机太普遍了，同时如果沉迷其中，对孩子的伤害也是巨大的，更是不可逆的。

世界卫生组织发布过一份新指南："建议五岁以下幼儿每天看电子屏幕的时间不要超过一小时，而一岁以下的婴儿则应完全避免看电子屏幕。"

来自国际权威儿科期刊*JAMAPediatrics*的一项最新研究发现："在对三至五岁学龄前期儿童的大脑进行扫描时，那些每天独自看电子屏幕超过一小时的儿童，其大脑白质的发育水平较低，而大脑白质是语言、读写能力和认知能力的关键区域。"

为什么会如此？

首先，孩子在看电视的时候只用到听觉和视觉，其他所有的触觉、味觉、嗅觉、前庭觉和本体觉都是"闲置"状态，而听觉和视觉接受的也不是真实的刺激和信息，等于所有的基础感官都没有得到有效的信息和刺激，而大脑器质的物理发育是不等孩子的，孩子越小发育的速度越快，等大脑已经发育完成，基础感官还没有得到足够的刺激，这个阶段错过就错过了，没有机会弥补，即使弥补也只能弥补一部分，越往后弥补起来越困难。

一岁触摸到的粗糙和三岁触摸到的粗糙是完全不一样的。

看电视的时候孩子是静止不动的，基础感官系统在得不到发展的同时感觉统合也没有机会得到锻炼，而遍布全身的神经系统和肌肉这个时候生长得最快，也不会等孩子的，越小越灵活、可塑性越强、发展得越快，小的时候得不到充足的统合和锻炼，随着成长慢慢就会"僵化"了，回不到之前那种灵活的状态了。

看电视根本不用说话，不用对话，口腔肌肉一直得不到锻炼，所以会严重影响语言发展。

一般遇到语言发展有问题的孩子，我第一个问题就是：小时候有没有看很多的电视或手机，答案十有八九都是。

孩子三岁前电子产品看得越多，持续时间越长，对各方面的发展影响越大。

其次，孩子刚生下来，大脑几乎"一片空白"，只有很少的神经网络，需要发展生成丰富的神经网络。大脑是根据什么来发展的？就是环境的刺激和信息，在什么样的环境里就发展成什么样，生成什么样的神经网络。在狼群里就生成狼的神经网络，是狼的认知，会像狼一样用四肢爬行，嚎叫；生活在中国就是中国的认知，说的是汉语，习得的是中国的习俗；在外国就是外国的认知，说的是外语，文化习俗也是国外的……同样，孩子在大脑发展的最关键的时候，形成对这个世界认知的时候，长时间看电视，孩子大脑里生成的神经网络就跟电视里的一样。电视是虚拟的世界，孩子只用到眼睛和耳朵，电视、手机里看到的听到的再丰富，都不是真实的，都没有实实在在的体验，所有的认知都没有内化，如同拿着图片让孩子认识世界一样，都停留在大脑最表层。还有，动画片为什么那么吸引孩子？就是因为里面内容的节奏比较快，逻辑夸张夸大，人还会飞，被汽车压扁了还能站起来，等等，很好玩，很刺激，人的天性就喜欢这些。但真实世界的节奏不是那样的，事物之间的关系和逻辑跟动画片里的也不一样，所以电视看多了会有"瘾"，越看越想看，不看电视，回到真实世界就感觉没意思。如同成人看完一个惊险刺激的大片后莫名有点失落，因为看的时候沉浸在那个劲爆的场景里面，结束以后回到真实的世界感觉没什么意思。成人的基本认知已经建立，不会受到影响，而孩子的大脑正在发展，特别是在孩子很小的时候，大脑发展速度很快，正是建立对这个世界认知的时候，不会分辨，全然接收，而且建立的都是根深蒂固的认知和模式，让孩子建立虚拟世界的那种认知，那么快的节奏和夸张的、不现实的逻辑，跟真实的世界完全对接不上，后面很难调整。新闻上时不时就会看到孩子模仿动画片里的场景，如打个伞从楼上一跃而下，有的甚至会造成不可挽回的悲剧。

三岁前看大量的电视、手机，对孩子的不良影响会以各种各样的形式表现出来，如认知的全面落后，表现出类似"多动症"一样的状态，静不下来，即使不看电视的时候也漫无目的动个不停，眼睛到处看来看去。

电视对孩子有如此大的伤害，家长要清楚地认识到。

我的建议，孩子在两岁之前完全不要看电视、手机。三岁之前看电视，每天不要超过半小时。三岁以后，特别是上幼儿园以后可以看，每天不要超过一小时。

为什么可以看，因为动画片是这个时代的主流，基本所有孩子都会看，看完后孩子们也会谈论相关内容，买相关的玩具，或模仿动画片里的场景语言等做游戏。如果一点不接触，当小伙伴们一起讨论动画片的时候就完全插不上话，也无法融入小伙伴们自创的与之相关的游戏，影响孩子的社交。所以，主流的动画片需要给孩子看一些，控制好时间就可以。

现在这个时代带养孩子很容易出现偏差，就是因为孩子很容易沉迷手机，孩子越大这样的问题会越严重。所有的社交、成就感、存在感、刺激等，在虚拟的世界很容易就能得到，时间长了跟真实的世界就链接不上了，这方面家长一定要警惕。

●在大自然中体验

在做到给予孩子充分的自由、多让孩子运动、控制孩子使用电视手机等电子产品的同时，还有一个必不可少的就是要让孩子在大自然中体验。

基础感官系统和感觉统合的发展需要体验，体验自然的、天然的物品是对孩子基础感官系统和感觉统合最好的发展。

○自然的物品能够直接吸收

万物都生于自然，万物一体，每个人的内心深处最想链接的就是自然的物品。手触碰到天然的物品就感觉舒服、亲切、有温度；看到自然的景色，一草一木、一花一树，就会觉得美、养眼；自然的气味是最好的气味，沁人心脾；食物最好的味道就是本来天然的味道……真正的艺术都在大自然里，大自然会给人源源不断的灵感和启发。

现代社会因为科技的发展，生活中充满了人造的物品，用各种塑料、人造橡胶等材质做成的玩具和生活用品，冰冷、生硬，感受不到生命。作为成人，我们可以感受一下，拿一个塑料的勺子和一个木头的勺子，感觉会不会一样。有基本感知力的拿到塑料的勺子就感觉没有品质感，冷冰冰的，内心是抗拒的，如同内心抗拒一个脏乱差的环境一样，没有什么道理可言，就是内心的感受，实质是跟塑料的勺子链接不上，抗拒链接，只会把它当工具而已。

孩子具足灵性，所有感官都是打开的，对于自然的物品会直接链接，全然地感知、完全地吸收，会让打开的感官充分感受，得到充分的刺激。

而非天然的物品不能够全然链接，内心抗拒，不能够完全刺激打开的感官，所以感知到的也是有限的，错过发展的关键期，感官也会变得麻木、迟钝，会感觉不到有品质的、有质感的、有深度的感觉，缺少感受力，这样也会影响心灵和心理的发展，缺少滋养，没有温度。

前面在讲孩子大脑发育原理的时候讲到，孩子通过基础感官感受环境中的信息和刺激，然后脑细胞生成"树突"和"轴突"，从而形成庞大的神经网络。环境中的信息和刺激越多，神经网络越发达，智力发展越好。

○大自然里有最丰富的信息和刺激。

大自然里每一个物品的触感都是不一样的，沙、土、石头、花、草、树木等有丰富的物品让孩子感受。即使同样都是沙、土、石头、花、草、树木，干沙、湿沙、粗沙、细沙、黄沙、白沙触感又都不一样；干土、湿土、沙土、黏土等各种各样的土的触感都不一样，花、草、树等同样如此。

孩子有最敏感精准的触觉，能感知到所有丰富的触感，粗糙的、光滑的，冷的、热的……人造的一些塑料制品，不管什么物品，勺子、碗筷、玩具等，所有的感觉都是一样的，触觉得不到足够的、丰富的刺激和信息，自然就得不到很好的发展。

大自然里有最丰富的色彩，涵盖了所有的颜色——赤橙黄绿青蓝紫，每一种颜色从深到浅又有无数种变化，花草树木等随着季节的更替色彩也会发生变化，丰富多彩，变化万千。大自然的色彩完全是最天然、最本真的。用现在科学的描述方式就是原件，可以无限放大。科学研究发现人的视觉用像素来计量的话有

5.76亿像素，现在几千万像素的相机拍出来的照片已经很清晰，而人的眼睛相当于5.76亿像素的相机。科技的发展就是能够不断接近大自然本身的色彩，所以只有大自然真实物品的色彩这样的"原件"才能充分满足人眼如此高像素的需求，看图片、手机、电视画面的像素完全满足不了视觉的发展，反而会拉低眼睛的像素，错过发展的关键期。

大自然里有最自然、最动听、最丰富的声音。风雨雷电、鸟语蝉鸣、鸡啼狗吠，还有各种人的交谈声。自然的声音最纯正、本真，超越人造的最好的音响发出的声音。

不清楚其中的差别可以听一下劣质的音响和高端音响发出来的声音的差别。

劣质音响的声音模糊刺耳，听了难受，内心会抗拒，孩子的听觉更加敏感，不但不能刺激和发展听觉，还会损伤孩子的听觉。好的音响就是能够最大限度地还原自然最本真的声音。孩子的听觉异常地活跃和敏感，甚至能听到虫子爬的声音、啃噬树叶的声音、水滴的声音……这些声音在大自然里最丰富，可使孩子听觉得到最好的发展。

"最高端的食材往往采用最朴素的烹饪方式，保留食物本来的味道。"

最丰富、最美、最纯正的味道永远在大自然里，可使孩子味觉得到最好的发展。现在，大量非自然的方式种植出来的蔬菜水果失去了本来的味道。西红柿吃不出小时候西红柿的味道了，看到那种颜色就感觉不对劲；黄瓜也没有小时候那种清爽甘甜的味道。在童·园土豆丰收的季节，老师和孩子们在采挖土豆的时候就能闻到浓浓的土豆味，用清水煮一下就非常好吃，而菜场买的土豆烧熟了都没有土豆的味道。如果孩子从小味觉接触的就不是自然的味道，成年后也分不清什么味道是真正纯正的、自然的味道，味觉都被一些化学调味品破坏了。

大自然的一切都有自己独特的气味，每一片树叶、每一朵花、每一棵小草、每一把泥土……或青涩，或芳香，或浑厚，或刺鼻，各种各样，丰富多彩，有自己喜欢的，有让自己身心舒畅的，有感觉奇特的，有自己讨厌的……

自然的气味是能够直接入鼻入心的气味，最丰富，最多样，对孩子的嗅觉是最好的刺激和发展。

大自然里有无穷的奥秘，即使现在科技如此发达，也只是探索了大自然很小很小的一部分而已，未知的远远大于已知的。如此丰富的刺激和信息，孩子通过基础感官都能全然地感知到，感知的同时是对基础感官最好的发展。

这些丰富的、细微的、独特的感觉虽然开始用语言表达不出来，即使能表达，也只能粗略地表达，不能完全细致、清晰地描述，但这些丰富的感觉、丰富的信息都"储存"在孩子身体里，发展了感官，也丰富了孩子的内在，成为孩子"精神体"的其他内涵发展的基础。

著名作家席慕蓉说："如果一个孩子没接触过大自然，没有摸过树的皮，踩过干而脆的落叶，就没办法教他美术，因为他没第一手接触过美。"

○大自然是最好的感觉统合场所

感觉统合首先是充分的感觉刺激和信息，然后是和身体的统合。在大自然里有充分的感觉刺激和信息，同时处处都能够锻炼感觉统合。

现在钢筋混凝土的城市化生活除了缺少足够的感觉刺激和信息，同时没有足够的感觉统合锻炼的机会。到处都是平坦的水泥路，上楼都有电梯，一般的绿化草坪也不让进入玩耍和踩踏。有点危险的地方，家长要么就抱着，要么就不让孩子玩了。即使在小区里，孩子也没有足够适合的空间奔跑打闹，要么空间太小了，要么有很多的安全隐患。

大自然有足够的、最适合的空间让孩子爬、跑、跳、滚、蹦、攀……

大自然的道路坑坑洼洼，忽高忽低，宽宽窄窄，各种土坡、树、石头都可以攀爬，各种小沟小坝可以跳跃，可以捉迷藏、追逐打闹……处处都是感觉统合发展的良好条件，在玩乐的过程中不知不觉感觉统合就得到了最好的锻炼和发展。

以上就是基础感官系统和感觉统合必须在大自然中体验的具体原因。

孩子生于大自然，属于大自然，大自然里包含了孩子各方面健康成长所需要的一切元素。大自然的空气、水、阳光、土壤……一切最细微的元素才是最滋养孩子的。同样生于大自然的"兄弟姐妹"——花草树木、藤竹麻棉，才是跟孩子最亲近的，直接链接的，最能温暖孩子，唤醒孩子内在自然属性，激活孩子全部感官能量的。

在孩子最有灵气的时候，感官最敏感最活跃的时候，让孩子远离化工原料，亲近自然，尽情绽放！

从如何发展基础感官系统和感觉统合中可以看出，为什么现在感觉统合失调的孩子越来越多。

感统失调问题也是1969年在欧美和日本等发达国家和地区首先提出的，那些发达国家和地区早就城市化了，现如今我们国家的儿童感统失调的问题越来越多的原因也是因为城市化。

随着经济和社会的发展，虽然现在物质极大丰富，但是真正健康的食物越来越少；成人生活节奏的混乱带动孩子节奏的混乱；成人对孩子的各种限制或包办，加上现在电视、电脑、手机看得多，让孩子缺少体验，运动量又少；还有，城市化进程越来越快，在城市里面的孩子缺少体验和运动，接触大自然的机会又少，接受的刺激和信息有限，感觉统合的机会更少。

为什么以前我们小时候从来没有什么感觉统合的问题？以前在农村，虽然吃的是粗茶淡饭，但都是最天然最健康的食物；大人们都是日出而作日落而息，作息很规律；以前父母都比较忙，也没那么多时间管我们，那个年代电视都很稀缺，更别提电脑、手机了，所以能够放开玩。再加上那时候都是在农村，自然的环境，也没人管我们脏不脏，什么都可以玩，几个小伙伴凑在一起玩泥巴都能玩半天，刀、枪、车什么的玩具都是用大自然里的东西做的；那时候在田地里、草丛中、小山坡上随便玩随便跑，没有"禁止进入"的束缚；爬树采果子，掏鸟窝，捉螃蟹……

这些都是对基础感官系统最好的刺激，最好的感觉统合方式，所以以前基本没有感觉统合问题。

只要按照上面讲的方式让孩子去体验，孩子的基础感官系统和感觉统合就会健康发展，本来孩子自然就应该这样成长，是现在各种原因人为地对待孩子的方式偏差了，所以造成了各种各样的问题。

现在感统失调的孩子很多，催生出各种各样的专门训练孩子感觉统合的机构，很多机构把感觉统合宣传得"包治百病"，什么问题都是感统失调的问题，好像只要感觉统合发展好，孩子上课注意力就好，就不胆小怕生，语言发展就好，似乎只要有这些问题都归结于感觉统合的问题。这里要清楚，基础感官系统和感觉统合是基础，很重要，但其健康的发展只能保证不影响其他"精神体"胚胎的发展，同时其他"精神体"胚胎的发展还受到天生遗传特质、环境、教育方式等很多综合因素的影响，如注意力不集中有可能是感统失调造成的，也有可能是理解能力不强，跟不上造成的。基础感官系统和感觉统合的发展只是一方面影响因素，是最基础的因素。

2.知识

知识分人类创造的统一符号、事实型知识和经验型知识。人类创造的统一符号和事实型知识后面会详细讲，这里主要讲经验型知识。

经验型知识是对人影响最大的知识，对于知识的赞美古今中外不胜枚举。

○知识比金钱宝贵，比刀剑锋利，比枪炮威力大。

○知识是万物中的指路明灯。

○知识就是飞上天的羽翼。

○知识能使你增加一双眼睛。

这里说的知识绝大部分指的是经验型知识。

每个家长都期望自己的孩子能够知识渊博，上知天文下知地理，所以在孩子很小的时候只要有机会就会给孩子讲很多的道理，教孩子学习很多的知识。

带来的结果就是孩子大脑装进很多知识、很多大道理，家长很骄傲，但这些知识孩子根本用不出来，只是简单记住而已，根本不是自己的。

人类上下五千年以来积累了无数的知识，如果只要记住就可以，就是自己的，就能用出来、能做到，那学习就太简单了。

经验型知识怎么来的？是别人经过体验、实践以后得出来的结果，这个直接的结果就是经验型知识。最重要的是这个过程，而不是知识这个结果，所以经验型知识最关键的就是体验，体验的过程就是自己能够创造知识的过程，体验的过程就是理解内化知识的过程。只有体验过，经验型知识才能内化，才是自己的，才能真正用出来。

什么是软、什么是硬，什么是凉、什么是热，什么是粗糙、什么是光滑，让孩子自己去体验。如何种菜，不需要跟孩子讲一整套完整的流程，讲了也记不住，记住了也不会用。带孩子种一次菜，经历完整的过程，自己操作一遍，整个过程先做什么后做什么就内化了。

语文这个学科的阅读理解能够做好的一个重要因素就是经验型知识。

这是一道五年级的阅读理解题：

画香气

宋朝时，有一次画院考试，画题是一句诗："踏花归去马蹄香。"这句诗的意思很明白：人们在春天骑马赏花，游玩归去，由于踩着了飘落在地上的花瓣，使马的蹄也变香了。

考生们想：游人、落花、马蹄都是有形的，好画，但"香"呢，只能闻得到，却看不见、摸不着，真不好画；而这句诗最有意境的，就是一个"香"字，非画出来不可。有的考生画出的，无非是满地落花，游人骑在马上，马蹄踩着花瓣，却把那个"香"字丢了，考生们一个个急得抓耳挠腮。难啊难！怎么办呢？

终于，有个考生灵机一动，画了一幅画面上遍地开放着鲜花，游人骑在马上，马儿轻快地扬起一只后蹄，两只蝴蝶追逐着马蹄飞舞。众人一看，都连连称好。

1."考生们一个个急得抓耳挠腮"说明了什么？

2.为什么大家对其中一个考生的画连连称好呢？

3.如果让你来画，你会用什么来表现"马蹄香"呢？请写出一个来。

第一道题比较简单，第二道题目就要有生活经验了，为什么两只蝴蝶追着马蹄飞舞就是画得好呢？生活中只要看到过蝴蝶会围着花转，而且是越香的花会越吸引蝴蝶就知道了，这就是一个简单的生活经验，经验型知识。

第三道题目是考验这方面更多的经验型知识，是开放的，而且文章里找不到答案，怎样表现出"香"，香会让周围有什么反应？

花香还会吸引蜜蜂，还有人闻到花香的时候是什么状态和表情……有什么样的体验就有什么样的关于这方面的知识。

做西红柿炒鸡蛋的流程知识，经常做饭的人看到这个流程就感觉太简单了。而从来没做过饭的，要仔细地看每一步，甚至会看了后面忘了前面，等到按照这个步骤实际操作的时候，每一步都要再看一下流程，这就是体验过和没体验过的差别。直接带孩子体验，自己拿米，淘米，放电饭煲，放水，开启电饭煲煮饭。自己择菜，洗菜，切菜，起锅，放油，炒菜，放各种调料，炒熟了装盘，整个的过程操作一遍就知道了，就会做菜了，就内化了做菜的知识。

五岁的孩子，溜旱冰溜得很熟练，在学习的过程中是如何一次次克服各种困难学会的？要注意什么？孩子都经历过，把这个写出来就是知识，只是还不会写出来而已。

今天小学夏令营的活动是划船到河里放渔笼（一种扁圆形的捕鱼工具，类似渔网）。这个船是真正的小木船，不像公园里那种很稳的供水上游乐用的船，这个船总长仅三米多，划起来有一定的难度，一旦平衡没把握好就有可能"人仰船翻"。两个人一条船，一共三条船，既能锻炼孩子的合作能力，又能锻炼孩子的感统平衡能力。在分配组合上让一个会划船的搭配一个不会划船的，如果两个都不会，就一个男生和一个女生搭配，男生天生胆子大，在这方面的能力比较强。"谁愿意做船长带一个人划？"我问道，发挥他们自己的主动性，主动承担。"我带我带！"李子洋最积极。"好，你带嘉美。"李子洋就是那种特别调皮的小男孩，上学时每天做作业是家长最头疼的事，让他玩的时候劲头很足，什么都会玩。在李子洋的带动下，很快就分好了队。大家穿上救生衣，李子洋已经迫不及待了，第一个上了码头，准备自己一个人登船。我赶紧拦住他，上这个船比较难，一不注意就会失衡摔到河里去。还没等我去扶他，他已经麻利地登上了船稳稳坐在了船头。

他的组员嘉美上船就没那么容易了，几次因为失衡差点翻进水里，折腾了好一会儿把她扶上了船，没想到上了船更难了，因为在船上走的时候把控不了平衡，弄得整个小船剧烈地晃动，眼看着要翻船了，嘉美吓得立刻蹲在原地一动也不敢动。这时候李子洋说话了："把腿叉开走，这样就稳了。"我怎么没想到教孩子这样走呢？我顿时一愣，不过即使我知道也会让孩子先体验一下然后再提醒他们，而李子洋已经知道了，而且很有经验，怪不得自己一个人就能上船。嘉美蹲了一会儿站起来就按照李子洋的方式走，果然船体稳了很多，船晃的幅度很小，最关键的是腿叉开，下盘面积大了，自己更加稳了。在划船的时候就听到李子洋在不断地跟嘉美嘱咐着各种注意事项。"坐着的时候腿也叉开坐啊！""桨这样拿，看我拿的，你那样拿划不动。""等一下你先别划啊，我一个人划，不然会乱的。""你划也可以，我们一个人划一边。""划船方向是反的啊，向前进就要往后划。"……都是经验。李子洋划得很熟练，想去哪都能迅速地划过去，还救援了一条"抛锚"在河中央一直原地打转而无法"返航"的船。结束以后，我问李子洋："你是不是以前划过啊？""是啊，以前暑假在老家经常跟爷爷一起划船，爷爷家有个鱼塘。"怪不得，经验丰富，在划船这个点上，李子洋的经验型知识就比其他人丰富，都可以教其他人怎么划船了。

为什么很多企业家甚至都没怎么上过学，但依然能够做好企业，就是因为拥有经验型知识这最重要的体验，某一方面的体验丰富和深入，这方面的知识自然就丰富。"世事洞明皆学问，人情练达即文章。"

我大学时期的一个老乡，大学四年每学期都有几门挂科，没挂科的也是勉强及格，最后通过毕业清考才勉强毕业拿到学位证。因为成绩不好，所以找的工作都是其他人不愿意去的偏远地区的企业。大学毕业后两年，有一次我到那里出差跟他聚了一下，印象最深的是他说，现在让我写毕业论文保证两周之内搞定，而且保证拿全国优秀论文，可以接受任何教授的答辩。

人类自古以来沉淀的所有的经典、智慧，包括一些"心灵鸡汤"，都属于经验型知识，有些智慧需要穷尽我们一生的经历去参悟和内化。

知识本身没有任何价值，能够运用知识才能发挥出知识的价值。

不运用的知识就是"死"知识，装在脑子里好像懂得很多，但没有任何实际的用处能够产生结果和效果，只会成为炫耀的资本，成为虚妄的自信和自我认知。

现在绝大部分知识都是免费的，很容易得到，知识不是看谁记得更牢更多，而是看谁能用得更好。

3.技能

技能分为基本技能和专业技能。

孩子拿勺子自己吃饭，到再大点拿筷子吃饭，穿衣服，拉拉链，扣扣子，系鞋带……这些就属于基本技能，是满足基本生活和生存需要的，绝大部分在孩子七岁之前是必须发展好的。

跳舞的每个动作做到标准，能够劈叉、下腰，动作精准协调；弹钢琴的指法熟练；素描画得很像，能精准地表达出来……这些属于某一个领域的专业技能。专业技能用什么样的方式发展，后面会详细讲解。

这里只讲孩子基本技能的发展，也是七岁之前很重要的，必须发展好的，发展不好会影响方方面面。

基本技能需要通过玩耍、游戏、动手操作才能得到发展。感觉统合是基本技能发展的基础，感觉统合发展不好会直接影响基本技能的发展，所以前面所讲的发展感觉统合的方式同时也是发展基础技能的方式。

因为爷爷奶奶舍不得，怕安安不适应，马上四周岁了才让安安来上幼儿园。爷爷奶奶确实带养得"好"，安安整个体形就比同龄孩子大一圈，长得白白胖胖的，一看就能感觉出来，这就是那种营养过剩的胖，不是那种自然的壮。

安安对爷爷奶奶特别依赖，无论做什么都要他们陪在身边，稍微有点难度就让他们帮忙，老人从不拒绝，每次都会及时出手相助。有时甚至不等安安开口，老两口立刻就能心领神会，主动帮忙。在院子里安安要荡秋千，刚靠近秋千爷爷就迅速地把他抱了上去，然后在后面推着安安，在荡的时候还时刻保护着安安，生怕他会坐不稳摔下来。

荡完秋千，奶奶赶紧往安安的嘴里塞了一块切好的水果，安安一边吃一边拉着爷爷要去玩攀爬网，到了攀爬网那里，爬了几档就不爬了，不知道是累了还是不敢爬了，就要让爷爷把他抱下来。这个攀爬网正常三岁的孩子就可以独立攀爬了。

看到这样的情况，老师心里基本清楚了，安安来上学的话，安安和家长都有很多方面是需要成长的，特别是爷爷奶奶，要调整带养方式，安安首先需要基础感官、感觉统合和基本技能的修复和成长。

入园以后，观察到安安的生活自理能力和各方面的技能相当于两岁半的孩子。自己独立用勺子吃饭会漏得碗周围到处都是，不会自己穿衣服穿鞋，不会用剪刀，收拾积木的时候怎么也摆不整齐。这个年龄有的孩子都可以使用针线了，安安连针都捏不住。

因为胖，户外大运动时又受到影响，跑也跑不动，攀爬、跳跃、钻、平衡等都有所欠缺。在度过了入园过渡期以后，老师和安安的爸爸妈妈、爷爷奶奶做了一次深入的家庭沟通，详细了解了安安之前的带养方式。其中有几个关键的影响点：从出生到现在都是爷爷奶奶在带，到现在为止吃饭大部分还是爷爷奶奶喂。不管是在家里还是出去玩，爷爷奶奶都看护得非常好，生怕安安会受伤，出去只要安安要抱，爷爷就会抱他，现在安安长大了，有时爷爷也抱不动他了，所以出门必带一辆儿童推车。爷爷奶奶经常给安安看手机，导致现在安安一觉得无聊就要看手机。

安安是个正常的孩子，这些情况完全是带养方式导致的。我们跟安安的爸爸妈妈、爷爷奶奶详细讲明了如果继续这样带养下去问题的严重性，从现在开始，家校共同努力还来得及，然后详细列出了后面需要调整的带养方式。

其实，安安马上四周岁了，生活自理方面完全可以慢慢独立了。鉴于一直家长代劳的情况比较多，不能一下子全部放手，要循序渐进地逐渐放手让安安自己做，慢慢独立，如果哭闹就接纳他的情绪，同时成人一定要控制住，不要过多代劳。

多让安安自由玩耍，多带他出去玩，一定要多运动，动起来，本来长得胖就不喜欢动，一定要采取措施增加他的运动量。

从此以后不要让安安看手机，要看的时候就用其他安安感兴趣的活动代替。

由于是带养方式的问题，加上孩子年龄还小，改变起来会很快，前提就是家长的观念一定要改变，对孩子的带养方式一定要调整，否则那样的爱是害了孩子。有时，不会爱比不爱伤害更大。

基本技能在生活中学习、在运用中学习是最好的学习方式，这样才能最大化地激发学习的动力和热情，学出来的技能才是"活"的技能，才能活学活用。技能的学习是要满足心灵的某个需求或心理的某个目标的，而不是单一地为了学习某个技能而学习。

身心合一，自己做的和自己内心想做的是统一的，这是每个人本来的状态，是最幸福的状态。这也是大自然给予每个人最好的发展机制，会主动做自己内心想做的，这样会激发出最大的热情和动力，乐此不疲。孩子天生就是如此，身心是完全合一的状态，还不能很好地分离，所以要在生活中学习、在运用中学习，这样技能才能得到不断提高。

游戏也是这个原理，游戏都很有意思，会激发做的乐趣，乐此不疲，在做的过程中各种技能就会自然得到提高。

童·园有个木工房，是一间供孩子们用木头做手工的教室，可以钉钉子、锯木头、打磨、钻孔。孩子一开始会做单项的工作，如钉钉子或锯木头，看似简单，对孩子来说却是不小的挑战。如钉钉子，把钉子钉进木板里，这需要对力度和方向进行综合把控，孩子开始肯定钉得歪七扭八、乱七八糟的，偶尔钉进去一个就很开心。单一钉钉子一般孩子钉两次就不钉了，没意思了，钉钉子的技能也只学了一点皮毛，还没有深入。如何能进一步提高？就是启发孩子用木头做一个自己喜欢的作品，如小汽车、枪等，在做的过程中就需要用到钉钉子的技能。这个时候再看孩子们钉钉子的状态，全神贯注，钉什么位置用铅笔精确定位好，小心翼翼，非常谨慎，尽可能不失误，否则不仅要重新钉而且钉眼太多也影响美观。做玩具的过程就是实际运用的过程，只有在实际运用中才能明确知道提升的方向，还可以进行专门的练习，这时的练习就有动力，练好了是要用于做作品的。只是在木板上钉钉子不会有进一步的提高，而且会因枯燥而抵触。可以做的作品种类丰富，趣味性强，所以不会觉得枯燥，作品中会使用到各种钉子，有长有短，自然这个技能就会得到不断发展。

正常人都具备的走路这一技能，内在的需求是通过行走可以去自己想去的地方。学会用剪刀，心里的目标是想剪出小动物的形状，所以在剪的过程中使用剪刀的技能就自然不断得到提高了。孩子想要自己缝制一个恐龙玩偶，会主动学习针线的使用方法，在做的过程中精细动作等技能就自然得到了发展。

蒙台梭利教育的一部分教具就存在这样的问题，专门单独提炼出来，就为了锻炼某个技能，而没有跟生活实际联系起来，所以孩子在操作这些教具的时候度过"新鲜"期以后就不会再深入了。

华德福教育在这方面就做得非常好，整个教室充满了生活化的气息，跟生活紧密联系，老师就是带着孩子一起生活，一起画画，做各种各样的手工、烹饪、种地、拔草、浇水、采摘……在做的过程中自然各方面的技能也得到了发展。

孩子一定要参与做家务，让孩子有价值感、成就感、责任心，又能锻炼技能。

自从有一次老师带着果儿用针线缝了一个爱心以后，她就一发不可收，痴迷于此了。果儿特别喜欢用针线缝各种东西。一开始是老师给她在布上画好图形，让她自己剪，然后自己一针一针地缝上，虽然针脚有点乱，但每一针都缝得很仔细。中间她被针扎过好几次，但从来没有哭过，而是咬咬牙继续坚持，一个小爱心缝了三天才完成。缝好了以后特别开心，迫不及待就要把小爱心拿回家给爸爸妈妈看，每天都放在书包里。从那以后就爱上了这个工作，这也比较符合她文静的气质类型。自由工作的时候，老师在缝制什么，果儿就跟着缝制同样的东西，她又缝制了小天使，娃娃家的小枕头、小被子，还有孩子们玩耍的各种小动物。从中班一直缝到大班，手指也锻炼得越来越灵活，现在甚至可以随心所欲地缝制自己想要的东西，从制作模板到裁剪，再到自己穿针、打结，整个流程都是自己完成，而且针脚很整齐，有些还能跟老师一样缝制隐形针脚。果儿妈妈说，在家里果儿跟她弟弟说想要什么玩具姐姐都可以给你做。她在家里给弟弟做了各种小汽车、小天使，还有恐龙。每次有家长来观园，看到果儿的针线作品，都不相信竟然出自一个孩子之手，这可比写字对孩子精细动作的要求高多了。事实也是如此，长时间的缝纫工作让果儿的手部精细动作得到了充分的锻炼，上小学之前妈妈让她在家写字，发现从没写过字的果儿一开始就能把字写得很工整，手部精细动作、手部力量、手眼协调能力都非常好，用果儿自己的话说，"写字太简单了"。没有刻意练习"写字"这个技能，通过生活化的方式锻炼了手部精细动作、手眼协调能力，从而更好地掌握了"写字"的技能。在童·园，老师就是通过这样的方式让孩子"学习技能"。

4.能力

能力是可以迁移的，拥有这样的能力就能解决一类这样的问题。社会发展日新月异，谁也不知道未来社会需要什么样的知识和技能，学习固定的、死的知识不足以应对未来不断变化的环境，只有拥有核心根本的能力才能在未来拥有持续的竞争力，才能更好地生存和生活得更幸福。

绝大部分能力都需要在体验中提高、在实践中锻炼。一个人需要发展很多的能力，下面就详细讲解四种每个孩子都必须发展好的核心能力。

(1) 思维能力

先看两道题目：

第一题：杨柳小学有12间教室，每间教室有3个窗户，一共安装324块玻璃，平均每个窗户安装多少块玻璃？

第二题：小红买了2盒绿豆糕，一共重1千克，每盒装有20块，平均每块重多少克？

这是小学四年级的两道应用题，第一道题目的解法是：总玻璃数324除以12间教室，得出每间教室的玻璃数，然后再除以每间教室的窗户数3，就得出了每个窗户需要安装多少玻璃，$324 \div 12 \div 3 = 9$块。

第二道题目的解法是：1000克除以2，就是每一盒的重量，再除以20块，就是每块的重量，$1000 \div 2 \div 20 = 25$克。

你会发现，这两个题目表面上看似乎是不一样的题目，实际背后的思维逻辑是一样的。真正要学习的是背后的思维逻辑，这才是核心，解题的步骤只是表面，是外围，只有掌握了核心的思维逻辑，同类的题目才都会解答。如果只是记住表面的解题步骤，背后的思维逻辑不清楚，后面遇到同样类型的题目只是变换了题目形式就不会解答了。

再看一道题目：

水波小学每间教室有3个窗户，每个窗户安装12块玻璃，9间教室一共安装多少块玻璃？

这个题目的解题步骤是$3 \times 12 \times 9 = 324$块。本题的表面形式跟上面两题区别很大，似乎是完全不同的题目。上面两个题目如果只记住解题步骤有可能还会做另外一道题目，但遇到这个题目，形式完全不同就无从下手了。事实上，这个题目背后的思维逻辑和前面两题如出一辙，换汤不换药，只要掌握了这个思维逻辑，变换成这样的题目形式依然会解答。所以，学习并不是机械地刷题，而是要学习背后的逻辑思维，这才是能力。

从上面的例子可以看出思维能力的重要性。

这里讲的是最广义的思维能力的概念，就是人脑对客观事物的概括反应能力，是一个人对事物规律的认知能力。

思维是如何发展的？

任何事物的发展都不是一蹴而就的，思维的发展同样如此，需要一步一步内化，建构式发展，这样发展出来的思维才具有迁移性，能够理解、解决这个思维的问题。

根据皮亚杰的认知发展理论，儿童思维的认知发展阶段为：

●零至三岁直观具象的动作思维阶段

这个阶段孩子的思维很简单，由于大脑发展程度不高，大脑要通过视觉、听觉、味觉、触觉、嗅觉等所有的感官直接感知到，这样才能认知事物的规律，才能内化这样的规律。就是只能通过自己的体验来认知事物的规律，一步步建立思维。思维必须经过具象的动作体验的过程才能内化，不然都是停留在概念上。

如用手推一下杯子，杯子就会移动，就总结出来手推杯子可以让杯子移动位置；手拿着东西松开会掉落，抓紧了就不会掉，就总结出来东西要抓着，不抓着会掉；桌子上一个杯子怎么也够不到，不小心拉了一下桌布，杯子动了，知道原来不需要直接用手接触杯子也可以移动它，间接地拉动桌布就可以改变它的位置。

打别人，对方会哭或者反击，就知道这样的行为会让别人有什么反应，这是社会性思维，涉及社交、品行、品质等。

孩子在生活中体验得越多，内化的直观具象的动作思维就建构得越多。

具体动作思维是具体形象思维和抽象思维的基础。

●三至七岁具体形象思维阶段

随着孩子大脑的发展，在三至七岁，孩子能够把体验得来的内化的具象思维提炼出表征和形象进行思维，这样的表征和形象的提炼必须以具象为基础，还不能进行抽象的思维。语言就是一个事物的表征的统一符号。

如这个阶段的孩子会拿着笔给妈妈打针，因为曾经在医院体验过打针，能够用笔表征打针，打针的整个过程都能够用形象的思维做一遍。这个时期孩子最常做的就是过家家的游戏，就是具体形象思维阶段。这个阶段的思维脱离不了直观具象的动作思维阶段所具体体验到的，是建立在前一个阶段的基础上的，不然脑子里就没有具体的形象。所以，孩子过家家的游戏都是生活中体验过的，用表征和形象来演绎，演绎的过程也是体验的过程，是不断内化的过程。

还有就是孩子看到过妈妈做家务的过程，自己没有做过，虽然脑子里有了一些表征和形象，但是自己没有体验过，所以还没有内化，还没有变成真正内化的思维，这个时候孩子就会让妈妈给自己机会做一下，做不了就会用过家家的形式自己演绎一下，这个过程就是在内化。孩子参加完一个婚礼，跟小伙伴在一起的时候就会玩结婚的过家家游戏。了解这个原理就知道孩子的过家家就是在发展思维，一步一步、一点一点内化生活中的思维。

脑子里需要有具体形象的画面才能发展具体形象思维，这个画面的来源就是前一个阶段具象思维阶段体验过的，是曾经看得见摸得着的，或是能感觉到的，对于看不见摸不着的，又没办法感觉的抽象的概念，抽象的思维还不能理解。

不是因为没有教，即使教了也不会，大脑还没有发展到那个阶段，根本理解不了，内化不了，所以这个时期过早地教孩子一些抽象的概念，孩子理解不了，反而会对学习比较反感，而且浪费了时间，这个阶段本应该进行的体验式的学习反而被错过了。

如很多家长在孩子三四岁的时候就教孩子数学、背诵唐诗宋词等，这些都是抽象的思维，孩子目前还不具备抽象的思维。

●七至十二岁抽象思维阶段

这个阶段的孩子就开始具有抽象思维了，能够把体验到的具象的事物形象化，然后再提炼出抽象的概念，并且能够理解这些抽象的概念之间的关系和规律。所以，全世界的孩子都是七岁正式开始学习。不同孩子到这个阶段的年龄有些许差别，男孩普遍会晚一年，也就是俗话说的男孩"开窍"晚。对于"开窍"晚的孩子一定要推迟一年上小学，否则学习起来就会有一定的困难，这个困难不是因为孩子"笨"，而是因为孩子还没有"开窍"，大脑还没有发展到这个阶段。

数学、拼音等都是需要运用抽象的思维，这个时期孩子才能理解抽象的思维。

如把3个苹果跟数字"3"对应起来，"3"就是抽象的数字。买了3个苹果吃了1个，还有2个苹果，就是3-1=2，就是抽象的逻辑思维运算。蒙氏数学的学习方式就是从具象到形象再到抽象，一步一步内化式学习。每一个抽象的思维逻辑都有相应的具象的教具，产生形象的画面，这样思维逻辑才能真正内化。

杯子是用来装水的，能装多少水就是杯子的容积，容积的概念就是抽象的概念。算出一个桶的容积是多少，一个杯子的容积是多少，就能够算出装多少水，这就是抽象思维。

上面详细讲了孩子思维的认知发展阶段，随着大脑的发展，孩子的思维就是由单一到复杂、由表层到深入、由具体到抽象一步一步发展的，不断提高对一个事物规律认知的深度、广度和高度。前一阶段是后一阶段的基础，前一阶段发展得越扎实，越有利于后一阶段的发展。也就是体验得越多、越深入，形象思维就发展得越好，形象思维发展得越好，抽象思维就发展得越好，也越容易理解抽象的思维，真正理解才能内化。

要认知和内化一个思维也是遵循这样的发展阶段。就是要想真正掌握一个思维，内化理解一个思维首先的基础就是要经过具象阶段，要体验，然后才有形象的画面和概念，最后才能抽象提炼出背后的规律，也就是思维。

如在孩子七岁左右，处于形象思维和具象思维的过渡阶段，学习数学这个抽象的学科的时候，先用具象的方式，让孩子看到、摸到，一个苹果两个苹果……一个杯子两个杯子……可以掰手指数数。学习加减法的时候就用物品摆出来，2+3，就是两个苹果，再拿三个苹果，放在一起，数一数几个苹果。掰手指算加减法，一个一个地掰，然后数一下多少个，慢慢算不能跳过，这是最基本最底层的思维逻辑，后面是复杂的逻辑。如乘除等都是建立在这个底层思维逻辑基础上的，这样的过程算得越多，具象思维就内化得越好。具象思维熟练了，慢慢就不需要掰手指了，在大脑中就能想象形象的画面，进入形象思维。形象的思维发展扎实了，后面就可以进行各种抽象复杂的变换算法，快速的技巧性算法，如凑十法、拆十法等。有些家长很着急，不重视这种"笨法子"的计算方法，认为那样太简单了，而是在孩子学习初期就迫不及待教孩子凑十法、拆十法等技巧性的方法，造成的结果就是，真正底层的逻辑不扎实，越到后面学更加复杂的，理解起来就越困难。用最底层的逻辑思维什么题都能解出来，只是快慢的问题，但技巧性方法学过的会解，没学过的，或超出技巧范围的就不知道怎么解决了。

在预科班的数学课上，孩子们已经学完了20以内的加减法，起初我让他们用最基本的方式做数学题，手指够用的就用手指，不够用的就在草稿本上画圆圈或竖线代替，计算8+9，就先画8个圆圈，然后再画9个圆圈，再数一下一共有多少个圆圈。计算15-6，就先画15个圆圈，再在其中6个圆圈上打叉，数一下剩下多少个圆圈。同时布置了一些题目给他们练习，所有孩子都在草稿纸上画得很认真，除了天天。只见他稍假思索就直接写下了答案，而且绝大部分答案都是正确的。我问了他计算的方法，原来他奶奶是小学老师，在家里早就教他数学了，他把10以内的所有加减法已经都记住了，做20以内的就结合记忆的凑十法和拆十法，如8+9，他的算法是8+2+7，等于17。15-6，他的算法是5+10-6，等于9。所有题目都习惯性地结合记忆这样算，我让他扎扎实实画圆圈一点点算，先把基础打扎实，后面变换什么技巧都可以，他一脸的不情愿，也难怪，有捷径可走就不屑于使用这种笨法子了。

为了了解天天最基本的思维逻辑是不是扎实，我特意做了个小测试："下面我出一个有点难度的题目，看谁能算得又快又准。"

我在黑板上写上"15+13=？"，这是超出20的加减法，虽然学的是20以内加减法，但孩子们普遍都能数到100，按照基本的方法做，虽然笨拙，但只要有耐心、细心都能做出来，原理都是一样的。孩子们一个个埋着头认真地画着圆圈或竖线，只有天天一动不动在那思考着。过了一会儿，瑶瑶首先算出来了，并大声报给我答案28，"我算的也是28""我也是"……孩子们一个个争先恐后地报出了自己计算的结果，当然其中不乏跟风的，唯独剩下天天还在那思考着，因为只记住了10以内的加减，超过10的就不会算了，忘了基本的数理逻辑了。理论上，这样基本的算法可以算出任何复杂的数字，只是工作量大点而已。有过这次的体验，在后面的教学中我让天天又巩固了一下基本的数理逻辑。

中学学物理的时候学过牛顿第二定律F=ma，F：力的大小。m：物体的质量。a：加速度。

这完全是个抽象的思维，这个公式表述的思维是：物体加速度的大小跟作用力成正比，跟物体的质量成反比，且与物体质量的倒数成正比；加速度的方向跟作用力的方向相同。

首先这个定律是牛顿总结出来的。前面在讲经验型知识的时候讲过，自己体验过，体验到一定深度，自己就能总结创造出经验型的知识。再复杂深入的思维都是人总结发现的，只是认知有没有达到那样的广度和深度。科学家在不断地做着各种科学实验，探索各种科学思维；商人在不断地实践各种商业模式，探索各种商业思维等。

世间的真理无穷无尽，就看人类能够认知多少，在探索的道路上没有尽头。

思维也一样，自己体验到了，自己也能创造出体验到的思维。世界上没有两片完全相同的树叶，人的思维也是如此，特别是社会性的思维，就是因为每个人的体验不一样，自由的体验，创造性的体验，就能发展出创造性的思维，即是创造力。改变一个人的思维很难，因为体验到的是内化了的，是根深蒂固的。所以，根深蒂固的一些观念很难改变，只能用一种体验代替另一种体验。

牛顿第二定律，就是来源于生活中的体验。用手推一个物体，手推的力气大小就是F，这个物体的重量就是m，这两个字母代表的意义很好理解，和生活中直接的体验对应。关于加速度，有点抽象，有点难理解，理解了才能形成思维。用生活中的体验，具象到形象化地去理解。比如，普通汽车从静止到跑到一定的速度需要一段时间，如果是跑车从静止到跑到同样的速度只需要很短的时间，跑到一样的速度，那是速度的概念，但花的时间不一样，那就是加速度的概念。跑到同样速度花的时间越长，加速度就越小；跑到同样速度花的时间越短，加速度就越大。

理解了每个字母的概念，再看 F=ma 这个公式。生活中用手推桌子，使了好大力气，桌子才能缓缓移动。用手推凳子，花同样的力气，甚至不需要花那么大力气，凳子就能快速移动。说明同样力气，质量越大，加速度越小，跟质量成反比。

三岁孩子推凳子费了很大的力气才能让凳子移动，同样的凳子大人不费吹灰之力就能够推动，并且能够让凳子移动得很快。这说明同样重量的物品，力量越大，加速度越快。

生活中还有孩子用脚踢东西的体验，如果踢的是空塑料瓶，瓶子一下就会被踢飞出去；如果踢的是装满水的瓶子，同样的力气瓶子就只会在地上滚动一段距离。

这样的生活实践体验都能够直接帮助总结理解抽象的公式。生活实践体验得越多、越深，具象思维就发展得越好，进而形象思维就发展得越好，越能够帮助理解由此提炼出来的抽象的思维，并且能用内化的思维进行推论、推导，预测一件事物的发展。这就是为什么有很多人虽然学历不高，但思维能力很强，做事条理清晰，思考问题很深刻，能够顺利解决各种问题。

由此可以看出，真正对孩子负责的教学模式、本质的教育，就是创造条件让孩子体验，首先引导孩子自己去发现、提炼、总结和创造，先自己思考，锻炼这方面的能力，而不是直接给予现成的答案，孩子只需要被动接受就行。

所有自然科学的基础就是实验，要做大量的实验，实验就是实际的体验，通过各种不断的实验来提炼发现背后的奥秘。

对于一些难以理解的思维，教师要能够善于通过运用各种具象化和形象化的体验让孩子更好地理解，而不是照本宣科，通过大量的刷题应付考试。只要理解了背后的思维，一通百通，同类型的题目不管怎么变换都能迎刃而解，没有必要大量刷题。

小红买了2盒绿豆糕，一共重1千克，每盒装有20块，平均每块重多少克？

要引导孩子理解背后的思维可以在纸上把盒子和绿豆糕画出来，这样就有具象的画面，便于在大脑中形成形象的画面，就能清晰地理解。

还有一些生活中见不到的，更加抽象的思维，如学习电的时候有欧姆定律 $I=U/R$，说明的思维是：在导体电阻不变的情况下，通过导体的电流与导体两端的电压成正比，电压越高，电流越大。在导体两端的电压不变的情况下，导体的电阻越大，对电流的阻碍作用越大，则通过的电流越小。

电是看不见摸不着的，要理解起来难度更大，可以用生活中体验过的现象进行类比理解。电流在电线里流动相当于水在河道里流动一样，如果河道里布满了大石头，阻碍了水流，显然就会导致水流不畅。如果河道里没有这些阻碍，水流得就很快，这就是电流和电阻成反比，电阻越大电流越小。在玩泥池时挖水渠，如果坡度比较大，那就是压力大，水流得就比较快；如果坡度较小，近似于平的，压力就小，水流得就慢。这就形象地表示了电压和电流成正比，电压越大，电流越大。

每个抽象的思维找到具象化体验，再形象化，都能够理解。具有相同底层思维的体验都可以迁移，能理解更抽象的思维。

体验得越深刻，内化的具象思维发展得越深刻，内化得越多越好，直接决定了形象思维会更好，进而理解抽象思维的时候更容易迁移。这就是为什么在孩子七岁之前都处于具象思维和形象思维阶段，就是要让孩子充分地体验和经历，为七岁以后抽象思维提供基础。大自然给予孩子自然的发展节奏，这对孩子来说是最好的发展。成人所要做的就是遵循这样的节奏，提供给孩子这个阶段所需要的环境，让这个阶段该发展的扎扎实实发展好，从而为下一个阶段打好坚实的基础，一步一步稳固发展，不错过任何阶段。

七岁前的孩子完全属于大自然，对自然里一切的体验都是在感知规律，内化思维。

大自然中各种花草树木、春夏秋冬、白天黑夜，生活中各种物品、人和事，每一个故事、每一首歌曲，里面都有其规律和思维，孩子需要用自己的感官去体验、去感知，一点点理解各种规律，内化成思维。

很多家长或由于焦虑，或由于急功近利，或不懂孩子思维发展规律，孩子三四岁就花大量的时间学习很多抽象的思维等，这个阶段该发展的具象思维和形象思维没有发展好，这样反而会影响七岁以后抽象思维的发展。

脱离了体验大自然，直接学习抽象的思维，大脑根本内化不了、理解不了，脑细胞很快就会疲倦，自己也没有成就感，会厌烦、抗拒。同时，因为之前具象思维和形象思维没有发展好，等到七岁以后进行抽象思维的学习时，脑子里没有生动的形象，会很难理解或根本理解不了，在学习中困难重重，进而导致跟不上进度甚至厌学等。

正如苏霍姆林斯基所说："这些全是对事物的抽象和概括，而没有生动的形象，脑子很疲劳，学习跟不上的情况便由此产生。""要在大自然中发展儿童的思维、增强孩子的智能"，因为"这是儿童机体自然发展规律的要求"。

为什么"脑子很疲劳"，因为脑子里没有形象的画面，理解起来很难，费脑子。

只有让孩子充分地体验，才能真正地发展他们的思维能力，因为体验的能内化，直接理解，孩子也能从这个过程中感受到成就感和愉悦感。扎扎实实发展好每一步，有了扎实的具象思维能力和形象思维能力，再去面对未来小学、初高中阶段更为抽象的学习，就自然会顺畅。

思维能力还有一部分的影响因素是先天智力的差别。

一方面，先天智力会影响思维的总结和提炼。每个人面对同样的事物提炼和总结的先天能力不一样。有些人能够很快发现规律，能提炼总结出来，并且能够运用。不同的人发现规律的深度也不一样，这些都取决于天生的特质。另一方面，先天智力会影响思维的理解能力。有的人一讲就通、一点就透，能理解很深很复杂的思维，有些人理解起来就很慢，再复杂点、深点的思维就理解不了了，这些先天都有差别。我们无法改变先天的智力，只能接纳和尊重。先天的智力也需要结合后天的成长和努力才能够充分地发展，后天的成长和努力是可以改变的，了解思维能力发展的原理，可以在后天的成长和努力中让思维得到最好的发展。

（2）理解能力

理解能力包括两方面：一是能不能理解；二是理解得快不快。

首先讲能不能理解。

说到一个人的理解能力，能不能理解是最核心的，首先要确保能理解，才能进行下面的行动、交流，进一步地学习、思考等。

在能理解的基础上，为了提高效率，就要谈到理解速度的问题。

具体能不能理解跟以下五个因素有关：

一是跟孩子的认知发展阶段有关。

这是大脑发展的器质方面的因素，是首先要考虑的因素，属于客观因素。好比孩子能不能拎得动三十斤的东西，首先跟他的年龄有关，肌肉力量有没有达到那种程度。

让一个三岁的孩子理解宇宙、黑洞、精神、希望等抽象的概念，孩子会记住这些词汇，能表达出来，但不代表就理解了，实际怎么也理解不了。

前面讲了七岁之前孩子还处在感知运算阶段和前运算阶段，到七岁以后才能开始理解简单的抽象概念。

给予孩子超出他这个年龄阶段理解范围的知识，孩子是理解不了的，相当于食物消化不了一样，孩子自己体验不到成就感，只是能获得成人的赞赏。从孩子内心来说是抗拒超出理解范围的学习的，长此以往也会对学习失去兴趣。

二是有没有体验过。

在前面解读体验的时候详细讲过体验是如何提高理解能力的，只有体验过的才是自己的，才能理解，没有体验过的都不是自己的，都不能完全理解。

所以有句话"世界上没有真正的感同身受"，因为没有跟别人完全一样的体验和经历。

跟孩子说话，想要孩子能够理解，就讲孩子有过体验的话，否则都是难以理解的。

生活中还有些情况看似理解了，实际根本没有理解，只是在大脑中明白了。如"吸烟有害健康"，基本所有吸烟的人都知道，但还是照吸不误，就是根本没有真正理解，只是大脑明白，因为没有体验过，所以也根本无所谓。真正因为吸烟导致严重健康问题，甚至鬼门关走过一遭的，才会真正理解这句话，感同身受。

● 体验直接决定了经验型知识的多少

经验型知识是基础，有些概念需要曾经的经验型知识作为铺垫，如果没有相应的经验型知识，后面的内容也难以理解或根本理解不了。

如春天到了，孩子们要进行春耕了，老师拿了一袋种子到教室里，先跟孩子们讲解了播种的流程。首先需要翻土，然后要碎土，碎土完成以后要挖一个穴，在穴里放上底肥，然后盖一层土在底肥上，把种子放进去，最后再用薄薄的一层土覆盖上。

老师讲解整个流程，孩子要能记住这个流程，首先就需要理解每一步是做什么，有个形象的概念，不然会听得一头雾水，更不用说学习这个流程了。

首先需要翻土，翻土是什么？怎么翻？没有做过一点概念没有，自然也理解不了。然后要碎土，如果没有碎过土也是没有概念的，到底怎么碎？

栽种和播种的流程差不多，如果孩子们曾经有过栽种的经历，再讲播种的流程时，讲到相同步骤的时候一下子就能够理解，也知道翻土、碎土是怎么回事，整个流程也容易记住。

同样的道理，几个孩子一起玩游戏，有的提议玩"奥特曼"游戏或"老狼老狼几点了"游戏。玩过的孩子立刻就能理解，游戏的玩法和规则清晰明了。没玩过的，甚至听都没听过的就会一头雾水。

● 经验型知识有助于理解抽象的概念

早在1916年，爱因斯坦就基于广义相对论预言了宇宙中存在引力波。那么，什么是引力波呢？它是指物体加速运动时产生的引力辐射。当大质量的天体发生碰撞，或者超新星爆发，或是两个黑洞发生碰撞时，就会产生强大的引力波。也就是说，只有较大的天体发生宇宙极端事件时，才会发出较为容易探测的引力波。因此，长久以来，引力波仍然是一个推测。直到2016年，LIG科学组织和Virgo团队才利用高级探测器，首次探测到了双黑洞合并时产生的引力波信号，也证实了爱因斯坦关于引力波预言的正确性。

上面关于引力波的解释抽象、难以理解，用生活中曾经有过体验的经验很容易理解。

把时空假设成一个蹦床。当把一个乒乓球放在蹦床上时，乒乓球会静止在蹦床上，蹦床也没什么变化。当再把一个铅球放在蹦床上时，蹦床就会向下凹陷，刚才的乒乓球也会慢慢滚向凹陷处，并且会滚得越来越快。这个凹陷就相当于时空弯曲，凹陷引起乒乓球向凹陷处滚动的就是"引力"。铅球越重，凹陷就越深，乒乓球就会滚的越快。同理，在宇宙时空中，引起时空改变的物体质量越大，时空弯曲程度就越大，进而产生的"引力"就越大。

铅球放在蹦床上产生凹陷时有一个过程，凹陷是从铅球这个中心点不断向外扩散的，这种扩散形式是以波动的形式进行的，如同把石头扔到水里产生一圈一圈的涟漪一样，在宇宙时空中这样的"涟漪"就是引力波。

上面在讲思维能力的时候详细分享了体验如何决定和影响思维能力，如何理解抽象的思维，对于抽象概念同样如此。

所以，更多的体验永远是学习的根基，实验是科学的根基。老师在传授一个抽象概念的时候，首先要引导孩子去体验，然后再提炼出抽象的概念。引导孩子理解抽象概念的时候，可以用类似的体验引导孩子去真正理解。

三是事实型知识的缺乏。

日本制造"万宝山事件""中村事件"引起中国军民的反抗，日本再借口中国军民反抗发动"九一八事变"，这其实是典型的防卫挑拨，而不是防卫过当。稍懂法律的都清楚，超出必要限度的"正当防卫"其实都是故意犯罪，而故意挑衅挑拨他人正当防卫趁机反击的则属于防卫挑拨。

要读懂这个段落，需要知道"万宝山事件""中村事件""九一八事变"是什么，知道这些具体的事件，才能理解用这个事件为例解释的防卫挑拨和防卫过当的概念。

了解越多的背景知识，越能够增加对整篇文章的理解。阅读一篇文章动不动某个词汇不知道什么意思，某个典故不了解，那整篇文章能够理解的程度也是有限的。

任何行业都有专业术语，就是用最简单的词表达一个通用的概念，提高效率，每个专业术语都是一个事实型知识。这些知识都需要知道，这样才能进行进一步的深入学习。

跟上时代的一个具体表现就是能够跟上时代日新月异的知识和概念。

每一个成语、俗语都是一个事实型知识。

近年来，确实出现了"中国内卷化"的声音，因为社会行业开放的形势给了很多普通人自由选择的机会，必然出现一批盲目跟风通过一些渠道获取不适合自身发展资源的人群。而这些占据一定资源的人因为不具备在同等资源圈的竞争力，无法应对而放弃，势必使得一些看不见的资源流失。在我们的社会还没建立合理的途径进行资源转让以前，我们都是"内卷化"的始作俑者，也是"内卷化"的波及者。

要能够理解这段话表达的观点及其背后的含义，就要知道一个新的词汇"内卷化"的意思，还有成语"始作俑者"的意思，这些都是事实型的知识。

还有不断冒出的网络词语"芭比Q了""破防""凡尔赛""yyds"等。

接触面的广泛，环境的丰富，大量的阅读，能够增加事实型的知识，能够提高理解能力。

理解这点就知道生活在城市和乡村由于环境不一样，见识就不一样，接触到的资讯和信息就不一样，积累的知识就会有差别，就会影响孩子的理解能力。

几乎所有语文这个学科学得好的都是喜欢阅读的，积累了大量的阅读。大量的课外阅读能够潜移默化地不断增加事实型知识的量，知识就比较丰富，词汇量比较大，对于语文的理解能力和表达能力就自然有所提高。

在看书的过程中或日常生活中，当看到某个词不知道什么意思的时候，及时地询问或查找，当下就了解一下事实型知识是什么，这个时候学习的效果是最好的，记忆最深刻。在使用中学习，在运用中学习效果最好，刻意单纯地去记忆反而效果不好。

四是统一符号型知识的缺乏。

语言就是人类创造的一种统一的符号。英语是三大学科之一，就是因为英语的国际化特性，如果不掌握，由英语所表达的内容连看都看不懂，更不用说理解其中的意思了。当然，随着人工智能的发展，有很多方法解决语言的理解问题。从语言这个例子可以最直观地知道，人类创造的统一符号知识对一个人理解能力的影响。

语文有语言、汉字、标点符号、拼音等；数学有+、−、x、÷、>、<、R、%、n等；每个学科都有每个学科的符号，每个行业都有每个行业的符号，知道这些符号背后代表的内容，才能更加全面理解整篇内容，才能更深入地去学习。

五是跟孩子先天智力有关。

每个人先天的智力不一样会影响理解能力，这是客观存在的。虽然前面讲的孩子的认知发展阶段绝大部分孩子都是差不多的，但同时有一些孩子会比较超前或滞后。特别对于一些有难度的、更抽象的、更复杂的，就能体现出每个人先天智力的差别。

有的人只能理解看得见摸得着的现实世界，对于看不见摸不着的，超越三维的、更高维度的就理解不了；而有些人就能够很快理解一件事物，并且理解得透彻深入，学习也是一点就通、一点就透。

有些人能够理解单一的概念，或简单转几个弯的思维逻辑，再复杂一点大脑就会乱了，理解起来很困难，或者压根理解不了。

佛学讲慧根，讲的就是先天具有的悟性，这也是一种先天理解能力的差别，跟文化知识和文凭的关系不大。

在能够理解的基础上就可以进一步讨论理解速度的问题。

理解的速度同样影响着一个人的学习和生活。

有的人在跟人交流过程中总是慢别人半拍，不是不理解，而是理解起来比较慢，这句还没理解呢，别人就说下一句了，或为了能够充分理解总是要求别人说慢点等。

七岁进入正式的学习阶段以后，一堂课就是四十五分钟，老师要完成一堂课的教学任务，讲课的进度不会因为有些孩子不理解而停下来。如果理解得比较慢，老师讲到一个概念，脑子还在理解的过程中，老师已经继续讲下一个了，而大脑还停留在理解上一个的内容上，下一个根本就没听到，这样就会导致越来越跟不上。很多孩子的学习障碍就是这个原因造成的。一些学习的内容如果慢慢讲，一点点都能理解，就是速度有点慢。家长要敏感地感知孩子的这种情况，如果课堂上有因为理解得慢而跟不上的，课后要及时地补上，因为进入正式学习阶段的课程都是一层一层递进的，后面的课程都是以前面为基础，而不再像上幼儿园缺勤个一两天没关系。不要因为理解得慢没有跟上而卡在那里，造成后面越来越跟不上，从而对学习产生抵触心理，形成恶性循环。

影响理解速度的有以下两个因素。

一是内化的深度。

前面提到过我曾经买了部单反相机想找个专业人员传授我一些使用方法和技巧，辗转认识了一位专业摄影师，在了解我完全是摄影小白后直接告诉我，让我先自己用相机玩（拍）两年再说。为什么不一开始就教我怎么拍？自己先拍，先体验，我能理解，体验过了讲的时候才能理解，为什么这个时间是两年？不是一周，一个月，一年？

因为时间越长，对于相机各种功能、各种拍法实际是什么样等体验得越多，内化得越深，深刻记忆得越多，这样再讲如何提高的时候就能够迅速吸收，理解得更快、更透彻，否则过程中有些基础的东西还是会卡壳。

体验的多少，体验的深度，决定了内化的深度，决定了理解的速度。

二是记忆的深度。

这个我相信大家都有体验，如一年级学拼音时，开始是从单个字母学起，当学习到后续的拼读时，如果连前面最基本的字母都不能熟练掌握，看到一个字母还要想一下这个读什么，不能在脑子里形成长期记忆，做不到看到立刻就知道这个字母怎么读，那学拼读的时候就完全关注不到拼读的内容。

在学习加减法的时候，连数和量的对应都没有记熟，在讲加减的时候就根本没有多余的精力关注加减的学习。乘除又是建立在加减的基础之上，都是环环相扣，缺一不可的。

阅读的时候很多字不认识，就会影响对内容的理解。

下面是浙江省一篇有争议的高考满分作文。

《生活在树上》（节选）

现代社会以海德格尔的一句"一切实践传统都已经瓦解完了"为嚆矢。滥觞于家庭与社会传统的期望正失去它们的借鉴意义。但面对看似无垠的未来天空，我想循卡尔维诺"树上的男爵"的生活好过过早地振翮。我们怀揣热忱的灵魂天然被赋予对超越性的追求，不屑于古旧坐标的约束钟情于别处的芬芳。但当这种期望流于对过去观念不假思索的批判，乃至走向虚无与达达主义时，便值得警惕了。与秩序的落差、错位向来不能为逾矩的行为张本。而纵然我们已有翔实的蓝图，仍不能自持已在浪潮之巅立下了自己的沉锚。

相信大家在读这篇文章的时候读得会很慢，时不时还要返回去重新读一下。这篇文章超出了平常认知的范围，但用来作为例子能很明显地说明问题。

读这篇文章时，"嚆矢""觞"等字如果都不认识、不熟悉，那更不要说理解其意义了。如同孩子读书时，连一些汉字都不认识或认得不是很熟练，那就会影响其理解速度，这属于统一符号型知识缺乏的影响。

理解这点就知道应试教育中大量重复的学习，记得滚瓜烂熟，有其积极的意义，就是知识记忆得很深刻，能够提高理解的速度。

当然还有个因素就是先天的遗传，这个就不过多地讲解，我们更多要关注和学习的是后天如何做得更好。

详细了解过理解能力的发展，就知道费曼学习法为什么如此有效。当自己作为老师要把别人教会时，首先需要自己真正理解了才能用各种最通俗的方式表达出来让别人理解，所以自己会"逼"着自己主动学习，真正理解所教的内容，如此理解能力就自然得到了不断提高。

（3）专注能力（专注力）

家长都很重视要培养孩子的专注力，市面上还有专门培养孩子专注力的课程、教材等。到底如何才能真正培养孩子的专注力？

首先要明白专注力到底是什么。

专注力背后就是一个人的认知力，提高专注力就是提高认知力。认知力是综合的概念，包括一个人的思维力、理解力等。

认知力的提高就是对一件事能够不断深入，具体表现就是认知的广度、深度、高度的提高。没有认知力的提高，专注力就不会得到提高和发展。通俗地讲，就是要有所成长和进步，才算专注力得到了发展。

要区分注意力和专注力。注意力是能够注意、关注某件事物，对某件事物有兴趣。人天生就会注意新奇快乐有趣的事物，注意力是每个人天生就具有的能力。有些老师会在课程中用一些有趣的方式吸引孩子，认为这样就可以提高孩子专注力。其实，这些事并没有让孩子在认知力上成长和进步，仅仅引起了孩子的注意力而已，并没有提高孩子的专注力。注意力的核心是刺激，专注力的核心是提高。注意力是表面，专注力是内在。注意力是专注力的前提，能够对某件事注意，才有兴趣和动力专注下去。在深入专注学习之前，能够用各种新奇有趣的方式吸引孩子注意，引起孩子兴趣，是一个老师必备的能力，这部分要用心备课，而不是上课一开始就直入主题干巴巴地讲解。在上课的过程中不要固守预设的教学内容，要根据孩子的关注点、兴趣点灵活地引导孩子深入探索、探讨，趁热打铁，随时生成知识，这时的学习效果是最好的，这就是生成教育的核心内涵。

有注意力并不意味着就能提高专注力，注意某件事物以后能够不断深入才能不断提高专注力。只注意，满足感官刺激、好奇心，不深入探索学习，专注力就不能得到提高。环境的嘈杂、刺激丰富等都会分散孩子的注意力，进而影响专注力。

如今信息爆炸的时代，只要打开手机各种新闻信息扑面而来，情不自禁就会去浏览，不知不觉几小时就过去了，注意力都被分散了。什么都关注，什么都懂一点，但什么都没有专注下去，系统学习，看的都是东一个西一个的碎片化知识。

只有专注一件事，才能在这件事上不断深入，才能把一件事真正做好，做到极致。"多刨坑不如深挖井"，古今中外所有有成就的人无一不专注其所做的事。能够专注一件事也是人最幸福的状态之一，会有无穷的乐趣和自己都想不到的成就、高度，这就是专注力重要的原因。

当你把所有的注意力都专注到你喜欢的一件事上，整个世界都会为你打开。

——蔡志忠

在教育界有个说法，就是认为孩子的学习能力很强，这种学习能力是远远超过成年人的。实际在智力还处于上升期的二十八岁以前，每个人的学习能力都能达到孩子那样特别专注。如果成人在某件事上也能够全身心投入和专注，学习能力也能如孩子那样，关键在于有没有孩子般的投入和专注。孩子天然的状态就是心无旁骛。

我就有过这样深刻的体验，初三那年，在面临中考的紧张氛围下，心无旁骛，全身心投入学习，特别专注。记得当时政治这个科目是开卷考试，我为了避免翻书浪费时间，把整本政治教材都背了下来。初三毕业以后回忆起来，连前后桌的同学是谁都不是很清楚。这种绝对专注的状态下成绩也是迅速提高，整个初三一直保持年级第一的排名，而之前却徘徊在一二十名。

为什么孩子越小专注力时间越短，随着成长专注力的时间随之越长？就是因为越小的孩子大脑发育的程度越有限，认知的能力越有限。八个月大的孩子拿到矿泉水瓶，他会拿着敲敲打打，来回反复扔个几次，玩几分钟就不玩了，即使这个时候在他面前把瓶盖拧下来再拧上去，他看到了也仅仅是拿着瓶盖把玩一番，也不会试图把瓶盖拧上去，因为认知发展还达不到这个程度。等到孩子十八个月的时候，再给他同样的矿泉水瓶，他的玩法又不一样了，可能拿着瓶子去灌水，或者把小东西塞进瓶子里。如果有人在他面前把瓶盖拧下来再拧上去，他看到会两眼放光："原来还能这样玩！"接着迫不及待就会去"抢"过来玩，单这一个动作就可以玩很久，玩的过程中孩子的思维力就得到了进一步的发展。三十八个月的时候再给他同样的矿泉水瓶，这个时候他会拿着画笔在瓶子上涂鸦。五岁再拿到同样的矿泉水瓶能玩半天，他会用剪刀、彩纸和胶水做出各种各样的小动物等，这样思维的深度和广度就得到了不断的发展。

孩子在十八个月的时候大脑发育已经能够理解拧瓶盖的思维，如果外界环境没有瓶子给孩子，孩子这方面的思维和能力就不能得到及时充分的发展，专注力就没有得到提高。

了解了专注力的本质，就知道如何发展孩子的专注力。

●保护

专注力首先是保护出来的。每个孩子对于自己喜欢的事物天生就很专注，成人不要随意破坏和打断。

〇给予孩子充分的自主权，按照自己的想法做

孩子正在搭积木，成人动不动就要指导干预一下孩子，要这样搭，那样搭，要把"正确"的教给孩子，让孩子按照成人的意愿做，这样就替代了孩子自己的想法和意愿，打断了孩子的思路，剥夺了孩子自己尝试的机会，进而影响了孩子认知的发展、思维的发展。

促进孩子创造力、创新能力、创意能力的发展，首先就是要给孩子一定的自

主，让孩子可以按照自己想法做。孩子正在全身心感受体验的时候，成人不断问孩子"你在看什么啊""这是什么啊"……好像只有让孩子说出来，孩子才能学到东西一样，如此是对孩子专注力的阻断和干扰。孩子全身心感受到的远远超出语言能表达的，一直被打断，孩子注意力就不在自己感受上，而在应付家长的需求上了。

思维能力是一点点从无到有慢慢发展起来的，包括不断地尝试各种方式，这个过程是不可缺少的。成人频繁地干预会让孩子这样的过程有所缺失，等到自己独立搭建的时候思维就会跟不上，或只会循规蹈矩地按照成人教的方法搭建，思维就得不到进一步深入的发展，对专注力的发展是一种干扰和破坏，影响专注力的发展。

有些蒙氏教育在进行室内工作时要求孩子一个工作结束后必须把工具放回原位才能取下一份工作。"收"和"玩"的状态是完全不一样的，孩子工作时的状态是专注的，思维是活跃的、充满热情的，而收工具不需要活跃的思维，对孩子来说是枯燥的，所以做完一个工作就要立刻收起来对孩子整个的思维和思路就是一种干扰，影响孩子专注的工作状态。如同做饭的时候每烧好一个菜就要把所有工具都归位，烧下一个菜的时候再取相应的工具一样，烦琐、让人烦躁。自由工作的时间就让孩子专注地工作，结束后统一收拾。

孩子经常会在专注一项工作的时候达到"废寝忘食"的程度，这是最好的状态，是专注力提升最快的时候。成人要充分理解这样的状态对孩子的意义，给予孩子充分的自主，不要强力阻断孩子，不要认为喊他也不回应，孩子是故意不理家长而对孩子有愤怒情绪。

环境的不稳定和持续、经常性的嘈杂会干扰转移孩子的注意力，进而也会破坏孩子的专注力。即使是成人也同样会受到干扰，这就是为什么大学生考研要抢自习室，在自习室安静的氛围中容易专注，提高专注力。

"兴趣是最好的老师"，因为对自己感兴趣的事会倾注全部的热情去做，哪怕遇到再大的困难，条件再艰苦也不会退缩。

只要对一件事感兴趣会倾注大量的时间和精力，利用一切机会学习，收集各种资料，不断地研究、探索，这个过程中对这件事的认知会不断地深入，这是对专注力最好的发展。

很多人不是专注力不好，而是没有找到自己真正感兴趣的事。当自己心灵的力量被激发出来，找到自己真正心动的事，专注力也会飞速提高，不断成长。

人生最大的幸福就是能够找到自己的兴趣所在，并为此奋斗一生。

〇帮助孩子发现他的天赋和特长，并且支持孩子充分发展他的天赋和特长

让猴子去游泳，让鳄鱼去爬树，那它们无论如何也专注不了，不但不能专注，反而会各种抵触，不愿意做。

猴子的特长就是爬树，是天赋使然。做自己擅长的事，一学就会，有成就感，又提高了自我价值感和自信，更有学习的动力，动力越足学得越用心，成长得越快，专注力也越来越高，形成良性循环。

每个孩子的"精神体"胚胎都有一定天生的特质，每个孩子的特长和天赋都不一样，对于自己擅长的，特别是天赋，孩子会越做越有成就感，越有信心，这样良性循环专注力也会越来越好。

每年高考都有人炒作高考状元，到处分享学习方法。实际上，即使照搬那些学习方法，对于提高成绩的效果也有限。那些高考状元的优势和特长就是智商高，一看就懂一学就会，学习对他们来说是特长，很有成就感。有些智商特别高的就喜欢做奥数题，因为能够做出来，能体会到里面的乐趣、成就感，题目越难越有意思，高考的那种难度还不足以体现出他们真正的实力呢！普通人的智商，奥数题可能看都看不懂，更别提做了。他们分享的学习经验根本没多大意义。就应试的高考而言，真正具有借鉴意义的是被称为"高考工厂"的某中学，能让一个之前只能考进专科院校的孩子考进本科院校、之前只能考进普通本科院校的考进重点本科院校。优秀老师和好学校不是体现在把选拔出来的本来就优秀的、天赋异禀的孩子教好，那是基本要求，教不好就是失职，而是体现在能够把那些学习能力一般、天资普通、没有学习热情的孩子教好，这才是一个优秀老师和好学校真正的意义。

认识一个重点高中的老师，退休后被一所普通高中返聘，结果上了一个月的

课就不上了，太失望了。"这样的学生怎么教啊？没法教！"这是他说的原话。之前的学生教习惯了，一教就会，一听就懂，面对一群教了很难懂，学习态度又不端正的学生就不知道怎么办了。能唤醒激发孩子内在的学习动力，提高自己的教学水平，研究一下理解能力、思维能力、专注能力的原理，然后用这样的方式让学生能够真正理解，有思维能力，能不断专注，这才是一个老师真正的价值和意义。

中国目前教育体制还是要求学生每科都要平衡发展，是木桶理论，短板决定了整体。一个人的生存和幸福却符合长板理论，做好一件事足矣。生存有千万种方式，成功有千万条路，而不是仅仅体制内学习一条路。家长要明白这点，眼界和格局要扩大。孩子还不能完全了解自己，还没有清晰的自我认知，家长要帮助孩子发现他的天赋和特长，引导孩子更好地发展。

可以通过以下方式发现：

一是观察孩子自发地喜欢什么。

一般人在自己自发喜欢的事这方面也有天赋和特长，即使没有天赋和特长，因为喜欢，也会投入巨大的热情，也会变成自己的天赋和特长。

观察孩子学什么能学得特别快，甚至无师自通。

这是天赋和特长最显著的特征，就是学起来很快。有的人学一样东西一年能抵别人学好几年，甚至无师自通，这就是天赋的力量。

二是扩大接触范围。

环境的单调和匮乏会让孩子内在的一些天赋没有办法显现。

如果一个孩子天生有足球方面的天赋，但从小的环境从来没有机会能接触足球，那这个孩子也不知道自己有这方面的天赋，家长也发现不了孩子这方面的天赋。毕加索如果从小生活在大山里，每天跟着父母种地，接触不到美术，那就成为不了著名画家了。现如今各种各样的兴趣班很多，这给孩子提供了丰富的环境，能够有更多机会发现自己的兴趣或特长。

"天生我材必有用"，我相信每个孩子都是有自己独特的天赋和特长的。如果没有，只是暂时没有被发现而已。

家长的责任之一就是发现孩子的天赋和特长，并且尽自己所能提供给孩子相应的环境和资源让孩子能够充分发展他的天赋和特长。

● 提高

专注力首先要保护好，同时成人可以有意识地用一些方法提高孩子的专注力。

○ 基础感官和感觉统合

基础感官很好理解，所有孩子的探索都要用到基础感官，连基础感官都没发展好，那自然就会影响深入探索。如同眼睛看东西模糊或看不到，自然很多事情就做不好或不能做了。

为什么现在如此重视感觉统合的教育，就是因为感觉统合失调有个最大的影响，就是影响孩子上学以后的专注力，上课的时候会注意力不集中。

感觉统合是怎样影响专注力的？

孩子正式进入小学开始，学习的方式就变了，是听、说、读、写、理解，每节课都有特定的学习内容，老师必须讲完。老师在讲课的过程中，需要孩子能够及时地听清楚、听全老师所讲的内容，然后再作出相应的反应，这就需要听觉的统合。如果听觉统合失调，听的时候就跟不上，或听到的会有遗漏，听不全，那后面就会跟不上，孩子也不知道怎么回事，就是会慢半拍。再到写，老师在黑板上写一个字，让孩子照抄在自己的本子上，这需要视觉、触觉、前庭觉、本体觉的统合。感统好的孩子看一眼以后就能准确知道各个笔画的位置和一些细节，就能控制自己的手臂、手指肌肉进行书写。感统失调的人，首先看黑板上的字只能看到大概，细节会看不到，然后再协调自己的肌肉，书写的时候会写得歪七扭八，甚至都写不出来。视觉没有统合好的孩子看黑板上的板书会有跳字、遗漏的现象，读书时会跳字或跳行。上面所有的那些状态都会让孩子在课堂学习的时候有受挫感，一旦有受挫感，本能地就会抗拒，就会烦躁，导致不能持续专注下去，然后越来越跟不上。上面只是讲了这几种状况，还有很多类似的状况。感统失调会影响探索、运动、动手操作等，进而影响思维能力和理解能力。这两项能力弱的话，上课的时候会跟不上学习进度，也会影响专注力。感统失调本身不是智力问题，慢慢学也能学会，就是会造成一些学习障碍进而影响专注力。

○增加孩子的知识，提高孩子的技能

前面在讲理解能力的时候讲了，知识会影响理解能力。读一篇文章或听别人讲话，里面很多的词都听不懂，或不知道什么意思，那整篇文章就理解得有限，听别人讲话自己听得也会比较累，不愿意听下去，就会影响深入理解，影响专注力。让二年级的孩子去上三年级的课，那肯定专注不了，知识水平达不到，听不懂。要提高专注力，三种类型的知识——人类创造的统一符号、事实型知识、经验型知识，都需要提高。这是从接受者的角度，要拓宽自己的知识面。从表达者（老师）的角度要想让接受者（学生）充分吸收到，能够听下去、看下去，并且很专注，要根据接受者的知识面来表达。如果概念很晦涩难懂就要想办法转化成接受者能理解的语言来表达，不要用很多的专业术语，能用通俗易懂的语言和词汇表达清楚就用通俗易懂的语言和词汇，这样理解起来就比较容易，对方就能够专注地吸收。

表达者（老师）的表达不是卖弄自己的学问和专业度，而是要让接受者（学生）能够吸收到。很多老师就是自顾自地按照自己的方式讲，从来不关注学生能不能接受到，接受能力怎样。

优秀的老师是能够走进学生的世界，因材施教，而普通老师是想把学生带入自己的世界，听不懂就是学生的问题。老师的能力高低也影响孩子的专注力。

知识是针对学习来说的，还有运动也需要有专注力，运动的"知识"就是技能。

比如，跳舞为什么要花大量的时间练基本功？只有每个动作都反复、持续不断地练习，并达到一定程度，才能整合动作并继续持续深入地学习，学习各种各样的舞姿，不断专注深入下去。基本技能的扎实与否直接影响更深入的学习。

需要技能的项目如果深入不下去、专注不下去，往往技能就是卡点之一。

还有的工作是需要知识和技能同时不断提高才能进入更深入的学习，如外科医生，既要不断丰富理论知识，又要不断提高诊疗技能，两者皆备才能不断提升医术。

〇提供半成品和开放型材料给孩子玩耍和工作

玩具分为三类。第一类是成品玩具，如小汽车、小飞机、布娃娃等。第二类是半成品玩具，就是需要组装、组合和自己操作的，不是现成的，如蒙氏教具、乐高等。第三类是开放型玩具，这样的玩具只提供基本材料，有什么想法就能玩出什么花样，如积木、沙、土、水等。前面在讲思维能力的时候详细讲解了思维是如何在玩耍中一步一步发展的，成品的玩具对孩子思维的发展有限，半成品和开放型玩具才能让孩子在玩的过程中思维得到不断的发展，专注力也会越来越强。

给孩子买个小汽车，买的时候孩子很兴奋，回家玩一下就不玩了，为什么？就推推跑跑，没有其他玩法了，没意思了当然不玩了，这完全正常。有的家长为此还怪孩子：看到玩具就要买，买给你没几天就不玩了，不给你买了。玩具的核心就是新的——新的玩具和新的玩法。如果孩子拿着个小汽车一直重复着推来推去的动作反而有问题，看上去的确很专注，实际思维没有得到深入发展，完全是刻板行为，这是自闭症孩子的典型症状之一。所以，要真正清楚专注力到底是什么，是思维能够不断得到发展的，思维没有成长和发展的、原地踏步的，都不算专注力。判断一个孩子是不是多动症也是如此，有些孩子是漫无目的地动，没有在探索什么，各方面没有得到发展，这就是多动症。有些孩子那是生命力比较强，精力比较旺盛，片刻都停不下来，但都是在玩，是在探索，在成长和发展，是有意义的，这就不是多动症，只是家长嫌烦，嫌带得累，然后就怀疑孩子多动症。多少孩子在我们这里"平反"了，摘掉了多动症的帽子，否则会极大地伤害孩子的自我价值感。

给孩子买一套积木，开放型玩具，会发现孩子从一岁可以搭建到七岁，搭建的时间越来越长，有时会废寝忘食，特别专注。搭建的场景会越来越复杂，越来越宏大，一次比一次深入，思维、认知、手眼协调等得到不断深入发展，专注能力得到不断提高。孩子玩水、玩泥、玩沙，放开给孩子玩的话，一次可以玩半天。

有时真的不能怪孩子不专注，专注力得不到提高，而是玩具太单调了，孩子没有玩的兴趣。玩沙玩泥又嫌脏不让孩子玩，玩水怕把身上弄湿会给成人带来麻烦也不让玩，孩子的专注力怎么能得到提高和发展？

上面讲了让二年级的孩子上三年级的课孩子专注不了，因为听不懂，理解不了，思维能力达不到。让三年级的孩子上二年级的课同样也专注不了，因为太简单了，没意思，自己也得不到成长和发展。

有些蒙氏学校在孩子自由工作的规则是这样的：每次只能取一套教具，这套教具工作完了要放回原处才能取下一套。如果孩子不遵守这样的规则老师会温和而坚定地制止，直到孩子按照这样的规则做为止。关于每次工作结束后就要收起来这点如何影响专注力，前面已经解读过。这个规则还有一点更加影响专注力的提高和发展，就是每次只能选取一套教具工作。一套教具能玩出多少花样？两套教具结合起来一起玩不行吗？每次只能玩一套教具，一会儿就玩腻了，没意思了，这是对孩子专注力的一种限制，没有更新的玩法、更深入的玩法，思维就得不到进一步的发展，这样的规则绝对是错的！应该是所有教具都开放，可以任意组合起来一起玩，只要规则不设限，孩子的思维就不会设限。有时我们都惊讶于孩子能够建构如此宏大复杂的场景。先用积木建构了一个城堡，在城堡外面还用彩带建构了一个院子，院子里养着各种小动物，小动物还有房子。城堡的后面是火车轨道，离城堡不远处还有个火车站，火车站通往城堡还有一条路，路上有各种各样的树、交通指示牌。这样大的一个场景需要各种各样的材料，不是一套教具就能满足的。

成人过多限制会让孩子的思维也被限制住，不设限，孩子的思维才会有无限的发展空间，这不是成人能够规划得了的。孩子未来面对的世界就是开放的、瞬息万变的，需要有同样的思维来面对，给孩子一个不设限的环境和思维，孩子的人生也会有无限的空间。

一定要给孩子提供半成品和开放型材料让孩子自由地玩耍和工作，最好的状态是所有玩具中成品的、半成品的、开放型的各占三分之一，什么类型的都有，成品的玩具也可以用于场景的建构。

○成人的及时帮助和引导

　　首先是帮助。

　　家长发现孩子专注力不足时，不要只是一遍遍地跟孩子说"认真点""不要东张西望""坐好了"等。如此发展到后面，需要用严厉甚至嘶吼的方式孩子才会有点反应，有的孩子甚至成了"老油条"，软硬不吃，家长也无计可施。适当的提醒是有一定意义和必要的，能让孩子集中注意力，注意力集中时大脑的理解能力、思维能力、思考能力都会比较好。但这不是根本，根本是要关注孩子专注力不足背后的原因是什么，帮助 孩子一点点排除这个因素。

　　如果是感统失调就多锻炼感统；如果是因为知识技能跟不上，那就增加知识提高技能；如果是思维能力和理解能力跟不上，那就慢一点，逐字逐句帮助孩子理解，一点一点理清逻辑，不能操之过急。只有解决了这些根本原因，才能真正帮助孩子慢慢提高专注力，而不是表面上"逼"孩子。

　　再就是引导。

　　上面讲了，玩具的核心就是新的，新的玩具和新的玩法。当玩具没有新的玩法的时候，孩子就失去了对这个玩具的兴趣，那这个玩具就真的只能这样玩了吗？很显然不是，任何一个物品都有无限种玩法，对，就是无限，受局限的只是我们的思维，想不到足够多的玩法而已。网上搜一下"折纸飞机"，看看能有多少种折法，最常见的树叶、树枝、树皮能做成各种各样的作品，只要敢想。成人的思维被固化了，会墨守成规，树叶、树枝、树皮都是垃圾怎么能玩呢？而孩子没有那么多的限制，什么都可以玩，怎么玩都可以，所以孩子会显得"创意"十足，每个成人在小的时候也都是如此。这就是前面所讲的一点，要给予孩子充分的自主权，只要保证安全，这样起码不会限制孩子的专注力发展，会保护好孩子的专注力。同时，毕竟成人的认知水平是远远高于孩子的，总有一些是孩子想不到的，当给予孩子充分的自主让孩子自己玩的时候，孩子所能想到的玩法都已经玩过了，这个时候要进一步提高孩子的专注力，可以根据孩子当下的认知发展阶段引导孩子一种新的玩法，这样孩子又能继续专注，思维又深入发展了一点，专注力又得到一次提升。引导孩子创新的玩法就是发展孩子的创新能力。

　　孩子在教室里把小凳子当汽车推来推去，玩得不亦乐乎。原来凳子不只是用来坐的，还能当车开，这估计连老师都想不到。这个游戏连续玩了一周，每天孩子到教室里第一件事就是"开车"，到处推车玩，一周以后就不玩了，玩够了。这时候老师出现了，说："乐乐，我有个快递能帮我拿一下吗？""可以啊！"乐乐很兴奋。"可是快递比较大，比较重，你怎么拿给我呢？""我可以找我的好朋友帮忙啊！""真是个好主意，可是两个人拿还是重啊，怎么办呢？"乐乐想了一会儿，估计在回忆爸爸妈妈是如何拿大快递的。"我知道了，我可以用我的车运过来。""这个办法太好了，那请你帮我拿一下吧，就是娃娃屋里面的那个大的工作框。"乐乐就用上周他玩的车来运快递，结果其他孩子看到了也纷纷玩起了这个游戏，孩子又连续玩了一周多，玩法花样更多了，有的用凳子送快递，有的用凳子送餐，还推人，到现在做游戏还时不时用凳子运东西。除了用一个凳子推着玩，还可以两个凳子一起推，像开火车……

把家里所有孩子不玩的旧玩具都想办法变换一种新的玩法，能拆的拆，能组合的组合，能搭建场景的就搭建场景，如此这些旧的玩具又能玩很长时间。

上面就是对孩子专注力的引导。

在专注力上对孩子的引导就是在恰当的时候引导孩子能够不断地深入探索和工作。这个恰当的时候就是在孩子用自己的方式探索完，深入不下去了，或者认知受到了局限的时候。

（4）社交能力

人是社群动物，每个健康的孩子天生就具有社会性，会一步一步向社会化发展，这是人生存的需要，也是幸福的需要。社交能力是社会化发展必备的能力。孩子一定要多跟同伴玩，没有同伴的孩子是孤独的。孩子没有社交能力，在群体里被边缘化会造成各种人格障碍。

社交能力广义的定义就是与人链接的能力，链接得越好社交能力越强。链接有两方面：一是链接的广度，就是能跟很多人链接；二是链接的深度，就是跟人能建立很深的链接和情感。

有的人交友范围很广，但都是泛泛之交，那些朋友只是认识而已，深入交往的很少，很多人认为这就是社交能力比较强，其实不然，还需要有深入社交的能力。

有的人虽然不善于交朋友，比较木讷、被动，朋友很少，但这些朋友都是深入交往的朋友，这也是具有一定社交能力的。有的家长看到自己孩子不善言辞就很焦虑，担心孩子没有社交能力，我就会问他，孩子有没有哪怕一个玩得比较好的小伙伴？家长一般都会回答有的，那孩子的基本社交能力是完全没问题的，即使到目前为止没有一个要好的小伙伴也没关系，有可能是还没有遇到和他气质吻合的孩子。

理想的社交能力就是两者的结合，提高也是从这两方面提高。通俗地讲就是既会交朋友，也能把朋友变成好朋友。

如何提高社交能力？核心就是体验，要去接触各种各样的人，要去社交，跟小伙伴一起玩耍，玩耍时有矛盾、有竞争、有合作、有友爱，都需要让孩子经历。不接触人不社交只靠想、看理论不能真正地提高社交能力。

对孩子影响最重要的活动之一就是同伴活动，这是必不可少的。

具体有三类社交体验必须让孩子体验到。

● 社交意愿

提高社交能力首先要有社交意愿，社交意愿既是社交能力成长的动力，又是最大的一个社交能力，社交意愿直接决定了社交中最重要的主动性。谁都喜欢主动社交的人，愿意社交的人，主动建立链接，主动打破僵局，主动化解矛盾，谁都不愿意"热脸贴冷屁股"。主动能创造更多的社交机会，又能不断锻炼社交能力。长时间看手机、电视影响孩子语言发展的其中一个原因就是，在看手机、电视时没有互动和社交，没有说话的意愿，自然就没有锻炼语言的机会。社交是对语言能力最好的锻炼。

孩子天赋的社会性属性让孩子天然就具有社交意愿。从出生第二个月开始，孩子就尝试与人社交了，会用目光跟妈妈对视链接，从而让精神得到愉悦。随着孩子的成长会有越来越多跟父母亲密链接的社交言行。到一岁多就可以跟其他小朋友有简单的互动了，有的孩子看到其他小朋友会很兴奋，手舞足蹈。到两岁半左右就不愿意一个人待着了，就想要找小伙伴玩，社交需求就比较旺盛了，会出现俗话说的"人来疯"，说明孩子喜欢人，喜欢社交，这是孩子社交意愿强烈的表现。

要让孩子体验到社交的愉悦和快乐，提高孩子的社交意愿。

是一个人吃饭有意思还是两个人一起吃有意思，还是大家一起聚餐有意思？一个人看电影有意思还是大家一起看有意思？一个人玩水枪好玩还是大家一起玩好玩？家里玩具本来不怎么玩了，来了个小伙伴两个人又开始玩得不亦乐乎。即使是体育比赛、玩游戏，如果是一个团队获胜都比单个人的项目获胜更加开心，因为除了胜利的开心还有大家心都链接在一起的幸福感。快乐如果能够分享，就能成为双倍的快乐。

这些就是社交带来的快乐和幸福，要让孩子体验到，这样能够不断提高孩子社交的意愿，提高社交的主动性。

孩子一生下来，家长就要经常逗孩子玩。当然，这种逗不是前面讲的那种捉弄，是跟孩子的一种互动、游戏。孩子特别喜欢这样，会跟家长互动，有时会被逗得哈哈大笑，这就是孩子被愉悦了。再大点孩子在家里会缠着家长陪他玩，这个时候需要充分满足孩子，让孩子体验到一起玩耍的乐趣。

孩子一岁多的时候就需要小伙伴一起玩了，孩子跟父母之间的互动和玩耍永远也代替不了和小伙伴一起玩耍的那种快乐，因为父母终究是父母，变不成孩子那么"幼稚"，总是有点"高高在上"。孩子只有跟小伙伴在一起才能真正感受到社交的快乐和愉悦。那是一种平等的、匹配的，相互能够懂的，发自内心的快乐。一个简单的你追我、我追你，这么"幼稚"的游戏都玩得很投入，那笑声完全是发自肺腑毫无保留的。跟成人玩游戏，成人大多是为了应付孩子，孩子都能感受到，这就是孩子有时不愿意跟家长玩的原因。能跟孩子玩到一起的家长都是把自己当孩子的小伙伴。孩子跟孩子在一起什么都可以成为游戏，一个孩子莫名其妙地笑一下都会引发对方的哈哈大笑，随后两个人一起傻笑。跟小伙伴在一起无缘无故就能很开心，一起吃饭、走路都是有意思的。

在三岁前一定要让孩子有小伙伴一起玩，让孩子体验到社交的乐趣，提高孩子社交的意愿和主动性。如果把孩子天天"关"在家里，长时间体验不到社交的乐趣，会习惯自己一个人玩，会影响孩子的社交意愿和主动性。

还有一种状态会压抑孩子的社交意愿，就是孩子没有自我价值感，没有自信。当一个人感觉自己不够好、没有价值、没有人爱、不被人喜欢的时候是不会主动去社交的，不是因为心里不想，是不敢，因为感觉自己会在社交中受挫，别人不喜欢自己，等于"自取其辱"。

想社交，想交朋友又不敢主动的，总是压抑自己的人，绝大部分的原因就是觉得别人会不喜欢自己，自我价值感低。

这又回到如何提高孩子内在安全感上来，要保护好并且不断提高孩子的自我价值感，这不是靠成功学那套嘴上说说"我是最棒的""我是最值得的"，而是需要实实在在体验到被接纳、被信任、被尊重、被关注，体验到自己是被人喜欢的，被爱的，这样才能真正提升自我价值感。

所以，遇到那些不主动社交的，沉默寡言的，心很难打开的人，不是他不愿意社交，不愿意跟人链接，而是自我价值感比较低，自卑，其实内心特别愿意社交，跟人链接，对他主动些会让他的心慢慢打开。

有一期的《好久不见》播出了一个感人的故事。男主人公写了一封信给《好久不见》栏目组，寻找自己当年在大学里的一个女同学。

他是寒门学子，上了大学以后，普通话不标准，不善言辞，很自卑，也不跟别人交流。班级的一个女同学见状，就主动跟他说话，积极鼓励他振作精神，第一个支持他的人生梦想，说他是个与别人不一样的人。他的信正是写给这个女同学的。

这个男同学毕业以后，在此后五年多的时间里，一直想念这个女同学，很想再见她一面，委托栏目组满足他的心愿，他很想当面感谢一下这个女同学给他的鼓励，让他不断取得"小小的成绩"。

当现场那扇大门打开，见到那位女同学的时候，他再也压抑不住自己内心多年的情感，顿时泪如雨下，喜极而泣，两人相拥，男主人公趴在女孩的肩头像个孩子一样放声大哭，场面感人肺腑。

在进入社交以后，社交的过程中，孩子有的状态和言行会促进链接，让社交越来越顺利，有的状态和言行会破坏链接，产生各种各样的社交冲突，这两种状态都要让孩子体验到，这样才能不断成长，提高社交能力。

● 促进链接的社交体验

在社交中自己的一些言行让对方特别感谢或认可，体验到了，就知道这是让人喜欢的方式，这样有利于社交，能加深跟人的链接。社交经验就是这样一点点增加、一点点积累的。成人要有意识地引导孩子经历积极、正面、有意义的社交体验，创造条件让孩子体验，这样孩子就会内化，社交能力就会真正成长和发展。

下面分享五点重要的、核心的、能够促进链接的社交体验。

○ 分享

分享有利于社交，众所周知。

很多家长会"强迫"孩子分享，能理解家长的用意，分享是一个良好的社交品质，能提高孩子的社交能力。但这样"强迫"孩子的结果就是孩子不愿意分享，会反感分享，或会盲目分享。

分享的前提是先拥有，首先让孩子拥有，确定这就是他的，在拥有的前提下再决定要不要分享。即使分享，能够分享多少也是根据自己所拥有的多少来决定的，愿意分享给谁也是自己决定的，这样也能发展孩子的自我意识。孩子有一个棒棒糖，很想吃，自己都没满足，让他分享给别人，或不知道为什么要分享给别人，孩子内心肯定是不愿意的。如果强迫孩子分享，成人就会传递不分享就不是好孩子的感觉，那是委屈自己成全别人，会造成孩子物权意识混乱、不被尊重、习惯性委屈自己、损伤孩子的自我价值感等影响。

每个人都是如此，当你自己没有得到足够的爱，内心缺爱的前提下是没有额外的爱给别人的。牺牲自己付出的爱，对方接受得也不舒服。先照顾好自己，爱好自己，让自己内在不断丰富饱满，这样自然给予别人的爱如同太阳的光芒一样照耀别人，然后自己也越发光亮。

　　当自己情绪都不好的时候是没有更多的情绪能量能够承载别人的负面情绪的，所以父母有情绪自己还无法平静时，跟孩子的沟通也会带着情绪。这个时候可以用一些方式，如暂停下来冷静一下，避免伤害孩子。

　　接触了很多的家长，发现为什么很多人知道要爱孩子（理解、尊重、接纳孩子），但就是做不到，很容易有情绪，情绪上来以后就控制不了，需要用很强的意志力克制自己，自我反思，才能暂时做到一点点。那是因为学到的只是自己头脑中知道要爱，只是爱的理论，而自己没有真真切切地体验到、感受到爱，没有被真实的爱的能量补充，内心依然是匮乏的。即使头脑中知道，面对别人，想爱，也是心有余而力不足。如同一个自己都冷得瑟瑟发抖的人，你让他去温暖别人，教他再多温暖别人的方法，作用也有限，他也做不到。

　　先给他温暖，让他暖和起来，他自然会温暖别人。

　　二胎家庭两个孩子之间冲突的问题也是如此。如果两个孩子年龄相差不大，会经常因为抢玩具等发生冲突，绝大部分父母都会要求老大让着老二，这样的结果就是冲突会越来越多。因为老大也还是孩子，他自己都没有得到，怎么会有那样的境界和胸怀做到让给弟弟妹妹呢？即使在父母的压力下被迫让给他们，内心也是委屈着的，心不甘情不愿，甚至会在父母不在的时候把这样的情绪加倍发泄到弟弟妹妹身上，对他们会有敌意，认为弟弟妹妹抢走了父母的爱，在父母的帮助下抢走了他的东西，会导致两个孩子间不断有矛盾和冲突，也培养不了大孩子的责任心。

　　正确的做法是，在平等的基础上，有些情况要首先给予老大充足的爱和尊重，要先满足老大，老大得到满足和尊重了，父母跟老大"一条心"，一起爱弟弟妹妹。

　　老大首先来到这个家庭，是哥哥姐姐，理应尊重他们在家庭里的地位，同时需要履行作为老大相应的义务，就是照顾好弟弟妹妹。权利和义务是对等的，一直要求他们让着弟弟妹妹，这是要他们履行义务，但没有给予他们相应的权利和尊重，他们当然会有情绪。所以有些情况，如买玩具或零食可以完全让老大决定，让他决定要不要给弟弟妹妹买，或给多少，尊重他，这样反而会激发出老大的责任感，甚至会自己少点，主动让给弟弟妹妹多点，因为他得到了尊重，精神上得到了满足，有一种神圣感和责任感。在分配物品时可以给老大多点，因为本身老大的责任更大，也是对他的一种尊重。在处理冲突时可以让老大主动来决定、评判，体现家长对他的信任。这样整个家庭都是顺畅的，老大先来到这个家庭，父母全心全意爱大孩子，尊重他的地位，有弟弟妹妹了，照料他们不仅仅是父母的责任，老大也有一部分责任照顾好弟弟妹妹，父母和老大"一条心"，共同呵护弟弟妹妹，而不需要担心弟弟妹妹跟他抢了父母的爱。

有人说，大智慧不是说人要达到无我的境界，不要在乎身外之物，要有奉献精神，要"利他"吗？所以，有些家长直接照着这个大智慧来教育孩子。这样就如同前面讲的向孩子直接生硬地灌输经验型知识一样，这些确实是大智慧，这样的智慧本身就是古今圣贤的人生感悟，是一次一次的经历和体验感悟出来的，需要有个成长的过程。孩子刚开始成长，需要经历"有"的过程来建构自我，体验"有"的感受，然后在此基础上体验到"无"的意义和感受，向着"无"的大智慧不断修炼，如李嘉诚讲的一句话"建立自我，追求无我"，简单一句话，穷尽人的一生都未必能达到。孩子本来什么都没有，直接让孩子追求无我，孩子又不是佛祖转世，怎么能做到呢？即使在压力之下勉强做到，那也是带着压抑和委屈的，后面会以各种各样的方式反弹出来。如太平洋建设集团原董事局主席严介和说："有名有利，方可谓淡泊名利；无名无利，讲淡泊名利，那是阿Q精神胜利法的自我安慰。"所以，有些世俗的状态要让孩子经历，这就是在成长，因为我们就是活在真实的人间。

让孩子先拥有，在尊重孩子物权的前提下，再让孩子体验到分享带给他的快乐和好处，这样孩子以后才会主动分享。

有的孩子会自然而然经历这样的体验，如果没有，家长要创造条件引导孩子去经历这方面的体验。

邻里之间可以相互分享，带着孩子分享从老家采摘的蔬菜，或让孩子自己去分享，分享给别人，对方会很开心，孩子也会有成就感。孩子自己喜欢的玩具不愿意分享，可以引导孩子分享他不玩的玩具。可多买一份零食和食物，让孩子分享给其他孩子，其他孩子会很开心，还会跟他说谢谢，这些孩子都能够感受到，很开心，孩子的精神就会得到愉悦。带孩子一起做公益分享，或是分享自己的零花钱，或是自己不用的衣物等，帮助更加需要的小朋友。

分享本身就是一件很快乐很幸福的事，不需要得到或期待任何的回报。

小伙伴到家里玩，孩子要把很贵（孩子还没有贵的概念，家长才有）的玩具送给小伙伴，这个时候家长千万不要心疼玩具贵而制止孩子，这个过程中孩子会建构分享的品质，社交的意义大于一切。人都是如此，遇到志同道合，无话不谈的朋友会心甘情愿地分享，很享受这种分享带来的快乐。

分享还能解决问题。当孩子想玩别人的玩具，别人又不给他玩时，分享自己的玩具给别人就是一个办法，别人自然也会很友好地分享他的玩具，要让孩子有这样的体验。

豌豆在家里待不住，有机会就要到其他小朋友家里玩。这天放学回家早，就把她送到了九楼跟她同龄的小伙伴亮亮家，我们家在五楼，没过一会儿就听到豌豆响亮的哭声，我在五楼听得一清二楚。平时两个小伙伴很要好，有点小摩擦很正常，我寻思着让他们自己处理吧！哭声逐渐消失后没几分钟，亮亮妈率着豌豆把她送了下来，原来是两个人争抢玩具闹矛盾了，豌豆要回家。豌豆一看到我又委屈地哭了起来，我蹲下来抱着她，等她情绪稳定了一些就问她怎么回事。

"我想玩那个小狗，亮亮不让我玩，说是他的玩具。"豌豆委屈巴巴地说。

"你很想玩那个小狗是吧？"豌豆点了点头。

"可是这个小狗就是亮亮的，他有权力决定让不让你玩。"

"我就是要玩那个小狗。"

"那你有没有什么办法让亮亮给你玩呢？"

豌豆不说话了，脸上挂满了泪水。

"你可以带一个你的玩具给亮亮玩，他的玩具就可能愿意给你玩了，你可以试一试。"

"亮亮喜欢玩什么玩具呢？"我接着问道，循循善诱，想让她体验一下这样的方式。

"汽车。"

然后她选来选去选了一个最大的汽车玩具，我陪着她再次来到亮亮家，她把汽车玩具递给亮亮："亮亮，这是给你玩的。"亮亮接过了汽车玩具很喜欢。我看豌豆没有再说话，就提醒她："你可以问一下亮亮能不能玩他的玩具小狗。"豌豆接着就跟亮亮说："我能不能玩一下你的小狗啊？"

"可以啊！"

然后两个人又一起友好地玩耍了，听亮亮妈妈说后来两个人没有再发生什么矛盾，亮亮也比较大方，豌豆玩他的什么玩具都可以。一方面可能刚才把豌豆弄哭了，他妈妈"教训"了他，还有一方面肯定是豌豆跟他分享了他喜欢的玩具。

分享还能很快拉近关系，化解社交矛盾，增进关系，这些有的孩子在社交中自然有体验，有的需要引导让孩子体验到。

房房在沙池边玩，奇奇跑着不小心从背后把房房撞倒了，房房因为没有一点防备，所以脸朝下一下子栽到了沙池里，起来的时候满脸都是沙子，大声地哭了起来。我赶紧给房房清理了一下，奇奇看到这个场景也愣在了原地，不知所措。差不多清理完了，房房情绪也慢慢平复了下来。奇奇在我的提示下主动过来跟房房说了对不起，房房没有说话，虽然奇奇不是故意的，但这次撞得房房有点严重了，满脸都是沙子，所以心里还是有情绪，没有原谅奇奇。我感受到了房房的情绪，然后跟奇奇说："脸上还有些地方没有擦干净，奇奇你去拿一些纸来帮房房擦干净噢！"这样既能让奇奇承担责任，又能进一步缓和房房的情绪，可以原谅奇奇。

奇奇一路小跑着去拿来了纸巾给房房擦脸，擦完以后，房房还是在情绪里。

"奇奇是不小心的，原谅奇奇了吗？"我问。

房房摇了摇头。

"那怎样才能原谅奇奇呢？"

房房沉默着，奇奇站在那里。

"我可以给你一个贝壳。"奇奇说道。

这段时间大家都对在沙池里找贝壳特别感兴趣，对找到的贝壳视如珍宝，特别珍惜，还相互比谁找的贝壳多、谁的贝壳漂亮。

"房房，我送给你一个贝壳可以吗？"

房房立刻点了点头，然后奇奇从口袋里拿出了他找到的三个贝壳给了房房一个，房房也从刚才的情绪里出来了。

当然，并不是每次分享都会有正向反馈，也会出现一些负向的反馈，遇到不懂感恩的人、"白眼狼"，甚至"恩将仇报"的情况，这些都是正常的。这就是群体，就是自然的生态环境，就是"社会"，就是"江湖"，不断地经历和体验，孩子自然在这方面会把握自己的度，有自己的主见，成人永远要以积极正面的方式和思维来引导孩子。

"佳佳，能不能给我一个啊？"木木问佳佳。

"这是我找到的。"佳佳在野外找到了两个灯笼果。

"我昨天还给了你一个珍珠。"木木友好地提醒他，"你有两个啊，就给我一个呗！"

佳佳不说话，扭头走开了。

"我昨天还给了你一个珍珠，把珍珠还给我。"木木看佳佳不给他，还故意走开了，气愤地说道。

"我再也不给你东西了，我家还有宝石，就不给你。"木木依然愤愤不平，此时佳佳仍然不为所动。

"把昨天我给你的珍珠还给我。"木木越想越气，追上佳佳坚决要讨回昨天送出去的珍珠。

佳佳不说话。

"还给我，我就要昨天给你的珍珠。"

"你已经送给我了。"佳佳有点心虚。

"我现在不送给你了，你还给我。"木木一直穷追不舍，似乎只有要回来才能解气。

"没有了，弄丢了。"说完，佳佳赶紧扭头走开。

"我就要，你还给我。"木木声音越来越大。

这时候老师走了过去，跟木木说："木木，你东西给了别人了就不能要了，不能出尔反尔，别人有权不给你。"

"我就要要回来，我给他珍珠他不给我灯笼果。"木木义愤填膺地说道。

"老师理解你，你昨天跟佳佳分享了珍珠，但今天佳佳没有跟你分享，你很难受，甚至很气愤。"

木木点了点头。

"可是你跟佳佳分享珍珠的时候，佳佳没有说一定要跟你分享他的东西啊，佳佳可以分享可以不分享，你分享给别人不能要求别人一定要分享给你。"老师跟木木说道。

"佳佳就不跟你分享他的东西，下次你也可以不分享东西给他，或者等到佳佳跟你分享东西以后你再分享给他。"

木木若有所思地点了点头。

"如果我昨天很友好地跟你分享珍珠，你也会很友好地跟我分享，我相信木木也是这样的，我相信其他很多人都是这样的，这是很好的品质。"

老师说完拥抱了木木一下，给予了木木接纳和认可。老师纠正了木木偏差的观念，告诉了木木针对不同人、不同的情况下次可以调整自己，同时最关键的，不能因为一次正常的负面的经历从根本上动摇了好的品质，告诉木木这是好的品质，不能丢掉这样好的品质。

跟木木讲完，老师又走到佳佳面前问佳佳："佳佳，你为什么不愿意跟木木分享灯笼果啊？"

"我好不容易找到的。"佳佳说。

"可是你有两个啊，可以分享一个给木木啊，木木昨天也跟你分享的。"老师说。

"我不想分享。"看得出来佳佳就是不想分享，虽然知道昨天木木跟自己分享了，但就是控制不住自己的这种占有欲。

"你可以不分享，这是你的权利。如果你跟木木分享了，木木以后还会跟你分享他的东西。如果你不跟木木分享，那木木就会很生气，以后也不会跟你分享他的东西了。"老师把这个真实的逻辑跟佳佳讲了一下。

佳佳没有说话，老师也没有强迫佳佳分享，到后来佳佳也没有跟木木分享。

虽然老师把真实的逻辑跟佳佳讲了，但是佳佳没有体验过还是认识不到，让他体验到木木以后对待他的真实反应也是好事。

○帮助别人

如同上面分享的品质一样，要让孩子体验到帮助别人的意义和好处。

首先，力所能及地帮助别人，不求回报，没有功利心，这本身就是一件有意义的、幸福的事。"日行一善"，这不仅仅是一种良好的社交品质，而且是一种境界，让我们的环境、我们的社会、我们的世界充满了爱，更加美好。

家长要以身作则，不管在任何场合看到需要帮助的人，力所能及地施以援手，以身作则，孩子能够参与的让孩子一起参与帮助，引导孩子也要乐于助人，做一个有爱心的人。

一定要带孩子一起做一些公益活动，这就是一种付出，无私的帮助。

帮助别人还能够化解矛盾，增进关系，得到别人的帮助等。这些在孩子大量的、自由的社交中都会体验到，有些还需要成人创造条件让孩子去体验。

小布丁今天第一天入园，妈妈刚走，老师抱着伤心的小布丁进教室坐了下来，孩子们三三两两地围了上来。瑶瑶拿了纸巾要给小布丁擦擦眼泪，小布丁有点警惕地躲开了。老师接过了纸巾谢了瑶瑶，告诉小布丁："这是姐姐，姐姐喜欢小布丁，给小布丁擦眼泪呢！"其他小朋友也纷纷效仿瑶瑶，也去拿了纸巾给小布丁擦眼泪，小布丁就这样被满满的爱包围着。

"谁来帮我一起给小布丁铺床啊？"在卧室的老师问道。"我来，我来。"两三个孩子争先恐后地跑过去，帮着老师一起铺床，把小布丁的被子叠好，这些内务是孩子们每天都做的，早已经非常熟练，也很乐意去帮助小布丁。

小布丁哭了一会儿不哭了，老师就带着小布丁认识一下班级里的区域，瑶瑶拿了个小天使玩具给小布丁，要带着她一起玩。孩子情绪稳定下来以后最容易被吸引的就是玩耍和工作。瑶瑶带着小布丁，很快就进入了工作的状态，其他孩子也不断地拿各种玩具给她玩。到户外的时候有的孩子帮着小布丁穿鞋，有的牵着她的手，有的帮着她背着水壶，争相帮助小布丁，小布丁成了哥哥姐姐们重点照顾的对象了。

○接纳（包容）、信任、尊重、关注（关心）别人

在讲孩子内在安全感的时候讲过对待孩子的正确方式，谁都想被这样对待，每个人都希望被别人接纳（包容），被别人信任，被别人尊重，被别人关注（关心）。

孩子在社交中如果能够这样对待别人，那就更容易跟别人链接，并且能够建立深入的链接，身边会围着一群好朋友，谁都愿意跟他玩，待在一起。一个人到一个陌生环境首先就是找这样的人，浑身散发着温暖和善意的人。那些浑身充满了戾气，看上去很苛刻，不好相处，又不懂礼貌，周围的人避之唯恐不及，更不用说建立深入的社交了。

现在，很多家长在孩子两三岁的时候就教孩子不要跟陌生人说话，不要相信陌生人。家长这样做的出发点可以理解，因为现在拐卖小孩的情况时有发生，所以要提高警惕，提高孩子的安全意识。理性地思考一下，这么小就教孩子这些有没有意义？孩子会不会在两三岁时独自出去玩耍、上学，要自己负责自己的安全？实际上，在城市里，至少到小学一、二年级孩子出行都是有家长陪同的，上学都是家长接送，孩子这方面的安全完全是家长的责任，家长要看护好。从小教孩子那些不但用不上，反而会让孩子潜意识里产生对陌生人不信任和防备的感觉，这样会严重影响孩子的社交能力。等孩子长大了，有一定的理解能力和分辨能力，再跟孩子输入一些安全意识，这样孩子能够更好地理解和分辨，不会影响对人的社交能力。

让孩子在社交中体验接纳（包容）别人、信任别人、尊重别人、关注（关心）别人，把这样的品质内化在体内。当然前面讲了，一个人只能发自内心给予自己所拥有的，所以首先孩子自己要被这样对待过，他才会发自内心地这样对待别人。

○品行

没人愿意跟品行不端的人交朋友，同样，品行端正、为人正直会增进跟别人的链接。品行方面也是家长最重视的教育内容之一，会经常教导孩子要正直，要

真诚，要懂礼貌，不能有害人之心……更重要的是要让孩子体验到。关于品行后面有个章节会具体讲到。

○媒介

这一点很多家长会忽略。人与人的社交必须有个共同的媒介，就是共同因为一件事——或物质的，或精神的——链接起来，这件事就是媒介。因为这个媒介的引入或一直存在，会让相互之间的社交、情感一直存在、持续，慢慢发展得越来越深。不存在相互之间没有任何的媒介，然后持续有社交存在，有也只是开始认识一下，后面就越来越淡了。回忆一下大学时期关系比较好的几个同学，每天形影不离，亲密无间，甚至情同手足，毕业以后只要没有什么事——也就是一个媒介——让你们联系在一起，慢慢是不是就不怎么联系了，时间长了关系慢慢就淡了，见面也只剩下回忆过去了。平时一起打球的球友，慢慢熟悉以后有些关系越来越好，成为好朋友了，除了打球还出来一起吃饭，相互之间有什么其他事还相互帮忙，关系也是越来越深入。随着社会越来越分化，形成了各种各样的社群，社群就是有着共同媒介的一群人的圈子。

孩子与孩子的社交更是如此，孩子与孩子之间的媒介就是具体的事，就是能共同参与游戏，一起玩耍。

观察一下两个孩子的社交，第一次见面不会像成人一样东拉西扯地先聊天，而是通过某个媒介自然建立链接。

如看到一个跷跷板，一个小朋友先坐上去，很快就会吸引来另一个小朋友，也许开始的时候有一点点陌生，扭扭捏捏，都放不开，玩开心了马上这样的陌生感就消失了，玩着玩着两个人就手拉手一起玩其他的项目了，分开时相互之间还有些恋恋不舍，甚至约好了下次还要一起玩，俨然成为好朋友了。

在孩子的群体里谁最会玩，玩得最有创意，谁就能吸引一群小朋友跟他一起玩。那些在群体里比较孤单的，经常形单影只的，就是不怎么会玩的。只要会玩，哪怕玩的范围很窄，气质类型特别内敛，就喜欢玩搭积木，也不爱说话，在自己搭积木的过程中也会不断有其他小朋友主动过来要跟他一起玩，或津津有味地在旁边看着他玩，也会吸引社交、促成社交。

在帮助孩子进入社交的时候就要如此引导，引导孩子怎么融入别人的游戏中去，或自己玩自己的，慢慢就有孩子被吸引过来一起玩了。

这就是社交的本质，不是有多么能说会道，而是有多会"玩"，这个"玩"就是价值，就是你有多少价值。自己没有价值，刻意想跟别人社交，拥有再多的社交技能，有可能关系也增进不了，不是别人高傲、冷漠，是真的价值不在一个层次上，没有共同语言。如同孩子一样，有些孩子特别想跟别人一起玩，自己又融入不进去，老师用了一些方式让他融入了一个群体，结果玩着玩着就被孤立了，孩子就很委屈，其他孩子也莫名其妙，本来是带着他一起玩的，不知不觉他就跟不上节奏掉队了。如果要照顾他一个人的话大家都要等着他，孩子哪能做到那样，只会满足自己玩，所以这个孩子就自然又被孤立了，这完全不是别人的恶意，而是自己跟不上。

如果在一件事上有绝对的价值自然就会吸引别人，"花香自有蝶飞来"。孩子也是如此，一个孩子自创了一个滚山坡的游戏，躺在草坪的斜坡顶上利用惯性滚下来。其他孩子一看，这么好玩，纷纷加入他的游戏，跟着他一起玩一起疯。

社交能力最终还是会回到自身的价值上，没有单纯为了社交而社交的，社交也是为了某件事、某个目标、某个梦想更好地完成，要让孩子体验到媒介的重要性、价值的重要性。

父母明白以后，要给予孩子正确的引导，发展孩子的兴趣，兴趣爱好越多，媒介越多，社交范围越广；兴趣爱好越专越精，玩得越好，越会玩，在社交中越受欢迎，社交能力越强，越有社交的主动性；唤醒和激发孩子的梦想，当孩子有梦想并为此而奋斗时自然会吸引一群有同样梦想的人。

引导孩子不断提升自己的价值，这才是核心。

以上五方面社交体验是能够促进链接、提高社交能力的，要让孩子体验到，这样孩子才能够内化，成为自己的能力。当然还有很多的方式能够促进链接，提高社交能力。时代发展日新月异，孩子有自己独特的体验和思维，有时会远远超出我们的想象和规划。父母一定要有个不设限的思维，要给予孩子充分的自主。

●破坏链接的社交体验

孩子间的社交最常见的现象就是经常发生冲突，动不动就哭了，打起来了，鼻涕一把泪一把来搬救兵。家里有两个孩子的冲突更是家常便饭，整天家里都是鸡飞狗跳的。

绝大部分家长对于孩子的社交冲突都很烦躁，甚至厌烦。经常有家长很焦虑地问我孩子打人怎么办，一问孩子才三岁。

孩子由于认知和意志力发展的局限，在社交中会只顾着满足自己，完全意识不到、不顾自己的言行对别人造成什么样的负面影响，这样就会发生各种各样的社交冲突。

孩子之间发生社交冲突是完全正常的，发生冲突了，体验到了对方的不接受、愤怒、反击，才知道这样的方式不行，是不对的，会引起对方的情绪，然后才会反思自己，自主地调整自己的言行。从小就有深刻的体验，然后就会有所反思和调整，不至于长大了以后非要撞了南墙才回头。所以，要让孩子体验社交冲突，体验自己的一些言行会破坏链接，这样孩子才能得到自主的成长和发展。

社交冲突对孩子的发展是有积极意义的，每一次的冲突都是一次脱离自我为中心，都是一次成长，只要在孩子能承受的安全范围之内就可以，避免孩子间的冲突等于剥夺了孩子社交能力的成长和发展。

上面对孩子三岁打人很焦虑的家长一心想着如何让孩子不打人，孩子只有三岁，用一种教育方式就让孩子以后不管什么情况都不打人了，哪怕被别人无缘无故地欺负，这怎么可能呢？孩子三岁就真正内化了为什么不能打人的道理了？根本做不到！所以，家长要调整自己不合理的期待，对于孩子打人要做好心理准备，有可能到十八岁都有打架的情况出现。让孩子明白不能打人靠说教作用有限，要靠自己不断体验的积累，终有一天会醒悟，不能通过暴力的方式，暴力终究不能从根本上解决问题，而且副作用太大。

还有的孩子很少甚至从来不跟别人发生冲突，原因之一就是社交得比较少或"浅"，社交少当然发生冲突的机会就比较少，成长和发展的机会相应就少。如同犯错一样，做得多那犯错的概率也高，做得少甚至不做自然犯错的概率也低。还有个原因就是习惯性地压抑自己，别人抢了自己的东西，心里很难受却不敢反击，不压抑自己的孩子会直接反击，那冲突就发生了，压抑自己的孩子会默默难受，也不吱声，自然冲突也不会发生，这也是一种体验，这样的情况就需要成人能够感知到，引导孩子能够维护自己的权益。关于社交冲突的具体引导会在界限的章节详细分享。

常见的破坏链接的方式：

前面讲的促进链接的一些方式，反其道而行就是破坏链接的方式。

自私自利、品行不端、对人苛刻、不信任、不尊重、冷漠，这些都是破坏链接的方式，还有生活中孩子之间最常见的攻击性言行。

攻击性言行会直接破坏人和人的链接，恶化关系，会激起对方强烈的反应。

当孩子本能地动手打人时，对方要么会哭，要么会跟他对打。和他对打的有的比他弱，打几下打不过就哭了；有的跟他势均力敌，两人谁也不让谁，胜负难分；有的比他厉害，打得他落荒而逃……各种情况都有，都要让孩子体验。有的孩子体验后，吃过亏，自己就知道下次不能这样了；有的孩子比较厉害，似乎从来没打过败仗，甚至还挺有成就感，上瘾了，这样会被周围成人不断指责，小朋友们也会刻意疏远，这些也不是他内心希望的，自己也会体验到；有些孩子不管吃多少次亏就是不长记性，成人也是遇到一次就会教育一次，但下次孩子还是控制不住自己，还是习惯性地动手，一方面是因为自控力差，另一方面是体验还不够，量变才能引起质变，这样的孩子等哪一天真的自己醒悟过来了将会彻底"洗心革面"。

在保证孩子安全的前提下让孩子自由地冲突，愤怒也是一种能量，体验让这样的能量自然流淌，而不是堵着。

上面那些方式都会破坏社交关系，破坏与人之间的链接方式，还有个因素是引起绝大部分社交冲突和社交障碍的原因，包括上面讲的一些方式也是由于这个因素引起的，就是沟通能力的欠缺，不会沟通。

沟通能力

人与人之间多少误会、多少隔阂、多少矛盾本不该发生，就是因为不会沟通。

父母如何跟孩子沟通，在如何提高孩子内在安全感的章节详细讲解过，这不仅仅是父母和孩子之间的有效沟通方式，也同样适用于所有人与人之间的有效沟通，这里大概总结一下。

表达是单向的，沟通是双向的、相互的，有倾听、有表达。倾听是要充分了解对方，表达是要让对方充分了解自己，在相互充分了解的基础上相互理解，共同商讨，达成共识。

如何倾听？包括基本倾听和积极倾听，积极倾听首先需要接纳对方，不要带有自己的评判，要用心地感受对方所表达的背后的事实和感受，不断解码，让对方充分表达出事实、感受和观点，这样才能充分了解对方。

表达自己首先不要习惯性地用"你-信息"这种带有不接纳和指责的方式，这样的方式会让对方反感。用"我-信息"来表达，表达事实和这个事实带给自己的感受和影响，这样清晰的表达能够让对方充分地了解自己，从而对方能够自主地调整自己的言行。

如果倾听和表达还没有解决问题，双方可以用"双赢"的方式，就是共同商讨一种方式，既能满足自己又能满足对方从而达到"双赢"的结果。

了解了如何进行有效沟通以后，就知道如何引导孩子，提高孩子的沟通能力，从而能够首先避免社交冲突，出现社交冲突时能够及时化解社交冲突，提高孩子的社交能力。

沟通是在社交中必不可少的，沟通能力的提升是社交能力提升所必须具备的。

○会倾听别人

倾听是泛指，不仅仅是听别人说话，还包括肢体语言，感受对方。

大的方面感受对方是友好的还是不友好的，平和的还是有情绪的，愿意的还是抗拒的；细节方面知道对方因为什么而生气，需求是什么，怎样能够帮助他……

孩子开始可能不知道人的外在状态对应的内在状态，随着体验的增多，经验的丰富，慢慢就能够对应起来，就知道开心、愤怒、伤心、难受等是什么样的表现和状态。

首先让孩子自己体验，在孩子体验完还是认知不足时，成人可以及时引导孩子，引导孩子去倾听别人，观察和感受别人。"你拿了他的玩具，他很愤怒。""他已经说了，他不愿意跟你分享。"这些都能够提高孩子的倾听能力，慢慢脱离以自我为中心，能去倾听别人。

能倾听别人，这是一种能力，也是一种素养。

户外活动的时候，老师在野外采了一个毛毛草在飞飞的脸上挠痒痒，飞飞觉得特别好玩，被逗得一边笑一边躲。飞飞也去采了一个毛毛草，也在老师的脸上身上到处挠，老师假装很痒，到处躲。玩了一会儿，飞飞想这样跟其他小朋友玩，就拿着毛毛草去逗腾腾，在腾腾脸上挠啊挠的，腾腾被这突如其来的毛毛草挠得有点不知所措，对着飞飞说："干什么啊，我不喜欢这样，这样我不舒服！"飞飞仿佛没听见一样，继续挠着腾腾，在飞飞看来这样很好玩，腾腾也会觉得很好玩，跟她和老师玩的时候一样的感觉。

"干什么啊！我不舒服！"这时候腾腾很生气地大声说，飞飞还是在挠他，腾腾忍无可忍手一挥，打到了飞飞头上。飞飞一下子蒙了，哇的一下哭了出来，一边哭一边向老师告状"腾腾打我"。"我跟她说了那样我不舒服，她还是弄我。"腾腾愤愤地说道。

"我是跟他玩的。"飞飞委屈地说。

"老师知道了，你是想跟他玩毛毛草的游戏是吧？"

"是的。"飞飞点了点头。

"可是，你这样跟腾腾玩游戏腾腾觉得不舒服，你知道吗？"飞飞若有所思地点了点头。现在知道了是因为后来腾腾打了她，实际在腾腾动手之前已经表达了不舒服，只是飞飞没有认识到。老师为了让飞飞学会倾听，一开始就能够倾听别人的表达，观察别人的反应，继续引导性地问飞飞："你是怎么知道腾腾不舒服的？"

"他说了他不舒服。"

"还有吗，腾腾还有哪些表现让你知道他不舒服啊？"

飞飞想了想说："他没有笑，他凶我。"

这些确实都是最明显的向对方发出的不舒服的信号，需要对方能倾听到。

飞飞认识到了自己的错误，同时通过这次的冲突也提高了倾听的能力。

最后，老师让他们两个互相为自己的言行承担了责任，相互道歉。

○会表达自己

多少冲突的发生、误解的产生都是因为不表达自己，或不会表达自己。

别人不小心拿了你的东西，可以告诉别人"这是我的东西"，这样别人就知道了，而不是上来什么也不说就很愤怒地从别人手里抢回去，或直接上手打，别人莫名其妙，也不知道是你的，这样被对待也很愤怒，冲突就这样发生了。

引导孩子用"我–信息"来表达自己，表达事实，表达自己的感受和对自己的影响。引导孩子首先通过语言大胆表达出来，体验到这样表达带来的结果。

"你这样跟我说话让我很不舒服。"

"我不喜欢被这样拉着走。"

"这个是我先拿到的。"

"我想跟你一起玩。"

"我也很想吃，能不能给我一块？"

要让这样的表达成为一种习惯，这样沟通能力就能够不断提高，会避免很多的社交冲突和障碍。

能清晰、正确、合理地表达自己的情绪会成为孩子未来的优势和长处，给孩子不断带来正面的回馈。

室外工作结束后，大家排着队手拉着手，唱着歌儿，准备回教室。阳阳突然很生气地甩开了豌豆的手，气呼呼地离开了队伍，站在一旁生闷气。豌豆却没有丝毫的感觉，依旧蹦蹦跳跳地跟着队伍。老师来到阳阳身边，问道："阳阳，发生什么事了，愿意和我说说吗？"

阳阳很气愤地说："豌豆弄我！很用力地拉我的手！"

老师："原来是这样啊，豌豆用力地拉你的手，你很痛，很不舒服，而且非常生气，是吗？"

阳阳气鼓鼓地说："是的，我不要和豌豆一起玩了！"

老师："那豌豆知道你的不舒服和不开心吗？你告诉豌豆你的感受了吗？"

阳阳有点疑惑："没有，但我不舒服。"

老师："是的，我知道你的感受，但是豌豆不知道啊，你没有告诉她你不舒服和不高兴。"

阳阳："豌豆总是弄我，我不和她玩！"

老师："嗯，老师理解你，可是阳阳也要学会表达自己的感受，你可以直接告诉她：'你弄痛我了，我很不舒服，我现在不想跟你一起玩了。'我相信你这样清楚地表达，她能够明白你的感受，如果一直这样生气却什么都不说，谁都不知道发生了什么。"

阳阳因生气紧皱着的眉头逐渐舒展开了。

老师："那我们现在就去跟豌豆说一下吧！"老师跟阳阳一起走到豌豆面前。

阳阳："豌豆，你刚才用力拉我，我很不舒服。"

豌豆没有说话，看着阳阳，估计有点莫名其妙。

老师："豌豆，阳阳说刚才你用力拉他，他很不舒服，那下次你知道怎么做吗？"

豌豆："我以后轻轻地。"

老师："阳阳，你听到了吗，豌豆说以后她轻轻地。"

阳阳点了点头，老师抱着他唱了一会儿歌，阳阳说："老师，我喜欢唱歌，我现在没有不开心了。"

老师开心地告诉他："我也喜欢唱歌，你刚才的表达很好，我相信，以后的阳阳都能非常清晰地表达自己的感受。"

孩子需要学会表达，需要学会正确表达自己的情绪和感受，这样在生活中、在学习中、在日常社交中，才能更好地促进孩子身心的健康发展。

〇会用沟通解决问题

　　这就需要孩子能够综合运用倾听和表达，双方各自充分了解了对方的需求和感受共同商讨一个解决方案。如果开始孩子还不知道如何做，成人可以引导孩子。

　　端端："这是我先拿到的。"

　　豆豆："可是你现在又不玩。"

　　端端："我等一下就玩的，是我先拿到的，你可以拿其他的。"

　　豆豆："那边没有了，我现在就要玩这个，你能借我一下吗？"

　　端端："不行，我要玩的。"

　　豆豆："那你要玩的时候我就给你，先给我玩一下可以吗？"

　　端端："好吧，那我要玩的时候你就要给我。"

　　豆豆："好的。"

　　这就是日常自由工作时发生的情况，孩子通过沟通顺利解决了一个问题，解决完以后两个孩子之间的关系更加亲密了。如果不会有效地沟通，有可能又是一场纠纷。

　　上面就是提高孩子沟通能力的具体方式，沟通能力提高了，社交能力自然就能得到提高。

　　还有很多的言行和状态是破坏链接的，孩子在不断的社交体验中都会体验到。还有一些方式看上去好像是促进链接的，实际上是一种破坏链接的方式，比如讨好，就是通过讨好他人的方式期望他人能够接受自己，这样的方式有一点效果，但实际经历越多越会感受到，这不是一种健康的链接方式，这种方式会让自己很不舒服，没人愿意总是讨好别人，也不会得到对方的尊重。讨好对双方都是不好的感觉，这样的方式就会破坏链接，是不健康的链接方式。

　　还有一种就是通过暴力、霸凌控制，强制链接。这种情况在群体里大家都见过，像黑帮老大一样，很霸气、霸道，谁不听他的话就要整谁，让人"俯首称臣"，像小弟一样跟在他后面，这样的社交链接也是不健康的。

　　在孩子承受范围之内、安全范围之内，孩子各种各样的情况都会体验，体验到了自己才能有感受，才会有自己的主见和成长。

孩子从出生开始第一个长时间的、逃避不了的社交对象就是父母，孩子跟父母之间的社交模式就是未来孩子的社交模式。能不能跟父母之间建立良好的链接，直接决定了未来能不能跟其他人建立良好的链接。所以，孩子社交能力提高最关键的还是跟父母之间链接得如何。如果父母从小就对孩子接纳、信任、尊重和关注，跟孩子之间能够有效沟通，能够倾听孩子，能够用"我–信息"来充分表达自己，能跟孩子商讨式地解决问题，跟孩子之间很亲密，孩子从小耳濡目染，自我价值感高，心态平和，跟别人也会像父母对自己一样，有效地沟通，容易亲密。如果从小父母对孩子就是想打就打、想骂就骂，也不接纳孩子，不信任、不尊重孩子，孩子的自我价值感很低，对外界的社交要么就是畏畏缩缩不敢社交，要么就是对别人也是充满了戾气，动不动就是打人、捉弄人等。

生活和父母是孩子最好的老师。

5.品质

什么人适合做老师，特别是幼儿老师？就是人生经历过历练，不管是工作还是自己做事业，要有一定结果的人，这样的人最适合做老师。一是因为这样的人建立了一定的自我，内在比较成熟，有自我价值感，有足够的心力和能力接纳包容孩子、信任孩子、尊重孩子、关注孩子；二是因为这样的人通过自己的努力奋斗，能够独立并且有一定的结果，内在肯定具备一些优秀的品质，知道利于生存和幸福需要具备哪些优秀品质，就知道要培养孩子哪些优秀的品质。

有些老师自己还是个孩子，还跟孩子斗气，怎么能做到对孩子接纳、信任、尊重和关注呢？动不动就会伤害孩子的自我价值感，让孩子讨好自己。还有更重要的，在孩子价值观、品质、品行形成的关键时期，拿什么引领孩子？要么就完全由着孩子自由发展，要么就按照自己的认知错误地教导孩子。

父母之爱子，则为之计深远，教育要为孩子的未来考虑。所有那些在人生中有结果的，能够活出自我的，无一不具备优秀的品质。

让孩子从小就具备一些优秀的品质就是为孩子整个的人生打基础。

必须具备哪些优秀品质？如何内化这些品质？

(1) 要有独立的品质，不要有依赖性

让孩子有健全人格的前提是先要有人格，能独立就有人格，不能独立就没有人格！在有人格的基础上，再培养孩子健全的人格。

有的人三四十岁了还不能独立，还在"啃老"，虽然是个好人，也不作恶，但这样的人缺乏最基本的独立的人格。

"世上的爱都以聚合为目的，唯独父母对子女的爱以分离为目的。"

为什么父母慢慢要跟孩子分离？就是要让孩子独立。

每个孩子都要有独立的品质。

这个品质不是一天就能培养出来的，不是到十八岁成年了，突然就独立了，而是从小就要带着这样的意识培养。

如何培养？不是靠嘴说，"你长大了你要独立"，而是要让孩子从小实实在在体验到自己能独立，有独立的能力，这样独立的品质才能内化。

孩子能自己做的就放手让孩子自己做，不要养成孩子的依赖性。

在孩子内在安全感章节讲信任孩子的时候讲过让孩子自己做，让孩子承担该承担的责任，这样是对孩子的一种信任，能提高孩子的自我价值感。在这里就知道，这样不仅仅是提高孩子的自我价值感，还是在培养孩子独立的品质。

豌豆三岁时，有一次午睡后起床，我帮她穿上厚厚的棉衣，扣好扣子，然后把袜子递给她："豌豆，穿袜子吧！"说完，我就去帮助其他孩子起床了。过了一会儿，我看她还坐在那里不动，我再次提醒她："豌豆，穿袜子了。"她摇头："你帮我穿，我不会穿。"我温和而坚定地告诉她："袜子要自己穿哟，豌豆长大了，可以自己穿袜子了。"她看我没有要帮助她的意思，开始哭起来。我说："豌豆，我不帮助你，你很难过，你可以哭的，但是我会坚持的，袜子是要自己穿的！"说完我就走了。其间我又去看过她，她看我并没有要帮她的意思，哭声就越来越大。哭了十多分钟后，我听到哭声小了，走到她床边说："豌豆，现在可以自己穿袜子了吗？"她对我说："你怎么没带耳朵听呀？"我开始还没听明白，她又重复了一遍。我接着说："哦，豌豆，你以为我没听到你的哭声是

吗？我听到了，听到豌豆哭得很大声，但袜子需要自己穿，哭是没有用的。"她看我如此"铁石心肠"，似乎放弃了抵抗，准备自己动手了，但还不死心地跟我讨价还价："我穿一只，你帮我穿一只。"我再次坚定地告诉她："两只都要自己穿呢！"她看我没有让步，就自己穿上了袜子，穿上以后我教她把秋裤的裤脚塞进袜筒里，和她开了个玩笑："就像猫抓老鼠一样，袜子张开了大嘴巴，抓住了老鼠。"她到这时才没有了情绪，还主动要求和我一起叠被子，和我牵着手走出了卧室。

（2）要有意志品质

意志品质首先要具备基本意志力。

基本意志力就是最基本的行动力。这点看似很简单，但很多人就是连这个最基本的都做不到。

生活里有这样一类人，大道理一套一套的，说什么都懂，但真正做事就缺乏行动力，很难坚持，三天打鱼两天晒网，总想着做大事，小事不愿做，整天夸夸其谈，"语言的巨人，行动的矮子"。还有一类人，虽然书读得不多，不懂多少大道理，但生活中大大小小、家里家外的事都操持得井井有条。这些事也没什么难度，需要的就是最基本的行动力。

我们父母爷爷奶奶这两辈，以前生活的贫苦让他们基本意志力都发展得很好，每天忙忙碌碌闲不住，捯饬捯饬菜地，收拾收拾家里，采采茶叶等，总要做些事情，闲下来反而浑身不舒服。再看看现在的年轻人，衣服可以在水盆里泡到发臭，家务基本不会做。

现在物质生活丰富了，孩子照料得比较精细，一方面就是什么都不用孩子自己做，孩子动动嘴成人马上替孩子做了，有时甚至嘴都不用动，孩子一个眼神、一个动作成人马上心领神会，立刻满足孩子，孩子自己动手做的机会都没有，形成了动口不动手的习惯，基本的意志力就得不到发展。

人之初，性本懒，人本性只喜欢做自己喜欢的、有意思的，而对于简单的、单调重复的就不愿意做。真实的生活就是由每天的洗衣做饭打扫卫生等一件件简单单调的事情组成的，这些最基础的事情能够一丝不苟，认认真真做完、做好，需要的不是拥有多大的能力，而是需要最基本的意志力——行动力。行动产生结果，任何好的想法和创意都需要付诸行动才能一点点推进，才有实现的希望，没有行动也没有实现的可能和希望，对自己、家人、国家、社会都是累赘。

人生道路上任何"伟大"的事，都是由一件件平凡的小事组成的，飞机那么大也是由一个个小零件组成的。不急不躁，不要想着一口吃成一个胖子，认真把每件小事做好，才可能成"大事"，否则都是纸上谈兵，空中楼阁，华而不实。

一定要让孩子把一件一件基本的事做好，一定要让孩子做家务、劳动，做家务、劳动，做家务、劳动，重要的事说三遍，这是锻炼孩子最基本的意志力。

团团五岁了，很有语言天赋，妈妈说他两岁就能够说句子了，而且口齿非常清楚。在室内工作时，团团做得最多的事就是到处转悠，看别的小朋友玩游戏。他喜欢看书，喜欢玩过家家的游戏，不喜欢探索型和搭建类的工作，五岁了，搭建的能力还不及三岁的孩子。不喜欢做事，喜欢动动嘴指挥别人做，他总有办法让别人为他做事。分配打扫卫生任务的时候一百个不情愿，抹桌子就胡乱马虎地抹一下完事。跟家长详细沟通了一下团团之前的带养经历，从小一直就是妈妈带的，所以安全感还比较强，喜欢跟人链接，不喜欢跟物链接，喜欢指挥父母做事，其他没有什么特别偏差的地方。关于不喜欢探索和做事方面，在家里妈妈偶尔会代劳。总体来说，团团的特质很明显，他父母的教育理念非常好，深知要发展孩子的优势和特长，而不是改变孩子的短板，也知道团团的优势，规划着未来让团团朝着语言文字方面的方向发展。对于孩子，不断发展优势和特长是应该的，同时我们也跟团团的父母讲了一个人基本意志力的重要性，一个人可以不喜欢需要逻辑思维的搭建工作，这是个性化的特质，但日常生活中最基本的生活自理、做家务等一些基本的行动力和劳动需要能够做，有基本意志力去做，而不是什么都习惯性地动动嘴，这样身体越是不动越是不喜欢动、不习惯动，这会影响自己独立性的发展，严重的甚至会影响未来的生活和工作。现在团团就是基本的意志力需要成长和发展，认识到这点以后家校统一，一些基本的劳动、自己应该做的事就坚持让团团一丝不苟地做好。从那以后，团团这方面成长得特别快，基本意志力得到了很大的锻炼，只要自己应该做的事就能够自己做，而且做得很好，慢慢趋向于大脑和身体的平衡。以前就是不想做，失衡太多了。

除了基本意志力，意志品质还包括：

● 持续力

"罗马不是一天建成的。""一口吃不成胖子。""只要功夫深，铁杵磨成针。"……这些都说明了持续的力量。水滴石穿不是水的力量，而是持续的力量。做任何事都不可能一蹴而就，都需要不断地积累，需要持续，没有持续等于没做，三天打鱼两天晒网，半途而废，最终一事无成。

持续力是每个人必须发展的意志品质。

持续力的意志品质仅仅靠嘴说"你做事要坚持，坚持到底就是胜利"作用非常有限，只能开始给予孩子一定的信心和鼓励，不能内化，不能得到真正的发展。要让孩子内化这样的品质，就要让孩子不断体验到因为持续而达到结果的过程。开始做某件事时遇到了各种困难，当要放弃的时候坚持下来了，最后成功了。有了这样的体验，再遇到困难要放弃的时候，就会想到以前也是如此，最后坚持下来成功了，这次不能放弃，也要坚持。这样的经历多了，这样的意志品质就会一次次深入内化到孩子体内。

为了锻炼孩子们的意志力，小学暑假班的第一天，就给孩子们布置了一个任务，"从今天开始，我们要自己挖一个井，后面可以从自己挖的井里面取水"。话音刚落孩子们就炸锅了，很兴奋，现在的孩子真的太缺少这样的活动了。

"我们真的可以自己挖一个井吗？"有个孩子不敢相信这么大一个工程自己可以做到。"只要我们努力，完全可以。"借这个问题，我给了所有人坚定的信念。

"我一天就能挖好。"王牡童大声地说道。"好，加油！"我回应道，实际上心里很清楚，不可能一天就能挖好，这不是靠爆发力，而是持续坚持的意志力，需要持续每天都挖一点。不同的孩子中途会有各种各样的心理活动和反应，这都需要让他们体验，整个过程可以让他们体验到持续的力量，锻炼他们的意志力。暑假班只有一个月，也就是说我们最多有一个月的时间挖井，需要挖至深一米五左右才会有水渗出。考虑到每个人挖一个井进展太慢，时间不够用，而且缺乏团队合作的氛围，每组人数过多也不合适，会有人滥竽充数，最终敲定两个人一组，可以相互鼓励、相互支持。

分组完毕，每组都各自选好了地点，然后孩子们就迫不及待地开工了。

有的孩子铆足了劲，特别兴奋，尤其是王牡童。有的挖得特别费劲，甚至挖不动，以前从来没干过这样的活。我看到有些孩子挖土方式不对，一一及时纠正。有的就很扎实地一锹一锹地挖，不急不躁。

孩子们劲头十足，一边挖一边叽叽喳喳地聊天。

挖了一会儿我就看到有的孩子明显有些力不从心了。王牡童累得气喘吁吁，直接一屁股坐在地上休息，他是挖得最多的，但看上去就是一个浅浅的凹槽。

"大家加油啊！"我喊道，明显感觉到他们体验了之后热情没那么高涨了，但极个别孩子依然很兴奋，有种力气终于有地方使的感觉。持续挖了差不多有半小时，大家一个个累得精疲力竭，也顾不上形象东倒西歪地瘫坐在地上休息，我大概检查了一下各小组的工程进度，实际上根本没挖多少，有的小组等于就是把地面表皮铲了一下。

"累死了！""太难了！""这挖到什么时候啊！"……各种各样的声音。

"我不挖了。"王牡童说道，说一天就挖好的是他，第一个说放弃的也是他，确实今天他挖得最起劲，这也符合他的特质，做事爆发力很强，但持续力不够。

"感觉怎么样啊？"我问道，孩子们七嘴八舌地说着，有的说太好玩了，有的说太累了，有的说不挖了，有的说根本挖不了一个井的，有的说手都挖破了……

"挖井不是那么容易的吧？做任何事要把它做好都不容易，但我们不能放弃，只要我们持之以恒，坚持下去，肯定能够成功。"

"我听到有些人说累，受伤了不想挖了，在这里我明确告诉大家一个规则，这个月每一组都必须挖好一口井。"首先让他们不要有放弃的思想，"挖井不是一天就能挖好的，需要我们每天持续地挖，每天挖一点，每天离目标近一点，一定能够成功。"

"今天就挖到这里，下面你们每个小组自己商量一下，每天至少抽出二十分钟来挖井，直到挖出水。时间你们可以自己安排，可以是户外活动的时间挖，也可以下午放学以后去挖，你们自己商量，但必须每天都要挖，这样才能挖好一口井。"

说完，孩子们开始热火朝天地制订各自小组的计划。从第二天开始，每天我都会监督各个小组，在开始的时候防止他们偷懒钻空子。就这样每天挖，不间断地挖，中途出现了各种各样的情况，一一排除，总之就一个目标：每天持续地挖，哪怕挖慢一点。

有的小组快的十几天就挖到水了，有的小组慢的挖了二十多天。挖完的时候孩子们已经没有当初的新鲜和兴奋劲了，而是发自内心的喜悦和成就感，各小组工程竣工的当天都迫不及待拉着爸爸妈妈去参观自己的成果，特别自豪。最重要的是通过这段时间持续不断地做一件事，还是之前认为做不到的事，让这种持续的意志品质内化在了孩子的体内，以后遇到困难的时候、想放弃的时候、认为不可能的时候，就会想到曾经这样的经历，就会相信自己，坚定自己的信念，持续坚持下去，这才是最宝贵的。

童·园的孩子在毕业之前都要用木头磨一把宝剑。孩子用锉刀每天磨一点每天磨一点，大概需要三个月的时间打造出属于自己的宝剑，这个过程就是不断持续的过程。

引导孩子体验持续力时的注意事项：

一是根据孩子年龄从简单的事开始循序渐进。

二是如果孩子当下不愿意坚持，就需要给孩子鼓励，或在关键点上帮助他一下，然后温和坚定地让孩子坚持做到。

孩子会向家长索要他喜欢的物品，玩具、零食、衣服、鞋等，这是生活中经常发生的情况。面对孩子的要求，一部分需要满足孩子，这部分要求是基本要求，比如，两岁的孩子需要抱；孩子上学后看到其他孩子都有电话手表，他也想要。这些基本要求是孩子基本安全感的来源，是对孩子的爱，需要满足孩子。一部分不能满足，不能满足的是孩子突破界限的要求，在界限章节会讲，比如，孩子想要天天喝饮料、看电视；上学为了有面子显摆，想要手机等。不能满足的这部分是出于对孩子成长发展考虑，是对孩子"为之计深远"的爱。

还有一部分是不能轻易满足，这部分不能轻易满足的要求既不是基本要求，也不是界限，如要买贵的玩具、名牌鞋衣等。这部分要求可以引导孩子自己满足自己，锻炼孩子的意志力。

孩子再大点什么好玩的玩具都要；上学以后看到别人穿的名牌鞋自己也要家长买……这些想法和欲望完全是正常的，如同成人想要住大房子、开好车一样，有目标才有动力，所以不要直接拒绝孩子，压抑孩子的想法和欲望，长期的果断拒绝和否定会让孩子感觉自己有这些想法是不应该的，习惯性地压抑自己，长大后也会缺少动力，会损伤孩子的自我价值感。

有些家长只要不想给孩子买就借口"太贵了""买不起""妈妈没钱"。

心理上有个"太贵效应"，来源于一条著名的心理学定律"皮格马利翁效应"，由美国著名心理学家罗森塔尔和雅各布森提出。

"皮格马利翁效应"是指你期望什么，你就会得到什么。如果你相信事情不断地受到阻力，这些阻力就会产生。

而在"太贵了""没钱"这些话背后，就是在不断给孩子输入"穷"的这个阻力，长期会让孩子有匮乏感，这是一种固定型的思维方式，默认接受现状而无力改变，而不是成长型的思维，想着可以如何做到、改变。

有些孩子即使被拒绝了还是会找各种机会，想方设法获得，有的家长嫌孩子烦，其实这就是持续的品质，是一种好的状态。

面对孩子这样的要求，家长不要直接拒绝孩子，可以引导孩子如何才能达到这样的目标，让孩子自己通过努力满足自己，而不是轻易就能够从家长这里得到，这是成长型的思维，在努力的过程中也锻炼了自己的意志力。

可以通过以下方式：

对于四岁前的孩子，如果一段时间内买得有点多了，或家里有同类的物品了，或感觉孩子只是为了买而买，可以告诉孩子下次再买，延迟满足（后面会讲），或转移孩子的注意力。

孩子大点可以引导孩子采用其他方式获取自己想要的。想买某个玩具，可以自己慢慢攒零花钱，可以拿自己的玩具跟其他小朋友交换，还可以通过一些方式自己挣钱等。

任何事只要积极正面地想办法总会有办法，而且不止一个。这样既锻炼了孩子持续做一件事的意志品质，又能锻炼孩子解决问题的能力。

让孩子完成某个目标的奖励。能不能奖励孩子？怎么奖励孩子？在这里清晰地梳理一下，这样家长就能够综合地把握。

人做事的动机粗略地分为三种，即内在动机、责任和习惯、外在动机。

内在动机也就是内驱力，是自己内心想做的、感兴趣的，是一种主动的、持续的、根本的动力。如玩耍、画画、喜欢音乐、自己想考上一个好大学、自己想要得第一名，等等。

责任和习惯，这个后面会讲。责任就是应该做的，是界限，必须做的，而不是可做可不做的。如做家务、做作业、上班做好本职工作，等等。

习惯就是反复做、自动运转。

外在动机，就是外驱力，不是自己内心想做的，而是为了得到外部的某个奖励或避免外部的某个压力而做的。这是一种暂时的，短暂的，不可持续的动力，一旦不在乎那个奖励，或外部的某个压力没有了，那做的动力也就没有了。如有些幼儿园老师经常用的，看谁坐得好一动不动，不调皮，就奖励小红花。

本来内在的意愿是要动，内驱力是要玩，老师为了不让孩子动，就用奖励这种外在动力限制。开始孩子为了得到小红花会一动不动，等几次以后不想得到小红花了，就又恢复到原来的状态了。这时候如果再换一个玩具，孩子为了得到这个玩具，在新的外驱力下又会努力表现，等达到目的后，如果没有新的奖励措施再持续吸引孩子，孩子又会回到本来面目。如果老师想用这样的方式让孩子听话，需要不断变化外驱力的玩具，显然这是不现实的。奖励的外驱力不行那就用惩罚，孩子因为恐惧会听话，为了避免惩罚而保持不动，但伤害的是孩子的心灵与自我价值感。

一个人做任何事的内在动力——内驱力是核心，首先要释放孩子的内驱力。在孩子本来就有内驱力的事上不要过多地给予孩子奖励、赞赏，这样反而会把孩子做事的内驱力转移到外驱力，是为了得到别人赞赏、奖励才做。如孩子画画是心灵的表达，有足够的内驱力；发自内心帮助别人也是内驱力，自己有价值感、神圣感，不是为了做给别人看、得到别人奖励；上课不能随便说话是不能打扰别人，而且也会影响自己听课，要真正明白原因，这是内驱力；在户外挑战攀岩是自己勇气和自我价值感的体现，这是内驱力，不是为了得到赞赏、奖励，别人赞赏只是意外惊喜而已；努力学习是为了考个好大学，有个好的平台，实现自己的人生价值，这是内驱力。任何事，不管怎样，最终要回到内驱力上，身心合一，这才是根本，是最幸福的状态。

责任和习惯也是内驱力之一，是内化的一种内驱力。责任是本来就该承担的，这是明确的界限，不做不行，不应该奖励。有些人做着又脏又苦又累的工作，依然日复一日、年复一年地坚持，从来都没考虑自己喜不喜欢，现实也不允许自己考虑，就是为了那份工资能够养家糊口，有一份责任在肩上。

《驱动力》作者丹尼尔·平克将奖励分为"如果……那么……"型奖励和"既然……那么……"型奖励。"如果……那么……"就是用外驱力让孩子做——如果你听话，我就买奥特曼给你。

"既然……那么……"是在内驱力下做好了，用这样的奖励表达对孩子的认可和关注——既然你没有说话打扰到别人，那么就奖励你一个小天使。

在孩子有内驱力或能够找到孩子内驱力和责任的事上，不需要用奖励和赞赏，要用也是做完以后偶尔用"既然……那么……"的奖励，而不是"如果……那么……"的奖励。

对于做有些事孩子还没有足够的内驱力，还理解不了对自己的意义，或自己很难突破，但这些事做了确实是对孩子的成长有益的，这类就可以用奖励的方式，用外驱力的方式增加孩子的动力，然后再慢慢过渡到内驱力上。如让孩子爬山，只要全程是自己爬上去的，结束以后就奖励一个望远镜，这样就增加了孩子自己爬山的动力，孩子通过爬山锻炼了意志力。这样的奖励要确实是对孩子成长有利的，是在孩子内驱力不足以克服外界阻力时提高孩子的动力，让孩子得到成长和锻炼。同时，最终还是融合到内驱力或责任和习惯上才是根本。

关于孩子的学习，总是说要让孩子有内驱力，认识到学习是自己的事，是为了自己，实际孩子的认知还达不到充分认识到学习对于自己人生的意义，有些人进入社会以后才知道学习的重要性。所以，网民票选人生十大遗憾之事排在首位的就是：未能珍惜年少考入好大学以致此生碌碌无为。孩子自己不能完全认知到，内驱力有限，同时学习不完全是孩子自己的事，还是一个家庭的事，也是一个国家的事，所以国家都会设置奖学金增加孩子的学习动力。在孩子学习上适当的时候需要通过一定的外驱力来提高孩子的学习动力，随着孩子的成长会慢慢认知到学习对于自己的意义，会跟内驱力融合。

在完成一件事而得到奖励的难度上要依据孩子年龄和实际能力设定，既不能难度过大，又不能没有难度。要通过一定的努力才能得到奖励，如此才能锻炼孩子能力。可以根据孩子的年龄设置一段时间完成某件事的奖励，锻炼孩子持续力。有短期的有长期的，如生病了吃药的话就奖励什么，坚持每天看绘本一周奖励什么，坚持每天写日记奖励什么，做到一年上学不迟到奖励什么。还有一种把小的奖励归整的积分式奖励方式。

奖励不能滥用，只能在适当的时候作为内驱力的补充，最根本和核心的还是提高孩子的内驱力。

以上就是面对孩子向家长索要物品时不同情况的处理方式。

持续力也体现在孩子在兴趣班的学习上。对于孩子兴趣班的学习，个人建议从孩子上小学开始正式系统地学习，在上小学之前不是不能学，而是现在兴趣班学习方式的问题，反而会让孩子失去兴趣，这点后面会讲到。孩子在上小学以后，我的建议是根据每个家庭和孩子的情况，要给孩子至少选择一个兴趣班，并且一直持续地学下去。这样做有两个意义：一是孩子能拥有一个特长，这个特长在孩子今后的人生中能够不断给予孩子自信和自我价值感。我就是因为从小练习书法，字写得好，上学时板报的书写、过年的春联都是由我来负责，如此给我带来了源源不断的成就感和价值感。二是在持续学习这个兴趣班的过程中会遇到各种困难，枯燥、要放弃、遇到瓶颈等，一件事要想不断深入，大量艰辛枯燥的技能练习是必经之路，这个时候家长一定要跟孩子一起坚持，"逼一逼"孩子，设立明确的界限，或通过奖励的方式，持续下去，最终守得云开见月明。整个过程持续、坚持的意志品质就会内化在体内，这样的经历会滋养孩子整个人生。

人有时需要被"逼"一下，"人就是被逼出来的""绝路才是生路"，孩子也是如此，根据孩子的个性特质，在能承受的范围内"逼一逼"孩子是对孩子意志力的一种激发，不能一直活在舒适区，如此也没有成长和进步。

●忍耐力（自控力）

一有点不舒服、痛苦就忍受不了，就放弃了，这就是忍耐力不够。溺爱孩子的家长看孩子有一点点痛苦，简直心都要碎了。长期如此，孩子的忍耐力就发展不起来，娇气、脆弱。这世界上哪有做什么事都舒舒服服的？越是有价值的事，过程中越是需要经历一些痛苦，就看谁忍耐力强。

记得我小学三年级就自己骑车上学，大冬天风雪交加，刺骨的寒风吹在脸上如针扎一般，家长和老师从来没有因为恶劣的天气不让我们上学，自己对这样的天气也习以为常。一开始寒风吹得刺骨地疼，忍受过来以后慢慢脸上反而更加热乎了，日复一日，甚至后来寒风吹在脸上已经感觉不到疼了。很多事就是如此，只要忍耐过来就习惯了，也不觉得多么痛苦了，关键过程中要有足够的忍耐力。

正常的一些不舒服、痛苦要让孩子体验，锻炼孩子的忍耐力，这个时候父母不要盲目心疼而去阻断。

哭是人遭遇痛苦最直接的情绪反应，这里讲一下哭的分类。家长知道孩子不同类型的哭，就知道如何对待孩子了。

第一类：受到非正常的会影响孩子发展的伤害。

如孩子正常玩水被阻断还训斥，孩子被欺凌，成人对孩子的不理解、不接纳、不尊重等。

这类型的哭作为家长需要及时地关注，帮助孩子排除掉会给孩子带来创伤和不利于孩子成长的伤害。

第二类：是发展中要经历的正常的痛苦和挫折，因为孩子认知和意志力不足而不接受。

如孩子摔倒了，爬树被划了一下，被小朋友拒绝了，从依赖走向独立的痛等，这些都是成长过程中必须经历的正常的痛苦，需要孩子自己能够承受，有一定的忍耐力，不要"玻璃心"，家长只需要接纳，强忍泪水也一定要忍住，让孩子痛，而不能代替孩子痛苦。当痛苦达到一定的程度时，孩子内在会自发地摆脱痛苦，向上成长，迈向一个新的心理阶段。否则，会依然停留在"婴儿"状态，需要别人安慰、支持和帮助，需要妈妈，这就是很多人长大以后还是"巨婴"心理的原因之一。

"父母之爱子，则为之计深远"，这种类型的痛苦家长要清楚，当孩子痛苦的时候就是成长的时候，要让孩子痛苦，未来孩子会由衷地感谢家长。

第三类：用哭这个"手段"跟家长沟通。

这样的哭不是真正的哭，而是一种沟通方式，是孩子摸索出来的一种"手段"，以此达到自己的目的。

在孩子小的时候去超市，孩子要买玩具，妈妈没有满足他，孩子哭得撕心裂肺，这个时候的哭很单纯，就是因为不给买玩具伤心而哭，结果出乎孩子意料的是，妈妈看到自己哭反而买了玩具，后面就知道原来哭就可以达到自己的目的，于是哭就成了一个沟通手段。

孩子是不是用哭来跟家长沟通，一般家长都能感觉得出来，面对孩子这样的哭，家长不需要"拆穿"孩子，感知孩子哭背后的需求，如果是合理的就满足孩子，不合理的就不需要满足，让孩子体验到用哭这种沟通方式是没有效果的。

第四类：认知的偏差，内在的期待和外在事实不符。

如别人不跟他玩就去哭着告诉老师，而不是想着自己怎么主动融入。

这就是认知的偏差，外求的思维。这种情况需要调整孩子的认知，向内找原因，当认知调整了，"念"转了，痛苦自然也就没有了。

孩子面对别人对他态度不友好，不是他内心希望的那样，孩子难受，这是正常的心理反应。现实中别人不可能都是他希望的那样对待他，他要慢慢认知这个现实，转变自己的思维，这个转变的过程就是成长的过程，其中也伴随着痛苦。成人要做的不是满足孩子这种不切实际的希望和期待，责备别人，让别人对孩子态度好点，也不是逃避这种情况，而是帮助孩子面对。孩子遇到这种情况的时候，首先理解他，不要凶他、不接纳他，同时跟他讲事实是什么样，"你打扰到别人了，别人很难受"，然后就是等待他在痛苦中成长。

今天是亲子徒步日，围着城市外围徒步二十五公里，准备一天的时间徒步完，全程孩子必须自己走完，以此锻炼孩子的持续力、忍耐力。

徒步对于一个人的意义，过程中要经历什么，能不能克服，怎么克服？我都经历过。曾经参加过一个徒步活动，从杭州徒步到上海，一百八十公里，五天，想想都有点不可思议，开车都要开好久。开始走的时候没什么感觉，健步如飞，有时还小跑，走到十五公里左右脚就有点疼了，脚底磨出了水泡，当时就想，才刚开始走啊，如果完成剩余的一百六十多公里，脚岂不是再磨得稀巴烂了，越到后面水泡越大，每走一步都钻心地疼。从来没经历过这样的事，当时真的是有点悲观绝望的，但又没办法放弃，三十多个人组成的团队，有各种惩罚制度的限制，就是为了防止有人中途放弃。就这样硬着头皮走，第二天双脚磨了大大小小共六个水泡，疼得龇牙咧嘴的，但还是能够忍受，前进的速度也慢了很多，如果一个人独自徒步，没有任何惩罚措施的话早就放弃了。第三天上午是疼痛的最高峰，但即使再疼，哪怕是一点一点挪步，也没有停止前进的脚步。到了第三天下午，奇怪的是，反而感觉不到疼了，或是疼得麻木了，或是忍受力增强了。

最终在第五天中午的时候到达上海。整个过程最深刻的两个感触：看似遥不可及的目标，只要一步一个脚印，坚持不懈持续前进，终究会达到目的。还有一个感触就是自己认为再大的痛苦和困难，只要忍一忍，咬咬牙坚持一下就克服了，千万不能放弃。这两个感触是我切切实实体验到的。

这次的亲子徒步是一天时间，开始之前定好了规则，无论如何都需要自己走完。刚开始孩子们一个个劲头十足步伐轻快，俨然一副不达目的誓不罢休的架势。一小时左右，有些孩子开始打退堂鼓，脚步也慢了下来，一边磨磨蹭蹭一边抱怨："实在走不动了！累死了！"有的孩子干脆一屁股坐在马路牙子上，任凭父母生拉硬拽也不肯起身。孩子们腿脚还嫩，全体休息片刻，家长又各自采取了激励措施，孩子们士气大增，之前的疲惫也被抛在了脑后。又过了一小时，随着体力的消耗，速度越来越慢，有的孩子脚上磨出了水泡，疼得一瘸一拐还在坚持，有的孩子表情特别痛苦，都要哭出来了，但随着持续的加油打气，没有孩子放弃。别说孩子，对于家长都是一个考验，首先家长要给孩子树立榜样，无论如何都要坚持下去。他们的痛苦、疼痛我都经历过，我知道只要忍耐一下，坚持一下就会过去，关键就是看自己的意志力。经过一天的徒步，速度最快的一组家庭下午5点到达终点，最晚的是晚上8点到达，还有一个特殊情况扭伤了脚中途退出。通过这样的徒步活动我相信孩子的忍耐力、持续力都得到了进一步的提高和发展。相对于带孩子逛商场、去游乐场，来一个长距离的徒步有意义得多。

延迟满足

延迟满足背后的本质就是忍耐力。

有很多家长对延迟满足有所误解，反而让孩子受到了很多的创伤。先来看一下关于延迟满足著名的"棉花糖实验"。

20世纪60年代，美国斯坦福大学心理学教授沃尔特·米歇尔设计了一项"棉花糖实验"，规则如下：

1.孩子们可以马上吃掉面前准备好的棉花糖，但没有奖励。

2.如果能够等研究人员回来再吃，会额外得到一颗棉花糖作为奖励。

3. 等不及的话，可以按铃让研究人员返回，接着再吃掉糖，但同样没有奖励。

实验结束的十八年后，研究追踪发现，那些擅长等待的孩子，未来的职业发展更容易成功。

依据这种等待中展现的自我控制能力、忍耐力，米歇尔教授提出了"延迟满足"的概念。

能够延迟满足的孩子未来的发展会更好，这让家长会刻意延迟满足孩子，有一些明明能够满足孩子的也要故意延迟一下。如孩子要喝水，明明可以直接倒水给孩子喝，为了锻炼孩子延迟满足，就要等一等再倒，让孩子忍耐一下。这就是对延迟满足的误解，让孩子感觉莫名其妙，烦躁，甚至怀疑父母的爱，造成亲子关系的紧张。

米歇尔教授的"棉花糖实验"规则很清楚，是告诉孩子，如果能够忍着等研究人员回来再吃的话会额外得到一颗棉花糖，也就是说这样的延迟满足是自己主动的，是有意义的，是自己有远见，为了未来的某个更大目标而放弃当下的享乐，自我控制忍耐住，能够延迟满足自己。

这跟我们实际生活的体验是吻合的，是普世的规律。

如一个人为了自己能够瘦下来，更加健康，会控制自己的饮食，坚持每天运动，最终达到瘦下来的目的。如果不能控制自己，看到好吃的忍不住大快朵颐，每次都会自我安慰"吃饱了才有力气减肥""明天开始控制自己"，为了目标做不到延迟满足，那目标也达不到。没有减不下来的肥，只有意志力不够。

能延迟满足是为了达到自己的某个目标——如当下刻苦学习想要考上自己理想的大学，或者想要获得一个重要的职业证书——而不是怎么舒服怎么来。不能延迟满足，虽然也想上进，也想考一个好大学，但就是控制不住自己，忍耐不了当下刻苦的状态，自然目标也无法达成。所以，米歇尔教授通过实验也得出了"那些擅长等待的孩子，未来的职业发展更容易成功"的结论。

孩子喝水明明可以满足，故意延迟，延迟的目的是什么？就是傻傻地等待，这样会消磨孩子的意志。有基本意志力的人想做一件事就要立刻采取行动，忍不了这种毫无意义的等待，而那些意志力不足的则习惯无意义地拖延。

延迟满足有两个意义：

第一是正常满足。

生活中能正常满足孩子的就正常满足，这就是真实的生活，不需要故意延迟。在孩子三岁以后，也不需要因为孩子想立刻被满足而刻意快速满足。如上面讲的孩子要喝水，如果家里有饮水机，能满足孩子就直接满足。如果没有现成的水，需要先把水烧开，然后再晾一晾，需要一定的时间，那就跟孩子讲一下这个情况，让孩子等一下，忍耐一下，孩子哭闹发脾气，那也不能满足孩子，要接纳孩子的情绪，同时告诉孩子需要等一下，忍耐一下，锻炼孩子正常的忍耐力。生活中这样的事很多，不是什么事都能按照你的心意来的。

没有现成的水，孩子急着要喝水，为了能满足孩子家长快速去买矿泉水，或直接给孩子喝冷的水，这样的方式孩子正常的忍耐力就没有得到锻炼。这也是一种溺爱的方式，会让孩子越来越任性。

这里又要讲一下这个时代孩子的成长陷阱之一，就是网络游戏。

网络游戏利用人性的特点，在虚拟的世界里，让人能够即时、短时间就体验到各种各样的刺激和成就感，这是真实的世界体验不到的，所以会沉迷其中，会上瘾，无法自拔。一旦长时间沉迷于网络游戏，就会习惯于即时满足、短时满足，跟真实的世界就对接不上，不习惯真实世界的这种平淡和节奏，就好比养成了重口味的饮食习惯，不习惯清淡的了。沉迷游戏、游戏上瘾是最难改的习惯，特别是在现实中找不到价值感、存在感和成就感的孩子，严重的甚至会导致孩子大脑器质的变化，造成不可逆的损伤，那对孩子就没有任何教育意义可谈了。所以，家长一定要谨防孩子的这个成长陷阱，让孩子跟真实世界链接，在真实世界里体验价值感、存在感和成就感，严令禁止孩子沉迷于游戏，在萌芽阶段就要干预。对于已经沉迷其中，拒绝真实世界的孩子，要一点点带动孩子跟真实世界链接，让孩子慢慢体验真实世界的价值和意义，呵护好孩子对真实世界的兴趣。

第二就是锻炼孩子有意义的延迟满足。

真正的延迟满足是有意义的，是为了更大的目标而主动忍耐、控制自己，这是一种优秀的品质。

由于孩子的认知和意志力的发展，开始可能没有足够的远见，同时意志力还不足，当下控制不了自己，忍受不住眼前的"诱惑"或忍受不了当下的痛苦，需要慢慢成长。成人可以帮助孩子控制自己，让孩子一次一次体验到延迟满足的好处。如此，这样的品质就会内化，真正懂得延迟满足的意义，能够做到延迟满足。2021年网民票选人生十大遗憾之事排名第一位的是未能珍惜年少时光考入好大学以致此生碌碌无为；第五位的是生活不注意，忽略健康；第六位的是浪费太多年少时光和精力。这些都是没有能够忍耐当下的辛苦、刻苦和痛苦，让自己一直在舒适区，不能延迟满足而留下的遗憾。现在为什么遗憾？因为现在体验到了。

"父母之爱子，则为之计深远"，在孩子小的时候就让孩子体验到，内化这样的品质，未来就会避免这样的遗憾。

● 抗挫折力

"失败是成功之母""任何的成功都离不开失败""即使跌倒一百次也要一百零一次地站起来"……这些都是关于挫折的名言警句。

挫折是每个人必然要经历的，没有哪个人成功是不经历失败和挫折的。

挫折在孩子的每一个发展阶段都至关重要，不可缺少。只要是对孩子没有不可逆的重大影响，在孩子能承受的安全范围内，都要让孩子自然经历挫折。

经历挫折以后还能充满热情和希望地前行，这就是抗挫折力。

抗挫折力同样需要通过体验和经历才能真正内化，要让孩子经历挫折，而且没有放弃，并通过不断的尝试，持续努力地突破，最终成功。有了这方面成功的体验，这样后面再面对挫折时就"有经验"了，抗挫折力也内化了。一定要有经历挫折后成功的体验，成功也是成功之母，一次次小的成功是未来更大成功的基石。

引导孩子抗挫折力要注意以下三点：

一是让孩子经历生活中正常的挫折。

二是让孩子承受这个年龄段能够承受的挫折。

三是不能让孩子承受人为的"内在安全感"的挫折。

东东是从其他幼儿园转过来的，由于后天环境的限制，运动攀爬等太少而导致感觉统合方面发展有些落后，中班的年龄，独木桥都不敢走。

学校户外有一个蜘蛛荡桥，老师的要求是手不能接触扶手直接从踏板上走过去。班级里有几个大孩子对这个项目早已玩得炉火纯青，通过时如履平地，东东很羡慕。等前面的小朋友通过以后，东东迫不及待立刻去尝试，结果自己刚踏上第一块踏板就由于摇晃太剧烈而摔了下来，东东瞬间像泄了气的皮球。"东东，你可以尝试着先用手扶着走，他们刚开始也是用手扶着走的，你可以试试看。"我提醒他。东东先是采纳了我的建议，双手紧紧抓住荡桥的绳索，颤颤巍巍刚走两步，还没来得及开心又翻了下来。这次东东没有气馁，稍假思索又开始尝试。出乎我意料的是，他自创了一种爬行式的过桥方法，跪在踏板上手脚并用，虽然这种方式也是摇摇晃晃但显然稳多了。费了九牛二虎之力终于成功过桥，东东很兴奋，又马不停蹄地再次尝试，这次明显速度快多了，也更稳了。孩子的成长就是这么快，同时也说明了只要条件能够满足，他的感统会修复得很快。东东连续爬着通过了两次自信心爆棚，他信誓旦旦地告诉我，第三次他可以站着通过，结果刚走了两块板就开启了"连走带爬"模式，显然他高估了自己的能力，也低估了荡桥的难度。通过一半的时候，不小心摔了下来，磕破了下巴，其实也不严重，只是有点破皮，就这样在哭声中停止了今天的探索，老师及时给予安抚。第二天户外的时候，东东特意绕过了蜘蛛荡桥，看来是有阴影了，遇到点困难就放弃，这可不行。老师走到东东面前："东东，你是不是想像哥哥姐姐那样走这个蜘蛛荡桥啊？"东东点了点头。"走，我们一起去走。"东东不愿意去。"老师会保护你的，只要我们勇敢地尝试，肯定能够学会。"老师坚定地给东东信心，同时心里想这次尝试的时候要控制他摔倒的度，摔得太狠的话会直接退缩的。东东看老师如此坚定，犹豫了一下准备再次尝试。这次他按照老师的建议，先爬着通过，然后第二次准备站着走，老师也在旁边作出了随时会扶他的姿势。但有了昨天的经历，东东今天特别小心。老师紧紧地跟在他身边，不断给他安慰和鼓励。就这样不断地尝试和总结经验，连续几天，到了第四天，终于不需要手扶也能顺利通过荡桥了，东东特别兴奋，不断克服困难，终于成功了。

持续力、忍耐力、抗挫折力，所有这些意志品质在劳动和运动中都能得到锻炼。再次强调一下劳动和运动对孩子的重要性，千万不要只注重孩子的学习，其他什么事都不让孩子参与，否则孩子的基本意志力和意志品质就得不到锻炼和发展。一定要坚持让孩子劳动，每天都要有足够的运动时间，不但不会影响学习，还能促进孩子的学习。

（3）要有责任心，能承担责任

每个人自出生起就有自己需要承担的责任，如果自己不承担，那就是别人替他承担了。让孩子承担责任是对孩子价值的一种肯定和激发，孩子能承担责任是有自我价值感、有自尊的体现，本该如此。判断一个人成熟与否的标志就是看是否具有责任心，是否有担当。一个孩子七岁有责任心、能担当也比一个三十岁却毫无担当的"巨婴"成熟。

从小就要让孩子承担相应的责任，体验责任感，拥有责任心。这如同独立性一样，习惯了依赖就很难独立，自己的责任不承担，总是让别人承担或逃避承担，慢慢就会没有责任心，任性，甚至言行无度，蛮横骄纵。

一个多子女家庭，老大普遍责任心比较强，就是因为老大从小就承担着照顾弟弟妹妹还有家庭的一部分责任，有些责任甚至超越他年龄所能承担的，但依然极尽所能地承担着，为了整个家庭，承担责任已经深入骨髓，内化了。孩子不同年龄段应该承担的相应责任就要让孩子承担，让责任心内化。

●自己的事自己负责

自己的事自己负责好，这是一个人的独立性，同时也是最基本的责任。

自己负责管理好自己的物品；自己玩的玩具自己收拾好；自己的房间自己整理好；自己的零花钱自己规划好。

要体验自己的物品因为没有用心负责好而丢失或忘记的经历，越刻骨铭心后对自己的物品越会用心。

要体验自己零花钱没有规划好出现"财务危机"，有过这样的体验就会综合合理规划自己的零花钱，孩子的财商教育是体验出来的。

周末带豌豆去公园玩，豌豆非要把昨天阿姨给她买的小挖掘机带去公园玩。我告诉她公园里有很多好玩的项目，不需要另外带玩具。她反驳说自己的玩具要自己做主，坚持要带。我顺势告诉她带玩具也可以，但一定要自己保管好，她满口答应。结果在公园里豌豆只顾着玩大型的游乐设施，挖掘机被冷落在一旁，走的时候自然也忘记拿了。等想起来回去拿的时候已经不见了踪影，她特别伤心，让我再给她买一个，被我果断地拒绝。丢了就是丢了，要长长记性，自己的物品要负责管理好，而不是丢了也无所谓可以再买。虽然失去了心爱的小挖掘机，但是这次的体验会让她以后对自己的物品更加有责任心。

上学带水壶也是如此，从四岁开始我就告诉她，你已经长大了，早上上学自己要记得带水壶。她之前从来不操心这个，书包、水壶都是爸爸妈妈给她准备好递到她手上，自从自己负责以后，第一周有两天时间在学校里没水喝，借用学校的水杯喝的水，我明知道她忘带了也不会刻意提醒她，就要让她体验一下相应的后果，这样才长记性。现在早上上学要带的物品从来不用我们操心，都是自己准备好。

● 承担家庭、组织的一部分责任

必须让孩子承担家庭和学校等组织的一部分劳动和任务等，如一部分家务、学校的卫生等。

孩子是家庭的一分子，每个家庭成员必须为这个家庭承担一部分责任。责任就是应该要做的，不能为了让孩子做家务还给予各种奖励，谈各种条件才去做，这样不是承担责任，而是变相逃避责任，这个界限家长一定要明确。

孩子开始做家务的时候会积极主动，热情高涨，那是因为没做过，有兴趣，觉得好玩，做的过程中有价值感。等新鲜感过了就不愿意做了，累了，无聊了，没兴趣了。要让孩子明白这是责任，是必须做的，不是由着心情和兴趣来的。如同妈妈操持家务，洗衣做饭，爸爸辛苦工作养家，不是因为自己的兴趣，而是一份责任。明确这个界限，让孩子内化这样的责任，这样时间长了面对自己的责任就会主动平和地去做。

人最幸福、最理想的状态就是做着自己爱好的事又能保证自己的生存，如果没有这样理想的状态就要首先找一份工作，踏踏实实做着，这是责任，先承担好自己的责任是前提，然后才能考虑自己的兴趣，而不是什么都由着自己的喜好和兴趣来。

老一辈人这方面的品质就比较好，普遍责任感比较强，甚至从来不会考虑自己的兴趣，哪怕工作再辛苦也踏踏实实、一丝不苟地做好，承担起自己和家庭的责任。现在年轻人因为时代的发展和家长观念的改变，没有让孩子承担那么多责任，更多以孩子兴趣为主，就造成了一部分人责任感的缺失。被溺爱的孩子普遍缺少责任心，就是因为从小就不用承担什么责任，想干吗就干吗，不想做就不做，有的会持续一生缺少责任心，像个没长大的孩子。有的人会因为某些事件的触动而一瞬间长大，自己孩子出生的那一刻，或者突然发现父母老了，自己要肩负起这个家的责任了。心灵能够被触动、醒悟的还是有灵性的，有自我价值和尊严的，更多的已经丧失了责任心。

"穷人的孩子早当家"这句话表达的其中一个意义就是"穷人"的孩子承担责任更早，更加有责任心。

在我们幼儿园，孩子只要满五岁就要被分配承担班级日常生活的部分工作，有的负责淘米煮米饭，有的负责发放餐具，有的负责餐后打扫卫生，这是责任，是必须做的，孩子也已经养成了习惯，内化了这样的责任。

责任是第一位的，而不是兴趣和喜好。

●给孩子一些让他负责的任务

打篮球是团队运动，一个队五个人，比赛开始前只要对一个打得水平还可以的人说：兄弟们都靠你了，带我们赢！有的人会很谦虚，有的则会爽快答应。如此，在比赛过程中他们会更加投入和卖力。这就是主动信任一个人，让他承担一定的责任激发出来的力量。

给一些任务让孩子负责，培养孩子的责任心。如给孩子养一个宠物，让孩子负责宠物的喂养、粪便清理等。在学校里，老师会给每个孩子分配一些班级内务的整理工作。这是对孩子价值的一种认可，孩子也能感受到肩负的责任，可能开始的时候做得还不是太好，但责任心的驱使会让孩子加倍用心，这个过程就是培养孩子的责任感。

要经常给孩子一些力所能及的任务，能力就是在负责的过程中不断锻炼出来的，责任越大，越能最大化地激发内在的潜能。什么事也不承担，自然就没有责任心，爱做不做，做得好与不好无所谓，这样能力也得不到提升。

● 犯错承担责任

犯错是正常的，但要承担相应的后果。从小就要让孩子有承担责任、为自己的行为负责的思维。人本能会推卸责任，孩子更是如此。家长一定要守住这个界限，承担责任会让孩子付出一些代价，但这个代价是值得的，换来的是孩子的优秀品质。让孩子体验到自己承担后反而更加被别人接纳、认可、尊重。

在童·园，孩子人为损坏的物品都要负责赔偿，用自己的零花钱重新购买一个赔偿给学校，如果没有零花钱就需要爸爸妈妈来赔偿，这是从小就培养孩子承担责任的品质。

（4）要懂得付出，而不是一味地索取

付出本身就是一个人的天性。在主动付出、分享和帮助别人的时候能感受到自己的价值，会给自己带来愉悦和快乐，这是人性的光辉，没有目的，不求回报，让孩子体验到这份价值和愉悦，自然这样的品质就会内化在孩子体内。

分享时要注意一点——前面在讲社交能力的时候讲过的——生命力驱使人的本性是先满足自己的生存和发展，然后才会自愿分享给别人，强迫的分享不但孩子自己内心没有那份自我价值感和愉悦感，反而会对分享反感，因为那是"牺牲"自己，成全别人，这样的分享产生的是负面的结果。所以，分享的前提是拥有，让孩子先拥有，确定这个是他的，然后再引导孩子分享。同样，帮助别人也是在自己有"余力"的情况下才会做得到，所以先确定孩子自己有能力做到，再引导孩子帮助别人。

同时也要清楚，这个世界的基本规律之一就是能量守恒定律：付出多少就会得到多少，释放什么就会收获什么。主动付出当下看似自己"吃亏"了，实际后期会得到各种形式的回馈，"爱出者爱返"。孩子的认知还达不到这样的高度，最初的认知就是简单直接的，觉得付出是自己"吃亏"了，把东西给了别人，自己就没有了。所以，在孩子成长的过程中，要让孩子体验到付出带给他的"好处"，与别人分享，别人会与你分享；帮助了别人，别人也会帮助你，跟你玩，交朋友……体验到了，内化了，自然就会主动愿意这样做。

懂得付出的品质还需要有时能够吃点亏。"吃亏是福"，要引导孩子在能够承受的范围内吃点亏、承受点委屈，宁可自己吃点亏也不要想着占别人便宜。这个世界总体是平衡的、公平的，同时在具体的一些人和事上有时也没有绝对的平衡和公平，这也是真实世界的一面，需要接纳，能够承受一些不平衡和不公平。

王浩和若楠在玩草棍（一米多高杂草的茎做成的棍子），游戏时王浩不小心用棍子打到了若楠，若楠二话不说，立刻反击了一下，王浩本能地用手上的草棍又连续回击了两下。老师看到孩子手上有棍子立刻就制止了，由于老师的干预，若楠反击失败，感觉特别委屈，一边挣扎着要打回去，一边说"他又打我的，他又打我的"，老师制止了他。平静下来以后，老师帮助他们理了一下事情的来龙去脉，并指出相应的责任承担，王浩跟若楠道了歉，若楠不接受，"他又打了我两下，我要打回来"。王浩自知理亏，也不说话，老师理解若楠，接纳并且温和地跟若楠说："老师理解你，你可以再回击两下，这样就公平了，是老师把你们拉开的，王浩是不小心的，并且已经认识到自己的错误，跟你道歉了，本来你可以再打他两下的，老师也支持你。但如果你不打他，包容他，自己能够吃点亏，这是一种好的品质，老师特别喜欢、欣赏这样的品质，王浩也会特别感谢你。"说完，若楠不说话了，感受到了另一种的被认可。"我知道若楠能够承受这样的委屈的，能够包容王浩。"老师没有用询问的语气，而是直接默认若楠有这样的品质，能够吃点亏，有这样的承载力，让这样的品质内化。若楠点了点头，然后老师转身对王浩说："你多打了若楠两下，但是他原谅了你，包容了你，是不是要谢谢若楠啊？"王浩又感谢了若楠，若楠脸上露出了笑容，不但没有情绪了，还很喜悦，我相信还有一点点自豪，因为这是一种强大的自我价值的体现，能够自己吃点亏，能够承载、包容别人。如果若楠反击回去，追求公平，我相信不会有这份喜悦和自豪。

（5）感恩

有一种品质，它能让双方都沐浴其中，心怀正念，这就是感恩。感恩能让被感恩的人感受到价值和回报，这样做是值得的，更加加持了这样的品质；让感恩的人拥有回报的力量，更加有责任感，不辜负别人的付出，同时也会激发他主动付出，延续这样的品质。

让孩子体验感恩和被感恩的感受，体验这样的感觉，内化这样的品质。

今天的团讨课是感恩的主题，老师带孩子们围坐在一起，老师先说了她要感谢的人："我要感谢团团，在户外的时候，团团看到我拿着一大摞拔河用的绳子，有的绳子都拖到地上了，团团就帮我把拖在地上的绳子捡起来并帮助我一起拿绳子，感谢你团团。"然后，老师走过去跟团团拥抱了一下，团团也充满喜悦地跟老师拥抱着。另外一位老师说："我要感谢瑶瑶，瑶瑶每天来得都很早，每天早上瑶瑶都会帮助我接水，从消毒柜里把杯子拿出来，帮我整理教室。感谢你，瑶瑶。"说着，去跟瑶瑶拥抱了一下。

"孩子们，你们有要感恩的小伙伴吗？"

"我要感谢木木，木木今天帮我找到了丢失的水壶。"房房首先说道，然后大家都看着木木，木木有点不好意思地低下了头。

"那你去跟木木拥抱一下吧！"房房走过去开心地跟木木拥抱了一下。

"老师，我要感谢熙熙，熙熙帮我找了一根树枝。"果果说道。虽然孩子们的表达都很稚嫩，但那份感恩是真实的、真诚的。

"子轩，你有要感谢的人吗？"子轩是那种比较内敛的孩子，不怎么爱说话，所以老师会主动关注她。

子轩想了一会儿说："我要感谢瑶瑶。"说完不说话了，瑶瑶是大孩子，会经常带着子轩一起玩。"感恩瑶瑶什么啊？"老师试探着继续引导。"感谢瑶瑶跟我玩。""非常好啊！"老师鼓励道，"那跟瑶瑶拥抱一下吧！"子轩有点不好意思地走过去轻轻地拥抱了瑶瑶。

在老师的引导下，每个人都说出了要感恩的人，平时如果没有这样的机会也不会表达出来，最后所有的老师和孩子都相互拥抱。

（6）要勇敢

成长需要面对未知，面对困难，面对风险，每一步的成长都离不开勇敢，没有勇敢的品质必定处处受阻、处处受限，内在的所有都得不到充分绽放！

带孩子体验勇敢的力量。

○勇敢去做

孩子不管玩什么，只要有一点点安全隐患，家长就立刻阻止孩子，不能碰、不能爬、不能跳……长期如此，孩子感觉外界充满了危险，什么都是不安全的，导致做事也会畏首畏尾，胆怯不前。让孩子有安全意识是必要的，同时成人也要时刻保持警醒，不能磨灭了孩子勇敢的精神品质。平时在孩子探索的时候，只要伤害是在孩子能够承受范围之内的或成人能够控制的，就让孩子尽情地探索，不要干预。有些项目实际根本没有危险，或危险完全在孩子承受范围之内，但孩子不清楚，认为很危险，这个时候就需要鼓励孩子突破自己，勇敢尝试，体验到自己完全可以，内化勇敢的品质。

○勇敢承担和担当

人本能就怕承担，会逃避担当，因为承担和担当会有压力，要付出更多，会累，要操心。这是承担和担当"负面"的一部分，同时承担和担当有正面积极的一部分，就是自己的价值感更强，得到的锻炼更多，更能激发自己的生命力，提高能力，增强社交影响力。

要让孩子体验到承担和担当的价值感，内化这样的品质。

"老师，他们在彩虹毯上玩水。"远远告诉老师，老师走过去掀开娃娃家的布帘，看到米米和胖胖拿着娃娃家的茶具在彩虹毯上倒水玩呢，彩虹毯上面已经湿了一大片。在教室里不可以玩水，这是规则，孩子们都知道。米米和胖胖也知道，但他们想要玩，所以躲在娃娃家里，把布帘放下玩，这样其他人就发现不了了，远远想去娃娃家玩才发现他们的秘密。

米米和胖胖看到老师立刻放下了手上的工作。"室内是不可以玩水的，这是规则。"老师摸了摸彩虹毯，发现弄湿了。"是米米弄湿的，我没有弄。"胖胖赶紧说道，把责任都推给了米米。"胖胖也弄了！"米米听到胖胖这样说就反击道。"我没有弄，我玩的是倒水，没有弄到彩虹毯上。""弄到了，我看到的，你也把水弄到彩虹毯上了。"两个人你一言我一语各自辩解道，胖胖是完全推卸责任，米米只是反击胖胖而没有推卸责任。"是米米要玩水的。"胖胖看推卸不了责任就找另外的理由。"你们说的我知道了。"这时候老师说话了，没有让他们两个继续争辩下去。米米是知道自己的错误的，没有推卸，关键是胖胖不敢承认和担当。

"胖胖，这是你和米米一起玩的，一起玩的时候即使你没有把水弄到彩虹毯上，即使是米米要玩的，只要你参与了一起玩，那就是有责任的，不能把责任完全推卸给米米，不能推卸自己的责任，犯了错要敢于承认和担当，所有人都喜欢敢于承认错误和有担当的人，这样的人甚至让人敬佩。把责任推卸给别人，以后别人也不会跟你一起玩了。"老师温和坚定地说道。胖胖意识到了自己的错误，低下了头。

"你们玩水的时候把彩虹毯弄脏了，现在需要承担责任，需要把彩虹毯拿到外面的院子里晒干后再收回来，再用抹布把娃娃家有水的地方抹干净。"然后，两个人一一照做，认认真真承担了责任。

一定要让孩子具备担当的品质，体验实际担当的感受和结果，而不是推卸责任。

每周五的远足需要带很多东西，野餐垫、点心、纸巾等。"今天谁负责背着点心，看护好点心？"老师问道。"我来！""我来！"……有三四个孩子主动要求担负这个责任。"今天由燕燕负责。"老师让这些积极主动的孩子轮流负责不同的任务，每一个愿意担当的都会给他机会。还有几个孩子能感觉得出来想担当又不敢主动提出，老师先让他们这种能量积淀一段时间，先发展他们的主观能动性，看他们能不能自己突破主动提出担当。

果然第二周月月主动说她可以负责的，老师就把这次的机会给了月月。月月背着点心包一路小心翼翼，不像以前那样跑跑跳跳，打打闹闹，因为身上担负着一份责任。吃完点心后月月一下子放松了，同时也体验到了那种担当的喜悦。

　　○勇敢表达

　　不同气质类型的人面对表达的态度不一样，外向气质的人善于表达，内向气质的人不善于表达。人与人之间最直接、最清晰的沟通方式就是语言表达，自己的需求、感受、观点、态度……只有表达出来别人才能明白，才能根据你所表达的调整、互动，所以表达在社交中的作用非常大。

　　不管是外向还是内向气质类型，面对某些情况会"不好意思"表达，或内心有各种各样自己设想的恐惧，不敢表达。这样带来的结果就是自己的问题得不到解决，始终处在压抑中，别人也不知道，相互之间的矛盾得不到消除，始终处在各自对对方的误解中……

　　鼓励引导孩子勇敢表达出来，抵御内心的恐惧，或不好意思等，让孩子体验到自己表达出来以后实际的结果并不会像自己恐惧担心的那样，反而释放了自己，解决了问题。

　　虹虹是那种在群体里如果不特别注意根本感知不到她的存在的一个小女孩，特别文静，不太善于表达。这个不善于表达有一部分是气质类型，还有一部分是因为恐惧，不敢表达，这方面非常影响她的社交，自己也经常受到各种委屈，这是虹虹需要突破的，要能够勇敢地表达。这天虹虹又一个人坐在教室的角落里默默地流着眼泪，可能是压抑习惯了，负面情绪的表达都没有那么激烈，需要成人关注到。老师走过去，蹲下来很温和地跟虹虹说："虹虹是不是有点难受啊？"虹虹看了一下老师没说话。"老师看到虹虹有点难受，老师想知道是什么事让虹虹难受了。"虹虹依然不说话，老师就在那陪着虹虹。"壮壮把她的房子弄倒了。"乐乐在旁边说道。老师看到旁边确实倒了一堆积木，问虹虹："是不是壮壮把你搭的房子弄倒了啊？"虹虹点了点头。"你可以告诉壮壮，不告诉他，他也不知道啊！"虹虹不吱声。这样的情况只要出现一次老师就会引导一次，让虹虹勇敢地表达，目前虹虹还没有本质的突破，已经积淀了很久了，这次老师一定要让虹虹突破一下。"你把我的积木弄倒了，虹虹，你跟我说一遍。"老师温和地说，虹虹还是不开口，"没关系，你先对着老师说一下。""你把我的积木弄倒了。"虹虹小声地说道。"虹虹说出来了，表达得很清楚。"老师拥抱了一下虹虹，虹虹突破了一点，得到了鼓励，情绪平和了一些。

"走，老师带着你一起去和壮壮说。"说着，老师就拉着虹虹起来，"老师会保护你的。"老师和虹虹一起走到了壮壮面前。"壮壮，虹虹有话要跟你说。"老师说道。这样虹虹也没有了退路，必须说了。"虹虹你要跟壮壮说什么呢？"壮壮看着虹虹，老师一只手撑着虹虹的后背，这样虹虹能感觉到老师对她的支持，给她力量。"你把我的积木弄倒了。"虹虹低着头小声地说着。壮壮莫名其妙，估计是走过去的时候不小心碰到的，自己都不知道。老师为了确保虹虹第一次的勇敢表达有效果，自己能够得到鼓励，就多帮助了一下。"就是那边的积木，你看，现在倒了，他们都看到的，可能是你走过去不小心弄倒的。"老师说道。"哦，我不小心的。""虽然是不小心的，也要承担责任，你需要跟虹虹道歉，然后按照虹虹的要求复原。"承担责任，这是我们的规则，孩子们都知道的。"对不起虹虹，我是不小心的。"壮壮是那种特别好沟通的孩子，安全感比较好，情绪也比较平和稳定，说完壮壮就要过去复原并问虹虹，"虹虹你搭的是什么啊？"虹虹走了过去，自己默不作声搭着积木，壮壮在旁边也不知道怎么复原。"你还需要壮壮给你复原吗？"老师问道。"不需要了。"然后壮壮就去玩了，虹虹的情绪也平和了下来。

自从经历过这次事情，以后虹虹再遇到这种冲突的事情明显表达得比较多了，也越来越敢表达。

（7）有自省品质，不习惯性外求指责（成长型思维）

有一种品质只要具备就会让一个人"自动"地成长和进步，这就是自省的品质。遇到任何事首先想"我哪里可以做得更好""我哪里做错了，下次如何调整"。孩子本来天然就具备这种品质，遇到困难首先想到的是自己如何调整，三个月开始学翻身，开始怎么也翻不过来却没有任何的情绪，一次一次地尝试，一次比一次进步，最终学会了翻身。坐、爬、走路……都是如此。

孩子刚学会走路时不小心摔倒了，哇哇大哭，成人立刻跑过去把孩子扶起来："宝宝摔疼了吧，都怪这个地，打它！"说着用手拍打着地板。就这一个动作，硬生生把孩子的思维引导成向外求，怪别人，而不是想着自己下次如何避免摔倒。当习惯性的思维是向外求时，脑子里想的都是别人如何不好，找各种理由，都是批评指责，情绪也会很大，即使找的理由再多再对，自己也没有任何的进步。

当习惯性的思维是向内求时，想的是自己如何做才能更好地改变，这样下次再遇到同样的情况就会调整自己的做法，一次比一次进步，这就是成长型的思维，能够自省的品质。

"知不足，然后能自反也；知困，然后能自强也。"

要引导孩子向内观照、感受，里面有无限广阔的空间，一次次让孩子体验到自省的效果，这样自省的品质就会内化在体内。

图图的情绪很不稳定，动不动就会生气，有情绪，很容易跟其他人发生冲突，安全感不足。绝大部分情绪都是只要遇到不顺自己心意的事就向外找原因，就怪别人、指责别人。

坐在凳子上不小心摔倒了怪凳子太小了；排队的时候自己被绊了一下怪有人推他；喝水不小心呛到了怪水太烫了，其实就是温水；吃饭的时候自己不小心把碗打翻了怪老师给他盛得太满了。每次出现这样的问题，老师都会温和耐心地给他梳理，引导他找自己的原因，自己下次可以怎么做，出现一次引导一次，这样的思维方式一定要慢慢纠正过来。有一次轮到他值日了，扫地的时候有一个豆子扫了几次没扫到簸箕里，他把扫把和簸箕一扔，说是扫把不好，扫不进去，家里的扫把好，要用家里的扫。

老师找了比他小一岁的果果过来，用同样的扫把和簸箕扫一下那个豆子，让图图看着，果果扫了三四次也没扫进去，扫进去就滚下来再次扫进去又滚下来，后来果果发现原因了，簸箕是向下斜的，所以会滚落下来，应该扫进去以后迅速把簸箕往后倾斜，这样就不会滚下来了。果果果断地调整了方法，果然豆子没有滚下来。果果扫完以后，老师问图图："果果用同样的扫把和簸箕扫进去了。果果开始也没有扫进去，但是果果没有放弃，没有怪扫把不好、簸箕不好，他继续扫，后来找到了方法，终于扫进去了，是不是这样的？"图图点了点头，刚才整个的过程他都是看到的。"那你觉得扫把和簸箕有问题吗？"老师引导性地问道。"没有问题。"图图回答道。"问题在哪里？"老师继续问道。"是我刚才不会扫。"图图回答道。"是的，说得很好，我们做任何事都会遇到困难，遇到困难的时候要首先想到去克服它，自己再想想办法，还可以怎么做，这样才能真正解决问题，自己才能进步。就像图图原来不会系鞋带，经过不断尝试，克服困难，现在学会系鞋带了，是不是啊？"图图点了点头。老师把刚才那个豆子又放回了原来的地方，"现在图图自己把这个扫进去吧！"说完，图图平和地拿着扫把继续扫豆子，扫了几次还是没扫进去，但这次没有情绪了，停下来思索了一下刚才果果扫豆子的过程，继续尝试，反复几次后终于成功把豆子扫进了簸箕。

6.品行

从前，有个小孩子每天赶一群羊，到山里去吃草。

有一天，这个小孩子忽然大叫起来："狼来了，狼来了！"

在山里种地打柴的人听说狼来了，都赶紧放下手里的活儿，带了镰刀、锄头、扁担，飞快地跑来打狼救孩子。

大伙儿跑到跟前一看，羊在乖乖地吃草。狼在哪里呀？大伙儿问小孩子，小孩子哈哈大笑起来。原来根本没有狼，是这小孩子闹着玩儿呢！大伙儿很生气，纷纷批评了他，并劝告他以后不能再撒谎了，然后各自回去继续干农活。

过了几天，大伙儿正在忙着，又听见那个放羊的小孩子在喊："狼来了，狼来了！"

大伙儿跟上回一样，放下活儿，带了镰刀、锄头、扁担，赶来打狼救孩子，谁知道又上当了。根本没有狼，还是这小孩子在闹着玩儿。

"上回跟你说了，叫你不要说谎，你为什么又说谎了？"

这个小孩子一边哈哈大笑，一边心里在想："瞧我，一个小孩子能叫那么多大人上当，多有本事。"

又过了几天，这小孩子又喊起来：

"狼来了，狼来了，快来打狼呀！"

大伙儿听见了，谁也不去理他，这个说："这小孩子说了两次谎，这回准又说谎了。"那个说："咱们上了两次当，这回再也不上他的当了。"

哎呀，这回真的是狼来了，张着血红的嘴巴，露出尖尖的牙齿，见了羊就咬，咬了羊，又来咬这小孩子了。

"狼来了，狼来了！快来打狼呀！"这小孩子一边跑，一边叫，可是谁也不来救他了。

还好，这个小孩子从山坡上滚下来，没让狼咬着，可是他的羊全给狼咬死了。打这以后，这个小孩子再也不敢说谎了。

这是一个关于品行的故事"狼来了"，我们都听过。

品行就是一个人的道德修养和品德，是一个人的立身之本、处世之基、成事之道。国无德不兴，人无德不立。

于自己，端正的品行是一个人心灵最本质的需求，俗话说"对得起自己良心"。

于别人，人都喜欢跟品行端正的人相处。品行端正让人由衷地欣赏，是人性的光辉，让人感动。品行不端的人让人厌恶、刻意远离。

于社会、组织，任何组织首先考量的是人的品行，只要品行出现问题，能力再强也不会被组织接纳。品行不端虽不会触犯法律，但会被社会所抛弃，多少高官因为品行问题而下台，多少明星名人因为品行问题而被封杀，直接"社死"。

一个人首先品行要端正，其次才是能力，这也是绝大多数家长的共识。

没有哪个孩子天生要与人为恶、说谎、不守信用等，同时由于孩子"自私"和自我保护的天性，结合环境中各种偏差因素的影响，会让孩子的言行出现一些偏差，这都是孩子成长过程中必须经历的，还上升不到品行的问题，不要给孩子乱贴标签，但放任不管有可能就会发展成品行问题。

我相信有不少人小的时候都偷过爸妈的钱，但经过正确的引导和纠正以后绝大部分人不会再有这种行为。也有些人在成长过程中品行没有发展好，养成了偷窃的恶习。

当孩子出现品行方面的偏差时，孩子还没有形成稳定的自我，没有足够的觉察能力，这就需要成人要有足够的觉察能力，及时引导孩子的品行，注重孩子品行方面的发展。

孩子品行的发展一部分是体验，一部分是模仿熏陶，还有一部分是成人的引导。模仿、熏陶和成人的引导后面章节会讲，这里只是讲品行在体验中的发展。要让孩子体验到好的品行带给自己的价值感和神圣感，不违背良心的身心合一的状态，还有别人的接纳、认可和感动；体验到差的品行让自己言不由衷、身心分离、慌张、难受、痛苦，别人会不接纳，甚至会厌恶；体验到成人和各种环境对于品行问题的界限。

良好的品行有很多种。

(1) 善良

法国著名思想家卢梭说："善良的行为能使人的灵魂变得高尚。"

"人之初，性本善"，善良是心灵最光辉的显现，心灵自然的流淌，不需要做给别人看，不需要回报，自己的心能感受到这种幸福和喜悦。如梁晓声所说：

"善良不是刻意做给别人看的一件事，它是一件愉快并且自然而然的事。"让孩子用行动表达内心的善，体验和感受这样的感觉。

爱出者爱返，福往者福还。付出的是善，回流的同样是善。

"一切福田，都离不开心地。"

多行善事，莫问前程。

让孩子心灵善良的种子生根发芽，不断显现，自然会积累福报，开花结果。

今天是远足日，孩子们最喜欢远足了，一路上各种探索、历险，还能在外面野餐。准备好点心、野餐垫等物品，孩子们自己背上水壶，戴上了太阳帽，一起出发！走过田埂，迈过三个小沟渠，来到了一片小树林，这时候隐约听到小猫的叫声。"大家快来看啊，这里有小猫咪。"走在最前面的多多兴奋地喊道，大家纷纷跑了过去，看到有五个刚出生的小猫在茂密的草丛里，旁边还有一只大猫，是这五只小猫的妈妈，懒洋洋地躺在草丛上，一点也不怕人。"就在这里看，不要离得太近，离太近了猫妈妈会以为我们要伤害它的宝宝。"老师提醒道。五个猫咪宝宝特别可爱，不停地叫唤着，孩子们都兴致勃勃地看着它们。

"它们真可爱！""是的，太可爱了！""我也想养一个猫咪宝宝！"……孩子们七嘴八舌地说着。

"这就是它们的家吗？""下雨怎么办啊？""真可怜，我想给它们搭一个家。""它们为什么叫啊？""是看到我们很开心所以叫吧！""不是的，是害怕。""它们饿了，所以才叫啊！"最后一句话是暖暖说的，暖暖这孩子特别柔和善良，也比较敏感。

"是的，是的，它们是饿了。"有个孩子说道。

"那我们给它们吃点食物吧！""对，它们需要吃的。""妈妈刚生完宝宝也需要吃的。"孩子的心就是这么单纯善良，老师发现这是一次建构孩子善良品行的教机（教育机会），趁机说道："猫妈妈在外面找吃的确实很辛苦，而且又生了五个小宝宝，它们确实需要食物，那我们拿什么给它们吃呢？"

"拿我们的野餐点心。""是的，我们有野餐点心。"说着，几个孩子就去牛牛背着的点心包里要拿点心。"等一下，"老师说，"把点心给猫咪一家吃了，我们自己吃的就不够了啊，你们真的要分享给猫咪吃吗？""我不吃，老师，我的那一份送给猫咪一家吃。""我也不吃了，我要给猫咪吃。"大家纷纷表示自己可以不吃也要给猫咪吃。"大家都很善良，老师很开心，很感动，那我们就把点心分享一部分给猫咪一家吧！"猫不吃水果，可以吃面包。然后老师带着孩子一起在猫咪家旁边选了一小块空旷的地方，把一部分面包放在了那里，放好以后为了不打扰猫咪一家，老师就带着孩子们离开了。野餐的时候，老师说："虽然这次我们野餐的食物很少，但我们很开心是不是啊？"孩子们异口同声地说："是的。""因为大家都很有爱心，很善良，愿意把自己的食物分享给猫咪一家，这样猫咪一家就可以不用饿肚子了。"孩子们虽然点心没有吃足，但每个孩子的心灵都很满足，因为付出了爱，付出了善良。

善良的对立面是人性恶的一面，每个人都有这样的一面，关键是能不能驾驭这样的恶，不要让恶肆意滋长。如何驾驭心中升起的恶就是一种成长，需要成长，只有在体验中成长才能真正地驾驭和内化。

　　轩轩是我们所有老师重点注意的对象，有暴力行为，特别是对小的、弱的孩子，有时无缘无故就会隔着衣服掐别人一下。只要比较弱的孩子稍微有一点点惹到他，他就会动手打别人，并且下手很重。遇到比自己强的就比较怕，不敢正面对抗，会暗地里使坏。睚眦必报，只要他感觉吃亏了会用各种办法"报复"。会挑拨离间，如果有小朋友拒绝跟他玩却跟其他孩子玩得很开心，他会想方设法破坏这个小朋友跟其他孩子的关系，包括说他的坏话甚至故意破坏他们正在玩的玩具。

　　我们详细了解过他的成长经历，跟他的爸爸妈妈会经常深入地沟通，因为轩轩身上有很多的偏差言行，而且是核心的品行方面的问题，需要家校共同努力调整。轩轩之前整体的带养方式没有什么特别偏差的地方，有一些影响的就是出生到三岁时父母经常吵架，婆媳关系也不是太好。在其他幼儿园上了一年，因为比较调皮，所以受到老师各种打压，经常因为惹事被请家长，家长对此也很头疼但也束手无策，直到中班辗转来到了我们园区。

　　入园初期，我们对轩轩都是接纳的，不管什么状态首先必须接纳，对于轩轩的言行会比较包容，认为轩轩是从小缺少安全感，缺少爱，内在积累了很多的愤怒，所以才会对人有恶意，内在有很多负面情绪需要释放，只有爱才能根本解决问题，用爱疗愈和修复轩轩。这样实行一段时间以后发现，因为这样的包容，轩轩有些偏差言行不但没有得到好转，反而变本加厉，也许是因为内在的愤怒和负面压抑太多了太久了，会通过过度释放来修复，但这样的释放不是像小时候撕纸被压抑了，过后可以充分甚至过度地满足，给他几麻袋纸尽情地撕。这样的释放会对其他孩子造成伤害，严重的甚至造成其他孩子的创伤，即使过度释放能够修复，但不能以给其他孩子造成伤害的代价来修复他的成长。所以，实践下来我们所有老师又重新达成了针对轩轩的统一理念，就是给予轩轩足够的爱，无条件地接纳他，不能给轩轩贴标签。孩子的任何状态都只是暂时的，都有成长的空间。有很多人从小就调皮捣蛋，各种搞破坏，惹是生非，十里八村提到这孩子都摇头，但长大以后突然就不一样了，或是某一个时刻就醒悟了，变成跟以前完全不一样，懂事，有事业心了，有责任感，然后成就一番事业。永远不要给一个孩子定性，贴标签，只要爱充足，量变会引起质变，爱才是一切的根本，不断给予轩轩爱和正面回馈，正能量。同时对于轩轩的一些偏差言行，特别是涉及品行方面的，一个不放过，所有老师都盯紧了，不能让轩轩在这方面尝到甜头，出现一次就温和坚定地制止一次，在发现苗头的时候就要及时制止，一旦发生偏差就要严格地承担相应的责任。爱给足，同时界限也很明确，剩下的就交给时间。一段时间以后，果然轩轩这方面的言行好很多了，量变会引起质变，我们对轩轩的成长充满了信心。

俗话说："百善孝为先。"孝道就是善良道德品行的一种，虽然孩子还没有到需要孝敬父母的阶段，但是这样的品行需要从小让孩子体验到、感受到，内化在孩子体内。

故事是内化的一种方式。

茂密的森林里，乌鸦妈妈有三个孩子，他们是乌鸦哥哥、乌鸦姐姐和小乌鸦。乌鸦妈妈每天捉虫子给自己的孩子吃，还教孩子们生活的本领。不仅如此，她还经常教导他们要和其他的动物和睦相处，并且要尊敬比自己年纪大的动物。

小乌鸦们渐渐长大了，乌鸦妈妈也渐渐变老了。小乌鸦们已经能够自己觅食了，所以他们经常要妈妈在家里休息一下，不用每天出去了。可是，乌鸦妈妈说："你们还没长大，我找点食物回来好让你们能够多吃点。"这一天，乌鸦妈妈正在捉虫子的时候，一阵大风吹来，一根树枝打在了她的翅膀上。乌鸦妈妈很艰难地飞回了窝里，可是，她的翅膀被打伤了，无法出去觅食了。三只小乌鸦争着要照顾妈妈。可要是大家都在窝里照顾妈妈的话，谁去找食物呢？

这时，乌鸦哥哥出了个主意："我们不如轮流照顾妈妈、轮流出去找食物吧！"乌鸦姐姐和小乌鸦都说："这个主意好。"

第二天，乌鸦的邻居们就发现，以前总是乌鸦妈妈最早出来找食物，可是今天却是乌鸦哥哥和乌鸦姐姐出去了。到了第三天，变成了乌鸦姐姐和小乌鸦，第四天变成了乌鸦哥哥和小乌鸦。从此，动物们每天都会看到两只小乌鸦在树林里飞来飞去，给妈妈找虫子吃，另外一只小乌鸦始终陪伴在妈妈身边为她解闷。

在小乌鸦的精心照料下，乌鸦妈妈的伤渐渐好了。一天，它对孩子们说："你们真懂事啊！""妈妈，是你生下了我们，教我们生存的本领，现在我们长大了，只是做了我们应该做的事情而已。"小乌鸦们异口同声地说。

孝顺的小乌鸦的故事，很快在森林里传开了，小乌鸦成了其他动物的好榜样。

在学校，到了父亲节和母亲节，老师会带着孩子们用心地给爸爸妈妈做礼物，送给爸爸妈妈；会在孩子的上衣里紧贴着肚皮塞个大包袱，模拟怀孕，体验一天妈妈怀孕时挺着大肚子的感受，体验妈妈的辛苦；会在团讨课的时候带着大家具体讲出来对爸爸妈妈的感恩和感恩的具体内容；会在毕业典礼时给父母敬茶，用活动和仪式升起和内化孝道。

（2）诚实

五岁前的孩子会无意识地"说谎"。

一天小贝妈妈晚上打电话给老师，说小贝回家后告诉她今天在幼儿园被团团从滑梯上推下去了，妈妈一听就很紧张，问到底怎么回事，这么严重的事老师怎么没有告诉她。老师明确告诉她没有这个事情发生，在户外的时候全程老师都是跟孩子在一起的。原来，在户外，小贝和团团一直在滑梯那边利用绳子爬滑梯，滑梯上面刚好有根绳子垂落到地面，两个小朋友一个在上面拉，一个在下面抓着绳子往上爬。有时候小贝拉团团，有时候团团拉小贝，回去小贝就表述成团团把他从滑梯上直接推下去了。

还有一次，有个孩子放学回家后告诉家长说老师打他了，妈妈一听非常紧张，赶紧追问孩子打哪了，疼不疼！孩子指了指手臂摇摇头表示一点都不疼，但即使不疼，老师打孩子那也是绝对不行的。妈妈立刻给老师打电话了解情况。我们自己很清楚孩子为什么会这样说，并且是绝对不可能出现打孩子的情况的。原来是白天去户外排队的时候老师轻轻地拉着孩子的手臂引导孩子排队的位置，然后孩子回家就描述成老师打他了。

周一来上课，沁怡很兴奋地跟小朋友和老师讲昨天她到月亮上去了，孩子们都很惊奇羡慕，下午放学的时候老师跟家长说了这个情况，原来周日他们带沁怡去了一趟科技馆，里面有月球的模型，沁怡很感兴趣，并在月球模型上体验了一下，然后周一到园里就说成去过月球了。

上面的现象老师和家长都会遇到，这是每个孩子在成长过程中都会经历的一个阶段，一般就在五岁之前。据加拿大多伦多大学儿童研究所测试，两岁时，百分之二十的儿童会说谎，三岁时这一数据达到百分之五十，四岁时接近百分之九十。

这样的"说谎"是因为五岁前的孩子还处于"梦幻"阶段，还不能完全分清现实和想象，会把现实中触发自己想象的或梦幻的场景直接说出来，还说得跟真的一样，也没有意识到自己是在"说谎"，这样的"说谎"不是真正意义上的说谎话，所以不要给孩子贴标签，严厉批评指责孩子，否则反而会伤害孩子的自我价值感。成人所要做的就是接纳，不迎合也不要批评指责，默认淡化就行了。随着孩子的成长，心智逐渐成熟，认知不断发展，这样的"说谎"也会逐渐消失。

除了无意识的"说谎"，还有三类有意识的说谎。

● 成人的不接纳

有些孩子说谎是被"逼"的，是成人对孩子正常发展规律和需求的不接纳。成人的不接纳会让孩子通过说谎来掩饰或逃避事实，当成人接纳时，孩子也就没有必要说谎了。

一次开家长会的时候，一个爸爸问我孩子撒谎怎么办，我让爸爸讲了一下具体情况。原来是昨天早上发现孩子又尿床了，就责问孩子，孩子说是爸爸尿的，孩子才三岁。是孩子感受到了父母对自己尿床的不接纳，有压力了，孩子为了"洗脱罪名"，不得不通过"说谎"来逃避，这样才能获得父母的接纳。讲完爸爸就明白了。

因为玩水把身上弄湿了，又怕家长责骂，孩子就会撒谎说是因为不小心把杯子打翻了才弄湿的。

家长禁止孩子吃糖，孩子单独去别人家里玩的时候吃了糖，回家以后被问起有没有吃糖，就会告诉你没有吃糖。

这方面成人要反思自己，对于孩子正常的发展规律和需求要接纳，接纳真实的状态。

● 有意识地说谎或欺骗

如果都能心想事成，万事如意，谁都不喜欢说谎，也不需要说谎。生活中不是所有事都能称心如意，孩子由于能力和认知有限，有时会用说谎或欺骗来最快最简单地达到自己的目的。成人面对孩子的这种不诚实不要用一种深恶痛绝的状态，严厉批评指责孩子，这只是孩子能力和认知的不足导致的，需要的是成长和帮助，没有想象的那么严重，似乎认为孩子现在会说谎了会欺骗了，不及时纠正长大更不得了，如此会让孩子有极大的被羞辱感、不尊重感，极大地损伤孩子的自我价值感。其实，孩子的这些小"伎俩"成人都能看得出来，要引导孩子，让孩子体验到诚实不会带来指责，反而会带来理解和接纳；不诚实，通过说谎或欺骗并不能达到自己的目的，同时会带来别人的不接纳。

让孩子真正体验到就明白了，就会醒悟了，就会真正内化。

这段时间，孩子们对在沙池里找贝壳特别感兴趣，能找到各种各样的贝壳，大的小的，还有各种颜色的。"我找到一个大的。"豪豪兴奋地说，孩子们都围了过来看。"能给我吗，豪豪？"冬冬问豪豪。冬冬就是那种什么都要争第一，什么好东西都要想方设法占为己有的孩子，生命力旺盛，同时这样旺盛的生命力有时也带来各种言行的偏差，有时会过度，轻重缓急把握不好等，这些都是需要成长的。

"豪豪你把这个给我，我给你两个贝壳怎么样啊？"冬冬说道。"让你随便挑。"看豪豪不为所动，冬冬又赶紧补充。豪豪犹豫了一下就把那个大的贝壳给了冬冬，结果冬冬拿着贝壳扭头就跑了，答应给豪豪的两个贝壳也没有兑现，留下豪豪站在原地生气大哭。这完全就是欺骗，这是品行问题，不能让孩子在这个方面尝到甜头，要有明确的界限。老师把冬冬叫了过来，让冬冬立刻把豪豪的大贝壳还给他，严肃坚定地告诉冬冬不可以通过这样的方式获得自己想要的东西。

冬冬看老师如此严肃坚定，认识到了自己的错误，然后老师又让冬冬为自己的行为负责，向豪豪道了歉。

阳阳在菜地里玩耍，把长得比较大的南瓜苗拔了扔掉了，下午老师才发现菜地里的南瓜苗被拔了。在户外活动结束的时候，老师平和地问孩子们是谁拔的。其实老师大概也猜到了，早上只有阳阳一个人在菜地里玩。大家都说没有拔，然后老师一个一个地问，早上在哪玩的，有没有去菜地。问到阳阳的时候，阳阳说早上在滑梯那玩的，没有去菜地，很明显说谎了。

"把南瓜拔了也没有关系，只要诚实地告诉老师就可以，拔了以后还可以再种。如果你们都不知道，那老师就要看监控了，一看就知道是谁拔的。"一听到要看监控，阳阳就承认了："是我拔的。""好的，老师知道了，阳阳，你很勇敢，很诚实。"老师说道，先给予阳阳肯定和鼓励，"我们大家都要学习阳阳这样，能够诚实地承认自己的错误。"说完，老师和阳阳拥抱了一下，"那个是南瓜的秧苗，以后会结出大南瓜，不能拔的，现在知道了吗？"阳阳点了点头，后面就是承担责任，第二天老师就带着阳阳及时补种了南瓜种子。

●会吹牛，说大话

有些孩子就是喜欢说大话，吹牛，通过这种方式来显示自己的强大、厉害，体现自我价值。这样的动机是没错的，每个人都有这样的心理，都希望自己能够强大、厉害，有自我价值感，只是方式上有偏差。所以，不要直接"羞辱"孩子，贬低孩子，说"你吹牛""你胡说八道"等，孩子需要的是引导，让孩子体验到这样的方式得不到真正的强大和自我价值感。当孩子有这样状态的时候，不要附和孩子，而要告诉孩子事实是什么，让孩子体验到事实。当孩子体验到这种方式达不到他想要的别人对他的崇拜以及认可的时候，慢慢他就不会如此了。

关键就是要让孩子体验到真实的状态，而不是嘴上说什么样就是什么样的。

小学暑假班有一个叫潘阳的孩子特别喜欢说大话，吹牛，总是夸夸其谈，特别是遇到不认识的刚接触的小朋友，因为刚和他认识总会被他说的那些大话吸引佩服他，他很享受这种感觉。什么他舅舅是最厉害的警察，他爸爸会开飞机和火车，他家里有一把真的枪，是妈妈给他买的。每次说的时候，老师都会找机会让他的大话不攻自破，既给他留了面子，不损伤他的自我价值感，又能让他认识到他说的那些没用，大家知道不是真的，体验不到那种因说大话和吹牛得来的关注。

这一天在户外的时候看到几只流浪猫，孩子们就聊起了家里养宠物的话题。潘阳说："我以前养过老虎的。""真的？"孩子们很好奇，一下子就吸引了所有孩子的注意力。"是的啊，我爸爸买给我的。"很显然说的是假的，但孩子们不知道，一个个都盯着他问。"多大啊？""咬人吗？""吃什么啊？"这时候老师过去了："潘阳，你真的养过老虎吗？""是的啊！"潘阳回答道。"那真的很厉害，我也想养一个，我打电话问一下你爸爸，在哪里买的。""不要打电话给他，他在工作的。"潘阳极力阻止老师打电话，因为一打电话谎言就被拆穿了。"我一定要打一下，我也很想养，要么你告诉我也可以。"老师说道。"我只是想养，还没有跟我爸爸说呢！"潘阳回答道。"原来是想养啊，不是真的养啊！"老师说，"你说的是养过了，我还以为你真的养呢，那以后想养就说自己想养，没有养过就不要说养过，知道了吗？""知道了。"孩子们一听他没养过，立刻没了兴趣各自散去。

经过一个月的暑假，有的孩子摸透他的套路了，基本上不相信他说的话。老师也会不断地引导他，"戳穿"他。慢慢他说大话的情况也越来越少了。

（3）守信

孩子的认知还比较浅，意志力的发展还不足，导致了有时会只注重眼前，就会出现不守信用、答应的事做不到等情况。

不守信用暂时会让自己得益，但失去的是别人的信任，会失去更大的"益"。要让孩子体验到因为守信而得到别人的信任和认可，因为不守信而失去别人的信任和认可，有过这样的经历和体验，守信的品行就会内化。

这段时间总是听到有孩子问牛牛要东西："牛牛我的乐高什么时候到啊？""快递还没有到，再等几天就到了。"牛牛回答道。

"牛牛，我的奥特曼贴纸给我买了吗？""我跟我妈妈讲了啊，我妈妈会买的。"……老师了解了具体情况才发现，原来这段时间牛牛跟很多孩子承诺可以送他们这个那个，说得跟真的一样。只要他这样说了，被承诺的那个孩子就对牛牛特别好，跟牛牛玩，有的还把自己的东西给牛牛，牛牛通过这种方式尝到了巨大的甜头。现在动不动就使用这个"撒手锏"，想要别人满足自己的要求也用这种方式诱惑别人。牛牛也比较聪明，承诺的东西都是别人喜欢的。

牛牛这样做已经有一段时间了，答应给小伙伴的东西一直没有兑现，大家追问了几次无果后逐渐也不提了，不相信牛牛了。这对牛牛来说是一种正向的体验，但目前用这样的方式基本能达到他的目的，所以他也很难意识到这种方式的问题。

这种状态是一定要干预的，涉及孩子的品行问题。如果不干预，时间长了就会固化成一种人格模式，会造成品行方面的偏差，通过吹牛、欺骗来获得价值感和达到自己的目的，这样的方式最终受害最大的还是自己。

老师跟家长详细沟通了这样的情况，了解到牛牛在家里从来没有跟妈妈说过要送给谁东西，妈妈也不知道牛牛在学校这样的情况。

老师跟家长达成了一致，双方配合好，共同调整牛牛这种模式。

一天，仔仔又追着牛牛要曾经答应送给他的乐高玩具，牛牛一如既往地"敷衍"着。老师过去跟牛牛说："牛牛，你答应送给仔仔的乐高什么时候送给仔仔啊？答应别人的事情一定要做到，要守信用。"

"快……快了，马上就送，快递马上就到了。"面对老师的追问，牛牛有点心虚，回答时语无伦次。

"也就是乐高已经买了是吧？"老师问道。

"是的，妈妈在网上买的。"牛牛不敢看老师的眼睛，硬着头皮说道。

"好的，那我打电话问一下你妈妈。"老师说。牛牛一听要打电话给妈妈就有点慌了，说："不用打，妈妈已经买了。""我要问一下妈妈什么时候买的，到底什么时候到。"说着，老师走到一个房间里假装给妈妈打电话，然后回来跟牛牛说，"妈妈说你没有跟她说，所以根本没有买。"牛牛看这个谎言被戳穿了，又说："我今天回去跟妈妈说。"老师说："好的，答应别人的事一定要做到！"因为跟妈妈已经沟通好了，回家以后面对牛牛这个情况妈妈首先要接纳，不要指责孩子，告诉孩子送给自己朋友东西完全可以，爸爸妈妈也会送给好朋友喜欢的东西，同时告诉孩子可以拿自己的玩具送给朋友，如果需要爸爸妈妈买的需要提前征求他们的意见，这次是他自己答应送给别人玩具的，没有问过爸爸妈妈，所以要拿自己的玩具送给别人，答应别人的事一定要做到，这点学校和家庭统一好了。

妈妈问了牛牛答了送给谁什么东西，然后在自己的玩具里一个一个地找出来送给别人，有些自己没有的就用其他玩具代替，自己不情愿也没办法，答应别人的事一定要做到。从那以后，牛牛再也没有这样随便承诺送别人东西了，不会用这种方式来建立"虚"的社交。

在团讨课的时候，老师讲了《我能守信用》的故事，让孩子们内化了一下守信的品质。

周末，小脚鸭跟着妈妈学做蛋糕，忙得不亦乐乎。因为他答应了请小伙伴们周日去游乐场品尝他亲手做的生日蛋糕。

蛋糕终于做好了，小脚鸭赶紧把香喷喷的蛋糕装进盒子里，去了游乐场。

小伙伴们看见提着蛋糕的小脚鸭来了，都开心地向他招手。

小狸猫还给小脚鸭带来了好多水果，整个草地上都弥漫着甜香味儿。

大伙儿在草地上分着吃蛋糕。突然，小脚鸭发现小猪今天没有来。

"他为什么没来参加我的生日聚餐呢？是有事耽搁了吗？还是没找到位置呢？"小脚鸭心里想。

小脚鸭挨个儿问了问大伙儿，可是谁也不知道小猪上哪儿去了。

生日聚餐结束后，大家陆续回家了。偌大的游乐场只剩下小脚鸭一个人。

"我答应了请小猪吃我做的蛋糕，可他到现在也没来，是不是有事情耽搁了？我还是等等他吧！要不然，等会儿他来了，这儿一个人也没有，那多不好呀！"就这样，小脚鸭在这等呀等……

天渐渐黑了，小脚鸭有些心急了。"莫非小猪出事了！为什么他还不来呢？"各种不好的念头在小脚鸭的脑中一闪而过。

小脚鸭正想着，一个熟悉的身影闪过，小猪慌慌张张地跑了过来。"对不起，小脚鸭，我把今天聚餐的事情忘了。刚才是小兔去我家说起这事儿，我才想起来，错过了你的生日聚餐，真遗憾！"小脚鸭不慌不忙地拿出一块蛋糕递给小猪，说："我特意留给你的。我一直在这里等着，因为我知道你一定会赶来的。"

小猪十分感动，说："小脚鸭，谢谢你能一直等着我，相信我！"

小脚鸭甜甜地笑了，说："我答应请你吃我亲手做的蛋糕的，我一定做到。"

看着小猪也吃到了自己做的生日蛋糕，小脚鸭高兴极了。这是因为，他感觉自己把生日的快乐分享给了每一个小伙伴。

（4）文明的言行

文明的言行首先是孩子模仿吸收过来的，是熏陶出来的，后面会讲到。同时在生活中也要让孩子体验到自己文明的言行、懂礼貌会得到别人文明友好的对待，得到别人的尊重，而不文明的言行会让人讨厌，不被接纳。每个人内心深处都是希望被接纳、被喜欢的，自己能够真实地感受到自己不同的言行带给别人真实的反应，从而内化这样的品行。

"我要这个""把这个给我"，天天每次跟别人借东西的时候都会让人很不舒服，一些大孩子会直接拒绝他，让他体验一下这种方式的结果。同时，每出现一次，老师就会引导一次，让天天用文明的言行来表达，要尊重别人。

这一天跟飞飞的冲突就是这样产生的，天天搭建还需要小弯板，看到飞飞旁边有小弯板没有用，绕过飞飞拿着就走。飞飞发现了，直接从天天手里夺了过来。"这是我的，没有经过我的同意不可以拿。""我还需要两个小弯板。""可是这是我的。"见飞飞拒绝给他用，天天生气了，直接不玩了，坐在凳子上生闷气。实际上，飞飞那几块小弯板没有在用，如果天天能够友好地跟飞飞说，飞飞可能会给他用的。

老师轻轻地走到天天面前并告诉他："那个小弯板是别人的，你需要经过别人的同意，先友好地问飞飞一下，请问这个小弯板能借我用一下吗？这样说别人心里就很舒服，就有可能愿意借给你了。"其实类似这样的引导已经有很多次了，有时天天不注意，那种让人不舒服的语气就出来了。跟天天父母详细沟通过，在家里父母之间的沟通方式就是这样的，都是命令式的言语，很少有礼貌用语，父母对待天天也是这样。"就像老师如果让你们帮忙会说请一样，请问能帮我拿一下抹布吗，请让开一下，而不是让开！"老师说着做了一个手扒开的夸张的动作，"你看这样说让开！是不是让人很不舒服，别人就不让。"天天被老师这夸张的动作逗笑了。"跟老师说一遍，请问这个能不能借我用一下？"在老师耐心的引导下，天天跟着老师说了一遍。对于孩子还不熟练的动作或语言，需要在演练中体验一下，这样就有实际的概念了。"那现在我们就过去跟飞飞说一下吧！"在老师的带领下，天天走到飞飞面前说："请问小弯板能不能借我用一下？"声音有点小，但完整地表达出来了。飞飞看老师陪着天天过来的，或是真的因为天天这样尊重友好的态度，直接就答应了天天。天天也从这样文明的言行中尝到了甜头，成功借到了小弯板，这对他是一种正面的激励和强化。

（5）节约

这是一种良好的品质，同时也可以说是一种良好的品行，是明确的界限，不能违反，因为浪费不仅仅是品行不好的问题，严重的可以算是一种"罪"。在以前物资匮乏的年代自然就有这样的体验，能吃饱就很不错了，更不用说浪费了，有这样的体验自然不需要刻意地教导。

现如今物质丰富了，同样需要节约，要让这样的品行内化就要让孩子体验到要节约。限量供应孩子的主食，如果浪费了就没有了，只能饿一会儿。带孩子参加劳作，让孩子体验到"粒粒皆辛苦"。只有体验了才能被触动，才有感触。

在学校孩子们都知道，在吃点心和吃饭的时候自己盛多少的量就要吃完，这是界限，不能浪费。

这段时间孩子们对食物浪费得有点多，不是很珍惜。老师决定在远足的时候让孩子们体验一下。

这周的远足带的点心只有平时的一半，远足体力消耗比较大，才走了一半孩子们就已经饥肠辘辘了，老师拿出了点心发给孩子们。"怎么就这么一点点啊？""不够吃啊！""这样我会饿的！""太少了吧！""还不够塞牙缝呢！"孩子们七嘴八舌地说着，很快，发下去的点心都吃了个精光，很显然不够吃，都说还要吃。这时候老师说话了："今天点心确实很少，知道为什么吗？""不知道。"孩子们回答。"因为平时我们吃点心吃饭的时候有的人盛了很多，然后又吃不完，浪费了很多，导致没有很多的钱买点心了，只有这么多的点心了。如果我们不浪费，就能节约很多的钱和食物，我们远足的点心就很充足。"讲完，孩子们似乎都明白了。"如果我们在家里浪费，不节约的话，那就要浪费爸爸妈妈很多的钱，那爸爸妈妈就没有多余的钱买衣服买玩具了。我们平时一定要节约，不要浪费。"孩子都点了点头。"那我们可以怎么节约呢？"老师趁这次机会上了一个团讨课。"吃多少盛多少。""不能买零食，零食浪费钱。""瓶子不要扔，可以卖钱的。""买东西少买点，吃完再买。""汤也要喝完。"……孩子们想了很多节约的办法。

上面就是孩子必备的一些优秀品质和端正的品行如何用直接体验的方式让孩子内化。除了直接体验，还可以用故事让孩子内化，包括童话故事、神话故事、历史故事、身边人物的故事、名人传记。

孩子小的时候可以给孩子讲童话故事和神话故事，看绘本，还可以自己编写故事讲给孩子听，并融入相应的优秀品质和良好品行的道理。

《六只天鹅》培养孩子善良的品行，坚强、坚持不懈的品质；《仙鹤的笛声》培养孩子团结互助的品质；《莎莎的月光》培养孩子诚实善良的品行；《生命树》培养孩子勇气和善良；《愚公移山》培养孩子坚强的毅力和不怕困难不怕牺牲的精神。

随着孩子成长，可以给孩子讲历史故事、身边人物的故事和名人传记，提供给孩子相应的书籍让孩子阅读。

土地革命战争时期，红军穿越草地雪山，跨越十四个省，克服沿途无数的艰难险阻，摆脱强大敌人的围追堵截，并最终胜利到达目的地，总行程达两万五千里。外婆外公因为地主身份，在"文化大革命"中被打成右派，在一无所有的情况下克服种种困难把六个儿女都拉扯长大。中国首位诺贝尔生理学或医学奖得主屠呦呦，在历经了一百九十次的失败之后，坚持不懈，终于研究出了青蒿素系列药物，在世界范围内至少挽救了几百万疟疾患者的生命。

在讲给孩子听和孩子自己看的过程中，孩子自然就会内化故事里融入的优秀品质和良好品行。

7.心理

一个人的健康首先是心灵和心理的健康。

现代社会虽然物质极大丰富，但心理健康问题却越发严重。据调查统计，我国每年自杀者以十万计，患心理疾病的人数达千万之多。青少年的心理健康问题在安全感章节也讲过，同样非常严峻。

在成长的过程中如何建构健康的心理？

首先明确什么样的才是健康的心理，是不是如同我们平常认为的，要绝对地自信，感觉自己什么都能做就是心理健康的？在某些事情上不自信就是心理不健康了？成绩好，有成就，心理就是健康的？成绩不好，普普通通平凡上班，也没什么成就，心理就是不健康的？容易伤心、有情绪就是心理不健康的？看上去没有情绪就是心理健康的？性格外向就是心理健康的？性格比较闷，内向不爱说话就是心理不健康的？

"心理健康的人都能够善待自己，善待他人，适应环境，情绪正常，人格和谐。心理健康的人并非没有痛苦和烦恼，而是他们能适时地从痛苦和烦恼中解脱出来，积极地寻求改变不利现状的新途径。他们能够深切领悟人生冲突的严峻性和不可回避性，也能深刻体察人性的善恶。他们是那些能够自由、适度地表达、展现自己个性的人，并且和环境和谐地相处。他们善于不断地学习，利用各种资源，不断地充实自己。他们也会享受美好人生，同时也明白知足常乐的道理。他们不会去钻牛角尖，而是善于从不同角度看待问题。"这是心理学家对于健康心理的描述，从这样的描述和我们实际生活中的感受，可以知道，有些看上去绝对自信，感觉自己什么都能做的也许只是表面"装"出来的，实际落实到行动上就逃避了，都是"虚"的，这反而是心理不健康的表现。有些人看上去很低调，看上去好像没有自信一样，实际他对自我的认知很客观或者比较谨慎，自己没有把握的事从来不说或"吹牛"，这是正常健康的心理状态。有些学习成绩等各方面都很优秀的学生表面看上去很健康，实际内心非常脆弱，各方面压力特别大，不允许自己不好，也承受不了自己哪里不好。新闻媒体上多少好学生出现各种各样的心理问题，甚至走向极端。多少名牌大学的大学生出现心理问题，每年都有大学生、研究生甚至博士生跳楼的新闻见诸报端。上学时那些"不好"的学生，整天调皮捣蛋的，脸皮非常厚，除了学习成绩一般，在其他方面非常活跃，而且生存能力非常强，什么事都愿意做，敢于尝试，反而这样的学生进入社会以后能或多或少地取得一定的成就，这样就是一种心理健康的状态。多少有成就的老板，由于压力，各种关系的处理等，出现失眠、焦虑等各种心理问题。很多普普通通的上班族，看上去好像没什么野心，但就这样平平淡淡，一家人生活过得平稳而幸福。有些人很情绪化，有不良情绪立刻释放掉了，过后又恢复正常且一如既往地热爱生活，依然朝气蓬勃，这是心理健康的一种状态。有些人表面看上去没有情绪，很温和，很好打交道，以为这样是心理成熟和健康的表现，实际有可能内心充满了恐惧和压抑，不敢发泄和释放，也不敢向外界提要求，什么都自己忍着、扛着，如此消耗的是自己的生命力，总有一天自己会扛不住，这样的状态反而不利于身心健康。

心理健康不是完全没有负面消极的状态，不是只有正面积极的状态才是心理健康，而是心理能够正确地调节各种状态。

每个人的心理如同身体一样，天然就有一定的调节修复能力，以此来应对生存的环境，让自己更好地生存下去，这是大自然天然赋予每个生命的。自身心理面对外界的环境能够调节、平衡和修复，那心理的发展就比较健康，调节能力的大小就是心理健康的程度。心理健康的总体呈现就是能够适应，适应当下的社会和环境。从这个意义上来说，教育的目标就是培养孩子的社会适应性，让孩子有生存和幸福的能力。

孩子在成长过程中心理的发展建构是三个因素共同作用的结果。

(1) 自身特质

不同气质类型、性格特质和智能高低的人，心理调节能力都不一样。

有些孩子因为犯错被家长责骂或者挨了揍，即使会哭时间也不长，甚至干号两嗓子就结束了，然后跟什么都没发生过似的，又开开心心地去玩了。有些孩子，别说打他了，就是对他说话语气重点就会很伤心，半天都会心事重重，闷闷不乐的。

有些人面对压力反而能够转换成动力，释放出更大的能量。有些人面对一点点压力就会特别焦虑，甚至晚上觉都睡不好。

有些人对父母的话言听计从，让他往东绝不往西，完全按照别人给自己的规划生活。有些人天生就很有主见，要活出自我，抗干扰能力强。

英国研究团队对抑郁症四十年的研究发现，抑郁症的发病成因之一就是个体特质。有些人的特质属于易感特质，这样特质的人在相同外界情况下容易得抑郁症。英国爱丁堡大学的研究刊发在最新一期英国《自然·神经学》杂志上，该研究对比分析了超过二百万人的健康和基因信息，找到了二百六十九个与抑郁相关的基因。在"精神体"胚胎的特征章节中讲过，所有的心理疾病都有基因遗传因子，遗传的影响至少占百分之五十，这样的遗传因子决定了在后天成长过程中的易感性。

中国传统文化的《易经》在几千年前就已经有了每个人先天特质有差别的思维意识。

每个个体特质的心理能量和心理调节能力不一样，具体就是调节的范围和快慢，如同弹簧一样，有弹性范围和弹力大小。在一定的弹性范围内能够始终保持有弹性，甚至在弹性范围内越是能够"使用"，弹簧的性能越好，所以人需要面对一定的压力和焦虑。但超过弹性范围内的拉伸和压缩，压力过大，过度焦虑，弹簧就会有根本性的损伤，失去弹性，人的表现就是出现各种各样的心理问题。

面对不同个体类型的孩子，教育方式也要因人而异，没有哪一种教育方法是适用于所有孩子的。有的教育专家说可以打孩子，"棍棒底下出孝子"，要在家里最醒目的位置挂上戒尺。有的家长也说自己从小就是被打大的，长大了各方面也特别好，言之凿凿。有的家长这样严厉管教孩子，效果确实立竿见影，孩子各方面发展都很好，没有任何心理问题。有的家长用了同样的方法，结果孩子却出现了厌学厌世、自卑懦弱、封闭自己等各种各样的心理问题。

有的教育专家一遍遍呼吁人性化育儿，给孩子自由，正面管教，绝对不能打孩子，因为打孩子会伤害孩子自尊，造成孩子或逆反、或自卑等各种心理问题。有些家长从小也是被打大的，想到从小被打的经历和现在自卑的状态，暗暗下定决心绝不能如此对待孩子，要给孩子爱和尊重。有些孩子确实非常有自尊，有自信，善解人意，又独立，人格完整，各方面发展得都很好。有些孩子就成为"小霸王"，无法无天，我行我素，对父母的管教视若无睹，家长更是心急如焚，左右为难，口头说教丝毫没有效果，棍棒教育又会对孩子造成伤害，又不能对孩子放任不管。

前面讲了深入了解孩子研究教育的目的就是解决共性的问题，能够最大概率地让孩子健康成长。有些孩子在打骂中也能健康成长，那是个别类型孩子的特质决定的，不能代表绝大多数，更不能代表共性。对于有的孩子可以适当地采用棍棒教育，但要看孩子的气质类型是什么样的，生命力是否足够旺盛，同时也不能不分青红皂白乱打一气，至少是孩子真的犯错了才打，而且打的程度要跟犯的错误的大小匹配，"严而有度"，不能随着自己的心情来，无缘无故打孩子，并且出手都比较重，这样生命力再旺盛的孩子也会造成创伤。

明白个体的特质有差异，把握好理念和核心，结合后面两个因素，成人就可以综合面对孩子个体状态找到适合自己孩子的方式，让孩子的心理能够得到健康的发展。

（2）基本安全感（虚）

基本安全感在前面章节详细解读过，是影响心理发展非常重要的一个因素。基本安全感有以下两方面：

一是物理环境。孩子小的时候是物理环境的安全与否，长大点就是生活条件的富足和匮乏。生活条件富足能够给予孩子充足的安全感，但也有可能让孩子缺少动力；生活条件的艰辛和匮乏会让孩子缺少安全感，但也有可能激发孩子的生命力。不同特质的孩子结果不一样。

二是人文环境。就是成人对待孩子的方式，这个能够影响和一定程度决定孩子的自我认知。要接纳、信任、尊重和关注孩子，让孩子有自我价值感。当然，没有哪个家长可以做到百分之百接纳、信任、尊重和关注孩子，但对孩子的不接纳、不信任、不尊重和不关注不要超过孩子心理能够自我调节的度，具体的度要根据第一个因素讲的孩子的个体自身特质而定。有些孩子自信都被成人打击得所剩无几了，再让他相信自己就很难了，根深蒂固地认为自己不行。只要在孩子心理能够调节的范围内，一定程度的不接纳或不信任或不尊重或不关注会激发孩子的生命力，让孩子可以通过自身的调整和努力来获得接纳、信任、尊重和关注。

外界过高的认可会让自己对自我的认知过高，同样会带来心理问题，因为外界的认可是"虚"的，还需要跟现实结合，对自己有客观清晰的认知。真正的安全感、心理发展的稳固和强大还需要实实在在的安全感，就是第三个因素。

（3）自我效能认知（实）

自我效能认知就是实实在在体验到、认知到自己能做什么，认识到自我的价值。如实实在在做到自己能穿衣服、系鞋带、会做饭等，就是有成就感。有成就感的快乐才是真正发自内心的快乐，能实实在在感受到自己是有价值的。

从小就要让孩子追求自我价值，让孩子体验到成就感，这样长大以后就习惯靠自己成就一番事业，追求自我价值感，而不习惯依赖、依靠。

即使是富二代，家里有钱也不会依赖，因为直接给予的没有成就感，自己没有价值，没意思。

自我效能认知是多维度的，体育、艺术等，维度越多价值感越强，心理建构得越好。

应试教育中，唯分数论、单一的评价体系让很多孩子没有价值感，只有挫败感和无能感，又没有其他方面的自我效能认知，所以造成了越来越多的孩子出现心理方面的问题。如果孩子出现这种情况可以告诉孩子，人生的道路有很多条，人生的价值有很多种，不仅仅是学习这一条路。现在这个时代如果家长还让孩子固执于应试学习这一条路，那是家长自己的认知缺陷，自己要提高认知和格局。

稳固的自我价值感、自信必须由自我效能认知一点点建构，仅由外界的接纳、信任和尊重不足以建构稳固的自我价值感，那些只是基础，让孩子有信心去尝试去做，从而在过程中获得自我效能认知。

自己会骑自行车，面对别人的不信任，"你不行，连自行车都不会骑"就不会真正伤害自己，甚至都不会回应，微微一笑，因为自己心里知道自己会骑。这就是稳固的安全感，稳固的自信，强大的自我。

自我效能一点点建构的过程就是建立强大自我的过程。

● 自我效能认知能够修复曾经的一些创伤

有些人从小在不被接纳、不被信任、不被尊重和关注的环境中成长，自我价值感低、自卑。但随着自己后天的成长，会做的事越来越多，体验到了自己的价值，就会慢慢改变自我认知，清楚地知道自己是有价值的，同时自己有价值后自然就会得到别人的接纳、信任、尊重和关注，慢慢就会疗愈曾经的创伤，心理也自然能够调节和稳固地发展。

有太多这样的人，童年极其不幸，但后天通过自身的努力闯出一片天地，通过后天的自我效能认知，变成生活的强者，积极乐观，健康快乐。

● 自我效能认知决定了心理承受能力

多少人的成长是在经历困难后的涅槃重生，过程中历练的心理素质和自我调节能力自然就会比较强，这是实实在在体验、经历的结果。每一次的经历都如同被打铁的铁锤敲打一次，经过一次一次敲打才能锤炼成器。

要建立强大的自我，必须经过这样实实在在的自我效能认知建构的过程，否则看上去再光鲜亮丽，再自信，里面都有"虚"的成分，禁不起打击和考验。

了解了自我效能认知对一个人的意义就知道，自我成长最快最好的方式不是把注意力都放在过去，力图消除自己曾经的创伤和印痕，而是活在当下，向着前方，接触正面，提高自我效能认知，用意志力践行积极正面的行动，让水变得干净不是靠清淤，而是让其连接河流，流动起来。

不要把所有问题都归结于父母、原生家庭。前面讲过父母对一个人的巨大影响，特别是在童年时期，有些还是根本性的影响，但父母不能决定一切，不是永远就如此，因为自我效能认知是随着成长持续的，除了家里，在各个环境中都会有自我效能认知，都能有价值感，人心理的成长和发展也是持续的。有些人直到工作以后，在工作上突破自己，找到价值感以后才变得越来越自信，积极阳光。

当自己变得有价值、强大的时候，回看过去所有的磨难都是对自己的磨炼，是成功路上的垫脚石，父母对自己的打骂等那都是童年趣事；当自己越来越没价值感，各方面越来越差的时候，回忆过去，都是因为那些苦难造成的，怨天怨地怨父母，"父母皆祸害""家会伤人"。

心理的建构发展由这三个因素共同作用，而不是单一的某个因素。

孩子表现出来的任何心理问题都不是单一因素造成的，而是要综合考虑这三个因素。

总体的，排除一些大的突发的创伤性事件，个性特质敏感，后天的物质环境比较匮乏，父母对待自己的方式又缺少接纳、信任、尊重和关注，自身的生命力和智能等又一般，在成长的过程中自我效能认知又比较弱，如此先天加后天的综合影响心理就得不到很好的发展和建构。

个性特质敏感，后天的物质环境比较匮乏，但从小获得的爱比较充足，父母对待自己的方式比较接纳、信任、尊重和关注，成长过程中就算自我效能认知一般，比较平庸，也没有取得什么大的成就，心理也会得到比较好的建构和发展。

个性特质比较强，后天的环境比较匮乏，父母对待自己的方式又比较简单粗暴。如果后天的自我效能认知不足，心理也会得不到很好的建构。

个性特质比较强，后天的环境比较匮乏，从小获得的爱又不足，父母教育方式都是简单粗暴，如果后天各方面能力比较强，自我效能认知比较好，心理也会得到比较好的疗愈，后期心理也能调节和建构好。

如果一件事或持续的一个状态对孩子造成了影响，超过了孩子心理能够调节的度，那孩子就会显现出一些症状，如失眠、持续的噩梦惊醒、过度焦虑、抑郁、突然厌学、自我封闭等。家长要能敏感地感知到，及时给予引导和排解。如果没有这些症状显现，就说明对孩子没有大的影响，孩子自己完全能够调节。

美国心理学家马斯洛提出的一个成人心理健康的十大标准，公认为"最经典的标准"。

（1）有足够的安全感

安全感是人的基本需要之一，主要内容是生活中要有自信心，对自我成就有价值感。

抑郁、焦虑等不良情绪，会引起消化系统功能的失调，甚至会导致身体的病变。

（2）能充分地了解自己，并对自己的能力作出恰当的判断估计

是指对自己的行为，既不过分夸耀也不过分苛责。如果勉强去做超过自己能力的工作，就会显得力不从心，给自己带来较大的压力，于身心健康大为不利。

（3）生活目标切合实际

由于社会生产力发展水平与物质生活条件有一定限度，我们的生活不宜过分脱离现实基础，日常生活要有适度的主动性，但也不能为环境所左右。

（4）不脱离周围现实环境，与外界环境保持接触

因为人的精神需要是多层次的，与外界接触，一方面可以丰富自己的精神生活，另一方面可以调整自己的行为，以便更好地适应环境，理智、客观、现实，与现实有良好的接触，能忍受生活中的挫折与打击，无过度的幻想。

（5）能保持人格的完整与和谐

人需有自知之明，了解自己的动机与目的，对自己的能力能做客观的评定；个人的价值观能适应社会的标准，对自己的工作能集中注意力；个性中的能力、兴趣、性格与气质及各个心理特征必须和谐统一，从而可以得到最大的施展。

（6）具有一定的学习能力，善于从经验中学习

现代社会知识更新快，为了适应新的形势，就必须不断学习新的东西，使生活和工作能得心应手，重要的是善于从经验中学习，少走弯路，取得更多的成功，能适应环境的需要而及时改变自己。

（7）能保持良好的人际关系

人际关系中，有正向积极的人际关系，也有负向消极的人际关系，而人际关系的和谐与否对人的心理健康有很大的影响，良好的人际关系让人有爱与被爱的能力。

（8）能适度表达发泄与控制自己的情绪

人都有喜怒哀乐，在不同的情绪体验中，不愉快的情绪必须释放，以求得心理上的平衡，但不能过分发泄，否则，既影响了自己的生活又加剧了人际矛盾，同样于身心健康无益。

（9）在符合集体要求，不违背集体利益的前提下，能有限度地发挥自己的个性

个人的才能和兴趣爱好应该充分发挥出来，但不能妨碍他人，更不能损害团体利益，否则会引起人际纠纷，徒增烦恼，无益于身心健康。

（10）在不违背社会道德规范的前提下，能恰当地使个人的基本需要得到一定程度的满足

孩子的心理还在发展建构中，根据成人心理健康的标准，结合儿童发展规律，总结出孩子心理健康的十三大标准。

（1）能够一定程度做自己（能够适度发挥自己的个性和表达满足自己的需求）

压力是面对外界的要求做不到，然后会失去接纳和爱。压抑是面对外界要求能做到，但自己内心不想做，不喜欢做，但不做就会失去接纳和爱。

如果外界的要求既做不到，又不想做，那就是压力又大又很压抑。

每个人内心最深沉的渴望都是做自己，同时人活在社会中要生存和幸福又要

一定程度地适应这个社会。完全地迎合外界的要求，活成别人希望的样子，自我的价值得不到实现，会让人一直有压抑感，同时完全不考虑社会现实，按照自己的个性随心所欲，未来面对社会的生存等各方面压力又会让自己痛苦。所以，这是一个度的把握，度把握得好，不至于朝着任何一个极端方向发展，心理的建构才能健康。成人对待孩子的自我要给予充分的接纳、信任和尊重，同时过程中也要给予一定的界限，界限在下面的章节会详细分享。

（2）有目标、有志向、有梦想

一个心理健康的人肯定是积极乐观向上的，有激情、有欲望、有目标、有志向、有梦想。从这个角度来说，性格没有好坏，只要不长期消极悲观，内心总体阳光、积极向上就可以了。每个孩子原本的状态都是如此，看到别人有新玩具眼睛直勾勾地看着，自己也想要。从孩子两岁多开始，带孩子去超市他看到琳琅满目的零食和玩具就什么都想要。看到大孩子拿剪刀剪出各种各样的小动物，自己心心念念也要剪，特别想像大孩子一样做事。看到警察就立志长大了要当警察，看到消防员又立志长大了要当消防员……有目标、有志向、有梦想才会有动力去学习、去成长，否则就不会有行动。

（3）对探索、玩耍和生活有热情

探索和玩耍是每个孩子的天性，说明孩子的内心对这个世界是充满了热情和好奇的，一个孩子对探索和玩耍都没热情了，要么内心充满了恐惧，有不安全感，要么极度自卑，要么这样的热情经常性地被打击和限制，压抑习惯了，这些都是极度心理不健康的表现。

（4）追求自我价值和成就感

这就是自我效能认知的原动力，是每个人内心都追求的。

孩子有强烈的追求自我价值感和成就感的意愿就会主动探索、成长，会主动克服成长过程中的困难，这是健康心理的表现。

（5）情绪基本稳定

心理健康一个最基本的表现就是情绪基本是稳定的。内心有基本的安全感，有一定的自我价值感，感觉自己是有价值的、有能力的、被爱的，这个世界是安全的、可以把控的，这样的状态情绪就会比较稳定平和。相反，缺少最基本的安全感，总感觉身边有危险存在，感觉别人都要欺负自己，自己不被人爱，别人会嫌弃自己，自己能力不行，什么都不会做，这样的心理状态内心会时刻处在恐慌当中，或时刻保持这种警惕，受害者心理严重，稍微有点问题情绪就会崩溃，这样的心理状态建构就有所偏差。

（6）能够适度地释放和控制自己的情绪

心理的发展跟情绪紧密联系，负面情绪如同"病毒"，人体本身就有一定的抗体抵御一些病毒，但病毒多到一定程度，人的抗体抵抗不了就会生病。还有一种"病毒"，如长期吃的垃圾食品，虽然吃下去短时间内身体没有什么反应，但持续如此，日积月累，就会对身体有根本性的损伤。人的心理同样如此，能够抵抗一些负面情绪，但负面情绪很严重或积累多了就难以抵抗了，这就需要学会释放和消化负面情绪，这样才能保持心理的健康和有效控制自己的情绪。

●释放：

在情绪还没有能力消化的情况下能有个途径释放，那情绪就能流动起来，不会堆积成为内在的伤害。情绪释放掉以后会比较冷静平和，会更有利于消化和处理情绪，所以释放情绪是非常重要的，这可能就是女性寿命普遍比男性寿命长的原因之一，因为女性会及时释放掉自己的情绪。

孩子的认知和心理还处在发展建构阶段，没有那么强那么快的消化能力，所以能够释放情绪对于心理的健康发展建构至关重要，要能够接纳孩子的情绪，允许孩子通过正确的方式发泄情绪。

哭、闹、摔东西、不理人、大叫……都是发泄情绪的方式，首先需要接纳情绪，同时有些发泄情绪的方式会对自己或其他人或环境有伤害，这就需要引导孩子用更好的方式发泄。

● 控制情绪：

当然，情绪来了也不是可以随心所欲发泄，而是需要一定程度地控制自己的情绪。这需要有一定的内在能量，需要意志力，还需要正确的思维方式。

内在能量就是内在能够承受一定的负面情绪，这样才能一定程度地控制自己的情绪。

意志力就是能够自我引导，让自己控制住情绪，有一定的理性，而不是完全被感性、被情绪所控制。

情绪来了本能的思维方式是向外求，当思维总是向外求时，情绪会越来越大。正确的思维方式是向内求。当思维是向内求，能反省自己时，就会让自己冷静下来，控制住自己。

这三个因素综合决定了能不能控制住自己的情绪。

（7）能够正确认知自己，不过度自卑，不盲目自信

盲目自信和过度自卑都是心理不健康的表现，健康的心理是能够客观地认知自己。

有些孩子会比较自负，加上父母对自己都是赏识教育，就会认为自己是最棒的，盲目自信，实际没有做出什么事，自我效能不足，如此会变得越来越自大，不落地，这就是一种心理不健康的状态。

还有些孩子对自我的认知不足，特别自卑，明明自己可以做到的事却自我怀疑，认为自己做不到，这样会限制自己的成长，自己也一直处在压抑当中，郁郁不得志，这也是一种心理不健康的状态。

健康的状态就是能够正确认知自己，不过度自卑，不盲目自信。

（8）没有受害者心态

受害者心态是内在自我的匮乏和人生掌控能力的丧失，从而把自己固定在一

个弱者、受害者的思维里，在日常工作和学习中一遇到风吹草动对自己不利就会呈现"毛"的状态，精神高度紧张，随时开启防御机制。

受害者心态严重的会极大地影响自己的社交和生活，也会影响自己的心理状态。

（9）善意、乐观看待人和事

这是相对于上面那点的，心理健康的孩子看人看事不但没有受害者心态，还会比较乐观地看待人和事，别人不小心碰一下撞一下他根本没事，就会默认别人不是有意的。

因为心理健康的人的底色是乐观的，认为这个世界是美好的，人是善意的、友好的。心存善念、保持乐观是心理健康的一种表现。

（10）能够承受一定的挫折和痛苦

心理健康的孩子有一定的心理能量、一定的自我价值感，感觉自己是有价值、被爱的，所以能够承受一定的挫折和痛苦。越是内心特别脆弱、自我价值感不高、爱比较匮乏的孩子，越是承受不了一定的挫折和痛苦。

（11）能够接受一定的否定

越自信，越有价值感，心理越强大的越能够客观接受别人的否定和建议，不会认为是在贬低他、攻击他。孩子也是如此的，能够接受正常的、一定的否定是心理比较健康的表现。

（12）有良好的人际关系

这是心理健康的外显结果。心理健康的孩子情绪比较稳定，会玩，没有受害者心态，看待事物积极正面，善意，这些都有利于跟别人建立良好的人际关系。相反，则会有各种各样的破坏人际关系的方式和思维。所以，良好的人际关系是心理健康的特征之一，同时良好的人际关系还有利于心理的健康发展。

（13）能够适应一定的变化和变动

心理健康还有一个重要的表现就是能够适应一定的变化和变动。因为心理健康的孩子安全感相对比较强，看待变化和变动比较乐观，心理也能承受，同时自我价值感比较强，能应对一定变化的环境。

8.心灵

人与万物最大的区别就是人拥有心灵，人与人之间最大的区别也是心灵的差异。"相由心生"，一个人内在心灵是什么样的，外在就会有相应的显现。

心灵是一个人的本质和内核，是一个人动力的源泉，决定了一个人的心理、品行、品质、能力、技能和知识。

教育首先要做的就是用爱、美、真、乐不断滋养、丰富孩子的心灵，满足孩子心灵的需求，让孩子的心灵饱满，有爱、有美、有真，乐观向上，情感丰富，有积极的价值观，有感受力；用爱、美、真、乐打动、触动孩子的心灵，让孩子有目标、有志向、有梦想，激发、唤醒孩子心灵的力量和能量。这是教育最大最根本的意义所在。

有时候长大是一瞬间的事，那是因为心灵被触动了。

全民鸡娃的时代，学校单一的评价体系，功利式教育，把孩子当机器人一样，只关注孩子的应试成绩，不关注孩子心灵的滋养和触动。如此，让多少孩子得了"空心病"，造成孩子情感淡泊冷漠，缺乏感受力，悲观消极，对人生的无意义感，没有目标，没有志向，没有梦想，厌学、辍学，或导致反社会人格，或社会退缩和社会回避，沉溺于游戏，甚至自我封闭和抑郁。

"我不知道自己是谁，不知道自己为谁而活，我好像完全没有自我……"这是心灵的迷茫和空洞。

北京四中前校长刘长铭曾说："教育要跟学生谈人生。"

北大精神科医生徐凯文列出了这样一组数据：在北大一年级入学的新生里，包括本科和研究生，有30.4%的人厌恶学习，40.4%的学生认为活着没有意义。

这是中国最高学府，成绩最好的一群年轻人的现状。这些孩子成长过程中没有明显的创伤，生活和个人条件优越，但内心无比空洞、迷茫和压抑。表面看似很优秀，内心却是价值观缺失。

很多家长对孩子的教育侵占了孩子所有时间，消耗了孩子所有的心力，完全不注重孩子心灵的滋养。

"他们为了获得成就感而努力地生活、学习和工作，但当他发现所有那些东西都得到之后，内心还是空荡荡，就有了强烈的无意义感。"

心灵感知不到这个世界的爱、美、真和乐，心灵是麻木的、枯竭的，除了学习和工作，努力地活着，好像没有什么其他的事能够温暖到自己的心，能把自己的心激活。

如何滋养、丰富和触动孩子的心灵？就是让孩子体验，体验到爱、体验到美、体验到真、体验到乐。

同时，世界上不仅仅有爱、美、真、乐，还有恶、丑、假、悲，那是对心灵的污染和伤害。

随意地贬低、欺骗、冷漠、攻击甚至侮辱孩子，关小黑屋，被霸凌等，都是对心灵的伤害，甚至是戕害、践踏！每次看到这样的新闻、听到这样的事件，内心都会无比沉痛。

最深的伤害是心灵的创伤，"哀莫大于心死"，那是内在根本性的伤害，会让一个人看不到这个世界的美好，悲观失落，感觉毫无希望，毫无生气，压抑生命力。

最大的痛苦是心灵的痛苦，那是痛彻心扉的痛，远远超越肉体的痛苦，会让一个人心灵封闭。

心灵的创伤需要用爱、用美、用真、用乐来修复和疗愈。

每次的创伤都要加倍的爱才能慢慢疗愈，疗愈的过程也是对心灵磨砺的过程，让心重新温暖起来，唤醒本自具足的心灵的力量。有些创伤过大或许就难以修复和疗愈了。

从小被滋养过的心灵，爱、美、真、乐和希望会印刻在骨子里，心灵丰富且饱满，在未来面对人生的各种风雨，遭受再大的创伤，心灵深处依然坚守着爱、美、真、乐，充满了希望。

（1）让孩子体验爱

"爱可以战胜一切。"　　　　　　　　　　　　——希尔泰

"人间如果没有爱，太阳也会灭。"　　　　　　——雨　果

"爱之花开放的地方，生命便能欣欣向荣。"　　——凡·高

爱是每个人内心最渴望的，内心没有爱，心灵是枯竭的，会由衷地悲观，感觉不到生命的意义。在三维的世界里，爱就是最高的能量，所以爱最能够滋养和触动心灵。

●爱决定了一个人的情商

就一个人的生存和幸福而言，情商的作用远远大于智商。很多人把情商理解成能说会道，把孩子也朝那个方向培养，这也是为什么家长都希望孩子外向一些，认为外向的孩子能说会道，情商就高。

感受生活中的两种人：

一种是能说会道，八面玲珑，很会跟人打交道，跟谁都自来熟一样，一开始给人的印象非常好，但相处时间长了发现这些人跟你熟了以后就想办法跟你借钱，总是想占你便宜，有什么困难找他帮一下忙就各种推脱，不为别人考虑，只为自己考虑，自私自利。跟这样的人相处时间越长关系反而越不好，慢慢"真面目"就暴露出来了，没有人愿意跟这样的人长时间打交道、深入交往，越到后面社交圈子越窄，没有真心的朋友。这样的人是情商高吗？反而是情商低。

还有一种人，话也不多，聚会什么的在人群里不特别被关注，甚至都注意不到他的存在，有机会跟他打交道后发现人特别好，心地善良，从无害人之心，有情有义，没那么多花花肠子，朋友有困难总是全力相助，这样的人虽然不是那么能说会道，还有些木讷，但交往时间越长越喜欢跟这样的人相处，而且会跟这样的人深交。这是情商低吗？这反而是情商高的表现。

情商的核心是"情"，是有多少爱，是爱的能力，是跟别人能够深入链接的能力。越有爱，跟人链接得越好、越深，情感就越深，情商就越高，其次才是社交的能力、沟通能力。如果内心没有爱，再强的社交能力、沟通能力只能暂时有作用，时间长了别人都能感受到这个人内心是什么样的。

"如果爱没有增加，一切都不会根本改变。"

● 体验真实的爱

在内在安全感章节讲的对孩子的接纳、信任、尊重和关注就是具体对孩子爱的方式。

一次次对孩子的理解和接纳，倾听孩子，信任孩子，肯定孩子，鼓励孩子，对孩子的尊重，一次次跟孩子拥抱、跟孩子链接都是对孩子心灵的一次次滋养。来自长辈的、哥哥姐姐的、自己小伙伴的一次次的爱同样是对心灵的一次次滋养。

爱无处不在，只要我们用心去感知。大自然无时无刻不在默默地爱着我们，给我们提供阳光、空气、水、土壤，还有这么丰富多彩的世界，这些无声无息的爱都在滋养着我们。

每个人在回忆童年的时候都会有几个印象特别深刻的时刻触动和震撼我们的心灵，这样的触动让我们或瞬间长大了、懂事了，或彻底改变了我们的价值观。

每天早上爸妈起来的第一件事，就是悄悄打开我的房门，然后悄悄关上，我问爸妈为什么呢，爸妈说好怕我会不见了。

有一次班主任让家长写周记，我让我爸爸写，他说没什么好写的，平时跟我相处少应该让我妈妈去写。第二天起床看见桌子上一团团的纸，外婆说："你爸昨天晚上也不知道干什么，我半夜起来上厕所，他一个人在那里写。"

爸爸一直不善言辞，这几年才知道，他的每个密码都是我的生日。

哭着喊着跟妈妈吵架，我摔门离家出走，从出门大概走了五十分钟，妈妈在后面一边流泪一边跟着我，怕我遇到坏人，从此再也不任性。

我爸年轻的时候学自行车把门牙摔了，几十年没碰过车，家人再怎么劝都不学了。后来，因为我高中要去外地上学，看我自己坐车太心疼，他偷偷去学了车，最后送我去上学，说："不能让我闺女那么辛苦。"

小时候在别人家里玩，后来那家人说不见了钱，就硬怀疑说是我拿了，我没拿，我妈和他们在楼下吵架，说："不会是我家孩子拿的，我相信她是不会做这种事的，她很乖的。"当时，我在楼上听到就哭了。我妈从来不会用语言表露她对我的爱，我还一度以为她不爱我，我妈一个弱女子把我拉扯大，爸爸在我小时候进了监狱。

以前爸爸还在的时候，我晚上出去玩不论多晚，爸爸都会在客厅等我回了家才肯进卧室睡觉，后来爸爸过世了就变成了妈妈在客厅等我。

上面这些都是在网络上收集的父母最让网友感动的事，这些事会永远停留在孩子心中，一直滋养着孩子的心灵，想到就会觉得幸福，就会有满满的能量。

万物有灵，孩子和万事万物的链接就是爱，就是在滋养孩子的心灵，链接得越深越滋养。孩子都喜欢小动物，如果条件允许，在安全的前提下要给孩子养一个小宠物，特别是有灵性的宠物，如小狗，能够跟孩子建立很深的链接和情感，能滋养孩子心灵，让人内心有爱、柔软、有温度。有些家长不明白，嫌狗脏、危险、麻烦等，会阻断孩子跟小动物的接触和链接，有的甚至把孩子养了很久的宠物直接送人或丢弃，这些都是对孩子心灵的伤害，严重的甚至是戕害，让人内心封闭、冷漠冰凉，没有温度。之前在新闻上看到一个奶奶把一条跟孙女一起长大的黄狗以十元钱的价格卖给了狗贩子，女孩拼命拉着装狗的车哭得歇斯底里，不让车走，奶奶拖拽着孙女，嘴里不断催促狗贩子快走，完全感受不到孙女的心灵需求，这对孩子的心灵是一个极大的创伤。

● 用故事滋养孩子心灵

初升的太阳照在大槐树上，小黄莺们在树上欢乐地唱歌。

黄莺妈妈听见了，立即出来摇头说："孩子们，不能唱，不能唱！"

"妈妈，不是你让我们早晨练嗓子的吗，为什么不能唱？"小黄莺疑惑地问。黄莺妈妈抬起头，用嘴指了指上面。原来上面是一个喜鹊窝。

小黄莺笑着说："妈妈，喜鹊大伯早就离开窝了。一大早，我看见他从窝里飞出去的。他飞走时，还跟我打招呼呢！"

黄莺妈妈问："喜鹊大伯怎么说的？"

"他也说，不能唱！"小黄莺很好奇地说，"为什么不能唱呢？一日之计在于晨，早晨练嗓子是最好的。于是我又唱起来。"

"喜鹊大伯说得对！你往上看，谁在睡觉？"黄莺妈妈指了指正在熟睡的猫头鹰。

"猫头鹰阿姨，她也太懒了。太阳都出来了，她还在睡觉。"小黄莺略带嘲笑的口吻说，"让我大声唱，把她吵醒！"

"别别别，猫头鹰阿姨好辛苦的！"黄莺妈妈说。

"辛苦？"

"对！猫头鹰阿姨夜晚捉田鼠真是尽心尽职。一夜能捉好几只田鼠，这会保护多少庄稼呀！她是庄稼的保护神。"黄莺妈妈很感慨地介绍道。

"啊？！难怪她睡得这么香！"小黄莺立刻停止了歌唱，然后在妈妈的带领下飞到很远很远的一棵大槐树上。

这些充满了爱的、积极向上的故事对孩子的心灵就是滋养。

在给孩子讲故事的时候，讲到感动的时刻或伤心的时刻孩子会跟着感动或伤心，会真的哭得很伤心；讲到开心快乐的时候，孩子也会手舞足蹈，很开心，这是感同身受，心灵被触动了。

●影视、艺术作品

真正好的影视、艺术作品是能够滋养、触动，甚至震撼人心灵的作品，看完以后让人久久回味，而不是仅仅追求感官的刺激。有些影视剧当时看的时候很过瘾，结束以后没有给心灵留下任何东西，很快就忘了。

能滋养心灵的影视作品，如常年霸占影视排行榜首位的《肖申克的救赎》，还有长期排在前列的《忠犬八公》《美丽心灵》。温暖有爱，震撼心灵，净化心灵的音乐，如《爱的力量》《天使帝国》《天国的女儿》。

我们老师每天都会清唱一些温暖有爱、积极向上的音乐滋养孩子，音乐在童·园是生活的一部分。

还有些影视和艺术作品的内涵是悲观消极厌世，这会让同样有如此心境的人产生共鸣，但对心灵是一种伤害和污染，看完以后会莫名地失落，陷入那种负面消极的情绪中。

网络上有一个非常震撼人心的视频。

一匹健硕的马深陷泥潭，已经放弃了挣扎，无望地等死。

碰巧三个牧民骑马经过，三个男人三种反应。

第一个男人说："没救了，出不来了。"

第二个男人问："难道它的命运就这样了吗？就这样，放弃了吗？"

他不忍心见死不救，想亲自下去救出马儿，却被第一个男人否定："想挖出来，开玩笑，没那么容易的。"

第三个男人没有说话。他先用手上的木棍戳进泥潭，拿出来看了看木棍上的稀泥，然后又抓了一把泥潭边缘的泥仔细瞧，作出一个决定，吩咐同伴："回去把马群赶过来！剩下看它自己了。"

马群来了，浩浩荡荡，它们围绕着泥潭，一圈又一圈奔跑！

健壮的身躯、激昂的嘶鸣、马蹄声响，如战鼓一般激励着泥潭中的马。

它开始受到触动！它抬头奋起，扬起前蹄，几番努力，终于跃上草地！

（2）让孩子体验美

爱美之心人皆有之，美让我们心情愉悦，感觉到世界的美好，生活和生命的美好。孩子从小就被生活中的各种美熏陶着，滋养着，心灵是愉悦的、幸福的。这一点点的愉悦、幸福的积累，一次次生活美好的感受，慢慢就会沉淀出孩子内在对生活，对这个世界的乐观、热情、期待和向往。

美不仅有外在物质世界的美，还有内在的美，那是真正的美，心灵的美，这样的美更加沁人心脾。

心灵美是发自内心的善良、慈悲，是让人动容的高尚品德，真诚、谦逊、忠、孝、乐于助人、见义勇为……是让人震撼的精神品质，坚强、勇敢、坚持不懈、不抛弃、不放弃、责任、隐忍……这些都是人心最美好的，人性最光辉的品质，是世间最美的。

苏联教育家苏霍姆林斯基曾说过："心灵美是最本质的美。美是一种心灵的体操——它使我们精神正直，心地纯洁，情感和信念端正。"

心灵被什么触动就会向往什么、显现什么、成为什么。成人要用内在美触动孩子的心灵，心灵被触动的那一刻也是真正成长的那一刻，是蜕变的那一刻。

哲学家雅斯贝尔斯说，教育的本质意味着："一棵树摇动另一棵树，一朵云推动另一朵云，一个灵魂唤醒另一个灵魂。"

人感动了、触动了会流泪。

用美滋养和触动孩子的心灵。

● 在大自然中体验美

大自然中处处都是美，清晨的阳光，姹紫嫣红的花朵，各种成熟的果实，皑皑的白雪，一望无际的草原，巍峨的高山，每个季节都有每个季节的美。带孩子在大自然中真实地去体验，孩子会发现很多很多独特的美，会沉浸其中，这个过程中心灵就会被滋养着。

● 在生活中体验美

记得小的时候虽然条件不好，但家里被妈妈布置得很美，各个季节妈妈都会采一些野花插在用酒瓶做成的花瓶里。衣服再旧都要洗得干干净净，穿得整整洁洁。每天做的都是很苦的活，割猪草，喂猪，还要到地里忙农活，但再苦，每天出门的时候都会把自己打理一番，我从来没有看到过妈妈蓬头垢面的样子。

让孩子生活在美的环境中，用有美感的物品，满足孩子对美的追求，带孩子欣赏美的艺术作品，用美滋养孩子。

除了物质的美还有心灵美，让善良、真诚、谦逊、忠、孝、乐于助人、见义勇为、坚强、勇敢、坚持不懈、不抛弃、不放弃、责任等通过体验内化。

发现生活中的心灵美，用生活中的心灵美触动孩子。

环卫工人雨天没地方避雨，路边小店主动邀请他们到店里避雨，并且提供热水给他们喝。

正在执勤的交警看到一个横穿马路的小学生，奋不顾身的飞奔过去，将孩子抱开。

下火车时乘客主动帮助残疾人拿行李，一路护送其出站。

白芳礼，在七十四岁高龄时靠蹬三轮车帮助贫困生，持续十六，资助三百个贫困孩子上学，总共捐助三十五万元，老人自己生活却很朴素。

四川七十一岁残疾老人李佰洲二十六岁时被山石砸中脊柱，从此之后高位截瘫，胸部以下全没了知觉。他忍痛和妻子离婚，靠着趴在门槛上编竹器，一编就是四十五年，不但成功养大了女儿，更是资助了十二名山区贫困生。这种坚毅品质、自强不息的精神深深感染着每一个人。

● 用美的故事、影视、艺术作品滋养孩子心灵

用心灵美的故事滋养孩子，触动孩子。

《美丽的小白兔》

小兔白白长得可漂亮了，她常常一只手拿小梳子，一只手拿小镜子，一边照镜子一边梳理自己的毛发！

妈妈问白白："你怎么天天梳头、照镜子？多浪费时间啊！"

"妈妈，我想更美丽啊！看我白白的皮肤、红红的眼睛、短短的尾巴、小巧的嘴巴，多漂亮啊！"白白扬起脸，骄傲地说。

"可是，漂亮不只是在外表，内心美才是真的美啊！"兔妈妈顺了顺白白的毛，告诉白白。

"内心美？什么是内心美呀？"白白还是头一次听说这个词呢！

"孩子，内心美就是有一颗善良的心，多去帮助别人。"兔妈妈说完，就去做事了。

有一天，白白在路上碰到了乌龟弟弟，他正背着好些粮食吃力地往家赶。

白白立即对乌龟弟弟说："让我来帮你吧！"说着就拿过乌龟弟弟身上的一些粮食，抱在自己的怀里，蹦跳着帮乌龟运到了家里。

从乌龟家里出来，白白又碰到了蚂蚁大军。一群蚂蚁齐心合力拖着几粒大米向前爬去。"让我来帮你们吧！"白白说着，就拿起两粒大米，一会儿就送到了蚂蚁的窝里。接着白白又看到小蜜蜂采了很多的蜜，累得气喘吁吁地在休息。白白又对蜜蜂说："让我来帮你吧！"于是又帮蜜蜂把蜂蜜运回了家。

白白回到家里，高兴地把自己做的事情告诉了妈妈。妈妈听了，很开心。不一会儿，乌龟、蚂蚁、小蜜蜂都来到了白白家里。乌龟带来了一些粮食，蚂蚁带来了一朵小红花，小蜜蜂带来了一些蜂蜜。兔妈妈高兴极了，一个劲地对大家表示感谢。而乌龟、蚂蚁、小蜜蜂却齐声说："我们应该谢谢白白，是她帮了我们。"

白白听了，虽然还没有吃小蜜蜂带来的蜂蜜，但心里就如同吃了蜂蜜一样甜。

艺术是一种美学，能够充分地表达美，用美的方式来表达。

让人心旷神怡优美动听的音乐，如《故乡的原风景》《茉莉花》《天国的女儿》《夜莺》……栩栩如生意境悠远的绘画，如黄公望的《富春山居图》，王希孟的《千里江山图》，保加利亚水彩艺术家维内塔·多切娃的水彩画，莫奈的《睡莲》……千古绝唱的诗词歌赋，如"夕阳无限好，只是近黄昏""此情可待成追忆，只是当时已惘然""无可奈何花落去，似曾相识燕归来""两情若是久长时，又岂在朝朝暮暮""同是天涯沦落人，相逢何必曾相识""衣带渐宽终不悔，为伊消得人憔悴"……

让孩子体验到各种艺术的美，用艺术滋养触动孩子的心灵。

（3）让孩子体验真

真是一切的前提，没有真其他都是假的、虚伪的。心灵本能地会抗拒一切假的、虚伪的，那是对心灵的一种污染和戕害。对于真的，心灵会直接吸收，只有真才能滋养到心灵。

让孩子体验到真，体验大自然，体验真实的世界；体验真实的人，体验到人的真诚，这是最能打动人心灵的；体验真实的情感，人的真情实意，会触动人心，而虚情假意会让人心生厌恶；体验真实的美，那才是能够真正沁人心脾的美，虚假的美、做作的美心灵会本能地排斥。

让孩子体验真，孩子的心灵才能感知真，分辨真和假，才会不断地追求真，让心灵更加真实、饱满。

（4）让孩子体验到乐

系列纪录片《小小少年》第三集《自然之道》中，来自广州越秀区的少年殷然沉迷于对昆虫的研究，他对昆虫的品类、习性如数家珍，也在探索昆虫的过程中结交了苗大虫、风顺等各路大神虫友。

殷然的家里摆满了他养的昆虫。

"昆虫的害益之分是人类乱编的，所有自然中的物体都没有好坏之分。"这是殷然眼中的"自然之道"。

神奇瑰丽的大自然，也在殷然捕捉昆虫的过程中，通过《小小少年》的镜头真实完整地呈现出来，宛若一首神奇的夜晚交响曲。

这就是心灵被某一个事物吸引了，体验到了其中的乐，心灵被激发所产生的力量，会让一个人倾注全部的热情投入其中。这不仅仅是学习和成长了，而且是全身心跟这件事融为一体，这样的成长和发展才能达到一个真正的高度。

这就是为什么如前面所讲，一个人最大的能量和力量就是心灵被触动，激发出的能量和力量。人最幸福的事就是能够找到触动自己心灵的事物，然后倾注全部的热情投入其中，让心灵充分地绽放。

多让孩子体验，让有意义的事物触动孩子心灵。孩子的心灵会被什么打动、什么时候被触动，这不是家长能规划和控制的，家长所要做的就是打开格局和思维，给予孩子充分的自主，对于孩子热爱和痴迷的事物，给予充分的理解和支持，让孩子的心灵能够得到充分的绽放。

庆幸的是，殷然生长在一个"虫羽鸟"家庭，父母都理解并支持他的热爱，同时也会对儿子循循善诱，教导殷然应该合理分配自己追逐热爱的时间。家长对少年的热爱有着至关重要的影响，正像殷然妈妈所说："把孩子好玩的事情都搞掉，人生不是非常无趣吗？"

《小小少年》的导演孙超发现，孩子找到自己喜欢的领域，能坚持下去的关键原因，就是父母的支持。

在拍摄中，孙超问过殷然妈妈："自己孩子跟别的孩子不一样的地方在哪里？"

殷然母亲回答："没有任何区别。每个孩子都有机会去探索自己的兴趣爱好，但是有的孩子没能坚持下去，问题其实出在家长身上。"

关于触动心灵的内在力量，孙超说："我们叫《小小少年》，不叫'天才少年'。"导演组找的孩子都是普通孩子，而非天才儿童，但我们不能小瞧任何一个看似普通的孩子，他们可能有"隐秘的技能"。这些孩子非常痴迷于某一领域，并且一直坚持着自己的热爱，甚至为了热爱付出寻常人达不到的时间和精力。

孙超强调，影片的主题是痴迷，不是天赋。因为孩子痴迷，愿意花费更多的时间和精力去研究，才会让人觉得有天赋。"通过他们的成长故事，让更多观众看到少年身上闪闪发光的向上力量，让家长和老师们重新审视自己的教育观，从而为少年的成长提供更多可能。同时，每个成年人也能在少年身上看到自己的成长缩影，从而重新燃起对生活的热爱。"

正如B站纪录片制作中心制片人朱咪所说："少年们在很小的年纪就能找到自己真正的兴趣所在，是件非常幸运的事情，也希望通过《小小少年》告诉大家，无论任何时间、任何年纪，都可以奔赴热爱。"

一个经常和我一起打篮球的小伙子，长得五大三粗的，开了个钢琴馆，他就是钢琴老师，亲自教孩子上课。我跟他开玩笑，为什么他这个"粗汉子"会学弹钢琴，他说他从小就喜欢唱歌，看到电视里唱歌就喜欢，不自觉地跟着唱，听到钢琴声音就喜欢，所以开始都是自己断断续续一点点自学的，到初中毕业以后才报了个钢琴班系统学习。

学校里有个孩子叫圆圆，特别喜欢螳螂，到户外首先就要找一下有没有螳螂，其他孩子只要发现螳螂都会叫圆圆过来，只有圆圆敢捉，家里都是关于螳螂的书，画画画得最多的就是螳螂，对螳螂的习性等各种知识如数家珍，他妈妈还买了螳螂卵给他自己孵化小螳螂，老师还会在团讨课的时候让圆圆给大家讲关于螳螂的知识。

还有个孩子叫点点，对植物特别感兴趣，并且颇有研究，只要是植物他都喜欢，到户外遇到不认识的植物问点点就行了，不但知道这个植物的学名，还知道这个植物特性等，在学校里我们都称他为"点博士"。

心灵被什么滋养，被什么触动、打动，感受到乐，就会对什么感兴趣，从而迸发出最大的热情和能量，会不知疲倦，废寝忘食，并且乐在其中，也感觉不到累。累完全是个假象，只要感兴趣，愿意，就会乐此不疲，充满了能量；不喜欢，没兴趣，压抑，自然也毫无动力，越做越累。

能够迷上一件有意义的事是人生最幸福的一个状态。

（5）目标、志向、梦想

目标、志向和梦想能最大化地激发一个人的主观能动性，让人生有了方向和意义。

目标、志向和梦想不是外界给的，而是心灵被打动、被触动，由内而外萌生出来的，所以心灵是一个人动力的源泉。家长要做的不是把自己的目标、志向和梦想强加给孩子，寄托在孩子身上，那是外力，不是孩子的内在力量，如果跟孩子的内在冲突会让孩子压抑、身心分离、有人生无意义感等。而是要激发孩子自己的目标、志向和梦想，用孩子自己的目标、志向和梦想引导孩子、唤醒孩子。当孩子有目标时，有自己的志向时，梦想被点燃时，生命才开始真正绽放，焕发光芒。

具体就是用爱、美、真和乐来打动、触动孩子的心灵。打动和触动得越深，越能够激发目标、志向和梦想。

●目标

孩子的成长是由内而外成长的，每一步的成长都是为了完成心灵的某个目标。在完成目标的过程中心理、品行、品质、智力、能力、技能、知识、基础感官自然就得到了最好的成长和发展。

孩子从出生开始，为了自己活动范围更大、能独立，会主动学习抬头、翻身、独立坐、爬、走路；为了满足自己的好奇心、探索欲、成就感，看到什么都要玩，都要自己做，要学习；因为自信和自尊，看到别人会做的自己也要做，在竞争中要赢；为了得到自己想要的物品会努力争取。

每个健康的孩子心灵都是饱满的，充满了活力，对外界充满了好奇和兴趣，不会无欲无求、躺平、消极。

学习最好的方式就是以孩子为中心，用游戏化、生活化、艺术化、探索等方式，顺应孩子心灵的目标，激发孩子学习的欲望，让孩子主动学习。不能以老师为中心，让孩子机械地学习，灌输式地学习，逼孩子学。为什么要学？学了有什么意义？不清楚，所以孩子没有学习热情和动力，自然各方面的成长也有限。

孩子看到教室里老师亲手缝制的娃娃、小动物，用木头做的小汽车，自己也想做，在做的过程中就学会了使用针线、工具，遇到困难也会自己克服，不会放弃，锻炼了能力和意志力。单纯拿着针线教孩子如何使用，孩子在学会了最基本的操作以后就没有兴趣和动力再深入，在学的过程中遇到困难也很容易放弃；看到其他孩子跳绳跳得很好，很羡慕，自己也想那样，会主动让妈妈买跳绳，天天放学回家跳，不知疲倦，每一次能够连续多跳几下就很兴奋，有成就感，离目标又近了一步，过程中锻炼了体能、感统和意志；想学会骑车，想随心所欲地玩滑轮，想用乐高拼一个小汽车……有目标就会主动学习，全情投入，甚至废寝忘食。

孩子的感知和认知起初还没有那么深和远，只有眼前的一个一个小目标。随着孩子成长，感知和认知能力有所提高，会有更大的目标，那就是志向和梦想。再远大的志向和梦想也都是由一个一个小目标组成的。

●志向

目标上升一个层次就是志向。

"人无志不立。""志不立，天下无可成之事。"

有志向，立志能使人内在产生强大的精神力量，为了志向全力以赴，勇敢前行。

无志者，天才可归于平庸；有志者，垄亩亦可飞鸿鹄。

没有志向，人生也没有目标，感受不到人生的意义，会随波逐流，亦步亦趋，甚至放逐自己。

"立志而圣，则圣矣；立志而贤，则贤矣。"

志向不是外面给的，不是这个事有价值、有意义，就该以此为志，而是心灵被打动、被触动，由内而外萌生出来的，是自己觉得这个事有价值、有意义，想成为榜样那样的人。

要让孩子能立志，就是要用爱、美、真和乐打动孩子、触动孩子，立志做一件有意义的事。让孩子有一个自己认同的、崇拜的、积极正面的榜样，立志成为那样的人。

榜样的力量是无穷的。

东汉末年的千古医圣张仲景，在少年时被统治阶级的腐败、当时瘟疫的肆虐所触动，立下"不为良相，则为良医"的豪迈志向，从此决心将毕生精力投入到治病救人的医学事业之中，终于成为千古医圣。

著名作曲家赵季平从很小的时候就看父亲画画，陪父亲一起听戏，童年时的赵季平就已经开始做着一连串与音乐有关的梦了。"从小学三年级开始，我就立志当一名音乐家，冥冥中有一种使命感。伴随人生阅历增长，这种使命感逐渐清晰起来，那就是创造中国自己的黄钟大吕。我相信经过几代人努力，中国音乐将在世界音乐之林中获得应有的地位，为人类音乐文明做出更大贡献。"

1998年的大洪水，六岁的江珊在洪水中被奶奶用双手推上了一棵白杨树，九小时之后，一名头上戴五角星的武警消防战士将她救了下来。这次事件触动了江珊幼小的心灵，她立志也要成为一名这样的英雄，二十三年后江珊进入了武汉铁路公安局，穿上了警服，实现了她的志向，成为一名光荣的人民警察。

现在孩子教育最大的问题之一就是家长只关注孩子的考试成绩，一切跟学习无关的都被忽视，孩子唯一的志向就是考个好大学。这就造成很多孩子考上大学以后志向达成了，立刻就会懈怠、放纵、沉迷网络和游戏等，导致越来越多的大学生得了"空心病"，找不到人生的方向和意义。

还有一部分孩子在应试的学习中体会不到成就感和快乐，找不到价值感和存在感，没有动力，没有学习的志向，除学习以外的兴趣又被家长各种压制，所以出现了越来越多的厌学、辍学现象。

还有就是网红经济和饭圈文化也会影响孩子的志向。各种无底线无下限、搔首弄姿的网红，毫无内涵、"阴柔"的劣质偶像大行其道，充斥着网络，青少年对流行文化比较敏感，追逐新潮，很多孩子的志向就是要做这样的网红，整天无所事事，就想着各种做作搞怪，博眼球。这个时代孩子的成长陷阱太多了，这无疑又是一个陷阱，价值观和思想意识正处在形成时期的青少年，一不小心就会被带歪，家长一定要用积极正面有意义的价值观引导孩子，让孩子体验真正有内涵有意义的爱、美、真和乐，让孩子接触各领域积极正面的偶像。同时，家长的格局和思维要打开，要丰富孩子的体验，开阔孩子的视野，增加孩子的见识。孩子的志向绝不应仅仅是狭隘短期的考个好大学，世间一切积极正面美好的事都可以是孩子的志向。

从个人志向，到家庭家族志向，再到国家民族志向，志向有多大，孩子的动力就有多大；志向有多远，孩子就能走多远。

随着孩子心灵的成长，见识和体验不断丰富，孩子的志向也会不断更大更远，让孩子一直拥有源源不断的动力，持续前行，绽放出自己人生的光芒。

●梦想

志向再上升一个层次就是梦想。

"人因梦想而伟大！""有梦想谁都了不起！"人生有梦想才有意义，梦想能激发人一直前行。

梦想就是要完成什么样的事，要成为什么样的人，是心灵被深深地滋养、打动、触动而升华的。

梦想也许实现不了，但能够一直支撑自己的灵魂和生命。

阿拉法特被巴勒斯坦地区千百年的民族矛盾和战争触动，为巴勒斯坦民族独立和中东和平的梦想奋斗一生，成为整个巴勒斯坦民族的精神领袖。

"七一勋章"获得者张桂梅在一次次家访中被山里女孩因为贫穷读不起书的情况而触动，梦想办一所不收费的女子高中，把山里的女孩子都找来读书。因为这个梦想，她创建了丽江华坪女子高级中学。

中国工程院院士，"杂交水稻之父"袁隆平一生都在为其两个梦想——"禾下乘凉梦"和"杂交水稻覆盖全球梦"——而不懈奋斗。

梦想不但能激发自己所有的内在力量，还能吸引和凝聚身边的力量，甚至国家和社会的力量。

教育的意义就是用爱、美、真和乐滋养、打动、触动孩子，点燃孩子的梦想！升华孩子的梦想！那是孩子内在的"核动力"！

所以，教育的本质是激发，是唤醒，是触动孩子的心灵，点燃心灵中的光，点燃孩子的梦想！

（6）心灵的表达

心灵需要绽放，表达是绽放的方式之一。通过表达，能释放自己、调节自己、疗愈自己、展示自己、实现自己的价值，等等。

有人通过语言或文字，用准确恰当的词汇，把内心最细微的感受、想法、思想表达出来；有人通过诗歌、音乐、绘画、舞蹈等艺术方式表达出来。这些艺术只是表达方式，表达的是心灵的内涵，是内在的体验和感受，这才是艺术的本质、艺术的源头，所以艺术来源于生活。艺术不是简单直接依葫芦画瓢式的表达，而是提炼本质和意义，融入思想和境界，是对生活的升华，所以艺术又高于生活。

●画画

画画是心灵的表达方式之一，画画的核心是表达自己的内在，这是画画的本质，而不是画得像。仅仅是画得像那是画画的技能，画得再像也属于画匠。能够用画画来表达自己，这样的画画才有意义，画画的技能是为了能够更好地表达自己。

孩子本能的画画方式就是身心合一的，就是在表达自己，天马行空，不拘泥于形式，随心所欲，想画什么就画什么，想怎么画就怎么画。让孩子自由地画，涂鸦，虽然只是一些乱七八糟的线条，如果问孩子你画的什么啊，孩子就会绘声绘色地详细解说他的作品，"是高铁在走""画的是喷泉"……

每周一的蜡笔画课堂，孩子画的就是上周玩的内容。孩子在无聊的时候画画，会把曾经玩过的、好玩的、印象深刻的画下来；开心的时候会把开心的事画下来；不开心的时候也会用画画来表达情绪；会画自己想象的好玩的事；会画自己期望的事、梦想的事……内在都可以用画画来表达。

很多家长和外面绝大部分的绘画兴趣班认为孩子这样乱画没有意义，会直接教孩子画画的技能和技法，拿一个现成的物品让孩子照着样子画，长期如此直接改变了孩子画画的思维，不是表达自己，而是为了画得像。经常遇到被这样训练过的孩子来到童·园，画画的时候第一反应就是问老师今天画什么，而童·园的孩子会拿起笔随心所欲地创作。

还有一点，技能技法很大程度上只是在练习精细动作，孩子会很快就感觉枯燥乏味，而且会因为有难度让孩子对画画失去兴趣。

让孩子自由涂鸦，表达自己，孩子会对画画充满了兴趣，同时在画的过程中技能自然就得到了一定的锻炼，最关键的是形成了用画画表达自己思维的习惯。专业绘画技能的学习可以在孩子九岁左右开始，画画的思维在九岁之前已经形成，这个时候孩子有足够的意志力和理解能力，为了更好地用绘画表达自己而主动学习枯燥的技能技法。

●舞蹈

舞蹈是通过肢体语言表达心灵。孩子在很小的时候听到音乐就会跟着节奏自然地舞动，这是身心合一，节奏在身体里自然流动的过程，动作有些随性，甚至"乱七八糟"，这是孩子用自己的方式在表达。现在绝大多数舞蹈兴趣班的学习一开始就是脱离节奏，练习基本动作，这样完全是身心分离的。七岁前的孩子还没有足够的理解能力能够理解，没有足够的意志力能够控制自己，这些基本动作对孩子来说就是枯燥乏味的、痛苦的，会让孩子对舞蹈反感、厌恶。

可以发现像画画和舞蹈这种类型的兴趣班首先需要的不是技能技法的学习，而是按照孩子的兴趣让心灵自由地表达，到一定年龄再学习技能和技法。起初就学习技能和技法反而本末倒置，会让孩子失去兴趣。

上面就是如何通过体验滋养、打动、触动孩子心灵。了解了就知道现在网络和游戏对孩子的伤害有多大，是直接戕害孩子的心灵。游戏上瘾以后沉溺于虚拟世界就不会跟真实世界链接，心灵得不到真实的滋养会麻木、枯竭、僵化，一些暴力的游戏还会污染孩子的心灵。

二、吸收

人的心智具有吸收性的特质，孩子的吸收性特质更强，所以能够从环境中吸收"营养"来发展自己，能耳濡目染，会模仿，环境中有什么就会吸收什么，然后建构自己，成为"精神体"的一部分。

就是因为有吸收性这一特质，所以环境是影响一个人"精神体"发展的最重要因素之一，人就是环境的产物。

三岁上幼儿园，进入群体以后，对孩子的影响就不仅仅是家庭环境的影响了，还有家庭以外，学校、群体等各种环境的影响。随着孩子的成长，跟父母待在一起的时间越来越少，家庭以外环境的影响会越来越重要。

无意识吸收

什么是无意识？通俗地讲就是自己没有刻意，不知不觉中，自己都不知道的状态。

孩子会无意识地吸收环境中的一切，这种吸收是主动的，不知不觉的，孩子在潜移默化中就吸收到了。

1.吸收成人的安全感

在外部安全感的章节讲过，要让孩子有安全感最重要的就是成人平和稳定的情绪状态，其中一个最重要的原因就是成人内在的状态孩子都能够吸收到。

影响孩子安全感并不是要直接作用于孩子，成人的不安全感导致的焦虑、担心、畏首畏尾、患得患失、悲观失落等孩子都能吸收到，时刻在潜移默化地影响着孩子。

有时我们看到一个孩子安全感特别不好，会去详细了解孩子从小的生活环境以及成人对待孩子的方式，发现虽然现在很多家长特别注重孩子的教育，生活中也会注意，不会对孩子打骂，知道这样会伤害孩子，甚至吵架都会避开孩子，但孩子的基本安全感还是不足，再深入了解就会发现，整天带孩子、跟孩子接触的成人内在的安全感不足，整天皱着眉头，闷闷不乐的状态，这样的状态孩子就会吸收到。同样，成人内在的平和、放松、稳定、积极乐观的状态孩子也会吸收到。因此，核心和焦点永远是在成人身上。

2.吸收知识

父母从来没有像教孩子知识那样教孩子学说话，但每个健康的孩子都能学会说话，就是在环境中吸收的。孩子语言的发展最重要的因素就是环境，环境中有什么样的语言就会吸收什么样的语言，环境中语言的丰富程度决定了孩子语言发展的程度。

芝加哥大学妇科及儿科教授、小儿人工耳蜗项目负责人达娜·萨斯金德在她的书籍《父母的语言》中记录了一个真实的案例，她帮助治愈过不少对有声世界差点失去希望的孩子。在后续跟进病人康复情况的时候，她发现了一些差异性非常大的结果，其中这两个小孩的结果对比最为强烈：

这两个耳蜗植入患者分别叫扎克和米歇尔，在手术成功后出现了截然不同的康复结果。

扎克开朗阳光，就读于一所公立学校，阅读水平达到了正常三年级水平；同样上三年级的米歇尔却不得不在"特殊教室"里学习，只会比画简单的手语和说少量单词的她，阅读能力仅达到幼儿园水平。

萨斯金德医生非常不解：他们明明有着同样的智力、同样深爱他们的父母、同样的先天性耳聋，并同样成功地接受了高端仪器治疗，为什么有如此大的差距呢？

她开始思考：是不是父母的语言对孩子产生了这么大的影响？为了弄清楚事情的真相，她收集了大量资料。原来早在1995年，就有贝蒂·哈特和托德·里斯利两位学者在做这方面的研究了，他们发现一些孩子在四岁前比其他孩子少听了3000多万个单词，那些听了更多单词的孩子在进入学校之后，不论是心理还是身体方面，都能更加适应环境，他们在三年级时较同龄人拥有更丰富的词汇量、更强的阅读能力，且在考试中得到了更高的分数。

以下是萨斯金德医生得出的数据：

十三至十六个月的孩子中，平均每小时听到的语句：

脑力劳动者家庭的孩子——487句话/小时，

工人家庭的孩子——301句话/小时，

儿童——0句话/小时。

三岁孩子掌握的词汇量：

脑力劳动者家庭的孩子——1116个单词，

接受福利救济家庭的孩子——525个单词。

三岁孩子累计听到的单词量：

脑力劳动者家庭的孩子——4500万个单词，

接受福利救济家庭的孩子——1300万个单词。

一年内的积极词汇数量：

脑力劳动者家庭的孩子——16.6万个，

工人家庭的孩子——6.2万个，

接受福利救济家庭的孩子——2.6万个。

一年内的禁忌词汇数量：

脑力劳动者家庭的孩子——2.6万个，

工人家庭的孩子——3.6万个，

接受福利救济家庭的孩子——5.7万个。

父母忙于生计的孩子或者留守婴儿时期，孩子的大脑每天都在快速生长，神经元每天不仅仅在链接，也在断开。听到更多词汇的孩子接受到的语言刺激更多，从而神经元会更发达一些，就像我们锻炼肌肉一样。

因为神经有可塑性，早期语言环境将决定每个人大脑中分泌的激素，婴儿时期就能分泌压力激素（皮质醇），妈妈和孩子的互动决定了孩子体内的激素水平，压力激素会伤害到孩子的语言能力、学习能力、行为能力、自我及情感控制能力。否定词汇会影响到孩子的智商、词汇量、语言处理速度、学习能力、成功能力和潜力等。

每一个词都是一个知识点，在不同环境，孩子潜移默化吸收的知识就会有很大差距。

从这方面也说明了阅读对于孩子的重要性。在阅读的时候自然就吸收了丰富的词汇和知识，大量的、长期的阅读会不断积累大量的词汇和知识，提高了阅读理解能力和写作能力，这是将来学习语文这门学科的核心。

语文的核心就是需要大量阅读，所以语文到后期如果跟不上是很难在短时间内快速提升的，因为大量阅读是短时间做不到的，这需要长时间积累。

3. 氛围的吸收

曾经在新闻里看到大学生用各种方式抢考研自习室，有的用书本占位子，有的用字条，还有的用铁链把凳子锁起来，无所不用其极，就为了一个自习室座位。看到这样的新闻是不是觉得很奇怪，不就是自习吗？哪里不能自习，非要到自习室吗？

可以设想一下，如果你要考研，在宿舍里自习，其他室友都在热火朝天地打游戏，时不时发出爆笑声，这个时候你能不能静下心来学习呢？除非有超强的意志力，一般人根本没有这样的意志力能在这样的环境中学习，即使用意志力克制也会耗费自己巨大的心力，这些心力本可以全部用在专注学习上。再回忆一下初三或高三时的学习状态，每天就是三点一线，没有一点娱乐时间，几乎全部时间都是在学习。现在想想简直不可思议，当时是怎么度过的，现在无论如何也达不到那样的状态。但实际情况是当时也没有感觉有什么特别，就这样自然而然地度过了那段最艰苦的岁月，因为大家都是这样的，整个环境的氛围就是如此，这就是环境氛围的力量、场的力量。处在大的环境氛围中如同大海里的小船，身在其中就会随着浪潮流动，会被整个氛围融化、带动，而自己不需要花费额外的精力。这样就理解了为什么大学生自习要抢自习室，在自习室里有学习的氛围，人越多氛围越好，在这个氛围的带动下很轻松地就能够静下心来，可以把全部的精力都用在专注学习上。

这个给我们的启发就是，想要让孩子是什么样的状态就把孩子带到那样的氛围当中，或创造那样的氛围。

经常有家长问我，孩子在家不好好吃饭，每次吃饭的时候到处乱跑怎么办？这种情况首先要根据孩子的年龄排除孩子这方面能力发展的问题。如果三岁的孩子还不会自己吃饭，那就是父母教育方式的问题，代劳太多了，孩子的精细动作、自理能力、独立性都没有发展好。如果孩子会自己吃饭，仅仅是吃饭习惯的问题，那就不是什么大问题，到上幼儿园的时候这个习惯会自动扭转过来，因为有集体的氛围，大家都在安安静静地认真吃饭。相反在家里的氛围是轻松自在的，大人吃饭的时候都说说笑笑，看看手机，孩子当然也是轻松自在的，比较随意，这个时候要求孩子规规矩矩坐在桌子上吃饭，没有氛围的影响，在理解能力、自我控制能力还没有发展得足够好的时候孩子很难做到，所以这方面可以不要对孩子要求那么严格。

孩子睡觉也是同样的道理，要想让孩子睡觉，在睡觉之前要创造安静的氛围，不要进行激烈的游戏，可以讲一些睡前故事，这样孩子的心就会被带动得静下来，容易入睡。

孩子上小学以后，家长普遍遇到一个问题，就是孩子做作业的问题，没办法静下心来做作业。正常孩子一个人确实很难静下心来认认真真做作业，绝大部分家长就是不断地给孩子各种压力让孩子规规矩矩地做作业，孩子就用各种方式反抗，即使迫于压力坐在书桌前，也是磨磨蹭蹭，仿佛身上有虱子，动个不停，一会儿要喝水，一会儿要上厕所，稍微有一点响动就会很好奇，很难静下心来。对于意志力还不能让自己安静下来的孩子需要一定的外力帮助孩子控制自己，家长需要"盯"着。家长可以从氛围方面着手，选一个安静、相对封闭的环境，帮助孩子排除外界的干扰。还可以找几个同学大家一起做作业，给孩子创造一个好的做作业的氛围。校外托管机构最大的作用就是有这样的一个氛围。

好的学校除了优秀教师是一方面，另一方面就是整个学校的氛围非常好。

如果一个学校的学习氛围很好，大家都一门心思学习，那在这样的氛围中自然也会"四大皆空，六根清净"，能发挥出自己最大的智力潜能。如某中学创造了极致的学习氛围，自然取得了傲人的成绩。相反，学习氛围差的学校，大部分学生都无心学习，即使有学生想发奋学习，在这样的氛围下也很难不被同化。

如今一些偏远地区、乡镇的学校和城市里的学校相比，其中最大的差别之一就是学习氛围的差别，从家长到学校再到整个大环境对学习的重视程度不一样，不同的氛围就造成了孩子学习的专注度不同。

想要孩子成为什么样，就把孩子带到那样的氛围中，就用那样的氛围影响孩子。

4. 吸收习惯、性格、品质、品行和心灵

可以观察一下自己特别熟悉的朋友，会发现他身上的一些核心特质，习惯、性格、一些品质、品行和心灵跟他父母如出一辙，自己身上也带了父母的一些特质。这些父母根本没有刻意地教，长期生活在一起，孩子耳濡目染潜移默化都会吸收到。

一句老话是"有其父必有其子"。

教育不是指向孩子，而是父母首先做好自己，父母首先是孩子的榜样。

《韩非子》中记载了"曾子杀彘"的故事。

曾子的妻子要去集市，孩子不肯，一直跟在后面哭泣。妻子便对孩子说："你先回去，等我回去给你杀猪吃。"

孩子一听，停止了哭闹，妻子得以顺利前往集市。

妻子回来后，曾子便动手准备杀猪。妻子一看，赶紧阻止："我只是和孩子开个玩笑，不必当真。"

曾子却严肃地说："你不可以与儿子开这样的玩笑，儿子什么都不懂，他只会学习父母的行为，听从父母的教导。你欺骗他，这是在教他骗人，以后他就不会再相信你了，这不是教育孩子的正确方法。"

于是，曾子就把猪杀了，煮给孩子吃了。

为什么现在有些孩子在家里总是时刻戴着耳机，就是为了逃避父母的唠叨。言传不如身教，父母做到了，孩子自然会吸收。

想让孩子干净整洁，拥有好的生活习惯，首先父母要以身作则；想让孩子有

礼貌，见人打招呼，首先自己待人接物就要有礼貌；想让孩子乐观阳光，积极向上，生命力饱满，首先自己心态要乐观阳光，有追求，积极向上，充满活力，有饱满的生命力；想让孩子意志坚强，首先自己要坚韧不拔；想让孩子品行端正，首先自己在为人处世的时候要行得正坐得端，做好榜样；想让孩子有爱心，首先自己要乐于奉献。

"父母是原件，孩子是父母的复印件。"

重庆著名的孙小果案件，孙小果的一生都在犯错，每次犯错，母亲孙鹤予都会无所不用其极地为他开脱。包庇、徇私舞弊、枉法、行贿……各种恶劣品行让人触目惊心。在孙小果的成长道路上，母亲孙鹤予对他的影响极重，可以说正是由于其母不端品行的影响，才导致他养成自私自利、为所欲为、逃避责任和狂妄自大的不良品性。

孩子各方面成长如同孩子学说话一样，看上去什么也没有学，其实一直在"默默"吸收，最终说话口音、语气跟家长一样。

用现在流行的正能量和负能量的说法来表述就是，在正能量的环境、跟正能量的人一起，吸收的就是正能量；在负能量的环境、跟负能量的人一起，吸收的就是负能量。

孩子在三岁上幼儿园进入群体以后，随着成长，跟父母接触的时间会越来越少，受同伴环境的影响会越来越大。积极正面的方面会被同伴所带动，消极负面的方面也会被同伴所影响。家长一定要关注、感知孩子的同伴环境，引导、帮助孩子选择积极正面的同伴，远离一些品行不端、消极负面的同伴。

要影响孩子可以创造相应的同伴环境来影响孩子，让孩子进入一个健康的社群。

想让孩子勇敢就跟勇敢的孩子多接触，在潜移默化中就会被影响。任何说教、激励都比不上优秀的同伴发挥的作用和价值，"近朱者赤，近墨者黑"，可见社交圈的选择对孩子有多重要。

一定要带孩子多接触大自然，在大自然中探索和玩耍。大自然生机勃勃，充满了生命的气息，孩子会吸收到大自然万物的生命力，这是生命最宝贵的部分。

有意识模仿

模仿是人的天性，从一生下来就自带这种能力。随着年龄的增长，孩子的模仿能力也越来越强，有样学样。

在自然界，动物的生存能力就是靠模仿学会的。小狼从生下来就跟着母狼，看母狼怎么捕猎，等自己长大了就学着母狼的样子独立捕猎生存。在科技还不发达的旧社会，人类一代一代地繁衍生存也是如此，孩子在家庭里从小看母亲做各种家务，跟着爸爸劳动，从小就在模仿中学习，掌握这些生活生存的技术和能力。

孩子从来不会听你说什么，只会看你做什么、怎么做，因为孩子会模仿。孩子还没有"是非"观念，什么都会模仿。经常有些家长问，孩子说脏话怎么办？肯定是日常生活的语言环境中有脏话的"成分"，孩子才模仿到的。此时越不让孩子说，越是一种强化，所以焦点不要盯着孩子，而是要改变环境，只要环境中有，孩子依然会说，即使被成人制止，私下偷偷摸摸也会说。如果环境中没有，孩子说的时候就当没听到，慢慢也就会淡忘了。

家长总是抱怨孩子爱看电视，玩手机，这不都是模仿成人吗？！家长在孩子面前大部分时间都在刷手机，孩子当然也会模仿。如果家里都没有电视，孩子哪会有看电视的习惯？甚至压根就没有看电视这个概念。

明明是成人先跟孩子谈条件的，就不要责备孩子也会跟你谈条件，孩子只是有样学样。

父母看到路上有垃圾顺手捡起来扔到垃圾桶里，孩子自然也会养成爱护环境的习惯。

模仿是最好的学习方式，没有成人的控制和要求，都是自己自发主动地学习。不管是华德福教育还是蒙台梭利教育，在七岁之前都是混龄教育。混龄对于孩子是最好的成长环境，有同龄的孩子、大孩子、小孩子，小孩子会模仿大孩子，同龄的会相互模仿，大孩子会教小孩子……一个群体就是一个完整的生态，里面各种成长发展的元素都有。

在学校里老师的一言一行都是孩子模仿的榜样。所以，在童·园，孩子在自由工作的时候，老师必须专注地工作，如同在家里妈妈在做家务一样，这样专注的工作状态是孩子最好的模仿榜样，孩子会模仿老师，会吸收老师内在那种专注的状态。很多时候老师在工作的时候会自然地吸引孩子，孩子们都围着老师，有的就专注地看着老师在工作，有的问这问那："老师，你在做什么啊？""这个怎么做啊？"有的立刻就要模仿老师一起做……

给予孩子积极正面的状态让孩子模仿是老师时刻需要注意的。

吃饭时，只要有一个孩子说哪个菜不好吃，其他孩子不管是否真的觉得不好吃，都会纷纷效仿说不好吃。这个时候，作为引领者的老师一定要给孩子重新建立积极的影响："我觉得很好吃啊，这个菜还在我嘴里面唱歌呢！"孩子感觉新奇又好玩，经过这样引导，孩子会重新接受之前被集体嫌弃的菜。

有的教育理念要求孩子工作的时候老师要在边上观察孩子。首先可以感受一下，当自己在认真做一件事的时候有个人一直在旁边盯着是什么感受？会心神不宁，总感觉旁边的人随时会来干预自己，如果经常干预还会影响自己的专注力，让自己心烦意乱。还有个影响就是这样会给孩子一个不好的榜样，好像老师整天无所事事。如同有些妈妈在孩子上学以后为什么要出来工作，其中一个重要的原因就是要给孩子一个好的榜样，让孩子看到妈妈是努力工作、积极向上的。

创新的前提首先就是模仿，先把前人的学会，学扎实了，然后在此基础上再不断精进、创新。而不要想着一步登天，基本的东西还没学会呢，却整天想着创新创造，试图一鸣惊人。

1.见识

有一种热带观赏鱼，在小鱼缸里不管养多长时间，也只能长到三寸来长，然而，将这种鱼放到大水池中，两个月就可以长到一尺长。能长多大是由空间决定的，有多大空间就能长多大。这就是一个人的见识会影响一个人的发展。

生在大山里的人为什么要走出大山，就是因为在大山里太封闭了，能做的就是每天种地，日出而作，日落而息，纵使再有才华也发挥不出来，不知道自己能做什么，有什么可以做，以为世界就是这样，见识不到外面的世界是什么样的。走出大山以后会发现原来世界这么丰富多彩啊，有这么多有意义的事可以做，处处是机会，才华也有施展的地方，需要学习的太多了，每天时间都是不够用的，很充实，不知不觉中每天都在发展和进步。

（1）见识能够拉高梦想

问孩子长大的梦想，孩子会回答梦想是当警察、当老师、当医生、当消防员，有的孩子还会说当公交司机。因为孩子生活中只见过这些，见识决定了眼界，决定了一个人的梦想。

见过很多人的人生才有人生观，看过世界才有世界观。局限导致狭隘，见识拓展思维，能够不断拉高一个人的梦想。

（2）见识能够不断提高专注力

在讲专注力时讲过，专注力的本质就是要认知和思维能力得到进一步的发展和提高。随着孩子的成长要不断扩大孩子的见识，这样孩子的专注力才能得到不断发展，否则孩子的认知和思维都是在闲置着，没有更高、更深的东西可以去学习和探索。

如同一个大学的金融专业的两个毕业生找工作，能力旗鼓相当，一个进了普通的证券公司，一个进了巴菲特的公司，同样都工作三年。进了普通证券公司的可能每天除了完成一些基本工作外，其他时间都无所事事，想成长却没有方向和榜样。而另一位进入巴菲特公司的，接触的都是行业内的顶尖人才，每天都源源不断接收到新的东西，大脑像海绵吸水一样拼命吸收，能力自然也会得到持续不断的提升。显然三年以后两个人在金融方面的认知和思维是完全不一样的。

当一个人在一个环境里觉得很充实，每天有很多东西要学，甚至感觉时间都不够用，这是一个人进步最快的时候。相反，在一个环境里，如果感觉很枯燥乏味，没有可供学习的东西，一直原地踏步，就要突破这样的舒适区，扩大自己的舞台，增加自己的见识，让自己能够不断地成长和进步。

父母要尽自己所能给孩子提供更大更高的平台，至于在这个平台上能发展成什么样，那是靠孩子自己，起码不要因为平台的局限而受限制。让孩子也要有这样的思维，要不断追求更高更大的平台，局限在小的范围思维也会变得局限、狭隘。

教育能够让人不断迈向更高更好的平台，是普通人改变命运最公平的机会。每一个"小镇做题家"都值得被尊重，这是一种艰辛奋斗的精神，与命运抗争，一步一步实现人生的进阶。

有句话叫心有多大舞台就有多大，同时舞台有多大心才能"长"多大，两者相辅相成、相互影响。

嫉妒就是自己见识少狭隘造成的。感觉对方跟自己差不多才会产生嫉妒，班上成绩最后一名不会嫉妒第一名，落差太大了，只是第二名嫉妒第一名，前二十名嫉妒前十名。在一个班级里嫉妒第一名，因为眼界就在这一个班里，把眼界扩展到全校，比自己成绩好的人太多太多，眼界再拉到全市、全国，空间不断地扩大，见识不断扩大，自己心态也会不一样。

骄傲自大的原因之一就是见识的局限。在一个局限的范围内以为自己了不起了，就骄傲自满，停滞不前，殊不知"人外有人，天外有天"。

不断增加见识，扩大平台，会发现自己如同"井底之蛙"，才会不断提高自己成长的动力，才会变得谦虚，不再自负自大。

上大学如果学历上没有本质差别的话，选择在哪个城市上才是最重要的，这决定了孩子的见识和平台。如果同样是211的本科，其中一所高校在普通城市但专业实力强，另一所位于北上广深这样的一线城市，虽然专业实力比前者弱，但肯定是选择后者才能见识到更多。

（3）见识提高想象力

想象力的不断发展就是来源于见识。

想象力不是幻想，想象力的基础就是现实，是在现实的基础之上进行提炼、重组、发散和创造。

孩子会把他经历过的、体验过的、看到过的任何事物通过想象力融入游戏中。

米开朗琪罗创作出了举世闻名的罗马圣彼得圆顶教堂。据记载，米开朗琪罗曾经有一段时间常常彻夜仰望星空，正是基于现实观察的积淀，再加上自己的灵感，然后在自己的头脑中进行了想象，从而创造出完美的艺术作品。

每经历一个新的事物都会扩大一次想象力，破除想象力的局限除了要打开自己的思维，还有就是要增加见识。

当年电影《阿凡达》上映轰动一时，开启了3D电影元年，让国人见识了什么是大师级的想象力。

戴上3D眼镜，就进入了另一个世界，被带入瑰丽多彩的潘多拉星球。

绚烂的热带雨林中，各种各样神奇的植物熠熠生光，空中飘浮着的种子宛如蒲公英一般缥缈灵动，还闪着光芒。

还有各式各样的外星生物：潘多拉猴、六脚马、锤头雷兽……还有纳美人的坐骑伊卡兰，一种神似翼龙的飞行生物。

当男主角杰克骑上伊卡兰，翱翔于天际那一刻，观众也仿佛身临其境，享受着在空中俯冲、飞跃的极致刺激。

导演这部电影的卡梅隆除了是大师级的电影导演之外，还是一名十分出色的海洋探险家。在成名作《泰坦尼克号》之后，卡梅隆在好莱坞"销声匿迹"，再无新作。其间，他组建海洋探险队，开始了波澜壮阔的深海冒险。在团队的协助下，他不仅拍摄了多部海洋纪录片，更成了全世界第三个"征服"马里亚纳海沟的人，下潜到了地球最深的深达1.1万米的马里亚纳海沟，去探索地球最神秘的海底世界。卡梅隆持续的想象力和创造力与卡梅隆多年的深海冒险经历息息相关。第二部《阿凡达2：水之道》就是发生在水下的又一个充满想象力的故事。

发展想象力最好的方式就是接触大自然，大自然能激发人无穷的创造力和想象力。大自然里有各种各样人所想象不到的神奇的动物和植物，千奇百怪的形状和颜色，各种各样的习性和特征，一次一次的见识都会突破想象力，进而发展想象力。

2.引导

孩子在成长过程中遇到问题和困难的时候，首先让孩子尝试自己解决问题，自己思考，以此锻炼孩子自己解决问题的能力。在孩子自己解决问题的时候，会出现两种情况：一种情况是在孩子能力范围内，但由于思路和思维的局限，即使想办法，有些问题还是无法解决，总是难以解决也会打击孩子的自信。还有一种情况是孩子面对同样的问题总是习惯性地用原来固有的模式和认知去应对，原来的模式和认知只能得到原来的结果，问题也一直得不到解决。如面对别人"抢"自己玩具只知道无助地哭泣，等着成人帮他拿回来；做事一遇到困难就马上放弃，不坚持；出现问题总是习惯性地推卸责任的思维模式等。

这两种情况就需要成人能够敏锐地发现，给予孩子及时的引导，这样孩子才能不断地突破和成长。

靠自己的体验、摸索、模仿、思考能够成长，同时每个人都有局限性，需要有人给予适当的引导，如同每个专业运动员都有教练，各行各业都有专业的学习，这样才能够在正确的方向上有最好的成长。

回忆一下我们自己的成长经历，在成长的过程中会遇到各种各样的问题和困惑。比如，跟朋友之间总是相处不好；想跟别人交朋友不知道如何着手；对于自己喜欢的异性不知道怎么表达以及如何获得对方的好感；想成为班干部却不知自己该如何做才能顺利当选；想提高学习成绩不知道从哪些方面着手；等等。如果家长能够接纳、理解，并且给予一些正确的引导，自己也能明确知道如何做，朝哪个方向努力，而不是一直在错误的方向上不断试错，或因为困惑就停滞不前。现在回想，如果当初那样做就好了，勇敢点就好了，坚持下去就好了，不要那么小气就好了……但当初也没人这样引导自己。

如孩子的性教育，只要孩子进入群体就要告诉孩子怎么保护自己，特别是在孩子十至十二岁左右进入青春期，对异性有萌动，身体发生变化的时候及时引导孩子的性教育，这个时候是孩子最需要的。具体引导两方面：一是帮助孩子了解自己的身体，了解身体的变化，掌握正确的青春期卫生知识，缓解孩子因为身体变化而带来的困惑和各种心理问题。二是帮助孩子学会与异性健康地交往。在与异性交往的过程中有哪些界限，如何保护自己，遇到一些伤害该如何寻求帮助等。

在成长的过程中或因为别人一句话，"一语惊醒梦中人"，醍醐灌顶，或看了某篇文章，深受启发、触动。

多少人就是因为从小父母给自己植入了一个思维，或思想，或品质，或品行，或端正的"三观"，让自己一生受益于此。

林肯曾经说："我的一切，都源于我天使般的母亲萨利。"

林肯是一个鞋匠的儿子，因为家境不是很好，小时候比较自卑。但是林肯长大后性格开朗坚定，美国爆发内战，林肯坚决反对国家分裂，击败了南方分裂势力，维护了美利坚联邦人人生而平等的权利。

萨利，她用自己伟大的爱和行动培养了坚定自信的林肯。

有一次，一个朋友来家里做客，他对林肯的父亲说："一个鞋匠的孩子，不需要那么高的文化水平，他只要做好鞋子就够了。"

小林肯听见了很伤心，萨利走到他的身旁说："孩子，你只管做你认为正确的事情，不用太在意别人的目光。你是一个与众不同的孩子，鞋匠的儿子不一定要当鞋匠，如果你有追求，完全可以努力去争取！"

爱因斯坦的母亲波琳有一次带爱因斯坦去郊外游玩，其他孩子都在一起嬉戏玩闹，而爱因斯坦却一个人默默地坐在河边。

爱因斯坦母亲的朋友不安地问道："他为什么一个人在发呆？是不是精神有问题呢？"

但波琳却十分自信地说："我的孩子没有任何毛病，他正在思考这个奇妙的世界，他将来一定会成为一位了不起的教授。"

母亲还鼓励爱因斯坦要尽自己所能探究、质疑世界。母亲对孩子如此信任和不断鼓励，最终才造就了这么伟大的一名物理学家。

我儿时外婆就经常教导我："看人长处，帮人难处，记人好处。"

我母亲也教导我永远不要想着占别人便宜。

长辈的谆谆教诲我一直铭记在心，潜移默化地影响着我。

在引导孩子上，家长如同教练，如同各行各业专业的老师，所以对孩子的引导首先需要成人有足够的智慧，知道朝哪个方向引导才是真正有利于孩子成长的，这样才能给予孩子正确有益的引导，否则会不知道什么时候要引导孩子，怎么引导孩子，引导什么，或错误地引导孩子。如孩子跟别人发生冲突了就引导孩子说那是个坏孩子，以后别跟他一起玩；孩子拼乐高遇到了困难有些着急，有情绪了，家长心疼孩子就引导孩子说那就不要拼了，妈妈给你拼，不要伤心了；在超市给孩子买了很多好吃的，就引导孩子把好吃的藏起来，不要被其他小朋友看到了会跟你要。

成人思维和认知的偏差，智慧的不足，会让对孩子的引导出现偏差和不足。

平顶山一名男童玩滑梯时遭一陌生男孩踢踹摔下滑梯，肇事孩子家长见此情况后，不但不道歉，反而趁乱抱起孩子逃离现场。

曾经，在上海迪士尼，一名男孩摸女孩屁股。男孩妈妈不仅不赔礼道歉，反而伙同亲友对女孩动手打骂。

这些都是家长对孩子偏差的引导。

成人要不断地成长，修炼自己，自己成长了才能更好地引导孩子。具体就是在心灵、品行、品质、能力、技能、知识等方面能够给予孩子最好的引导，有些能力、技能、知识等自己做不到的起码能够知道给孩子正确的方向和平台，让孩子得到最好的成长。

父母的修为、认知、思维、眼界、格局、资源，在一定程度上决定了孩子人生的高度。

当然，成人也不是"神"，什么都知道，什么都懂，总有某些方面不知道或做不到。在家长某些方面有局限时，有一点是亘古不变的，那就是给予孩子勇气和信心，接纳孩子，信任孩子，尊重孩子，让孩子自己去成长和开拓，而不要用自己的思维和想法局限孩子，强迫孩子听家长的。有时候孩子在某方面的智慧是远远超越成人的，这个时候，放手，不给孩子设限，就是一种最好的引导。

引导不是直接替孩子做，直接替孩子做那是代劳，孩子的"精神体"各方面没有得到发展，还会养成孩子的依赖性。引导可以示范给孩子看，或在关键点上提示一下孩子，或给予孩子一些启发，让孩子自己能感悟到，最终还是孩子自己完成，目的是孩子能够得到成长和突破。

能给予孩子一个手指就不要给孩子一个手臂，意思是给孩子的引导成人做得越少越好，目的是能够启发孩子，激发孩子，点燃孩子的激情，让孩子更好地绽放！少即是多，现在很多家长对孩子的引导不是不足，而是过多了，太啰唆，有些事甚至反复说，如此反而会让孩子烦躁，选择性屏蔽，失去了引导的意义。

在需要引导的情况下，引导的时机选择很重要，要在孩子体验结束后，最有感触的时候，或尝试了很多次没成功，或百思不得其解，最"渴求"的时候引导，这个时候孩子内在吸收的意愿最强，引导的效果最好，这就是教育引导时机和机会的把握，简称"教机"。否则有可能就是"对牛弹琴"，或引导得再好，道理讲得再深刻，孩子根本听不进，不想听，吸收不到，这就是"教机"还没有到，时机还不成熟。

这就是为什么禅宗要引导出一个深刻的智慧从来不会直接地讲，而是用各种方式让你有体验、有感触，然后再"点化"一下，这时候方能"醍醐灌顶""一语惊醒梦中人"。

如孩子的安全教育，小的安全问题在孩子身上发生以后再引导是孩子最有感触、吸收最好的时候。一些大的安全问题可以在成人的看护下，在演练中让孩子感受和体验，然后再讲解，孩子会更好地吸收。

具体的引导方式：

（1）艺术化、游戏化的方式

引导可以不是一板一眼、严肃认真的，特别是对于孩子，有些可以用艺术化、游戏化这些孩子喜欢的方式引导。

艺术化和游戏化的方式氛围欢乐、放松、活泼，孩子与成人的关系友好亲密，是沟通的桥梁和润滑剂，让孩子可以在开心快乐的氛围下自然而然就得到了引导。一句有趣的话、一个小玩笑、一个小表演、一个小游戏等，这样的方式孩子最容易接受，效果也是最好的。能用艺术化和游戏化方式的就尽可能采用这种方式，这需要成人的智慧和用心。

在吃点心时间，星星把美味的卤蛋吃了，但绿色的菜粥却原封不动，坐在餐桌前无声地抗议着。老师走过去蹲下来告诉星星："星星，我们把菜粥吃完就可以去户外了，勇敢地试一下吧！"但星星却摇摇头不愿意尝试。老师告诉星星："你看这个菜粥是什么颜色的呀？是绿色的！你的好朋友小蚱蜢也是绿色的呢，你知道小蚱蜢为什么能跳得那么高那么远吗？是因为小蚱蜢身上有很多的绿色能量，那么绿色能量是哪来的呢？小蚱蜢吃了很多绿色的蔬菜，绿色的树叶，所以它身上有很多很多的绿色能量，绿色能量给了它巨大的力量，让它能跳得那么高、那么远。星星，你想和你的好朋友蚱蜢一样，拥有绿色能量可以跑得很快、跳得很远吗？"星星很激动地看着老师说："星星要绿色能量。"接着，老师对星星说："我们这个菜粥里面也有很多的绿色能量。如果把它吃光光，你就会拥有和小蚱蜢一样多的绿色能量啦！"星星赶紧拿起勺子，很快地把碗里的菜粥吃得干干净净，然后心满意足地去收拾餐具了。

　　家长对星星一直不怎么吃蔬菜很苦恼，在家里用了很多的方法也无济于事，在学校里老师就用了游戏化的方式轻松地解决了这个问题。

　　午饭后，老师让严严把掉在地上的米粒捡干净，严严始终不肯，老师一直温柔地坚持着，终于严严憋不住，"哇"地大哭起来。

　　老师："严严，你不舒服的话可以哭出来，等你哭完了我们再来捡米粒，老师会一直等你！"

　　严严还在哇哇地哭着。

　　老师："严严不想捡米粒，是怕粘在手上吗？"

　　严严哭着"嗯嗯"地点头。

　　老师："严严可以用纸去裹住米粒这样就不会粘在手上了。"

　　接着，老师用歌唱的方式："米粒掉地上，严严捡起来，小米粒说谢谢你，让我不再冰凉，小鸡说谢谢你，让我填饱肚子……"

　　严严被歌声吸引，慢慢地从情绪里出来，停止了哭泣。

　　老师边唱歌边鼓励严严去捡米粒，终于严严伸出小手，开始去捡地上的米，一粒、两粒，捡了两粒之后严严又停下来。

　　老师继续鼓励："严严捡起两粒米了，它们要谢谢严严，不用再躺在冰凉的地上了。让我们看看还有几粒米啊，把它们都捡起来吧！"

在老师的引导下，严严捡完了所有的米粒并扔进了垃圾桶。之后，老师伸出双臂抱起了严严："老师让严严捡米粒不是不爱严严了，而是为了让你成长，我依然是爱你的！"老师抱着严严走进了卧室。

整个过程，老师是完全接纳严严的，带着温柔和爱，用艺术化的形式正向引导，并在事情处理完后，将爱再一次坚定地给了孩子。

（2）示范

当孩子陷入一个误区或不知道怎么做的时候，可以示范一个方法让孩子自己尝试。简单的可以用语言描述一下，通过语言不能描述清楚的可以直接用动作示范给孩子看一下。对于一些比较复杂的，可以跟孩子实际演练一下，做过一遍，体验一遍，自己操作一遍，印象就深刻了。

午间画画的时候，乐乐突然跑过来告诉洋洋："洋洋，一一说地球上没有你。"

洋洋听后对乐乐说道："乐乐，帮我去打一一一顿。"

乐乐说，他不要。

一旁的小宝听到了，立马跑到一一面前对一一说："一一，你为什么说这个地球上没有洋洋了，我揍你哦！"

说完就走了，一一还没有反应过来，看了一眼小宝就继续画他的画了。因为一一没有反应，所以这事没有扩大化，但这事并没有解决，洋洋的行为没有得到正确的引导。

小宝转身走了以后，老师让小宝和洋洋分开坐下来，安静一下。

老师："洋洋，你为什么让别人去打一一？"

洋洋："因为一一说地球上没有我。"

老师："是你听到的吗？"

洋洋："不是的，乐乐告诉我的。"

老师："乐乐告诉你一一那样说你，你很生气是吧？"

洋洋："是的。"

老师："那——那样说你，你很生气，还可以怎么做能更好地解决问题？"
洋洋不说话。

老师："——那样说你，你很生气，是不是要找——问清楚情况，为什么要那样说你？"

洋洋若有所思地点了点头。

老师："走，我们现在过去问一下——。"

老师跟洋洋一起走到——面前。

洋洋："——，你为什么说地球上没有我？"

——一脸茫然："我在画画，画的地球上没有你。"

老师："原来是这样啊，洋洋你看——不是在说你，他只是在画画，他的画里没有画你，也没有老师啊，那我们只听别人说，就生气让人打——，这样的做法合适吗？"

洋洋摇摇头。

后来，为了让洋洋理解得更透彻，老师又给他举了个例子，问他遇到差不多一样的情况怎么解决。

洋洋说，找说的人问清楚。

老师点点头，强化一下："有事先不要急着处理，问清楚了再决定，这样自己才不会冤枉了别人，把事情放大，自己还要被处理。"

洋洋听得很认真，最后重重地点了点头。

老师把握教机，通过引导帮助洋洋建构了正确的沟通模式。

户外活动的时候，元宝挡住了小依滑滑梯，小依直接滑了下去，一脚踢到元宝嘴上，把元宝嘴巴给踢破了点皮。

老师首先让小依承担责任，让小依帮元宝轻轻地把嘴角的血丝和挂在脸上的泪水擦干净，紧接着又一边道歉一边安慰元宝，等元宝不哭了，老师让小依一起坐过来。

老师问小依："如果元宝挡住了你的路，你没办法滑滑梯，你怎么办呢？"

小依摇头说不知道。

老师说："我们的嘴巴可以用来提醒别人啊，就不会让别人受伤了。"

小依不说话，老师说："我来教你，你来跟我一起学习一句礼貌用语，它叫：请借过。当别人挡着我们了，我们想从这过去时就说：请借过。"

老师带着元宝一直重复这句话：请借过。然后又说了几种类似的情况让孩子在场景中实际运用，不断熟练。

当孩子不会正确语言表达时，一次一次引导孩子，示范给孩子，植入正确的语言，养成习惯。

星星很喜欢朵朵，每次看到朵朵都要拥抱一下，但他的拥抱太用力了，让朵朵很不舒服，朵朵不愿意跟他拥抱。这孩子表达喜欢、跟人链接的方式让人不舒服，会让别人误解，同时自己也有很大的受挫感。

在卧室里，老师问星星："你很喜欢朵朵是吗？"星星点点头。"因为很喜欢朵朵，所以星星想抱抱她，想通过这样的方式告诉朵朵，星星很喜欢你。"星星很委屈地说："是的。"老师告诉星星："但星星现在长大啦，你的力气也变大啦，太用力拥抱，会让朵朵觉得很不舒服，这种不舒服会把那些藏在心里的爱慢慢地挤走。"

星星有点疑惑，有点不知所措。"星星，你看，每次老师拥抱你的时候都是很轻很温柔地拥抱，你喜欢这样的拥抱吗？"说完，老师就轻轻地温柔地拥抱了星星，星星点点头说喜欢，然后老师让星星也这样轻轻地拥抱老师一下，再告诉星星："下次想拥抱其他小朋友的时候可以就这样轻轻地拥抱，这样别人就很舒服，愿意跟你拥抱，我相信星星会做得很好。老师会一直爱你。"

等到下午放学说再见时，星星跟其他小朋友的拥抱就比之前轻柔了。

当老师发现通过语言不足以让星星明白拥抱的"度"时，就通过体验让星星真实地感受，还让星星自己做了一遍，更好地内化。

（3）提示

当孩子做一件事存在盲区，或尝试过很多次还没有成功，站在成人的高度就知道是某个盲区始终没有发现或思维定势在那了。先让孩子自己尝试，如果孩子始终突破不了，可以在关键点上提示一下。这个时机的把握要合适，最合适的状态就是既让孩子充分地尝试了，又不至于灰心丧气。在提示的时候做到"点到为止"即可，只需提示一点就能解决的不要提示两点，这样孩子的能力才能得到最大化的锻炼。

今天户外活动时间豆豆又是玩她最熟悉的秋千，她已经连续玩了两周了，其他孩子都在沙池里一起玩沙，做着游戏，嬉闹着。豆豆刚开学时就喜欢荡秋千，从前一周开始，她就一直坐在秋千上，也不下来，会一直叫老师推她，只跟老师互动，玩的时候眼睛时不时地看向一群在沙池里玩的孩子。我能感受到，豆豆很想融入他们，跟他们一起玩，但又不知道怎么融入，所以每次都用玩她最熟悉的秋千来排解这种茫然无措，用不断让老师帮她推获取关注。在室内豆豆就用趴在地上学小狗叫来吸引关注，这种情况已经持续了一周。曾经在其他园里上了一年多幼儿园的豆豆，进入童·园后在自由状态下还不知道怎么融入群体玩耍，不知道怎么跟别人建立链接，我能感受到她的困惑和这样做背后的渴望。这种渴望可以给孩子动力，让孩子自己想办法解决问题，主动去突破自己，这是最好的状态。所以，感受到孩子有这样的渴望和动力的时候，一开始不要干预帮助孩子，让孩子这种渴望的力量积累一段时间自己突破。同时，如果经过一段时间还是没能突破，这个时候就需要引导一下孩子，不至于让孩子感觉到挫败和灰心。

豆豆这个状态已经持续一周了，今天我准备引导她一下。

可能实在是荡得无聊了，豆豆从秋千上下来，远远地看了一眼在沙坑里玩得热火朝天的同学，眼里满是美慕，然后百无聊赖地来到木工区，当时我正在做木工。我走过去，蹲下来，跟她说："你是不是也想玩沙啊？"豆豆看着我，狠狠地点了两下头。"走，我们一起去玩。"借助老师的力量，孩子自然就会跟着一起去玩。走到沙地那边，我拿了一个挖沙的工具，豆豆也拿了一个，然后我就爬进沙池里，用工具往一个瓶子里装沙子，豆豆跟着我也很开心地这样做，自然地把她带入群体中来，很快她就进入了工作状态，这对她来说是一种突破。

带入群体是第一步，还要把豆豆带入跟其他孩子互动，让她体验到如何进入群体互动起来，突破心理的一些障碍。我也一直在留意这样的机会，一会儿，我看到毛毛用竹桶拎了一桶水过来，我问毛毛："我们能把沙放到你的水桶里吗？"豆豆在旁边看着，实际我是在提示豆豆。

毛毛很爽快地回答"可以啊"，我说："好的。"然后我故意继续挖沙，并悄悄观察着豆豆，看她是否会主动把沙放到毛毛桶里。她挖了一勺沙子先是犹豫了一下，然后装进了桶里，我紧接着也铲了沙子放进去，在旁边玩耍的炫炫也加入了我们的游戏，不时又有小朋友加入。我看豆豆已经完全进入了状态，跟别人产生了互动和链接，就退了出来。过了一会儿，远远望去看到豆豆已经完全融入了他们，还一起做起了游戏。

可以感受到，今天对豆豆来说是特别开心的一天，由衷地、发自内心地开心，因为豆豆今天终于突破了自己，自然融入了一直渴望的群体。

（4）启发

启发对人的引导是最能够激发主观能动性的。启发不是直接帮助，而是通过一种类比的智慧让对方能够感悟到，尊重了对方的智慧和能力，在看似"无为"中给予了对方最好的引导。在启发孩子上用得最多的就是故事，可以通过类似的故事让孩子感受到，受到启发而自主调整。

户外活动中，朵朵找到一颗珍珠，很喜欢，一直攥在手心里边跑边玩，结果不一会儿珍珠丢了，找了好久也没有找到，一直不开心，甚至进了教室嘴里还在不停地碎碎念："我就要我那颗珍珠，我就要那颗珍珠。"老师接纳了朵朵这样的状态，孩子们都在纷纷安慰朵朵，朵朵一直在情绪里出不来。有些东西失去了就是失去了，既然不能失而复得，那我们只能接受这样的事实。朵朵只是情绪上还不能接受珍珠丢失了的事实。

老师先让她洗手喝水，坐到位子上后，老师针对这件事做了一个小团讨，老师讲了一个故事："我买了一个冰激凌，结果因为太开心，走路一蹦一跳地把冰激凌掉地上了。"于是，老师用朵朵的口气说道："我就要那个冰激凌，我就要那个冰激凌。怎么办啊？"孩子们纷纷举手安慰老师，给老师出主意，有的说再买一个，有的说掉了就掉了，下次要注意了。"怎么办呢？我很难受，但是掉地上就不能吃了，下次我一定要小心点，不让冰激凌再掉地上了。"

后来，朵朵情绪逐渐平静了下来，没有再提珍珠的事。

老师没有直接跟朵朵讲道理，没有直接安慰朵朵，也没有"冷处理"等待朵朵的情绪自然消除，而是用自己买冰激凌的故事启发了朵朵，让朵朵能够更好地消化自己的情绪。

这几天，老师发现图图在做晨圈（晨圈是早晨老师和孩子们围成圆圈的形式做的集体活动）的时候状态不对，时不时就会出现游离的状态。老师先接纳孩子，观察两天。

图图为什么出现这种状态？晨圈的哪个环节让她不舒服？孩子们午睡了，老师反复思考着图图异常的举动，仔细推敲每个动作、言语和歌唱，试图从中找到蛛丝马迹。起床时，图图离开卧室来梳头发，突然和老师说："老师，我喜欢《大公鸡》的游戏，不喜欢这个打雷的（《小种子》晨圈）游戏。"老师想机会来了，暗喜。老师说："图图不喜欢打雷是吧？"图图说："是的，打雷会把太阳妈妈劈死的。"她表现出害怕的样子。老师突然明白了图图是因为不喜欢晨圈中轰隆轰隆的雷声，她是恐惧这个环节。老师不动声色地回应她："好的，老师知道了。"讲道理对孩子的作用不大，要想个方式启发一下孩子。在收拾整理时，老师找准契机和图图链接，在收拾的过程中直接就加了一个故事进去。玩具回家了，彩色毛线条也要回家喽，要下雨了，要下雨了，雷声轰隆、轰隆、轰隆作响（晨圈里的词语），太阳妈妈（图图心里担心的角色）不怕、不怕、不怕，她钻进云朵里藏到云朵的后面去啦（老师一边掀掀自己的大衣）……神奇的事情发生了，图图赶紧躲到老师背后，"老师会保护你的"，躲了好一会儿图图才从老师的大衣里钻出来。这个铺垫的故事疗愈了图图的恐惧，果然第二天晨圈时图图不再游离打闹，进行到打雷时图图就躲到老师背后，老师又安抚了一下孩子，"太阳妈妈不怕、不怕、藏到云朵的后面去啦"，晨圈在良好的氛围中又继续下去。

用心观察孩子，感受孩子的内心，用心去引导孩子，在启发疗愈孩子上，故事知道怎么办，故事总是知道怎么办！

三、重复

任何事物的发展都离不开重复，重复是天道，是事物发展的底层规律。

大自然就是因为日复一日、年复一年地重复才有了生生不息的大千世界。"只要功夫深，铁杵磨成针""量变引起质变""不积跬步无以至千里，不积小流无以成江海""读书百遍，其义自见""重复是学习之母"，这些话都体现了重复的价值和意义。

很多家长不知道重复对孩子成长和发展的巨大意义，认为不是做过了吗？玩过了吗？讲过了吗？说过了吗？再做、再玩、再讲、再说就是多此一举，没有意义，实际上孩子的成长和发展离不开重复。

1.重复才能够不断地深入

经常有家长问，教室里孩子自由工作的玩具不换吗？每周的主题课不换吗？

显然很多家长并不理解重复对孩子的意义。教室里工作的材料是定期只更换其中的一部分，有一部分一直都不会被更换，如积木、彩带、娃娃家。有些主题课每周的内容都不一样，有些却是固定的，如湿水彩，为什么这样设置？

在家长的认知中每次都要换新的孩子才能学到新的内容，才能成长。观察一下孩子搭积木就知道，同样是那些积木，孩子可以从两岁一直玩到十岁。两岁时只能简单地垒高，到三岁能搭一些简单的场景，房子、门之类的，随着成长慢慢可以搭更复杂的场景。虽然都是在玩积木，但每一次玩的时候都会比前一次更加深入，思维和认知就会得到进一步的发展。这就是重复的其中一个意义，每一次重复都是一次成长，只有不断地重复才能不断地成长。积木仅仅玩一次的话只会粗略地玩一下，做不到把积木玩得很好很深入，搭建的场景也比较简单。

这些开放型的玩具有无限的玩法，只有不断地重复才能一次一次地深入，思维、认知和各方面能力才能得到持续的锻炼和发展。

海尔创始人张瑞敏说过"成功就是简单的事重复做，做到极致"，这句话充分说明了重复的意义。任何一件事，看似简单，能够把这件事做好、做到极致都不简单。如果不追求精益求精，那确实比较简单。

回到前面讲的，那些一成不变的教具和主题课，实际上这些开放型的玩具孩子在每一次玩的时候玩法都不一样，不同年龄段的孩子玩的深度不一样。每次的主题课，即使同样的内容，孩子做的时候会一次比一次深入。烹饪课从只会择菜切菜到能独立炒菜；蜡块画从横七竖八的简单线条，到能够比较清晰地表达自己；蜂蜡从最初的惨不忍睹到惟妙惟肖。这些都是一次次不断地重复带给孩子的成长和发展，没有重复就没有一次一次的深入，就不会有发展。

2.重复才能内化

在给孩子讲故事的时候，讲完一遍孩子会要求再讲一遍，甚至第三遍第四遍，第二天还要听同样的故事，不理解的家长就会嫌孩子烦，不是讲过了吗？还要反反复复讲同样的故事。这是每个孩子都会有的正常情况。故事里有情节，有场景，有各种人和物，有逻辑，讲一次听得根本不"过瘾"，而且听完以后故事里的那么多元素也不能完全记住，所以内在就自然有一种需求和渴望，要再听一遍，每听一遍，故事里的各种元素就会记住一点，持续反复地听，直到完全记住，满足了，不要听了，这时故事里的各种元素也就内化在体内了，每听一次就是一次内化的过程。

如同听到一首好听的歌曲会情不自禁单曲循环，反复听，直到听够了为止。这个时候这首歌的旋律也会唱了，内化在体内了，不知不觉就会哼着这样的旋律。

只有不断地重复才能一点点地渗透、内化，最终完全吸收。就像腌咸鸭蛋一样，看上去鸭蛋密不透风，在外面裹上盐，随着一点点渗透，日复一日，最终成为咸鸭蛋，这就是重复的力量。

家长一定要理解孩子、满足孩子，一个故事一般至少需要讲一周孩子才能内化。

老师每天早上必须晨颂，让爱的能量入眼、入心、不断内化。

光与爱在太阳中融为一体

这太阳的能量充满了力量

身为教师，我们用这样的能量与孩子的意志相遇

当我们允许这力量展现

并且用我们鲜活思考的纯净之光照亮它

这力量将成为可以给予温暖太阳般的爱

这样的爱，正是孩子与人类健康发展所迫切需要的爱

卡罗琳·冯·海德布兰

内化以后就形成了长期记忆和深刻记忆，如故事、人类创造的统一符号知识、事实型知识等。对于动作和技能的内化就是非常熟练，熟练到形成了肌肉记忆，成为本能。

学习必须有一定量的重复，重复听、说、读、写、做题，这是学习最基础的部分。只有重复到一定的量，基础知识、概念、定理、公式等才能不断加深记忆，形成长期记忆或深刻记忆，不容易忘，进而进入下一步的学习，提高思考能力（思考的章节会详细解读）。

上面讲了重复的作用和意义，具体有哪些重复的方式？

1.熏陶

熏陶就是一种持续的重复，是一种不教而教的教育，不知不觉中就慢慢深入，慢慢内化了。有些方面只能通过熏陶的方式让孩子吸收，熏陶也是最好的学习方式。

（1）习惯

有些习惯不是本能自发就能做到，而是需要用意志力控制自己才能做到。所以很多家长，包括老师，想让孩子有某个习惯就会用说教、要求、强制、控制等各种方式，这些方式都是治标不治本，而且有些习惯越要求越控制孩子反而越反感。

有研究表明，一个习惯的养成至少需要持续重复二十一天。二十一天是一个

最基本的天数，一旦放松就会"回到解放前"，持续重复时间越长，习惯养成得越扎实。

所以，养成习惯最好的方式就是熏陶，熏陶就是环境中一直是如此的状态，是一种持续的重复，是"不教而教"的教育，在不知不觉中就慢慢内化了，养成了习惯。"近朱者赤，近墨者黑"讲的就是环境熏陶的作用。

孩子长时间跟谁在一起，一些生活、思维等各方面的习惯也会慢慢如出一辙，不需要刻意地教导。所以，有些父母由于各种原因自己带不了孩子，从小把孩子交给老人带，等孩子长大上学再接回自己身边时，各方面的习惯跟父母是不一样的，甚至有很多不好的习惯，如吃东西前也不洗手、鞋子衣服脱了乱放，等等，这个时候父母一定要理解孩子，给予孩子充分的包容，不要看不惯而横挑鼻子竖挑眼，对孩子各种不接纳、嫌弃，甚至施以暴力，这样会伤害孩子的自我价值感，造成孩子逆反叛逆，影响亲子关系。孩子也是无辜的，长时间的熏陶自然习惯跟老人是一样的，跟着父母生活一段时间后，长期熏陶下自然各种习惯也会跟父母越来越一致，期望一下子就改变会让双方都很痛苦。

一个班级有日常固定的秩序和习惯，早晨过来首先拥抱，唱收工作歌曲的时候就是统一收工作的时间到了，饭前要感恩，等等。新入园的孩子刚开始肯定是蒙的，这完全正常，不需要刻意地要求孩子，老师也不会如此，只会在孩子想做又不知道怎么做的时候稍微示范引导一下，慢慢随着时间的积累，在集体的熏陶下，孩子的节奏和习惯就会跟整个班级一致了。

还有最重要的阅读的习惯。

前几年从一本杂志上看到一个故事印象很深刻，故事的主人公是一位善良而坚强的妈妈（名字忘了，我们就称之为"妈妈"）。妈妈早年丧夫，独自抚养四个女儿。虽然生活贫苦艰辛，但妈妈很坚强，没有让一个孩子辍学，因为妈妈知道一个朴素的道理：要让孩子有文化。四个女儿也相继考入大学，其中一个是博士，一个是硕士。

妈妈非常重视孩子们的学习，教育方式也很简单：当女儿们回家写作业时，她一旦空闲下来就会拿一本书在阅读。女儿们一直认为妈妈看了很多的书，很有文化，所以作业有困难时，就问妈妈，妈妈总会说，相信你自己可以解决，要还是解决不了，可以去问老师。后来，女儿们即使遇到困难也总是首先自己想办法解决。有一次上大学的小女儿在寒假里给妈妈买了一些书作为礼物送给妈妈，想着妈妈一定会很开心，不想，妈妈看着书流下了眼泪，告诉女儿"其实妈妈不识字，只是想给你们做一个榜样，你们长大了，妈妈还看什么书啊！"

这就是对孩子习惯的熏陶。观察一下，一般家长喜欢看书的，家里有书柜、到处都是书的，孩子也是从小就喜欢看书，这是长期熏陶的结果。

当孩子有一些不良习惯时，最好的方法就是用有益的习惯去代替不良的习惯，然后重复、重复、再重复，便养成了良好的习惯。如不希望孩子看电视就找个有益的好玩的事给他做，那个时间段可以亲自陪伴他做游戏，或让孩子和家长一起做家务，或出去骑行，等等，不断重复就可以养成一个新的习惯。

一种习惯一旦养成，如同火箭发射到轨道上一样，就会自动运转。什么都是一种习惯，习惯了成长就不习惯停滞不前；习惯了充实就不习惯空虚；习惯了付出就不习惯索取；习惯了独立就不习惯依赖；习惯了自主就不习惯被控制；习惯了自己解决问题就不习惯等着被帮助；习惯了向内求就不习惯向外求……好的习惯让孩子受益一生！

（2）艺术素养

艺术最重要的是艺术素养，其次才是艺术的表达技能。艺术素养是内在心灵被艺术充分滋养以后对艺术的感受力和感知力，决定了感知的深度和广度。艺术素养不是教出来的，是由心灵和事物的链接程度决定的，需要长时间的熏陶，如同情感没办法教，需要长时间相处一样。

所有的艺术大家都离不开从小艺术素养的熏陶，所以有"书香门第""某某世家"的说法。

京剧表演艺术家很多都是世家，父传子，子传孙。

巴赫家族出了五十八位音乐家，在这个家庭里，孩子们生活的第一印象就是音乐，在周围世界首先感到的美是音乐旋律，首先引起他们赞叹的是音乐。

莫扎特也是出生于一个音乐之家，他的父亲是一个小提琴手，母亲也非常热爱音乐，会演奏小提琴和大提琴。在这样的家庭环境中，莫扎特在四岁的时候就展现出了惊人的音乐天赋。莫扎特的父亲意识到儿子可能是个音乐天才，就带着不到十岁的莫扎特去各地演出。年幼时的经历为后来莫扎特在音乐上的伟大造诣奠定了扎实的基础。

我身边这样的例子也很多。

我们小时候没有什么兴趣班，记得有个同学就是喜欢唱歌，歌唱得很好，学校里的文艺活动必有的节目就是她的独唱。后来了解到她妈妈就喜欢唱歌，是厂里文艺队的，她从小就听她妈妈唱歌，她妈妈也没怎么刻意地教她，这就是一种熏陶。

还有个同学，从小就会打牌下象棋，棋艺超群，同学们甚是羡慕。后来得知他家里是开棋牌室的，从小就耳濡目染，这也是一种熏陶。

艺术的熏陶是骨子里对艺术的感觉和认知，是需要时间的。

现在很多家长都很重视孩子的艺术教育，这样的兴趣班也很多，各种乐器的兴趣班、画画兴趣班等，这些兴趣班绝大部分就是直接教授一些技能和技法而不注重艺术素养的熏陶，这样就是本末倒置，只注重了表面而没有注重核心。

没有经过音乐的熏陶，对音乐就不感兴趣，没有感觉，即使学会了弹钢琴的技巧，那也只是学会了弹钢琴的技能而已，永远成为不了艺术，这样的技能也是没有生命力的。

家长在给孩子报兴趣班的时候，首先需要认真了解，发现孩子的兴趣和天赋，同时想让孩子学习某个兴趣班时，必不可少的、最重要的就是能够让孩子在这方面有尽可能多的机会得到熏陶，再结合技能和技法的学习，这样的艺术才是真正有生命力的艺术，才能从本质上提高，而不是就指望着每周那几节课的学习。

有些家庭天然就有某项艺术的氛围，那是最好的，孩子时刻都在被熏陶，远远超越那些一周只上一两节课的状态。

明白这一点，作为家长就要综合考虑自己的资源和能给孩子创造的艺术素养的熏陶环境，来给孩子选择兴趣班，而不是一味跟风，浪费精力和心力。

2.重复做

重复做包括重复地练习、重复地看、重复地读。

对于需要用到肢体的技能就要重复地练习，不断地练习才能内化，熟练，形成肌肉记忆，成为一种本能。

对于需要记忆的就要重复地看。重复地读，到一定程度就慢慢记住了，形成长期记忆，有些还能形成深刻记忆。

重复做包含两部分：第一部分是做的强度，强度就是每次做的量；第二部分是做的频率，频率就是一段时间内做的次数多少。这两部分都很重要，需要结合起来，缺一不可。

有强度无频率，就是一次做很多，一下子练习几小时，后面就不练了，或三天打鱼两天晒网，这样的效果并不好。"临时抱佛脚"说的就是这样的情况，要在短时间内记住大量的内容，所以每次的强度要很大，这样只能用于短时间的记忆，很快就会忘记。很多大学生为了应付考试就是如此，在临近考试前一周，有的甚至是前一两天才开始突击看书，最后也能考过，但考完很快就会忘记。有频率无强度，就是每次练一点点，虽然持续地每天在练习，但需要花很长时间才有效果，或效果不明显。就像有些孩子课堂上同样也在听课，记笔记，但心不在焉，实际每次专注学习时间很少，这样吸收内化的知识当然也有限，最终导致成绩不好。没有达到量变，自然无法引起质变。

要达到重复最好的效果，形成肌肉记忆、本能反应、长期记忆和深刻记忆，就要既有一定的有效强度，又有一定持续的频率。

如背课文，每天读半小时，天天读；英语，每天听说半小时。一定的强度加上持续的频率，这样内化的效果是最好的。

3.刻意练习

(1) 技能

技能的学习就是要靠持续不断地练习。

"一天不练自己知道，两天不练教练知道，三天不练对手知道。"这句话充分说明了练习的重要性。春晚舞台上的杂技表演，惊险刺激、扣人心弦，令人叹为观止。这种高难度的表演，就是高强度训练、刻意练习的结果，普通人经过几年如一日的训练也能达到或接近这样的结果，这就是刻意练习的力量。

在一些以基本技能为基础的能力上，持续大量的练习是最基本的功课。

比如，打篮球，最终的目的是在比赛中能够根据当下的情况随机应变把球投进篮筐得分，这个得分的能力考验的就是综合能力。在比赛中什么情况都会遇到，这就需要处理每一个状况的技能都要熟练，这样才能提高综合的得分能力。这些技能包括运球、变向、转身、传球、投篮等，任何一项技能不熟练，基本功不扎实，都会影响综合的得分能力。篮球训练需要大量的时间练习基本功，对职业篮球运动员来说，只要打一天篮球就要练一天基本功。

每个舞蹈动作都是一项基本功，都需要反复练习；每种绘画技法都是基本功，都影响更好地表达自己；唱歌的各种音准、音调、唱法都是基本功……台上一分钟台下十年功，基本功的练习是必不可少的。

20世纪90年代，诺贝尔经济学奖获得者、科学家赫伯特·西蒙和埃里克森一起提出了"十年法则"。他们指出：要在任何领域成为大师，一般需要约十年的艰苦努力。如同中国的古话"十年磨一剑"。

还有一个更加著名的定律。作家格拉德威尔在《异类》一书中提出一个一万小时定律。"人们眼中的天才之所以卓越非凡，并非天资超人一等，而是付出了持续不断的努力。一万小时的锤炼是任何人从平凡变成世界级大师的必要条件。"他将此称为"一万小时定律"。

飞人刘翔，从七岁就开始苦练，不知跑了几个一万小时。

青岛港吊装大师许振超，多次打破世界港口吊装纪录，能把吊装技术练得像绣花一样精细。为此他至少练了三十年。

不要被"快乐教育"误导，技能的练习枯燥而乏味，有的甚至会比较痛苦，是成长所必须经历的。

有三种方式能够练习技能。

第一种方式就是在做事的过程中技能自然就得到锻炼。

这种方式的优势是没有专门练习某一项技能，而是在做事的过程中需要用到一些技能，技能自然就得到了锻炼。弊端是技能没有得到专门的练习从而不会有专门的提高。如孩子在追逐打闹时，跑步的技能、感觉统合、反应能力自然得到了锻炼；踢足球时就是很多人在一起踢，争抢球，想办法过人时学会了基本的运球、过人等；还有很多孩子跟着老人一起跳广场舞，慢慢动作就跟成人的动作一模一样。

第二种方式是需要专门练习某项技能，因枯燥乏味，甚至有些痛苦，所以本能地抗拒，在一定的外界压力之下不得不练。

这是现在绝大多数孩子学兴趣班的状态，孩子不愿意学，在家长的各种压力之下被"逼"着练习。枯燥的练习靠一个人的自觉和意志力很难持续下去，有时需要外界给予一定的压力和要求让练习持续下去，同时这样的压力根据孩子个体的差异和压力的程度有可能给孩子造成各种创伤和心理问题，如亲子关系的恶化，所以要把握其中的度。

第三种方式就是自己内心特别想学，有兴趣，内在就有动力主动去练习。这是最好的状态，这样的动力会让一个人主动克服学习中的困难，每次练习都感觉离梦想又近了一步并且有成就感，会不知疲倦甚至废寝忘食。这就是心灵的力量，这样的力量一旦被激发出来，任何时候学习练习都不晚，教育最根本的就是找到孩子心灵的力量，一个人最幸福的状态就是在人生中有这样一件事能够倾注自己全部的热情。

如喜欢阅读，上课都偷偷地读课外书，自然阅读能力就会不断得到提高。

了解这三种方式，家长就要根据孩子个体的特征和不同年龄段的发展综合地规划孩子技能的练习。

在孩子七岁之前，还处于感知运动和前运算阶段，理解能力、自我控制能力和意志力的发展有限，这个时候孩子的身心完全是合一的，对于自己不喜欢的枯燥的技能练习还不能理解，而且没有足够的意志力控制自己去做，必须在外界的压力下才能做。在家长各种情绪、限制、控制之下练习，对孩子的自我价值感、安全感、亲子关系会伤害很大。所以，在七岁之前最好的锻炼技能的方式就是第一种方式，让孩子在做事的过程中技能自然得到锻炼。做事包括通过游戏，各种活动、手工、玩耍、做家务等方式，孩子在玩的时候、做的过程中自然各方面的技能就得到了最基础的锻炼。

这个时期最重要的就是保护好第三种方式，想方设法激发第三种方式，尽可能让孩子多体验，在体验的过程中、玩的过程中、做事的过程中发现自己的兴趣所在，能够滋养和触动心灵，主动对一件事感兴趣，这样到后面孩子会更加有动力去不断练习。不要过早上兴趣班，很多兴趣班反而在扼杀孩子的兴趣，因为上兴趣班不管孩子喜不喜欢，不管孩子处于什么年龄段，有没有这样的理解能力、意志力和自我控制能力，起初就是枯燥的技能练习，孩子本能地就会反感，也不知道为什么学这个，学了有什么用。

等到孩子七岁以后，有了一定的理解能力、意志力和自我控制能力了，可以根据孩子个体的特征和孩子的兴趣或特长，综合地给予孩子一定的压力，让孩子持续地练习。

任何时候永远要注重第三种方式，就是找到能够滋养或触动孩子心灵的技能，发现孩子的兴趣和特长，这样孩子就有动力和热情主动练习。家长所要做的就是尽自己最大的能力提供条件，找好的教练、好的场地，买好的工具等，让孩子能够得到充分锻炼和成长。

（2）记忆

对于知识类的记忆就是需要重复读、重复看、重复写，特别是人类创造的统一符号型知识和事实型知识。

以前上学时我们都有过默写、背课文、学习文言文的经历，要会背诵会默写只有一种方式，就是反复读、反复看、反复写，每天早上都有早读课，声音还要读大点，因为读的声音大了耳朵才能听到，才能更好地往大脑里输入。

当时课文背得那是滚瓜烂熟，现在都忘了个精光，就是因为长时间没看、没读、没写、没用，慢慢就忘了。

同样是知识，阿拉伯数字、汉语拼音还记得，是因为这些跟生活息息相关，使用频率高，使用电脑和手机都离不开拼音打字，形成长期记忆了，这就是不断重复的结果。

学习知识是为了学以致用，不是为了学而学，只有不断地运用，这个知识才有价值，才不会被忘记。

前面讲了能够运用的基础就是能够理解，理解不了，用不出来，才高八斗也是枉然，时间长了也会忘记。

所以，关于知识的学习有两种情况：第一种是还不能理解，用不着的时候学很多知识；第二种是该学的时候，能够理解和学习的时候不学习，用的时候发现"书到用时方恨少"。

这两种具体该如何做？

第一种情况就是前面讲过的超前教育，在七岁前就给孩子学习很多还理解不了的知识，认很多的汉字，学习汉语拼音，学习数学，背很多唐诗宋词等。这些知识性的内容只要有一定的强度和频率都能记得，而且孩子的记忆能力又很强，所以只要持续地教孩子，孩子都会认识字，会背唐诗宋词，数数能数到一百，圆周率能背几十位……但即使背得滚瓜烂熟，这个阶段也根本理解不了，也用不出来，到后来会发现只要不持续教，一段时间以后全部会忘记，反而这个年龄段该发展的方面错过了，大部分时间都被用来做了无用功。

第二种情况就是在正式学习一些知识的时候因为重复的量不够，具体就是听说读写的强度和频率不够，造成基础知识不扎实，会一层一层地影响后面的学习。

如果拼音没学好就会影响拼读，进而影响自主认字，认字不足，就会影响后面的阅读、写作等方方面面，这些都是环环相扣的。

最重要的就是阅读，阅读的量不够就会影响知识量，影响词汇量。因为知识量和词汇量的不足又会影响自己的表达、写作等方方面面。语文很难补的原因就是因为语文不像数理化这些理科，语文需要一个长期积累的过程，而数理化背后是逻辑，逻辑如果能理解就能解决问题。

　　总结一下这两种情况就是，在孩子的发展还没到学习相关知识的阶段就不要花大量时间提前学习，要发展当下该发展的方面。在孩子的发展到了学习相关知识的阶段要有足够的练习，每一步都要扎扎实实学好，否则会影响后面的学习和发展。

四、思考

思考是主体（人）对信息的加工，这个加工根据目的的不同有不同的加工方式，包括理解、推理、总结、创造、思维或整合。

人区别于其他生物的核心之一就是人会思考，拥有思考的能力。

思考能力对于一个人的重要性古今中外无数先贤都以各种方式表达过。

思考是人类最大的乐趣。——布莱希特

我思，故我在！——笛卡儿

学而不思则罔。——孔子

真知灼见，首先来自多思善疑。——洛克威尔

思考可以构成一座桥，让我们通向新知识。——普朗克

不下决心培养思考习惯的人，便失去了生活中最大的乐趣。——爱迪生

思考就是行动。——爱献生

学习知识要善于思考，思考，再思考。我就是靠这个方法成为科学家的。——爱因斯坦

没有任何权宜之计可以让人逃避真正的劳动——思考。——爱迪生

不要迷信权威，人云亦云，要树立独立思考的科学精神。——谈镐生

科学的灵感，绝不是坐等可以等来的。如果说，科学上的发现有什么偶然的机遇的话，那么这种"偶然的机遇"只能给那些学有素养的人，给那些善于独立思考的人，给那些具有锲而不舍的精神的人，而不会给懒汉。——华罗庚

思考是人成长的造血干细胞，能思考就能够"自我造血"，自我成长，而不是人云亦云，固守"死"的知识，学习真正的意义就是思考能力的提高。

思考是创造、解决问题的基础，更加有利于一个人的生存。

思考能够让一个人更好地认知自我，认知这个世界，觉察人生，提高一个人的幸福感。

思考是成长发展建构的重要方式之一，是必须发展好的。

关于思考的本质认知，美国弗吉尼亚大学的心理学教授威林厄姆在其著作

《为什么学生不喜欢上学》中阐述得深刻而详细。

大脑功能的目的是面对生活中各种状态，解决问题，让人更好地生存下去。自然的法则是首先选择最节能的方式，而思考比较"费脑子"，所以人在面对问题的时候首先是避免思考，直接调用储存在大脑里记忆的信息来解决，这个记忆包括短时记忆、长期记忆和深刻记忆，这样是最节能的、最快的方式，是大脑首选的方式。

我们每天的日常很少需要思考，每天早上起床穿衣服，洗脸刷牙吃早饭，开车去公司上班，下班了回家……这些如同自动运转一样，很熟练，根本不需要额外动脑子思考，因为曾经都做过无数次，有深刻记忆了。试想一下，如果每一项都要思考，那是什么状态？早上起床穿衣服要思考到底穿什么，或大脑是空白的，如同第一次看到衣服一样，思考衣服怎么穿；做早饭的时候要思考早饭怎么做，思考鸡蛋怎么煮，煮多久；开车去公司的时候思考路怎么走……之所以不会是这样的状态，那是因为做这些都有深刻记忆了，所以一点也不用思考，根本察觉不了，也不耗费任何的精力和能量。换一种情况，第一次到一个朋友家去做客，之前那些回自己家的流程化的记忆已经派不上用场了，进门就要思考：要不要脱鞋？鞋脱了往哪放？到家里以后坐哪，沙发还是凳子？会不会有不礼貌或冒犯的言行？怎么坐，腿怎么放等，都需要思考，所以到陌生的环境就感觉比较累，不自在。去的次数多了，面对这样的情况就有记忆了，有经验了，后面再遇到这样的情况就不需要思考了。

经验就是更多更广的记忆，能够解决很多问题。经验丰富的人很轻松地就能解决问题，因为绝大部分问题都遇到过。

上学时考试也是一样，有些直接就是考背诵的题目，只需要能够记牢就行了。还有些需要思考的题目第一反应就是回忆有没有做过类似的题目，照搬就行了。

记忆还包括曾经固有的观念和模式，人首先会延续这样的观念和模式，这样不需要思考，不需要突破自己。

比如，生活中有很多这样的老年人，每餐吃不完的剩菜剩饭无论如何也舍不得倒掉，而是留到下一餐吃。理性思考一下，现在这个时代完全不缺食物，剩饭剩菜吃了对身体不好，所以没有必要如此。但以前那个贫苦的年代留下来的固有的模式很难改变，本能地遵循这个模式就比较舒服，不这样做就别扭。

同样孩子从小形成的思维模式，后面就会一直遵循这样的模式，很难改变。所以，绝大部分人都是按照曾经输入的固有"程序"在生活，不会主动思考和改变。

生活中方方面面的事，首先依赖的是记忆，是原有的经验，是已经形成的模式，这样最"节能"。

同时，人又喜欢思考，这也是大自然天然给人设置的机制。

每个人都有与生俱来的好奇心和探索欲，面对新的事物、未知的事物，人会主动去探索、思考，满足自己的探索欲和好奇心，其乐无穷，又有成就感。

孩子到三四岁最喜欢问的就是：为什么？每一个"为什么"都是在思考。

孩子看到蚂蚁会一直盯着看，那是在观察，在研究，在思考。再大点，特别是男孩，非常喜欢拆东西，想研究一下到底怎么回事，这就是在思考。

当原有的记忆、经验和模式解决不了面临的问题时，就会思考该怎么办。其中一个原因是问题不得不解决，必须思考怎么解决，所以有时人需要"逼一逼""穷则思变"。另一个原因是思考出来答案，能够解决问题、战胜困难会让人有发自内心的成就感，兴奋，进而带来愉悦感。

面对日常生活中的问题，家长没有头绪时不妨问问孩子，孩子会非常乐意给你出主意，如果采纳了他的主意那更是开心得不得了。

有时为了追求思考的乐趣会主动做一些思考类的游戏，比如，益智类的游戏，打牌、下棋等。

人喜欢思考，但并不是所有的思考都喜欢，所有的思考都能成功。

比如，下面四个例子：

思考题目1：

冰箱上有一个玩具，想拿又太高了，够不到，有什么办法可以拿到那个玩具？

思考题目2：

3、6、9、7，这四个数字用加减乘除怎样能够算出得到24？

思考题目3（摘自网络推理题）：

某个岛上有座宝藏，你看到大、中、小三个岛民，你知道大岛民知道宝藏在山上还是山下，但他有时说真话有时说假话，只有中岛民知道大岛民是在说真话还是说假话，但中岛民自己在前一个人说真话的时候才说真话，前一个人说假话的时候就说假话，这两个岛民用举左手或右手的方式表示是否，但你不知道哪只手表示是，哪只手表示否，只有小岛民知道中岛民说的是真还是假，他用语言表达是否，他也知道左右手表达的意思。但他永远说真话或永远说假话，你也不知道他是这两种类型的哪一种，你能否用最少的问题问出宝藏在山上还是山下？

（提示：如果你问小岛民宝藏在哪，他会反问你怎么才能知道宝藏在哪？等于白问一句）

思考题目4（摘自量子力学基础简答题）：

在简并定态微扰论中，如$\hat{H}^{(0)}$的某一能级$E_n^{(0)}$，对应f个正交归一本征函数ϕ_i（i=1，2，…，f），为什么一般地ϕ_i不能直接作为$\hat{H}=\hat{H}^{(0)}+\hat{H}'$的零级近似波函数？

自己感受一下这四个思考题，第一道题需要思考，但太简单了，没有挑战，即使思考出来也没有什么成就感，也锻炼不了思考能力。

第二道题题目一看就懂，又有点难度，但感觉自己完全能思考出来，所以乐意思考。

第三道题看是能看懂，但比较费脑子，有可能看了后面又忘了前面，要理清楚题目都要很长时间，把题目的规则记清楚了才能开始思考，这样的思考就比较难，有些人喜欢挑战，有些人干脆就不思考了，不做了。

第四道题目绝大多数人连题目都看不懂，都理解不了，更不用说思考了。

从这四个例子可以看出，能不能思考、愿不愿意思考从外因来说取决于思考内容的难度。太简单就没有思考的乐趣，会觉得无聊。所以，上课的时候如果老师所讲的内容太简单，孩子就会觉得无聊，会开小差，能力也得不到提高。太难了，自己感觉不可能思考出结果，或费了很大精力都没有进展，就会产生很强烈的挫败感，就会直接放弃，索性不思考了，本能地启动逃避机制。

从内因来说取决于思考的能力。不管多难的思考问题都有人能够做出来，同样的问题可能对一些人来说比较难，对另一些人而言就比较容易。所以，根本上来说思考就是思考能力的问题，核心就是提高思考能力。

综合外因和内因，提供给孩子的思考内容要根据孩子自身的情况，要适合孩子，就是苏联教育家维果斯基提出的"最近发展区"，给学生提供的学习内容要稍微高于当下的发展水平，如此更能调动学生的积极性，激发其潜能，能够不断进步。同时，根本的问题就是不断提高思考能力。

到底怎样思考问题才是适合孩子的？如何提高思考能力？这就需要具体了解人是如何思考的，影响因素有哪些，这样就能判断哪些思考属于有难度的，如何提高思考能力。

思考是主体（人）为了某个目的对信息的加工过程。先拿上面第一个最简单的思考题目来看一下思考的流程。

冰箱上有一个玩具，想拿又太高了，够不到，需要思考，有什么办法可以拿到那个玩具？

首先是环境中的信息，玩具在冰箱上，要拿到玩具，又太高了。然后大脑就开始对这个信息加工、思考，怎么办？这个时候会调用大脑里储存的记忆信息，经历过站在凳子上能够够到高的物品。再结合环境中的信息，有没有凳子，判断站在凳子上高度够不够。对整个外界环境和储存的记忆信息进行加工得出了一个方案，找一个凳子，站在上面拿玩具，这就是整个的思考过程。简化一下就是下面的流程图。

最左边是环境的信息，包括环境中有什么、发生了什么、用感官感知到了什么、需要解决的问题、需要思考的内容和目标等。

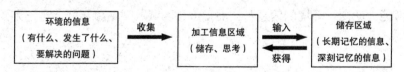

最右边是大脑的储存区域，储存了大量记忆的信息，包括长期记忆的信息和深刻记忆的各种知识和经验等。长期记忆的信息在大脑前意识里，深刻记忆的

信息在大脑的潜意识里。储存区域的空间可以说是无限的，学得越多，体验得越多，信息就越多，也就是知识和经验就越丰富。这些信息平时觉察不到，都储存在大脑的深处，等用到的时候自然就能调用出来。如听到第一句"鹅鹅鹅"，就知道下一句"曲项向天歌"；8×9等于多少，立刻会脱口而出72；知道石头是硬的，棉花是软的。

中间就是大脑加工信息的区域，这个区域就是我们的意识，是我们能感知到、意识到的。"环境的信息"箭头指向"加工信息区域"，代表这个区域能够收集环境中的信息，获得需要解决的问题、思考的内容等。"加工信息区域"和"储存区域"箭头相互指向，代表"加工信息区域"能够从"储存区域"获得信息，这个好理解，上面已经讲过。

同时，"加工信息区域"的信息加工后可以输入"储存区域"，成为长期记忆或深刻记忆，这点需要重点讲一下，就是在"加工信息区域"思考过的信息，思考过程和思考结果能够直接成为长期记忆和深刻记忆，就是自己思考出来的如同自己内在长出来的一样，会记忆得很深刻。所以，日常如果自己不思考，直接记住答案，这种记忆不会特别深刻，甚至很快就会遗忘。如果自己思考出答案，那记得就很深刻，不容易忘记，即使自己思考了，但没有思考出结果，有个思考的过程，参考答案的时候有种恍然大悟、原来如此的感觉，也会印象很深刻。

"加工信息区域"收集"环境的信息"，结合"储存区域"的信息按照某个目的进行综合的加工，这个过程就是思考。

加工信息区域有两个功能：一个是储存功能，储存来自环境的信息和调用储存区域的信息；另一个是加工功能，就是对这些信息按照某个目的进行加工，加工的方式有整合、提炼、推导等。

思考能力就受"环境的信息""加工信息区域""储存区域"这三方面因素影响。

（1）环境的信息

看上面思考题目4：

在简并定态微扰论中，如 $\hat{H}^{(0)}$ 的某一能级 $E_n^{(0)}$，对应 f 个正交归一本征函数 ϕ_i（$i=1, 2, \cdots, f$），为什么一般地 ϕ_i 不能直接作为 $\hat{H}=\hat{H}^{(0)}+\hat{H}'$ 的零级近似波函数？

这道题目是一个需要深入思考的题目，相信绝大多数人都看不懂，题目都看不懂，理解不了，那根本谈不上思考了，所以首先要确保能理解。关于如何能理解、理解能力，在前面详细讲过。

给予孩子思考的内容要根据孩子不同阶段的理解能力而定，不能超出孩子理解的范围，否则根本得不到有效的思考。

可以让四岁的孩子思考"现在很渴，但水很烫怎么办"，但让四岁的孩子思考"水的分子结构是什么"，孩子完全理解不了。

现在有很多机构会推出科学实验的教育，在孩子很小的时候就把初中高中甚至大学的物理化学实验给孩子做，目的就是激发孩子的好奇心、探索欲。实际上，这些实验对孩子而言太"高深"了，完全没法理解，孩子当时看了会惊奇，过后只会把这个当作魔术，对于探索欲的激发有限。

可以等到孩子有这样的理解能力时，学习到相关的知识和原理的时候再做这样的实验，能够更好地激发孩子的探索欲，孩子还会在这样的原理下不断变换方式做实验，进行延伸和创造。

再看思考题目1，玩具在冰箱上，够不到，这是需要思考解决的问题。如果环境中什么都没有，会想到什么办法？跳起来够，好像很难想到其他办法了。再到处看看，发现客厅有凳子，会想到踩在凳子上。如果踩凳子上还够不到，再到处看看，发现一个房间里还有根长棍子，会想到拿着棍子够。如果发现有梯子，会利用梯子……环境中发现的信息越丰富越有助于思考。

所以，有时我们在思考遇到"卡壳"的时候会再查找各种资料，了解更多的信息，说不定哪个信息就带来了灵感从而获得了突破。在艺术方面的思考是会通过环境中的各种信息找"灵感"。最典型的就是医生看病，面对每一个病人都是一次思考。医生不会凭空思考，首先就是通过交谈了解各种症状，越详细越好，生怕漏了某个点，只要涉及这个症状的各种检查都要做，然后医生通过了解的症状和检查的结果判断病情，了解到的信息越丰富对思考判断病情帮助越大，会诊断得越准确。

总结一下，对于"环境的信息"首先要能理解，如果不理解，思考根本无从谈起。还有就是环境的信息了解得越多越有利于思考。

（2）储存区域

看下面这个思考题：

思考一下未来肿瘤治疗的发展方向。

这个思考题绝大多数人都看得懂，知道什么是肿瘤，知道要思考的是未来发展方向，但要思考这个题目绝大部分人脑子一片空白，更别说思考了，什么原因？就是因为在储存区域里没有任何这方面的信息可以调用，没有这方面的知识和经验。有些思考题能思考的前提就是需要有背景知识和经验，这些知识和经验就是加工信息区域要加工的素材，连素材都没有就没办法加工，自然谈不上思考了。

从这一点给我们的启发就是，给孩子这类的思考题目首先需要根据孩子背景知识和经验来定，没有足够的储存信息也就没办法进行思考。

如为什么说鸦片战争是中国近代史的起点？

这个就需要对鸦片战争前后的中国近代史有详细的了解，有这方面全面的知识，才能对这个问题有真正的思考，否则大脑又是"一片空白"。

再看思考题目1，玩具在冰箱上拿不到，需要思考怎么办。

如果曾经站在凳子上拿过东西，这个经验就会储存在潜意识里，成为深刻记忆，就会立刻想到用站在凳子上的方式，然后去找凳子。

如果曾经有拿棍子够高处的东西的经历，那立刻就会想到可以用棍子够。

有过这些经验，看到环境里有凳子和棍子就会想到可以利用这些工具。如果站在凳子上还够不到，就会再思考，会想到站在凳子上拿着棍子够。

如果曾经没有过那样的经验，那面对这个问题的时候就是脑子"一片空白"，不知道怎么办。这又说明了体验和知识的重要性，体验到的直接就会成为深刻记忆。体验越多，知识越丰富，思考的素材就越多，遇到问题方法就越多，越容易解决。

这就是为什么孩子在小的时候不会安安静静地思考，而是动个不停，因为没有素材，孩子在动、在玩耍就是在积累素材。

在引导孩子的时候并不是什么都要让孩子思考怎么办，当孩子面对一个事物没有任何经验的时候不需要让孩子思考，思考也毫无头绪，反而会让孩子畏惧、受挫，可以让孩子多体验，引导孩子通过各种方式体验，积累素材，有基本素材了，自然就有自己的观点、心得，能思考。没有自己的感知和体验，就没有真正的思考和见地。

思考题目2变一下：

208，96，1056，16，这四个数字用加减乘除怎样算得到24?

这个题目思考起来就难得多，数字同样是四个，思考的内容也很好理解，但就是比较难，原因就是储存的信息里没有两位数、三位数、四位数的加减乘除，没有足够的直接的储存信息可用，如果要思考就需要借助储存信息的运算规则来一点点运算，就比较慢，也比较难，大部分时间都花在运算上。这个题目不仅仅要运算，还要不同数字各种方式组合的运算。

原来的数字3、6、9、7，加减乘除思考起来就很简单，因为有直接的储存信息可以用，乘法口诀已经形成长期记忆了。

如同思考23×8，在思考的时候直接可以调用储存区域的信息，$3 \times 8=24$，$20 \times 8=160$，$160+24=184$，直接就可以算出来。

现在明白之前让我们背乘法口诀的意义了，背得越熟练，题目做起来越快。

从上面可以看出，储存的信息越多、越熟练，越有利于提高思考的速度，越能够降低思考的难度，这其中的原因跟大脑加工区域有关，下面会讲。

总结一下，"储存区域"就是巨大的资料库，这个资料库的空间是无限的，就看后期能够往里面储存多少信息。里面的信息——知识和经验越丰富，越有利于思考，能够提高思考的速度，降低思考的难度。

（3）加工信息区域

首先是加工信息区域的存储空间问题。思考题2变一下：

8、9、3、4、1、5、7、6、5、2、9、7、4、3，这十四个数字，每个都要用上，用加减乘除怎样算出24？

这个题目看上去简单，环境的信息很清晰，也有丰富的储存信息可以用，但做的时候就是很"费脑子"，在用这十四个数字算的时候会发生用了这个忘了那个，有的数字不记得有没有用过了，这是因为加工信息区域的存储空间和容量是有限的，要处理这么多的信息就有些困难。由于加工信息区域的空间有限，所以当有大量信息需要不得不记住的时候就需要借助其他方式，如用纸笔写下来，节省加工区域的空间，协助思考。

再看上面的思考题3，我相信绝大多数人要把里面讲的规则理解清楚、理顺了都需要读几遍，不是理解不了，而是信息太多、太绕，有可能看了后面忘了前面，但要进行思考的话就需要每一个都清楚。

这一方面是理解能力问题，另一方面就是加工信息区域的空间问题，空间是有限的，当加工信息区域有限的空间都用来理解题目了，那根本就顾不上思考了。

每个人加工信息区域的空间是有限的，而且扩大不了，即使能扩大，扩大的量也是有限的，不像储存区域的空间是无限的。如打乱的一百个数字，看一遍复述出来，能复述出来的量都是有限的，但如果给你一段时间记忆，所有人都能够把这一百个数字记住。也许不同的人看一遍记住的量不一样，有的人多一点，有的人少一点，这是每个人加工空间大小的差别，但都是有限的。

有人说不对啊，"最强大脑"的节目里有人可以看一遍再复述的时候都能复述出来，那是因为运用了一些记忆的技巧，变相地扩大了加工信息区域的空间，纯粹为了记忆而记忆，记忆的信息不是用来加工思考的。

什么原理呢？再看上面讲的，有的人看一遍打乱的一百个数字就能全部复述出来，原理就是运用了数字密码。之前都设定好的，每个数字对应一个图像，当看到一连串的数字的时候就是一个个画面闪过，再编成一个故事。人对画面的记忆就是过目不忘的，如同刚看完一部电影，一个半小时，再问你讲的什么，把电影内容情节再复述一遍就很简单，每个人对画面感的记忆都是如此，本质是利用

"存储区域"的空间来扩大"加工信息区域"的空间。

这样记忆跟数字就没关系了，数字就被人为地设定成了其他东西，也不能用来加减乘除、加工和思考了。

因为加工信息区域的空间是有限的，而且没有办法扩大，所以一方面在给孩子思考内容的时候要根据孩子加工信息区域的空间来决定，如果题目的信息占用了加工信息区域绝大部分空间，有可能都不会去思考，直接放弃了。另一方面，为了有最大的空间能够用来加工思考，所要做的就是尽量节省加工信息区域的空间。

两种方式，第一种就是借助纸和笔把需要用到的写下来，如上面思考题目2的变换题目，十四个数字，用到哪个就做个记号，这样就不用记住这个用过的，直接看记号就行了，这样就不占用加工区域的空间了，其他空间就可以用来思考了。

如思考题目3，可以画一个表格出来，这样就更直观清晰，就不需要占用空间记忆了，全部精力可以用来思考。

另一种方式就是借助储存区域，让加工信息区域的一些需要记忆、理解的信息直接从储存区域调用，如此就不会占用加工区域的空间。

如学开车一样，学过开车的都有这样的体验，刚开始学的时候，离合、刹车、挡位需要配合好，每次开车的时候大脑的全部精力都会用来思考这三者的协调，即使这样有时还会弄错，一定要全神贯注，这个时候根本没有其他精力关注和思考路况、周围环境什么的，能够不出错就很好了，这就是大脑加工信息区域的空间全部用于基本动作的协调了。现在开车是什么状态？可以一边开车一边跟别人聊天，什么原因？就是大脑的加工信息区域，也就是意识"解放"出来了，开车的动作在不断的重复下已经非常熟练，形成肌肉记忆，变成"自动化"运转，完全不占用加工区域的空间了。

这又一次说明了重复的重要性、练习的重要性、储存区域里的知识和经验的重要性。

很难想象，一个医生在给病人看病的时候，病人说出一个症状，医生对这个症状对应的病理等还不熟悉，或不确定，还需要查资料，那就没有更多的精力思考判断准确的病情和治疗方案了。

有经验的医生、水平高的医生，因为看的病人多，经历过各种各样的状况，那些基本的症状对应的病理已经非常熟悉，所以思考起来又快又准确，遇到疑难杂症，排除常见的，能够有更多的精力来思考、来诊断。

储存区域的信息越丰富、越熟练，越能够节省加工信息区域的空间，越有利于思考。

学习必须有一定量的重复，特别是基础知识，目的是进一步学习，提高思考能力。同时，过度的重复，机械的刷题，靠熟练记忆所有类型的题目来应对考试，如此，真正的思维、思考、创造能力就得不到提高，而且耗费太多时间和精力，本来可以用来做其他更有意义的事，会让孩子厌学或思维僵化，透支了孩子的学习力，导致孩子没有持续学习的能力。

上面是加工信息区域的存储空间问题，加工信息区域还有加工能力，就是对这些信息按照某个目的进行加工的程度和速度，加工的方式有整合、提炼、推导等，就是：能不能整合好，整合得快慢；能不能提炼出来，提炼得快慢；能不能推导出来，推导得快慢。

思考题目2在小学阶段我们就经常当成游戏来玩，用扑克牌只留下数字的部分，顺序打乱，从中随机抽取四张牌放桌子上，看谁先算出24，输的在脸上贴纸条。规则大家都懂，各种能算出24的方法储存区域里都有，当把随机的数字和算法这两者信息加工整合的时候，有的人能整合好，算得出来，有的人算起来很吃力甚至算不出来；有的人喘口气的工夫就算出来了，有的人半天过去了还在埋头苦算。

记得以前在上数学课的时候我印象特别深刻的一点，同样是学习了一个定理或公式，学完以后老师出了一道题目，就是综合运用这个定理或公式的，有些同学立刻就能够灵活运用，很快计算出正确答案，也有部分同学则是一头雾水，不知从何下手。

这些就是加工能力的差别，也是"动脑子"的核心，就是加工所有这些信息的能力，就是思考能力。

这个差别有天生的一部分因素，也就是智力的差别、思维能力的差别，天生的就不讨论，毕竟是没办法改变的。还有一部分就是后天能够提高的。

如何提高？就是我们俗话说的"脑子越用越灵活"，不断地加工信息，思考。越思考，思考能力会越强，越不思考，慢慢这方面能力就越弱，就不习惯思考，一思考就痛苦，脑子也逐渐"钝化"。

在生活学习中需要通过各种方式，把握各种机会锻炼孩子加工信息的能力，也就是思考能力，而不是只死记硬背，看现成的答案。

孩子自己总结出的、发现的、讨论出来的，即使很简单的道理和原理，都比应试的、刻板式的教育好，以记忆答案为主，会让孩子丧失思考能力、自学能力，更别说创造力了。

童·园每天放学之前都有一个团讨课，会把一天经历的、生活中遇到的各种事在团讨课上让大家一起思考，养成思考的习惯，锻炼思考的能力。

今天暑假班的孩子早上吃的点心要自己解决，就是自己在野外搭一个灶台，然后生火煮玉米当早点。老师只提供锅、玉米和火柴，其他都是自己动手解决，两个人一组，包括搭简易灶台、找柴火、生火、煮玉米，能够煮熟就能吃上点心，煮不熟当然就没得吃。结果是只有一半的孩子吃到了煮熟的玉米，绝大部分还是在老师帮助下完成的。

下午的团讨课就针对上午的野外煮玉米进行总结思考。

我："很多人上午挨饿了吧？"

虽然挨饿，但孩子们都很开心。

"你们是第一次做，做成这样已经很好了，失败了没关系，只要我们能够从失败的经历中有所思考，总结经验，这样下次就能够做得更好，能够成功。"

"现在我们就来共同总结一下，今天哪里做得不够好，下次怎么改进。"

"今天我们捡的枯树叶和柴火不够，烧到一半没柴火了，等我们再去捡的时候火已经熄了。"一个孩子率先说道。

"非常好，那下次该怎么改进呢？"我问道。

"下次提前捡很多枯树叶和柴火堆在旁边。"

"总结得很好，后面大家的总结就要这样，先说原因，然后再说下次的改进方法。"

"我们是因为开始捡的草是湿的，点不着，下次一定要找干的树叶和草，还有我们放的柴火太大了，很难烧着，要先放一些细的、小的柴火。"

"点火的时候要用手挡着风，不然火会被风吹灭的，我看到老师这样点的。"

"枯树叶容易点着，干草不容易点着，下次我们就要捡枯树叶烧。"

"我们也是枯树叶和柴火不够了，没有提前准备好，下次先要捡很多枯树叶和柴火备着。"

"我们是火烧起来了，后面没有持续地加柴火，所以火灭了，下次我们要及时地加柴火。"

"我们搭的灶台太矮了，能烧火的地方很小，下次我们要搭高一点。"

自己体验过就是不一样，孩子总结得都很清晰而且很关键，都是经过思考的。

等孩子差不多说完了，我再给他们归纳一下，基本上总结的都是他们说过的。

"大家总结得很好，我把你们总结的归纳一下。首先在搭灶台环节，一定要搭稳了，有好几组搭得都不稳，这样容易导致坍塌，还有要搭得高点，这样下面才有足够的地方烧火。搭完灶台后在点火之前一定要准备充足的树叶、草和柴火，这个绝大部分人都发现了，都是在这点上没做好。全部准备好以后开始点火，点火的时候要注意保护好火苗，不要让风把火苗吹灭了。在火点着的时候一定要及时地加树叶，不然火就会熄灭，等枯树叶或干草烧起来以后就要加柴火，加柴火的时候开始要加小柴火，这样容易引燃，大柴火不容易引燃。烧着以后也不能掉以轻心，要及时地补充柴火，不然火又会熄灭。"能感觉得出来孩子们听得很认真。

"明天我们继续煮玉米，我相信明天大家都能够吃到自己煮熟的玉米！"果然，第二天所有人都把玉米煮熟了。

自己思考出来的会直接进入长期记忆或深刻记忆。

所以，刷题也要会刷，在做题目时一定要先尽全力自己思考，实在思考不出来，或思考了一个自己的方案和思路，然后再参照答案，这样印象才会深刻，才能更加深刻、全面地理解这个问题。这样的学习也不需要那么大量地刷题。

做数学应用题的时候一定要自己思考一遍，实在思考不出来再看一下答案和正确的解题思路，这样就会有恍然大悟的感觉，然后自己的思考能力就能够得到进一步的提高。

做语文的阅读理解题目同样如此，凡是需要思考的题目一定要首先自己思考一下，然后再看答案的思路，对比一下思路的差别。

在辅导孩子时也是如此，要会辅导。很多孩子看完题目感觉稍微有点难，没有经过任何的思考就认为不会做，然后老师和家长就追在后面不断辅导、讲解。通过讲解听得懂很容易，辅导的目的是让孩子下次能自己思考出来，做出来，而不是仅仅能理解思路，听得懂。所以，在讲解之前一定要先让孩子自己思考一下，问一下孩子的思路，或跟孩子一同探讨，然后再讲解，这样每一次的辅导才能提高一次思考能力，而不是直接就讲解思路让孩子理解。

一上来就看答案，看解题思路，即使能看懂，也是记忆了现成的思路，没有经过思考，这个思路就不是建构的，不是自己生发出来的，印象也不深刻，变换一下就又不会了，思考能力没有得到真正的锻炼。

如果每次都是直接看答案和解题思路，刷题刷再多也提高不了真正的思考能力。

上面是具体如何全面地提高思考能力，在一定思考能力的基础上要想让思考能力发挥得最好还需要最好的思考状态。有利于思考的状态是：平和放松的时候，精力旺盛的时候，专注的时候。在这些状态下能发挥出自己最大的思考能力，甚至会得到出乎意料的灵感。思考和创意类的要越放松越好。所以，睡眠对孩子的学习太重要了，睡眠好，精神状态就好，理解能力和记忆能力都会好，思考能力也会提高，学习会事半功倍，效率高。磨刀不误砍柴工，花那么多时间和金钱给孩子补各种课不如给孩子多补补觉。

同样还有些状态是不利于思考的，干扰思考，甚至让人没办法思考。不利于思考的状态包括有情绪的时候、紧张的时候、精神状态不好的时候、不专注心不在焉的时候。在这些状态下，即使思考能力再强也发挥不出来甚至没办法思考。前面在讲内在安全感的时候就讲到，当孩子有情绪时是没办法思考的。

如何面对孩子的"十万个为什么"？

系统讲完思考这个章节就可以详细讲一下如何面对孩子的"为什么"。

最早从两岁多开始，有的孩子就会不断地问为什么。"为什么锅里会冒烟啊？""我从哪里来？""天空为什么是蓝的啊？""鸡蛋里为什么会有小鸡啊？""为什么树叶会变黄呢？""水为什么会结成冰呢？"……

这是孩子内在成长的需求，有强烈的探索欲、求知欲，是在思考，所以成人首先要接纳，而不要嫌孩子烦、啰唆。"烦死了""没有为什么""不要问了"……这些都是对孩子的不接纳，甚至表现出嫌弃，这样会损伤孩子的自我价值感，打击孩子的探索欲和求知欲，影响孩子的思考能力。

面对孩子的"为什么"，不但要接纳，还要重视，这样孩子的探索欲、求知欲和思考能力才能得到不断发展，自我价值感和自我效能认知才能得到不断提高。

现在很多家长都认识到要重视孩子的探索欲，也确实很重视，重视的方式就是在大脑里搜索曾经所学的物理化学等还没有还给老师的所有知识来回答孩子。有些家长这个时候深切地认识到知识不够用了，因为孩子的很多问题回答不出来，但也会尽其所能科学地回答孩子，想让孩子学到更多的知识。

孩子："天空为什么是蓝色的啊？"

家长："那是因为在空气中分子散射太阳光线当中蓝色部分的能力高于其散射红色光线的能力。日暮时分我们看到落日呈现红色与橘黄色，这是因为蓝色光被散射并且朝着视线以外的方向传播。"

家长都想把最好的给孩子，让孩子更好地成长，有的家长孩子不问也会见缝插针地给孩子讲解各种科学知识。

换位感受一下，如果自己是孩子，现在五岁，听到父母这样的回答是什么感受？

首先，最直接的感受就是听不懂，不想听下去。虽然回答的都是最科学的，但完全超出了孩子当下这个阶段的认知能力。也许听得多了孩子会复述其中的话，但根本理解不了其中的原理，只是机械地复述而已。

其次，这样的直接回答剥夺了孩子自己思考探索的机会，会养成孩子的依赖性，反正父母会告诉我答案，孩子思考和探索的能力得不到发展。而且很多问题不是只有一个标准答案，孩子的思维是不设限的、灵动的、充满想象力和创造力的，父母直接给予孩子的答案会局限孩子的思维和认知，不能发展孩子的想象力和创造力。

具体如何做？分两类情况。

第一类：引发孩子自己思考和探索。

面对孩子的"十万个为什么"，成人首先就要想办法引导孩子自己思考和探索。可以不回答孩子，但要回应孩子，引发孩子自己思考和探索。"咦，是的，为什么呢？""我也想知道为什么啊！""真是奇怪，为什么会这样呢？""这个真好玩，为什么会这样啊？""我们一起观察一下呢，看看到底是为什么。"……

当给孩子机会自己思考和探索的时候，会发现孩子都会找到自己的答案，虽然不是最科学的，最标准的，但是自己思考和探索出来的，由内而外生发出来的，是在建构，在成长。孩子也会有成就感，会更加有探索欲，随着年龄的增加不断深入探索，思考能力不断得到提高。

豌豆三岁多的时候有一次问我："为什么锅会冒烟啊？"

我说："咦，真的欸，锅在冒烟欸，我怎么没发现呢，为什么啊？"

豌豆说："好好玩哦！"

然后就盯着蒸锅一直在看："锅是不是生气啦，所以冒烟啊？"

"为什么啊？"我问道。

"因为火在烧它，它生气了啊，所以冒烟啊！"

"也许是的啊！"我认同地回应道。

豌豆通过自己的观察想到了一个答案，我猜测是因为她妈妈有时开玩笑的时候对她说过"我被你气得都冒烟了"，才想到这个答案的。

在户外的时候，孩子们看到一堆蚂蚁在不停地忙碌，就蹲下来好奇地研究了起来。

"蚂蚁为什么只走那条线啊，不走其他地方？"孩子观察到密密麻麻的蚂蚁只沿着一条线移动，旁边那么广阔的地方都不去。

"是的啊，好奇怪啊，为什么会这样呢，旁边那么多地方为什么不去呢？"老师也蹲下来一起观察着，回应着孩子。

"那里是马路，它们要走在马路上。"

"它们要去上班的，不能到处玩。"

"我知道为什么，因为它们冷，要在一起走才不冷。"

孩子们都开动着小脑瓜七嘴八舌，你一言我一语，每个孩子都带着自己的思考和答案，或许这一次小小的探索会点燃孩子心灵中求知的星火。

第二类：给予孩子当下能理解的答案。

有一类"十万个为什么"不适合孩子探索，如"我是从哪里来的""为什么要等红灯啊"之类的。

还有一种情况是孩子会不断问为什么，非要得到一个答案，这种情况成人也不能总是不回答，否则会失去成人一定的权威。父母在孩子心目中就是有力量，无所不知、无所不能，这会一定程度加强父母的权威（后面会详细讲解权威），所以需要给孩子一个回答。

上面两种情况的回答成人要做一个转化，要把答案的原因原理转换成当下孩子能够理解的内容，或给孩子一种答案借鉴，同时尽量留有空间或开放式问题引发孩子自己探索和思考。

在孩子七岁之前尽量以趣味化、艺术化或梦幻的方式回答他们的问题，这样既解答了孩子的问题，让孩子有好的感受，又保留了孩子的想象力。

孩子大了，上小学了，认知能力达到一定程度了，可以跟孩子一起通过查资料等方式寻找答案。

两岁的孩子红灯时停下来问"为什么啊"，可以回答"因为这样安全"。四岁时孩子问"为什么红灯要停下来，绿灯才可以走啊"，可以回答得更具体一点，"因为绿灯的时候另外一条马路上行驶的汽车就停下来让我们走了，就不会撞到我们了；红灯的时候我们要停下来让它们走，不然有可能被撞到，这样太危险了"。

"月亮为什么是弯的啊？"

"因为它很开心，在笑啊！"

"为什么秋天树叶变黄了啊？"

"因为天气变冷了，树叶换了新衣服了啊！"

等孩子再大点，可以跟孩子科普叶绿素、光合作用等知识。

"我从哪里来？"这是每个孩子都会问的问题。"你是从垃圾堆里捡的。""是妈妈从一个船上抱回来的。""是我们买东西送的。"这样的回答既不符合真实的情况，又会损伤孩子的自我价值感，有些敏感的孩子甚至会留下创伤。

对七岁前的孩子可以艺术化地回答："你是爸爸妈妈因为爱生出来的。"

可以简单科学化地回答："你是从妈妈肚子里生出来的啊！"再结合相应的绘本给孩子看。

可以梦幻的方式回答孩子，如在《孩子是什么》章节讲过的华德福的那种方式。

等孩子长大了，可以回答得不断深入。

学习任何事物，首先需要对这个事物感兴趣，进入这个事物，需要有基本的素材，这就是基础，这个基础包括体验、刺激等。

有了基础以后先自己生发，就是先自己萌发出东西，自己生发包括表达、思考等。

上面就是孩子成长发展的建构方式，整合起来，一个完整的过程是：

在任何方面的成长发展，学习任何事物，都是按照这样的顺序才能完整地建

构。自己生发的毕竟有局限，还需要不断地提高，这样才能更进一步地不断成长，提高的方式包括引导、吸收、重复练习。提高了以后再不断地增加基础，自己再生发，然后进一步地提高，如此不断循环就能够不断地建构式地成长和进步。

这是建构式的成长发展顺序，每个环节缺一不可。

缺少了基础和自己生发，直接跳至最后的提高环节，那就是灌输式，就是死记硬背，不能内化。

缺少了自己生发，只有基础和提高，那就是机械地学习，没有生命力地学习，能够内化，但没有独立思考能力和自主学习能力。

缺少了提高，只有基础和自己生发，那成长的空间有限，会故步自封，不能持续地成长、发展和进步。

如学习物理，建构式学习的顺序就是：先做一个实验，如浮力的实验，既有兴趣又有体验，然后对这个实验的现象先自己进行思考，为什么有的会沉下去，有的会浮起来，然后再引导出浮力的概念和公式，这样学习能够充分发挥一个人的主观能动性和自主思考的能力，是一步一步建构式学习的。物理学家发现浮力公式的过程也是这个顺序，好的学习方式和模式都是如此的顺序。

而灌输式的学习方式直接教浮力和浮力的公式，然后就是做题、解题。稍微好一点的老师会做实验或通过生活案例让孩子理解浮力的概念，但缺乏孩子自己生发的过程，为了应试直接就是灌输浮力的公式和计算。这样确实很快，但没有一步一步建构式学习，损失的是孩子的能力和主观能动性。

又如学历史，首先是基础，把历史事件和背景了解清楚，然后是自己生发，针对一个问题让孩子自己思考其中的意义，发表自己的观点，畅所欲言，最后是提高，老师给出一个观点或正确答案，这样孩子可以把自己生发的观点和老师的答案做一个比较，自己思维能力就能进一步得到提高。

应试的学习方式是直接了解一个历史事件，然后把这个历史事件发生的时间、地点以及历史意义直接告诉孩子，背下来，用于考试，如此，孩子只会简单记忆和背诵，思考和思维能力没有得到锻炼。

再如学习舞蹈，基础是听到音乐想跳舞，喜欢跳舞，然后是自己生发，按照节奏和音乐用自己的肢体语言来表达这种节奏，然后是提高，看到别人跳的动作非常美，能表达得更加充分，就学习别人的动作，为了跳得更好，专门练习基本功。

而现在绝大部分兴趣班的学习方式是直接学习最后一个环节——提高，首先就是练习基本功和动作，没有基础，没有对音乐和舞蹈的兴趣，没有自己生发，所有动作都是直接"灌输"的，这样学出来的结果就是要么对舞蹈不感兴趣，要么就是成为舞者而成不了舞蹈家。

建构式的学习：基础、自己生发和提高三者缺一不可，哪一个环节缺失了，后期也要补上才能建构完整，才能真正内化，才是有生命力的学习和成长发展。知道孩子是什么，在孩子有基本安全感的基础上孩子就会成长和发展，如何让孩子成长和发展，在成长和发展的时候如同一棵树一样，有时会"长歪"，如何避免孩子"长歪"，那就是自由与界限的问题，下一章就详细讲解自由与界限。

第四章　自由与界限

自由与规则

　　传统的教育理念对于好孩子的标准就是要"听话"，家长和孩子之间人格上是不平等的，孩子要服从家长，这是旧社会封建思想在家庭中的呈现。那个时代还没有民主和开放的思想，连发型都是统一的，在这样的氛围下，国民的状态普遍都是压抑的，生命得不到充分的绽放。如今也有很多家庭、很多学校依然延续这样的理念对待孩子，让孩子严格在成人设定的"条条框框"里成长，超出了成人规定的"框架"就会受到各种限制、惩罚和控制，孩子根本没有自由。长此以往，孩子"精神体"胚胎得不到很好的成长，不能做自己，始终处于压抑状态，形成各种偏差的人格。这又回到了第一章——基本儿童观，认为孩子是"一张白纸"还是"一颗种子"。现在自由民主的思想早已深入人心，这样腐朽的思想早该被时代所抛弃，要把根深蒂固的认为孩子应该听话、服从的思想从根本上扫除，能独立思考、有自己的想法远远比听话更重要。

　　孩子未来面临的社会环境会越来越开放、自由、民主，从小就让孩子生活在这样的氛围中，未来才能更好地融入社会环境。

　　前面讲了孩子是种子，有"物质身"胚胎和"精神体"胚胎，讲了"精神体"胚胎的特征，所以必须给予孩子一定的自由，让孩子可以在自己生命力的驱使下按照自己内在的生命"密码"和节奏自主发展，让孩子成长为最好的自己。

　　"给孩子自由"已经成为有新时代理念的家长经常挂在嘴边最重要的育儿准

则之一。有这样觉醒的意识是因为深刻理解了孩子的本质、人的成长需求，转变了儿童观而作出的根本性的调整，这是时代的进步，是人类自身意识慢慢觉醒的体现，在基本物质生活满足以后追求内在精神的自我实现，能真正尊重一个独立的生命，让生命能够绽放出自我。

同时，这种教育意识的觉醒实践了一段时间后有些走向了另外一个极端，出现了很多的"小霸王""小皇帝"，家长因为爱或照搬给孩子自由的教育理念，导致孩子想干什么就干什么，对于孩子自由的言行给自己，或他人，或周围环境带来的影响，家长或根本不管，或内心在徘徊，不清楚该不该管，管了是不是就伤害孩子了？限制孩子发展了？让孩子压抑了？打击孩子自信了？……在犹豫管或不管的时候也传递着不确定，导致孩子言行更加肆无忌惮，形成偏差的言行，严重的还会导致孩子各种偏差的人格状态。这是对"给孩子自由"这句话真正的内涵理解的偏差。

一个人自由过度，没有任何规矩和敬畏之心，目无尊长、我行我素，"树小扶直易，树大扳直难"，随着孩子的成长越来越没有规矩，轻者别人都敬而远之，重者违法犯罪。

"没有规矩，不成方圆"说明规矩对一个人的重要性。

给孩子过度的自由又怕溺爱孩子，不给孩子自由又担心伤害孩子，到底该如何做？规则和自由、爱和管束的度如何把握？

自由和规则不是对立的两面，真正的规则不会影响孩子的自由，真正的自由是带着规则的自由，这样的自由对孩子越多越好，能真正让孩子有无限的发展和可能，充分成长为最好的自己。

对孩子的爱永远不会过多，前提是要会爱孩子，那才是真正的爱，真爱越多越好。

什么是真正的规则，如何给孩子建构真正的规则？

规则是什么?

首先要清楚规则是什么?

规则就是事物与事物之间的界限,就是边界。任何事物与事物之间都有界限,超过这个界限就是侵犯或伤害到另一方,会引起另一方各种负面的反应或反击,会一定程度影响自己的自由发展,界限是为了更好的自由。

如同国家与国家之间有边境线,越过边境线就是侵犯到别国领土,会引发战争,这样两国都不能很好地自由发展自己。如果两国都遵守界限,睦邻友好,互不侵犯,那每个国家都可以安定、自由地发展自己,才有真正的自由。

看看世界上那些发生战争的国家是什么状态,经济惨淡,民不聊生,根本不能自由发展自己。那些稳定的国家,人民安居乐业,能够自由地发展自己的经济、文化、科技、教育等。

物与物之间有界限,两个房间之间的墙就是界限;院子的篱笆就是界限……

人与物之间有界限,不同温度的水能够接触的程度就不一样;饮料不能经常喝,喝了对人健康就有伤害;有些植物能用手触碰,有些植物上有刺触碰就会有危险;有些果实可以食用,有些果实就不能食用;有些动物温驯可爱,人见人爱,有些动物天性凶猛,让人望而生畏……

人与人之间有界限,一个人攻击另一个人,被攻击者就会愤怒反击;随意拿别人东西,别人就会制止……

人与环境之间有界限,肆意砍伐会破坏生态,随意乱丢垃圾会污染环境。

世界大同,众生一体,万事万物间既有融合也都有界限。爱是融合,是一体,界限是区分,是为了个体更好地存在和发展,同时也为了更好地爱和链接,而不是断裂和阻碍。只有融合没有界限就如同连体人一样,两个人连在一起,各自都得不到自由的生长,个体也没有真正的自由。

孩子一生下来跟这个世界就是融为一体的,"我心是一切,一切是我心",我的是我的,你的也是我的,没有边界概念。这样的一体不是真正的一体,没有经历过分化，是混沌的一体，需要不断体验，不断成长，建立自我，建构界限，然后再融为一体，追求无我的境界。

孩子最初跟人之间没有你我，把别人当自己，把自己当别人，随意、直接拿别人的物品，随心所欲，在过程中会处处碰壁，这个过程就是在分化，在确立界限，分清界限才有各自独立的个体，再经历一段时间的成长，在都有界限有自我的状态下，又能够更好地融合，成为朋友，能"随心所欲不逾矩"。

所以，有界限的自由才能更加自由，才是真正的自由。

每个人必须明确与自己相关的各种人和事物的界限，并且遵守在界限范围之内，有界限意识，这样才能有真正的自由，才能保证一个人的生存和幸福，否则将处处"碰壁"。国家法律是每个公民必须遵守的最低界限，否则就要受到法律的制裁。

如何建构界限

仅仅是让孩子遵守界限有种方式很简单，也是很多家长经常用的方式——暴力。有些家长没有其他方式，只要给孩子立规矩孩子不遵守就家法伺候，要么凶，要么打、惩罚等。有些家长开始还比较有耐心，能够心平气和地跟孩子讲道理，孩子几次不遵守就没耐心了，也没办法了，就发火等各种暴力了。孩子因为弱小，在绝对的暴力下肯定会屈服，暴力对家长来说是解决问题最快最有效的方式，所以家长用起来得心应手。但这种方式带来的"副作用"非常大，孩子根本不是发自内心遵守这些界限，也不知道为什么要遵守这些界限，会导致有些孩子会在家长不在的时候过度地违反某些界限。同时，用暴力的方式会伤害孩子的自我价值感、自信、自尊，会让孩子有逆反心理，会造成孩子的各种心理和人格问题。

界限需要内化，需要一点点地建构，这样才能既不伤害孩子又能给孩子建立界限。

首先需要对界限有个整体的认知。

（1）界限是为谁好？

为什么有些人会抗拒规则、抗拒界限？就是因为给他的感觉界限是要委屈、牺牲自己满足他人。界限是为了你好我好大家都好，最终还是为了自己好。红灯停绿灯行，大家都遵守大家都安全，都不遵守自己的安全也得不到保障；侵占别人物品，别人会愤怒，会反击，别人侵占自己物品自己也会愤怒，同样也会反击，私有财产神圣不可侵犯，在此基础上才有了每个人安全稳定的生活，才有安全的自由。

当一个人明白界限是为他自己好，不遵守界限会对他有害的时候就会主动遵守界限。有些界限孩子当下就能理解这是为他好，有的却理解不了，如不能吃零食，就不愿意遵守，所以家长会跟孩子说："我是为你好。"这些界限会随着孩子的成长慢慢明白，这也是需要给予孩子的界限。

还有些界限不是为了孩子好、为了孩子各方面的健康发展，而是为了成人好，是满足成人的意愿而不顾孩子的发展，如不让孩子玩水玩沙子，是成人怕给自己带来不必要的麻烦。这类界限是需要家长注意的。

（2）界限是不是越多越好？

这是很多家长的一个误区，认为孩子越懂事，越有规矩越好。见到人要打招呼，吃饭不能说话眼睛要盯着饭碗，走路好好走不能跑跳，自己的玩具要学会分享，不能大声说话，不能哭……这样的结果就是孩子被教育得彬彬有礼，很"成熟"，但不是孩子该有的样子。孩子确实遵守了这些规矩，但为什么要遵守？自己不知道，是在强大外力的作用下不得不遵守，根本没有内化。这样的每一条规矩如同绑在孩子身上的一根绳子，规矩越多，把孩子绑得越牢固，如同无形的牢笼框着孩子动弹不了。前面已经讲过，孩子的学习和成长必须通过体验、玩耍、工作等，这样手脚都"绑"住了就会限制孩子的体验，同时内心的压抑也会影响孩子心灵和心理的健康发展。

对于界限过多或过紧的孩子，成人即使什么也不说一般都不会侵犯界限，都是离界限很远很远，所以对于这样的孩子一般不需要再给他建构界限，而是把之前捆绑在身上的那些没有必要的界限慢慢清除掉，让孩子慢慢绽放，重新建构界限。

我们遇到很多从其他幼儿园转过来的孩子，自由工作的时候在教室里规规矩矩地坐着一动不动，确切来说是不敢动，想玩某个玩具不敢玩，实在忍不住了会怯怯地问一下："老师，我能玩那个吗？"老师会很友好热情地回应他："可以的啊，自由工作的时候你想玩什么都可以，这是你的自由。"这样的表现不是一两次就能疗愈的，需要经过一段时间慢慢疗愈，但曾经的阴影是不是完全消除了？在未来的某一天是不是还会以一种形式显现出来？这是肯定的，在小的时候经历的一切会直接进入潜意识，会根深蒂固地存在，以什么样的形式、多大程度显现出来就要看后面疗愈修复的程度以及未来的环境和经历。

界限不是越多越好，反而没有必要的界限越少越好，这样才不会对孩子的成长发展有所限制。

（3）界限是"活"的还是"死"的？

不能打人，是什么情况下都不能打人吗？

要会分享，是任何人都要分享吗？

进门要换鞋，是进任何地方都要换鞋吗？

既然是界限，每个事物都不一样，那自然事物与事物之间的界限也是不一样的，冷水就可以碰，开水就不能碰；有的狗能摸，有的狗就不能摸；有的话可以对这个人说，对另外的人就不能说……所以，界限是"活"的。要真正明白界限的内涵，内化界限，才能做到遵守"活"的界限，最后做到"随心所欲不逾矩"，而不是遵守"死"的界限。

从上面的介绍可以看出来，界限也需要一点点地建构，需要内化。对界限有清晰本质的整体认知，能帮助我们更好地给孩子建构界限，同时又不伤害孩子。

下面来具体分析一下不同的界限如何建构。

先看一下下面的这些界限：

○饮水机红色的按钮不可以碰

○不能打人

○没有经过别人允许不能拿别人东西

○不能大声说话

○吃饭前要洗手

○吃饭时不能说话，吧嗒嘴

○不能说脏话

○玩过的东西自己收好

○不能喝饮料

○放学回家要做作业

总体界限分两大类：

第一大类是可以理解的界限。理解就直接内化了，这类界限的建构只需要让孩子理解就行了，如烫水不能碰。关键是通过什么方式让孩子理解。

第二类界限是暂时理解不了，但又需要遵守的。如不能吃零食，孩子不能理解为什么不能吃。家长不耐烦或用暴力的方式让孩子遵守的大部分就是这类界限，这类界限也需要通过一种方式建构和内化。

一、可以理解的界限建构

首先讲第一类，可以理解的。

给孩子建构界限首先考虑的就是能不能让孩子理解，只要理解了自然就明白了，内化了，就会主动遵守。

让孩子理解的方式：

体　验

关于体验前面的章节已经详细讲解过，只有体验到才能理解，才是自己的，才能够直接内化。在孩子当下年龄段能够承受的范围内，能让孩子体验的界限就让孩子去体验一下。

讲再多遍水烫不能碰孩子都理解不了，只是从成人态度上明白这事不能做，很可怕，具体为什么不能做，不清楚，心里始终带着不解和好奇，这样会导致孩子在没有面对成人的时候自己偷偷去尝试，有可能带来更大的伤害。体验直接能够知道哪些不能做，会伤害到自己，哪些能做，不会有伤害。有些人天生天养，没有很好的家庭环境和教育，通过成长也知道有所为有所不为，就是通过自己的体验和经历，不断吃亏上当成长起来的。

再好的教育也不可能把人生中遇到的所有界限都告诉孩子，还有各个界限"度"的把握，做各种事的"度"，这是用语言没有办法描述清楚的，还是要自己去体验和感受各种界限，这才是核心，能自己生发出万千灵活的界限。再说，即使全部告诉你了，什么事要注意什么，不要如何做，界限在哪里，都能记住吗？即使记住，都能内化用得出来吗？能恰到好处地把握各种"度"，区分轻重缓急吗？还是需要自己体验、感受一下才能真正内化。

1.体验人与物的界限

开车为什么要系安全带？可以让孩子体验一下急刹车时的状态。

仙人掌为什么不能碰，可以让孩子体验一下，轻轻碰一下什么感觉。

从多高处跳下来脚是什么感觉，多高能跳，多高不能跳，有危险。

在安全范围内让孩子多体验，这样孩子才能知道各种界限，才能把握不同界限的度，不至于因为怕受到伤害而完全不接触和不知道各种事物伤害有多大而过度接触，不知道轻重，所有玩耍少、体验少的孩子都有这两种状态。

周三是木工课，孩子们可兴奋了，进入木工房以后纷纷戴上手套做起了木工，有的在钉钉子，有的在锯木头，有的在打磨自己做好的作品。我走到鑫鑫面前看到鑫鑫在用力地锯木头，没戴手套。

"鑫鑫，要戴上手套哦！"我提醒道。

"我不想戴，不舒服。"

"不戴会有危险的，锯子有可能锯到手的。"

"没关系的，我会小心的，不会锯到手的。"

"好吧，你自己小心点。"

鑫鑫是那种很有主见、精力很旺盛的孩子，班级里的各种界限他打破得最多。这次我允许了他不戴手套，但心里知道要让他体验一次就明白了，特意给他拿了一把小锯子，即使不小心锯到也没什么问题。

果然没过多久就听到一声大哭，不出所料正是鑫鑫，其他孩子的目光都被吸引了过去。

我走过去一看，鑫鑫用右手握着左手的食指，食指在流血，显然是不小心用锯子锯到手了。鑫鑫哭得很大声，估计是看到血感觉严重了。我给他清理了伤口，还好不严重。消完毒包扎好以后鑫鑫的情绪也稳定了下来。

"不小心锯到手了是吧？"鑫鑫点了点头。"下次在锯木头的时候知道怎么做了吗？"

"知道了，戴好手套。"

"是的，戴上手套，如果不小心锯到手也没关系，只是锯在了手套上，手套就是用来保护我们的。"

通过这次刻骨铭心的体验，鑫鑫真正明白了为什么使用锯子的时候要戴手套。从那以后，鑫鑫每次用锯子的时候都会主动戴好手套。偶尔忘记戴，经过我的提醒会立刻起身去取手套。

2.体验人与人之间的界限

人与人之间也有界限，了解这点就知道在人与人的相处中为什么有些人比较压抑，因为他的界限经常被侵犯，而自己没有力量维护自己的界限。有些人让别人比较压抑，就是因为他的界限比较多，别人在不知不觉中就得罪他了，侵犯到他的界限了，他就表现出了攻击性。

有些人比较好相处，因为他的界限比较少，也比较柔和。有些人很难相处，他的界限比较多，又比较僵硬，不能侵犯到他的界限。

人与人之间的界限就是社交中的度，如不能打人、不能骂人，有些话对有些人说可以，对有些人说就不可以，跟不同的人保持不同的亲密程度，这些都是人与人之间的界限，要去真实地体验，自己去感知，这样才能触摸到人与人之间看不见摸不着的灵活的界限。

这方面成人要注意的是：

（1）自己做好榜样

有些成人在逗孩子玩的时候会轻轻地咬孩子的小手、小胳膊等，这都被孩子吸收到了，长此以往孩子也会用这种方式对待别人，这首先就是成人的界限没有把握好。

还有的成人动不动就会打孩子、凶孩子、骂孩子，孩子也会习得这样的方式，对别人也会如此，侵犯别人界限。

一个从来没有被打过的孩子，内在也根本没有"打"这样的模式，对待别人也不会想到打。而一个经常被打、被侵犯的孩子，慢慢对打也"免疫"了，认为打也没什么，所以自己这样对别人也感觉很正常，也会如此随意侵犯别人的界限。

被尊重也是每个人的界限，首先孩子要被尊重。关于尊重的内涵前面章节已经详细讲过了，一个没有得到尊重的人也不会尊重他人。我们首先需要尊重孩子，这样孩子才会尊重别人，在这样的氛围中成长，走出去给别人的感觉就是有素质、有教养。

趁老师不注意，今天灿灿已经咬了三个孩子了、前两次没有得逞，都咬在厚厚的衣袖上，老师们提高了警惕、第三次是因为跟别的小朋友抢积木，就在老师干预的瞬间，他一口咬在了人家手背上，好在老师及时制止，只咬了两排浅浅的牙印。

跟家长详细了解了灿灿的成长经历，口腔敏感期没有干预孩子，顺利度过了，灿灿的语言发展也没有问题，会表达自己，也不是因为不会表达所以用咬人的方式来表达。就是一点，妈妈说因为跟爷爷生活在一起，从小爷爷奶奶带得比较多，因为灿灿长得胖乎乎的，特别可爱，爷爷经常会咬一咬灿灿的小胖手臂，有时候灿灿也会咬一咬爷爷，爷爷会装出很夸张的样子，故意逗灿灿大笑，所以养成了这个不好的习惯。

关于灿灿咬人的习惯，我们老师跟家长达成了共识，家长表示会全力配合学校纠正孩子的坏习惯。

一是摸清楚灿灿在什么情况下会咬人，要特别关注，不能让他得逞。咬人这个行为会有"瘾"，因为咬合力是很大的力量，咬人只要用很小的力气就会引起别人很大的反应。孩子对于反应很大的事天然就会特别喜欢，所以会有"瘾"，喜欢那种感觉，有成就感，所以就不能让他得逞，慢慢体会不到那种感觉，自然也就淡忘了。在家里也一样，告诉爷爷，再也不能跟灿灿玩咬人的游戏了。

二是如果灿灿是用咬人的方式来表达，就根据不同的情况引导灿灿用另外的方式来代替咬人，如语言或动作。开头那样的情况就可以制止灿灿咬人，引导灿灿用语言说出来"这是我先拿到的"。出现一次引导一次，成人要有耐心，毕竟一个新的习惯需要不断地重复才能养成。

（2）给予孩子真实的感受

孩子打你、骂你，你什么反应？很多成人觉得好玩，又不疼，所以表现得很开心很可爱，童言无忌，无所谓的。长此以往，会给孩子一种错觉，打人骂人没什么，反而别人很开心，进而形成固定的认知模式，对别人也会如此。

一定要给予孩子真实的反应，告诉孩子"我疼""这样说我很伤心难受""我很愤怒"等，用"我—信息"表达自己的感受，这样孩子就会体验到他的言行带给别人的感受，孩子会主动调整自己。而不是用"你—信息"，强调"你怎么这么烦""安静""不要这样说"。这样会带着指责、攻击、不信任、不尊重，会损伤孩子自我价值感，激起孩子逆反心理。最关键的，孩子不知道为什么要这样，不知道原因。

还有的家长说孩子打我，我也打他，让他体验一下被打是什么感觉，这个思路没有问题，但这样做孩子体验到的不是父母想让他换位思考的良苦用心，而是父母出于愤怒对他的反击，会损伤孩子的自我价值感，破坏亲子关系。父母的责任之一就是能够包容孩子，这样做孩子感受不到父母的包容和爱。

有些方面父母是接纳孩子的，有些方面是不接纳的。不接纳的部分也不要假装接纳，孩子都能感受得到，要给予真实的反应，让孩子知道明确的界限，在界限里才能得到接纳，而不是一直压着忍着，不会表达界限，这是父母没有自我的表现，反而对孩子的成长不利。成人面对孩子时一定要有自我，具体表现就是，当孩子越过成人界限的时候要明确地跟孩子说不，会表达界限，这样孩子成长的过程中也会受到成人的熏陶，建立自我，勇敢地表达自己的界限，这是一种能力。没有自我的成人也带不出有自我的孩子。

我在接电话，豌豆跑过来，"爸爸，你看我搭的房子！"我没回应她，继续接着电话。"爸爸，这里有个门，你来看一下。"我依然没有回应。豌豆看我没理她干脆走到我面前拉着我的手："爸爸你来看啊，我的房子搭好了。"我用手做了一个"嘘"的动作，指了指手机。但是她丝毫不予理会，仍然继续拉我去看她的杰作。我轻轻地拨开她的手往另外一个房间走去。这个电话打了很长时间。没过一会儿又听到豌豆在外面喊："爸爸，我还要积木，你帮我拿！"我仍然不做任何回应。挂掉电话之后我第一时间来到她面前："豌豆，我知道你想让爸爸看你搭的房子，刚才爸爸在打电话，打电话的时候你跟爸爸说话是打扰爸爸，这样爸爸就听不清电话了，爸爸很生气。"豌豆点了点头。从那以后，在我接打电话时她很少打扰我，偶尔没注意到我在接打电话发出噪声，经过提醒她就会立刻做出调整。

（3）需要适当地跟孩子玩一些打闹的游戏

这种情况对于界限过紧的孩子特别需要。

有些孩子不是没有界限，反而是界限过多，稍微碰一下就认为别人打他了，跟他开玩笑认为别人在讽刺他。生活中也有很多这样的人，一板一眼，很难相处，动不动就说错话得罪他了，更不用说跟他开玩笑了，这样的状态很影响社交。

为什么会这样？有很多原因，有可能是天生就是如此的性格，比较敏感。有可能是曾经经常被如此侵犯界限，内心对这方面特别敏感，稍微有点苗头受害者心态就出现了。还有可能是成人过度紧张，本来孩子跟孩子之间是正常的肢体接触，家长误以为孩子动手打人，就赶紧制止，紧张地说"不能打人"之类的，长此以往，孩子对于这方面也会特别敏感。

这样的状态会影响孩子的探索和社交，是偏差的状态，需要给予一定的引导或疗愈。

跟孩子间打闹和开玩笑有时看上去有触碰等方式侵犯到别人的界限，实际反而是跟对方关系比较亲密的时候才会有如此的状态，只要在一定的范围内，正常都能够感受到对方的亲密，会给予同样如此亲密的回应，这样反而会加深双方的亲密度。所以，朋友之间都会经常开玩笑，跟陌生人才会一板一眼。只要在一定的范围内，不需要过度敏感。孩子跟谁最亲密？就是父母或监护人，孩子对于父母或监护人的印象都是正面的，所以父母和监护人适当地跟孩子玩一些打闹游戏或开玩笑，会让孩子正确地认知这样的状态，同时也会发展孩子的心灵，增加人与人之间的链接，提高孩子的社交能力。

在平常可以正面引导孩子，告诉孩子别人不是打你，而是想跟你一起玩，或别人是不小心碰到你的。

（4）社交冲突的处理和引导

首先，面对孩子的社交冲突有一个基本理念：所有正常的冲突都是在探索在体验人与人之间的界限，只要在孩子能承受的范围内的，必须经历，而不是避免和逃避。社交冲突就是不断认知和内化自己和别人的界限，慢慢脱离以自我为中心的一个过程。

室内自由工作时，多多和兜兜发生了冲突，原因是兜兜没有经过同意拿走了多多正在做游戏用的小种子，多多发现后很生气。

"兜兜，这是我的，快还给我。"

兜兜没说话，也没有归还的意思。

"还给我，兜兜！"多多提高了音量。

兜兜还是不还，把小种子紧紧地攥在手里，似乎铁了心要据为己有。

多多见状，看向我，我给了多多一个坚定的眼神，多多毫不犹豫地向前一步抓起兜兜攥着种子的手试图武力夺回自己的种子，兜兜不停地躲闪，就这样两个人撕扯着。

两个孩子都没有向我求助，我在旁边并没有去干预。

这是一场持久的"争夺战"，在激烈的争夺中，小种子也不断变换着"主人"。最终，多多占据了上风，再次抢到种子的时候调整了战略，扭头就跑，眼看这场激战即将落下帷幕，兜兜情绪有些崩溃又不甘心这样两手空空，顺手又抢了多多游戏场景中的其他种子，此时的多多毫不示弱，冲过去一把夺回了再次被抢的种子，兜兜的情绪终于彻底崩溃，大哭起来。

我目睹了整个过程，走过去把兜兜抱出了教室，她的哭声更大了。

我让她和自己的情绪待一会儿。

这时，多多跑到我跟前试图跟我解释兜兜哭的原因。

我说："多多，我都看到了，我支持你，你做得很好，首先要求她归还，如果她拒不归还的话，你可以直接拿回来。"

兜兜的哭声变小了，我走到她跟前，兜兜一边小声地抽噎一边说："我要妈妈。""老师理解你有点难受，如果妈妈在这里，也不会同意你随便拿别人东西。"我继续问，"兜兜正在玩的玩具，如果别人没经过你的允许就拿走了，你会同意吗？"

兜兜："不会。"

"对啊，要是别人拿你的玩具，我会保护并支持你把玩具拿回来，就像今天保护和支持多多一样。"

兜兜停止了哭泣。我接着问："兜兜也想玩种子是吗？"

"是的。"

"我们要经过别人同意才可以拿别人的东西，或者可以等别人不玩了才可以玩哦！"

"嗯，知道了。"

● 杜绝无缘无故的攻击和欺凌现象

在社交冲突中要杜绝无缘无故的攻击和欺凌。

有些孩子会有这样的状态，要么显示自己牛，要么自己内在有愤怒要发泄，要么就是控制不住自己，会无缘无故地攻击别人、弱小者。这种情况需要杜绝，需要成人的干预。这完全是无视人与人之间的界限，发现一次要制止一次。

判断一个孩子有没有暴力行为障碍，就是看会不会无缘无故地攻击别人，如果不会，发生的暴力都是有原因的，那就不是暴力行为障碍，只是有暴力行为需要引导而已，绝大部分男孩都有暴力行为，这是正常现象。

无缘无故攻击的严重状态就是欺凌。欺凌没有任何界限可言，是恶意地打破界限，而且被欺凌的一方完全没有能力来维护自己的界限，造成的结果就是欺凌的一方会越来越无视界限，无底线，被欺凌的一方会留下巨大的心理创伤。遇到欺凌的现象，成人一定要干预，杜绝这样的现象存在。

●所有有原因的冲突都是正常的，都有利于孩子成长

除了无缘无故的攻击，只要是有原因的社交冲突都是正常的，都有利于孩子的成长。

在面对不同的冲突时，成人要用不同的方式干预和引导。

第一种，双方势均力敌的，成人就不要干预，让孩子自己经历冲突的完整过程，让这样的能量自然地流动一下。势均力敌不仅仅是看年龄，而是整个的状态，包括年龄和心理。有些孩子虽然年龄比对方小，但心理比对方强大，一点也不怕，这也是势均力敌。在经历过以后，根据孩子的状态判断是否需要干预，如果状态还比较好，也没有寻求成人的帮助，就不需要干预，让孩子自己感受，自己感受到的强于任何人的说教。如果孩子情绪很大，或寻求成人的帮助，成人只需要接纳，倾听孩子，信任孩子自己能处理和消化这样的冲突，在倾听的时候有必要引导时，可以适当地引导孩子，帮助孩子理一下冲突的来龙去脉，下次可以如何避免冲突。

中午吃点心排队时，果果和豆豆挥舞着拳头打了起来，看这架势两人一时半会停不下来，而且影响了其他孩子，我就把他俩带离厨房。到教室里，两人都气呼呼的。我说还想打吗？两个人异口同声说要的！我说好，你们开打。两人立刻进入状态，瞬间扭打在一起。从现场情况来看，果果和豆豆两人力量上相差无

几，气势上也不分上下，两个人都是男生，虽然豆豆年龄比果果大，但身高略逊一筹，所以也不是很占优势，两个孩子又都偏多血质气质，平时这两人就很容易起摩擦，因为一点小事就能打起来，这次让他们好好打一架，试试对方的力量和界限。

两个人体力消耗得差不多了，果果明显有点力不从心，嘴里不停地喊着："我不想打了，我不想打了！"我看时机也到了，立刻喊停。两娃同时停手，都累得气喘吁吁，气也消了一半。

问他们打架的原因，果果说："我就说坏蛋豆豆，我不是说他的，我是说我自己。"果果做事风风火火，说话口无遮拦，不注意就把别人给惹毛了，一旦意识到以后立马就会道歉。

我说："哦，原来是这样，可是你那样说确实容易产生误会，豆豆以为你在说他，所以才生气。"

果果说："我知道了，我不说了，对不起豆豆。"

豆豆这时候还是气鼓鼓的，我先让果果去厨房排队拿点心，然后蹲下来摸着豆豆的肚子："豆豆，你的肚子快被你的气给撑爆掉了，快给它放点气，你想想看，气球一直吹，是不是会嘭地爆掉。"他放松了下来。我继续要他放气，他终于忍不住笑了起来。这时我对他说："豆豆，果果刚才那样说你很生气，所以你们打了一架，但问题解决了吗？"

豆豆摇摇头。我问他："那应该怎么做呢？"

"我应该告诉他不可以那样说我，我很生气。"豆豆说道。

"是的啊，你告诉他你很生气他才能知道，下次遇到这样的情况知道怎么做了吗？"

"知道了。"

"老师相信你知道如何表达自己。"我跟豆豆拥抱了一下，然后豆豆蹦蹦跳跳去了厨房。

看见孩子的情绪，倾听孩子，信任孩子自己能够理清思路，从冲突中成长。

第二种，冲突的伤害性过度——拿东西砸、抓脸、咬等，要及时制止，然后对双方进行引导。

发生冲突时，在双方势均力敌的情况下，如果谁的举动有可能具有严重的伤害性，那一定要及时地制止，不管有理没理，这样是绝对不可以的。这也是在帮助孩子控制自己，即使在有情绪的情况下也要保持一定的理性，有些伤害性的方式是绝对不能用的，伤害了别人自己也要承担责任，这方面成人要时刻关注着。

木木（男孩）和暖暖（女孩）打起来了，这两个孩子都上大班了，来童·园上暑假班。等我发现的时候，显然矛盾已经升级了，两个人相互推搡，不一会儿干脆拳头相向。虽然暖暖是女孩，但双方势均力敌互不相让，所以我就没有干预。不一会儿，两人在拉扯的过程中双双倒地，木木躺在地板上顺势调整方向，双脚不断快速用力踹暖暖的头，暖暖毫无还手之力。看到这个情况，我立刻上前制止了木木，保护住了暖暖，并且很严肃地跟木木说："不可以用脚踹别人头！这样别人会受伤的！"木木从没见我这么严肃过，一下子愣住了。"你把别人打受伤的话，就要负责去医院给人家治疗。"我再次强调了他那种行为的严重性。看他紧张的表情和状态，已经被我这样的态度和表述给触动到了，心想如果他还意识不到他这种行为的后果和严重性，或表现出无所谓的态度的话，就要把这种情况会造成的更加严重的后果告诉他，把别人打伤了会触犯法律，会被警察抓起来。这都是事实，都是真实的后果，这么大的孩子也有能力理解了。

一旁的暖暖已经泣不成声。

让木木认识了他这个行为的严重性，以后再具体来处理这个冲突。

我首先要了解他们冲突的原因。

木木说："那个锅是我的，我还没有玩好呢！"

我："这个锅是你在玩，是吧，那暖暖知道吗？"

这个时候暖暖说话了："他不在那里。"

这时我差不多明白了："你拿这个锅的时候那边没人，你以为没人玩是吧？"

"是的。"暖暖重重地点了点头。

"我只是去拿个东西，我还没有玩好。"木木着急地说道。

"我知道了，这个锅你正在玩着，中途去拿个东西，回来以后还要继续玩，是吧？"

"是的。"木木感觉被理解了，也重重地点了点头。

"那你去拿东西，那边没有人，暖暖知道这个锅是你的吗？"

木木不说话了。"我拿的时候那边就是没有人。"暖暖感觉我偏向她说话了，气势都足了点。

"就是我玩的，我还没有玩好。"木木再次强调。

"我知道是你玩的，可是你是不是离开了？离开了别人还知道是你玩的吗？"

"不知道。"木木终于有些认识到了。

"那你跟暖暖说了吗，告诉暖暖这个锅是你在玩的吗？"

"他直接就过来抢了。"暖暖愤愤地说道。

"我说了，我说这是我的。"木木也不甘示弱。

"他是一边抢一边说的。"暖暖回应道。

"我知道了，木木认为是他的，所以就直接从你手上拿了，而暖暖看木木直接过来抢就很生气，所以就发生冲突了。那如果下次遇到这样的情况，你们知道该怎么做了吗？"

"我告诉她这是我玩的，我还没有玩好呢！"木木反应很快。

"能不能直接抢？"

"不能。"木木低下了头。

"是的，你要告诉她，这是我玩的，还没玩好，我只是过去拿一下东西，这样别人就知道了。"木木点了点头。

"那暖暖你下次遇到这样的事会怎么做？"

暖暖想了想，说："不知道。"

"你是在地板上拿的锅，不是在教具柜里拿的，是不是有可能有人在玩的，只是有点事离开一下，所以要先问一下这个有没有人玩，如果问了没人玩你才可以拿走。"

"是的。"

"这次发生冲突你们两个人都有责任，只是后来在打架的时候木木的方式过度了，这点木木需要承担责任。"

木木沉默了，看上去有点不愿意道歉。

"木木，你那样的方式必须承担责任。"我再次跟他明确了一下。

"对不起。"木木不敢正视暖暖，低着头说道。

"暖暖，可以了吗？"因为我及时制止，暖暖受的伤害也有限。

"可以了。"暖暖大度地说。

两个人又重归于好，一起去玩了。

第三种，冲突不是发生在双方势均力敌的情况下，而是发生在双方力量不对等的情况下，这个力量的不对等不仅仅指生理力量，还有心理力量。生理力量很好理解，一个五岁一个三岁，就是生理力量的不对等。一个孩子虽然只有三岁，但性格特别勇猛，一言不合就开打，而且打起来谁也不怕，即使比他大的孩子也毫不畏惧。另一个孩子虽然五岁了，但特别害怕冲突，缺少自信，不敢打架，这两个孩子遇到一起就是心理力量的不对等，三岁的孩子反而心理力量占据上风。

当两个力量不对等的孩子发生冲突时，首先观察，不要立刻制止，因为冲突都是有原因的，在冲突中都能得到成长。

如果力量大的一方的攻击性超出力量小的一方能够承受的度，包括攻击性超出事情本身的度，这个时候成人就要干预，及时制止，对弱的一方需要有一定的保护。如果没有超出弱的一方能承受的度，可以不干预，让孩子从冲突中自己吸收和感悟。冲突结束以后，可以根据情况及时地引导。

有家长问，孩子比较胆小懦弱怎么办？具体了解得知，原来是到小区里玩的时候，一个大孩子拿了他手里捡的一根树枝，孩子没有反应，就让他拿了。我问，是所有别人拿他东西他都没反应吗？家长说不是的，有时候会抢过来或哭的。这样完全是正常的，不是孩子胆小懦弱，是孩子具有生存的智慧，他会综合判断这个物品对自己的重要程度和对方的力量，然后作出反应。如果这个物品对自己不是很重要，对方又大他很多，他感觉跟他抢会抢不过，甚至自己会有危险，那就算了，不要了。如同你在医院窗口排队挂号，一个手臂都文了身的，体格又比较强壮的人插队，排在了你前面，你会怎么做？有可能就不吱声，默认了。如果是一个跟你力量差不多的人插队，你就会断然制止。所以，孩子那样的情况不需要干预，这是孩子以后独立进入社会的一种生存能力和智慧，是一种自我的保护。不管什么情况都跟别人硬碰硬反而会对自己不利。

如何引导孩子的社交冲突？

有些简单的冲突不需要引导，孩子在冲突中就能吸收和感知，就能得到成长。每一次冲突都是一次学习成长的机会。有些冲突孩子本身的认知和思维认知不了那么全面，同时在冲突时和冲突后会由着自己性子来，有些该承担的责任不承担，有些该维护自己权利的没有力量维护，这就需要成人及时地引导，引导的过程也是孩子学习如何解决问题的过程，是建构价值观的过程。

○首先是接纳孩子们的情绪和冲突

接纳也传递给孩子一个信息，发生冲突是正常的，要会处理冲突，这样能充分保护好孩子的自我价值感。同时在接纳的状态下，孩子对成人也是接纳的，而不会有逆反心理，这样后面对孩子的引导才有效果。

○梳理事情的来龙去脉

冲突发生以后，不是看谁在冲突中吃亏，谁在冲突中比较"惨"谁就是对的，就同情谁，偏袒谁，而是要看这个冲突怎么发生的。有可能在冲突中被打的一方首先侵犯别人的界限，别人出手反击并打哭了他，被打的一方首先不对，而打人一方没有错，只是方式上直接选择打人需要再引导。

在接纳的状态下，成人可以倾听双方讲述，结合成人自己观察到的，把事情的来龙去脉复盘一下，梳理清楚。

○具体成长和承担

梳理完毕以后，成人就如同交警处理交通事故一样，帮助孩子理一下对错，引导孩子下次遇到同样的情况可以怎么做，这个过程也是树立孩子正确价值观的过程，也是成长的过程。理完以后把这次冲突的责任划分一下，然后承担相应的责任，道歉或赔偿损坏的物品等。

这里分四种不同的情况，分别对应双方有理或无理，以及孰强孰弱。

第一种：冲突的情况是孩子既有理，又比较强，别人随便拿他东西，被他打了，产生冲突了。

这种情况可以引导有理的强的一方在维护自己界限和权利时注意方式，不要直接用暴力，可以先心平气和地用语言沟通，这需要用意志力控制自己，毕竟对他来说打就是本能。

对于弱的一方，虽然被打了，但自己有错在先，这一点要让他认识到，同时为自己的言行承担责任，可以道歉，然后有理的强的一方为他的打人承担责任，可以道歉。

小土豆是新入园的孩子，经过一周的入园过渡基本适应了，妈妈送过来的时候能够平静地跟妈妈说再见了。早上在自由工作的时候小土豆就在教室里转悠，看到小勇搭的火车轨道很有意思，他就蹲下来直接拿着小勇的火车在火车轨道上开火车。

"这是我的！"小勇大声说道，同时手啪的一下打到小土豆的头上，小土豆被这突如其来的一巴掌直接打蒙了，反应过来后一边哭一边无助地走向老师，手里还拿着火车，老师看到了整个过程，环抱着小土豆，接纳小土豆的情绪。小勇看着在老师怀里哭泣的小土豆和他手上的小火车，愣了一会儿，接着又自顾自玩了起来。在老师怀里的小土豆情绪逐渐平稳，老师问小土豆："你为什么哭啊？"

"他打我。"小土豆用手指了指小勇。

"他没有经过我的同意就拿我火车。"小勇义愤填膺地说道，"昨天拿我的积木，今天又拿我的火车。"

小土豆因为是刚入园，对于班级里的各种界限还不清楚，所以随便就拿别人东西，经常听到有孩子跟小土豆说"这是我的"，有的直接从小土豆手里抢过来，有的跟老师告状："小土豆又拿我东西了。"今天被打还是第一次。

"我知道了，那你有没有告诉小土豆这是你的呢？"老师问小勇，带着接纳，没有任何的指责。

小勇不说话了，看得出在小土豆哭着找老师的时候，小勇已经知道自己的行为有点不妥了。

"下次可以怎么做啊？"

"告诉他这是我的，请他放下。"

"是的，先告诉他，如果告诉他以后，他还是不给你呢？"

小勇想了想，估计他本能地又想用打来解决了，平时经常跟别人发生冲突就习惯性地会动手。

"那我就自己拿过来。"小勇说道。

"是的，你可以自己拿过来，然后再次告诉他这是你的。"说完，老师拿着小火车跟小勇演示了一遍，让他在老师手里拿他的小火车，他一边拿一边说："这是我的。"老师故意跟他拉扯了一会儿，然后松手了。

"你看，用这样的方式是不是就能和平解决了？"

小勇点了点头。

"小土豆，这是小勇哥哥搭建的玩具，不可以随便拿，你可以先问一下：'我可以玩吗？'小勇哥哥同意了才能玩。"小土豆点了点头。

"是你先拿了小勇哥哥的火车，现在你需要先跟小勇哥哥道歉，跟他说对不起，然后把火车还给小勇哥哥。"

小土豆扭扭捏捏，好像不太愿意。

"是你首先没有经过同意就拿走了别人的火车，你需要负责，首先道歉。"老师温和坚定地说道。

又等了一会儿，小土豆说"对不起"，然后把手里的小火车还给了小勇。

"小勇，你刚才打了小土豆，也要为这个事负责。"

"对不起，小土豆。"

"还有呢？"老师问道。小勇立刻小跑着去拿来抽纸给小土豆擦了擦眼泪。

第二种冲突的情况是一方孩子有理，但比较弱，别人随便拿他的东西，他制止时却被打了。

这种情况要引导弱的一方思考如何做，适当时可以表现出"攻击性"和力量维护自己，或寻求帮助。如果孩子不敢或不知道如何做还可以演示给孩子看，先用语言告知别人，不行就大声地说，严厉地说，或抓着自己的物品不要放手，把对方推开等方式。

圆圆是个男孩，做事很认真，比较安静，不像别的男孩那样活泼好动，内在缺少点力量，整体比较弱，特别是跟别人发生冲突的时候。有时即使别人拿了他的东西，他也大多是忍，不去计较，也不主动向老师寻求帮助。

这天听到圆圆在教室里哭得很大声，老师走过去问圆圆怎么回事。

"那个小弯板是我的。"圆圆带着哭腔说道。

"我要搭农场的，他把我那个小弯板拿走了。"圆圆指了指壮壮。

老师知道一般圆圆很在乎的东西才有这么大的反应，而且圆圆说的话基本就是事实，他从来不会主动侵犯别人，违反规则，有时候别的小朋友之间发生冲突老师不清楚的地方还会向圆圆求证。遇到这样的冲突，圆圆其实心里知道该怎么做，但内心缺少力量而不敢去做，所以需要的是给予他力量，让他体验到自己可以做到。老师把圆圆带到壮壮面前。

"是这个弯板吗？"

"是的。"

"告诉壮壮，这是你的，老师支持你。"

圆圆愣了一下没有开口。

"老师会在你身边支持你的。"

"这是我的弯板。"圆圆小声地说道。

壮壮看了一眼圆圆没理他，继续玩他的游戏。

"你这样说壮壮听不见，要大声说。"老师坚定地看着圆圆，同时手托着圆圆的后背，让他感受到老师对他的支持。

"这是我的弯板！"圆圆很大声地说了出来。

壮壮听到圆圆这么大声，看到老师又在圆圆边上，"给你吧！"一边说着就把小弯板推了过来，圆圆赶紧过去拿了过来，然后就自己去玩了。

看得出来圆圆内心是很喜悦的，毕竟通过自己的力量维护了自己的权利，虽然是在老师的支持下，但整个的过程都是自己完成的，也体验到了这样做的结果。

从那以后，老师经常加以引导，有时老师还会跟圆圆之间演练，圆圆现在越来越有力量。

第三种冲突是一方孩子既无理，又比较弱。这种情况可以在孩子能承受的范围内让他自然吃点亏，对他是最好的教育，谁让你未经允许随便拿别人东西呢！需要注意的是不要被无理又弱的孩子用弱的方式博取同情所蒙蔽了，好像弱的就有理一样，了解冲突的来龙去脉后该承担责任的依然要承担自己的责任，如同上面小土豆的案例。

第四种冲突是孩子无理但比较强，随意拿别人东西还把别人给打了。对于这样的孩子要进行一些限制，引导孩子能够自我控制，下次该如何做，出现冲突承担自己该承担的责任。

在引导孩子的方法上可以用演示和故事来帮助孩子内化，增加自控力。

耀耀是那种精力特别旺盛的孩子，特别会玩，有领导力，小男孩都喜欢跟他一起玩，他在孩子中能够一呼百应，同时也有点霸道，其他孩子必须听他的。这个特点有利有弊，利是因为这样强势的特点让他有领导力，能吸引一群孩子听他的，跟在他后面玩。弊是有时候太强势，不讲理，让他损失了一些不愿意处处受他控制的小伙伴，别人不跟他玩了。

这是耀耀天生的特质，这样特质的优势要能更好地发展，需要控制一下自己霸道、不讲理的方面，如此结合他的能力，会更加有影响力。

今天户外活动，耀耀又组织大家一起玩斗草的游戏，就是在户外找长得又高又粗的草，用这个草茎当武器，相互之间进行打斗。孩子需要这样的打斗游戏，特别是男孩，能够充分释放孩子的精力，增强孩子的勇气、意志力、抗挫折能力，还能提高孩子的社交能力，探索边界。用草打斗既能最大化地增加打斗游戏的乐趣和真实程度，又能保证孩子的安全。

耀耀指挥大家分好组，然后每组成员各自去寻找自己中意的武器。嘉宇找到一棵比较长而且看上去特别结实的"草王"，特别兴奋，费了九牛二虎之力才连根拔起，精心去除茎上的叶子，拿着武器大摇大摆去战斗了。或许是装备的加持给嘉宇带来了前所未有的自信，特意去挑战耀耀。耀耀是来者不拒，虽然武器不如嘉宇，但积极应战。没打几个回合耀耀的草棍就被打断成两截，自然败下阵来，一边躲闪一边后退。突然耀耀抓住嘉宇的草棍用力夺了过来，然后迅速跑开，嘉宇被抢走了心爱的武器，气得一边哭一边大喊："那是我的，耀耀抢了我的棍子，快还给我！"耀耀太强势了，不干预的话其他孩子根本没有力量和他抗衡。老师看到这样的情况立刻叫住了耀耀，耀耀极不情愿地走了过来。

"耀耀，这是嘉宇的草棍。"老师很严肃坚定地说。

"他把我的草棍打断了。"耀耀生气地说。实际上，这样的游戏把草棍打断完全是正常的，乐趣就在这里。很明显，这是他想霸占嘉宇的草棍而故意找的借口。

"这个打仗游戏把草棍打断了是正常的，你知道游戏规则。"老师说道，同时也没有拆穿他其实是想把嘉宇的草棍据为己有。

"你自己可以再找一个，不能抢别人的，这是规则。"老师提示了一个解决办法，同时又明确了规则，需要把草棍还给嘉宇。

耀耀不吱声了，知道自己理亏。

"就不给，他把我的草棍打断了。"说着又想跑开，太想立刻拥有这个厉害的武器了，还是控制不住自己，所以干脆就"耍赖"了。

老师跑过去一把抓住耀耀的手臂，坚定地把他拉了回来。

"你需要把草棍还给嘉宇。"老师说道，同时老师的手一直抓着耀耀拿着草棍的手，老师完全可以从他手上直接夺回草棍给嘉宇，但这样做是用外力的作用解决了这个事情，是"他律"，而不是耀耀自己控制住自己，通过"自律"主动还给嘉宇，耀耀的自我控制能力没有得到锻炼和成长。如同一生病就吃药是通过外力的作用，而自身的抵抗力没有得到发展一样。

"那个草棍就给你吧！"嘉宇看耀耀一直不给，主动提出放弃。

"不行，这是你的草棍，这是规则，耀耀必须把草棍还给嘉宇。"老师坚定地说道。

就这样僵持了一会儿，老师一直没有松手，又过了一会儿，耀耀终于松手了："给你吧，我也能找到的。"说完，耀耀就跑开了。

帮助孩子锻炼自我控制的能力，而不是随心所欲，为所欲为。如果耀耀当时因为有情绪把嘉宇的草棍故意破坏，那老师还会要求他为这件事负责，重新找一个一样大的草棍给嘉宇，这方面对孩子的放松反而是对孩子成长不利的。

逻　辑

逻辑就是事物的规律顺序，按照逻辑就能得到结果，只要理解了逻辑就能明白了，这是所有人都能接受的、都能内化的一种方式。

有些界限要让孩子内化，但不方便直接体验，就可以用逻辑让孩子明白，说服孩子。

如进家门要换拖鞋，孩子不肯换，就可以跟孩子讲因为穿着鞋子在外面走，鞋底脏，不脱鞋会把家里弄脏的，这是简单的生活逻辑，讲出来孩子立刻就会明白。

冬天早上孩子出门不肯穿外套，可以跟孩子说不穿外套就会生病，生病了就要去医院的。这是真实的逻辑，只要孩子经历过去医院打针挂水，孩子就会明白。

用逻辑让孩子明白时，需要注意以下几点：

1.平和尊重的语气

在跟孩子讲逻辑的时候需要平和尊重的态度，这样孩子从心理上就会容易接受，而不要用指责的态度，那样会让孩子产生逆反心理。

2.要根据孩子不同年龄段的理解能力

孩子的理解能力是由孩子大脑发育的程度和体验的多少决定的，孩子越小理解能力越差，所以要根据孩子的理解能力用孩子当下能理解的逻辑讲。

一天吃饭的时候，炫炫在跟其他小朋友讲话，老师温和坚定地制止了炫炫。虽然炫炫表面上不再讲话了，但感觉到炫炫内心还是有点"不服气"。老师给孩子建构规则的时候会最大限度地让孩子内化，让孩子知道为什么要遵守这样的规则。

在团讨课的时候，老师把这个规则提了出来："我们用餐时的规则是吃饭的时候不能说话，大家知道为什么吗？"

"我知道，说话就打扰别人吃饭了。"豆豆首先说道。

"是的，说话就打扰了别人，让别人不能专心吃饭了。还有吗？"老师继续问。

"说话细菌就会跑到嘴里了。"一个孩子说道。

"真的啊，你怎么知道啊？"

"妈妈告诉我的。"

"哦，有道理。还有吗？"

"吃饭说话不礼貌。"又一个孩子说道。

"是的，吃饭说话不礼貌。还有吗？"

"吃饭说话会被呛到的，我上次就被呛到了。"一个孩子迫不及待大声说。

"说得太好了，大家有没有被呛过啊？"

孩子们纷纷回答着，有的孩子直接讲述被呛到的经历。

"被呛到是不是很难受啊？"

"是的，要吐。"

"还有说话的时候是不是有时会从嘴里喷出食物啊？"老师继续引导，孩子们一般都有这样的经历。

"说话的时候不小心喷出来的东西喷到桌子上或别人碗里是不是不卫生了啊？"

"是的，太脏了。"

"恶心。"孩子们七嘴八舌地说着，有的直接作出了嫌弃的表情。

"吃饭的时候说话会打扰别人，会容易呛到自己，会有可能把嘴里的东西喷出来不卫生，所以我们的规则是吃饭的时候不能说话，大家记住了吗？"老师总结道。孩子们异口同声地说道："记住了。"

"为什么月月可以说话？这不公平。"炫炫说道。怪不得有点不服气呢，原来是觉得不公平，月月说话的时候老师没有制止。

月月是刚来半个月的孩子，刚满三十个月。

"是的，月月说话的时候老师没有制止，因为月月还小，他还不明白，你们刚到童·园来的时候，老师是不是也允许你们说话的啊？也没有让你们擦桌子、扫地，因为你们那时候还小啊！"老师说道。

"你们都是大哥哥大姐姐了，要帮助月月，慢慢月月长大了，吃饭的时候也会遵守规则了，我们可以怎么帮助他呢？"

"可以告诉他不要说话。"一个孩子说道。

"那告诉他不要说话你不就说话了吗？"另一个孩子说完就哈哈笑了起来，接着大家都笑起来。

"可以不说话，这样告诉他啊！"说完伸出食指做了一个"嘘"的动作。

"是的，非常好的方法，还有吗？"老师被孩子们的聪明才智逗乐了。

"我们都不说话，月月就不说话了。"

"这个方法，太好了。"老师忍不住对孩子们竖起了大拇指。

"他跟我们说话，我们不理他。"

"这个办法不错，大家都想了很多很多办法帮助月月，炫炫现在知道了吗？"老师微笑着看着炫炫。

"知道了。"

"好的，我们大家一起帮助月月遵守规则好不好？"

"好。"孩子们异口同声地回答道。

3.尽量讲孩子曾经有过体验或有过类似体验的逻辑

逻辑的最终目的还是理解，前面详细讲过理解力，有过体验或者类似的体验孩子才能真正理解，或者用类比的方式，这样也能提高孩子的理解能力、发展孩子的同理心。

今天是劳动课，要拔草。在开始之前，老师让每个孩子戴上手套，鑫鑫不肯戴手套。本来是可以让他体验一下不戴手套会容易划伤的，因为鑫鑫的皮肤容易过敏，在杂草丛里更加容易引起过敏，所以需要给他戴上手套，这也是界限。

"不戴手套拔草的时候会把手划伤的。"老师说道。

"不会的,我轻轻地拔就可以了,我不喜欢戴手套。"鑫鑫说道。

"你记得之前做木工的时候有一次你也没戴手套,是不是受伤了,很疼的吧?"

鑫鑫不说话了,好了伤疤忘了疼,做木工的时候锯伤过手记得,拔草就忘了。

"拔草跟做木工是一样的,有的草上面有尖尖的刺,如果不戴手套会不小心刺到手的,然后就会流血。"

"好吧,我戴上吧!"

4.双赢

这点孩子越大越会显现得更加明显,用得更多。

随着孩子的成长,有自己独立思考的能力了,跟孩子用逻辑说明规则的时候孩子也有自己的逻辑和需求。如刚才讲的进门脱鞋这事,既然是为了不把家里弄脏,也不想脱鞋,那套一个鞋套不就可以了,不是一定要按照你定的规则做啊!这就是双赢,就是把握界限的核心,你有你的界限,我有我的界限,既不完全满足你,也不完全满足我,大家共同制定一个双方都能接受的界限。这充分说明了界限是活的,而且如此建构起来的界限,因为孩子主动参与了制定,所以他也会主动遵守。

孩子在游乐场玩,孩子的界限是还没有玩够,要继续玩,家长的界限是11点半要带孩子参加一个婚礼,马上就要走。这个时候可以定一个双方都能接受的界限,那就再玩十分钟吧,孩子也答应了,双方共同遵守这个界限。

孩子也有自己的逻辑和需求,越大这方面显现得越明显,双赢的方式既尊重孩子,又尊重他人,真正把握界限的本质。

这段时间孩子们都喜欢玩弹珠轨道,一些早来的孩子一进教室就首先把弹珠轨道拿过来玩。弹珠轨道总共就两套。班里的规则是教具谁先拿到谁先玩,其他人要玩需要经过他的允许,这样其他孩子都玩不到了,特别是坐校车来上学的孩子，因为到校比较晚一直都玩不到。没有坐校车的孩子有的为了玩弹珠轨道会特意要求家长早上把自己第一个送到学校，这样就能抢先拿到弹珠轨道了。那些一早就能到校的孩子拿到弹珠轨道以后，有的即使中途不想玩了也放在身旁，不允许别人拿，别人一旦要玩他又说我还要玩的，因为班级的规则是自己的工作还没有结束如果中途要离开一会儿，待会儿还要玩的话别人也是不允许拿的，要经过本人的允许才能拿。这样弹珠轨道的资源分配就更加不均衡了，很多孩子玩不到，不止一次跟老师说想玩弹珠轨道，有的甚至回家让爸爸妈妈去买。

老师发现目前的这种情况肯定是不合理的，但又不能直接打破原有的规则，谁先拿到就是谁的，这样那些先拿到弹珠轨道的孩子肯定不愿意让出来，又不能强制孩子让出玩具。

老师决定开一个团讨会，大家共同来商谈解决这个问题，重新制定一个规则。

"今天有一个问题需要大家共同讨论一下。大家都很喜欢玩弹珠轨道是不是？"老师首先抛出了问题。

"是的。""我也想玩。""我家里有的。"孩子们回答道。

"弹珠轨道只有两套，现在有些早来的人拿了弹珠轨道其他人就玩不到了，特别是坐校车的小朋友，一直没有弹珠轨道玩，这有点不公平，我们要解决这个问题。大家觉得应该怎样才公平，大家都能玩到呢？"老师提出了具体的问题。

"每个人玩五分钟。"朵朵说道，虽然孩子还不知道五分钟是什么概念，但提出了一个很好的方案。

"不行的，弹珠轨道很复杂的，要玩很长时间的，五分钟不够。"经常玩弹珠轨道的西西说道。

从孩子建构的角度也不能给孩子限定时间，特别是开放型的建构，需要给予孩子足够的时间建构，否则就会打断建构的思路，影响专注力的发展。

"这是一个方法，还有其他办法吗？"

"玩过的就不能玩了，我还没有玩过。"坐校车的点点说道。

"不行，我还没玩够呢，我先拿到的啊，谁让你不早来的啊？"相相说道，他是比较大的孩子了，弹珠轨道建构得非常好，最近天天在玩这个。

"点点是坐校车的，没办法早来啊，所以才不公平的。"有孩子为点点打抱不平开口说道。

"可以轮流玩。"点点说道。

终于有一个孩子说到了老师心里预期的一个方案了，老师就朝着这个方向引导。

"点点说得有道理，大家可以轮流玩，就跟排打扫卫生的值日表一样，从周一到周五轮流玩弹珠轨道，这样每个人就都可以玩到了，没有排到的人等当天排到的小朋友不玩了也可以玩，大家看这个主意怎么样啊？"

"这样可以。"点点抢先表示认同。

"其他人呢，还有更好的方法吗？"

"可以的，我要周一玩。"乐乐首先抢定下来，唯恐被排在后面。

"那我们就按照这个新的规则来执行，这样对每个人都是公平的。"

然后，老师按照规则帮孩子们一一排好了顺序。

制定了这个新的规则以后班级又恢复了往日的秩序。还有个有意思的现象，就是当天拥有轨道使用权的孩子没有原来想象的那样会珍惜这好不容易才轮到的机会一直玩。这就是心里确定拥有以后反而能够正常地根据自己内心真正的需求而合理规划，而不是过度地满足自己或单纯为了占有。

二、理解不了的界限建构

界限这一章节所要讲解的，是如何不伤害孩子，真正有效地给孩子建构界限。对于哪些界限需要立，哪些界限不要立，因每个孩子生活的环境和每个家长的认知不同而有所区别，每家有自己的家规家训。有一些共性的部分，如不能乱扔垃圾、随地吐痰等，有些是群体里的统一界限，还有一些是不同家长有不同的认知和界限，如上面说的看电视、喝饮料、吃零食等，每个家长的界限不一样。有的家长是不管任何情况都不允许孩子看电视、喝饮料、吃零食，有的家长对这方面就没那么严苛。

看电视、喝饮料、吃零食等界限，我的主张是不主动唤醒，也不强制要求。人很难拒绝诱惑，但都可以远离诱惑。即使是一个成人，有自己喜欢吃的东西放在眼前都控制不住要吃，更何况孩子呢！但只要身边没有，看不到，脑子里也没有这些概念，自然也想不到要去吃这些东西。家长首先要以身作则，不要看电视、喝饮料、吃零食，平时生活中尽量不主动接触这些。家长自己天天看电视、喝饮料、吃零食，却严禁孩子有这样的行为，孩子也做不到。同时一些不可避免的场合，比如，逢年过节亲戚聚餐出现了电视、饮料和零食，大家都在看、喝、吃，也不要特别强制孩子，这种情况下一是很难做到，二是长此以往孩子内心会有匮乏感，三是孩子内心压抑的渴望会趁父母不在场的时候过度地满足自己。偶尔适度地满足也不会给孩子造成不可逆的损失。

前面讲了可以理解的界限的建构，还有些必须给予孩子界限的，是成人为了孩子长期或以后的健康发展，而当下孩子不能理解和内化，这类的界限当下看上去没有满足孩子，却是真正爱孩子。有些爱不是当下能体验到的，会随着年龄的增长慢慢体会到。

〇玩过的玩具要自己收起来

〇不能长时间看电视

〇跟人沟通时看着别人眼睛，不能打断别人说话

〇做错事要有勇气承认，并且承担责任

〇不可以说别人坏话

○不能浪费食物

这些界限一下子理解不了，如玩过的玩具要自己收起来，怎么体验？不收起来会如何？用逻辑，不收起来会怎样？房间就乱？孩子对于乱没什么感觉，这样讲了孩子也不会做。

不能长时间看手机、电视，成人知道看多了会影响孩子很多方面的正常发展，但孩子不知道，他只知道满足自己的需求，让他体验？等体验到看手机、电视影响发展了，他就能恍然大悟了？这样的体验带来的伤害是不可逆的，不可能让孩子体验。用逻辑讲道理？说看电视会给你带来哪里哪里的伤害，虽然讲的都是对的，但孩子理解不了，即使知道了没有体验也理解不了。

这类界限让孩子内化建构的方式有：

重　复

这在之前的章节详细讲过了，对于一些一下子内化不了的界限同样是用重复的方式一点点内化。作为家长，不要着急，有些一下内化不了的，又不需要立刻就要做到的界限，又想让孩子真正没有伤害地建构界限就需要有耐心，不断重复熏陶，一点点内化。

如刚才讲的玩过的玩具收起来，就是首先成人以身作则，孩子耳濡目染会习得。如果从小生活的环境比较干净整洁，长期如此熏陶，孩子内在的秩序也会比较干净整洁，见不得乱，自己自然会主动收拾。

还有一些家庭有自己家庭的习惯，不需要刻意地立界限，长期熏陶中孩子自然就会习得、内化，成为潜意识的一部分。

还有些界限，孩子一下子又理解不了，又不能通过长时间的重复熏陶的方式内化，如不能看电视、喝饮料等，是当下就要遵守的界限，这类界限就要用家长的权威来建构界限。

权威（威望+权力）

对于一些不能做的，孩子又理解不了，又不能通过重复熏陶让孩子慢慢改变，需要当下就禁止，成人告诉孩子不能做以后孩子会有两种反应，一种反应是立刻停止了，还有一种反应就是孩子置若罔闻，依旧我行我素。

对此，家长如何做？是严格要求，甚至以发火、暴力等方式让孩子必须做，还是看到孩子哭闹反抗，不做的话就由着他？

这就产生了两种类型的家长：

第一种类型就是专制型家长。专制型家长会让孩子按照自己的要求、想法和期待去做，不会尊重孩子独有的个性和想法，不会倾听孩子的需求，有时也不管孩子的能力等能不能理解和做到，如果孩子违背了家长的意愿就会用各种情绪、限制、威胁、暴力等方式让孩子必须这样做。这些方式开始使用的时候会让孩子暂时听话服从，但很快就会无效，显现出各种副作用，因为没有从根源上解决孩子认同的问题。专制型的家长会极大地损伤孩子的自我价值感，让孩子没有自我，严重的会造成各种各样的心理问题。

第二种就是溺爱型家长。这类家长会无限度纵容孩子，对于孩子不好的习惯和品行等视若无睹，甚至还会处处维护孩子，生怕伤害了孩子，压抑了孩子；或是管了，也说了，孩子就是不听，拿孩子没办法，孩子也知道你拿他没办法，家长没办法对孩子施加影响和引导。溺爱型的家长会让孩子没有界限感，无法无天，任性，自控能力差，总是以自我为中心，依赖性强，影响孩子的品行、品德等方面，整体心智发展比较滞后。

这两种类型的家长对孩子"精神体"的发展都不好，正确的是要做权威型的家长，只有权威型家长才能让孩子发自内心地主动采取行动，而不是强迫，才能有效影响孩子，不会纵容孩子。这是每个家长都要努力的目标，家长也必须要有权威才能有效地影响和引导孩子。

权威不是自以为是，而是别人发自内心认同的。

权威是能让人发自内心自愿接受、遵守、服从、执行的力量，而不是靠暴力让人屈服。

权威不是单纯的权力，要求别人，甚至强迫别人："你必须听我的！"如果对方心里不认同，即使因为暂时没有力量反抗而服从，内心却是抵触的，会阳奉阴违，积累着不满甚至愤怒。

权威也不是完全靠威望，以德服人，这样别人会尊重，会欣赏，会崇拜，但形成不了权威。如果可以完全靠威望，以德服人，国家就不需要法律了，靠道德、靠人的自觉就可以治国，显然这样也是不够的。人有两面性，除了有积极正面的一面还有负面的一面，会懒惰，会钻空子，会执拗，等等，没有力量就产生不了有效的影响和引导。

权威是既要有威望让人发自内心地服气、认同，甚至崇拜，成为榜样，又要有权力，有震慑的力量，这样才能有效地影响和引导。

大到国家，中华五千年多少朝代更替，就是因为统治阶级不以民为本，没让百姓过上好日子，没有威望，而是只用权力剥削和压迫百姓，政治腐败，榨取民脂民膏，百姓不堪重负，矛盾激化，群情激奋，导致一代又一代的王朝被推翻。

没有威望，即使权力再大，拥有军队又如何？不断积累的愤怒假以时日终会反抗颠覆。

如同有些专制型家长一样，孩子小的时候没有力量反抗，等到大了，有力量了，会以不同的形式来反抗这种专制，特别是在现在这个民主自由开放的大环境下。

看看当今社会，国家繁荣昌盛，人民安居乐业，各种法律制度越来越完善，整个社会环境越来越安定和谐，这就是有权威。

在新冠疫情的特殊时期，即使国家行使权力，制定了相关的法律法规，严格限制人的出行自由，国人深知国家的良苦用心，是为了全国人民的安全健康，所以会发自内心地遵守，这就是国之威望。

再到一个组织、一个企业领导要有权威，首先要有威望，让员工能够得到成长，有发展空间，有好的经济收入，同时也要有相应的规章制度、要求。有发展，有希望，哪怕规章制度严格点，也愿意接受，因为有利于自我发展，能成就自己，这就是权威的力量。

比如，国内知名企业华为，员工收入特别高，同时相应的管理也非常严格。

很多互联网公司也是如此，"996"的工作要求和强度拼的是自己的未来，只要自己足够优秀，就有无限的发展空间，工资、股份甚至合伙人，这样的组织就是有权威的。

如果只有各种各样严格的规章制度，各种考核和压力，却没有发展前景和空间，收入也没有提高，领导视员工为赚钱工具，从来不考虑员工的发展和生活，这样的企业慢慢就会失去人心，失去权威，员工纷纷跳槽，自然留不住真正的人才。

有权威的领导和组织是通过成就员工来成就自己和企业的；没有权威的领导和组织就是想通过牺牲和剥削员工来成就自己，为自己赚钱。

家庭也是一个组织，只是孩子不能"跳槽"。如果能"跳槽"，估计有些孩子如企业员工一样，早"跳槽"了。

要有权威，首先要有威望，同时也要有权力，两者都要具备才能形成真正的权威。

如果开始只有权力，用了权力，后面威望需要慢慢跟上，这样才有综合的权威。

如刚跟一个孩子接触，你就摆出大人的姿态，让他对你言听计从，孩子肯定不愿意，即使是被迫服从，内心也是一百个不情愿甚至非常抵触。这种情况可以先跟孩子链接，如带孩子玩一个他喜欢玩的游戏，先帮助他，让他感受到你对他的友好和帮助，慢慢消除孩子的戒备和抵触心理，接纳信任你，然后再跟他沟通就相对容易得多了。

这就是权威最简单的体现。

了解了权威的内涵和意义，就知道家长的权威不是与生俱来的，不是因为你是父母孩子就理所当然应该听你的，在孩子心中就天然有权威，动不动就是"因为我是你妈""因为我是你爸"，身为孩子父母这个事实只是权威的一小部分因素，更多取决于在养育孩子过程中如何做。

如何做权威型家长？

1.威望的部分

（1）有链接，有感情

这是威望首先要具有的基本条件，就是跟孩子之间要有链接、有情感。

没有感情基础的管教，极易引起孩子逆反心理。

所以，生活中会发现有的孩子从小是老人带大的，孩子普遍会比较听老人的话。如果父母带得比较少，跟孩子链接也不多，跟孩子之间就比较难沟通，特别是在青春期的时候。

因此，这种情况首先要接纳孩子，跟孩子建立链接，这样才能慢慢树立起在孩子心目中的威望，逐渐影响孩子，才能更好地引导孩子。

链接越深，情感越深，越能够增加在孩子心中的威望。

如何跟孩子链接，才能有感情？

首先就是跟孩子相处的时间，孩子就是谁带得多跟谁就比较亲密。"为什么宝宝跟妈妈亲，因为爸爸一直在拉屎。"这是网络上的一个段子，也反映了这个事实。

当然这也不是绝对的，不是跟孩子相处的时间越长链接就一定越好，越有感情，而是要会跟孩子相处，会爱孩子，具体就是回到第一章讲的基本儿童观，要把孩子当一颗"种子"，让孩子成为最好的自己。在内在安全感章节讲的，要接纳、信任、尊重、关注孩子。这样对待孩子，孩子的感受是被爱的、被理解的、有自我价值感的。孩子对父母长期形成的印象就是你是为我付出，你是为我好的，是真的爱我的，自然就会乐意接受父母的教导，跟孩子的链接就会越来越好，感情就会越来越深，对孩子就越有影响力。

如果对待孩子的方式经常是不接纳、不信任、不尊重、不关注、不理解孩子，总是要把自己的想法强加给孩子，那孩子感受到的就是压抑、痛苦，面对父母就是害怕、反感或愤怒的感觉。父母和孩子间的链接会越来越不好，实际的感情也不深。长此以往，孩子对父母的印象就是，从来没有关心过我、为我付出过，只会批评我、否定我、控制我等，所以父母一开口，孩子就本能地抵触、反感，父母自然对孩子也失去了影响力。

随着孩子越来越大，越要对孩子能够"放手"，这样反而能够提高父母的威望，这是青春期孩子和父母矛盾的核心原因之一。

人与人相处都是如此，感情和相处的时间有一定的关系，但没有绝对的关系，同事之间，夫妻之间，相处时间再长，如果相互之间不是接纳、信任、尊重和相互关心关注的，而是相互之间不接纳、不信任、不尊重、没有关心和付出，那人与人之间也是有隔阂的，甚至敌对的，也就没有感情可言。

有感情，潜意识里就认为都是为我好，所以会愿意接受，愿意听；没有感情，潜意识就认为有可能不是为我好，所以不会全听，会怀疑甚至排斥。

（2）有结果（崇拜）

为什么在孩子小的时候父母在孩子心中都是有威望的？就是因为孩子小，各方面能力和认知还没有发展起来，也没有多少力量，父母在孩子心目中无所不知、无所不能，简直是神一般的存在，特别是爸爸，是力量的象征，所以孩子很崇拜父母，自然父母说的话也有分量。

这就是为什么爸爸对孩子的认可和鼓励对孩子的作用比较大，因为爸爸在孩子心目中强大，有力量，越是有力量的人对自己的认可越能给予自己力量。

谁有结果，谁强大，谁就有一定的影响力，这是自然规律。强大到一定程度，是别人的梦想，就产生了崇拜。

对某个明星比较崇拜，明星代言的产品作为"粉丝"都会去支持，明星的言行就有榜样作用，对青少年的价值观就有影响和引导作用，所以明星的道德品行就很重要。

有结果就有一定的影响力、威望。

这个结果包括事业上的高度，品行、品质、心灵等精神上的高度。

孩子会以父母的高度为榜样，而发自内心地自豪，所以经常听到有些孩子说"我爸爸还会开那么大的车呢""我妈妈管好多人""我爸爸是董事长"……有的家长在事业上的高度甚至是孩子一生努力所要追求的，如李嘉诚，他的结果和高度使他在两个儿子心中就一直有威望。

随着孩子的成长，家长对孩子的影响力会逐渐降低。家长要能够持续影响孩子，自己就要不断地进步，只有自己在能力、认知等各方面不断进步和提高，才能跟上孩子发展的脚步，让孩子认同，才能有效引导孩子、影响孩子。

有个妈妈说她为什么出来工作，就是因为几年不工作感觉跟社会都脱节了，脑子反应都慢了，这样都跟不上孩子成长了，她一定要工作，给孩子树立一个榜样。

大爱的心灵、坚强的意志、坚定的信念、不屈的品质、乐观的精神……精神品质是最能够触动人的心灵，让人认可、向往、敬佩的！这样的精神高度会让孩子由衷地敬佩父母，以父母为荣，父母自然就有威望。

有些家长的一些言行连自己孩子都不认可，看不下去，甚至看不起，坑蒙拐骗、不务正业、消极厌世、自私自利等，在孩子心中怎么可能有威望呢？只是守底线地尊重他们作为父母的身份而已。

言而无信，出尔反尔，答应孩子的事做不到，那以后父母说什么孩子还会相信吗？威望丧失了。没有什么比言而无信更加丧失威望的，让孩子失去了对父母基本的信任，这是直接的威望丧失。

（3）能承担，负责

相信很多人在小的时候都有过要离家出走的想法，再想想，出去后住哪？怎么生存？遇到危险怎么办？所以，基本没有实现。有的真的离家出走了，独自过了一段时间发现生存真难，还是家里好，在家里都不需要考虑这些，父母都承担了。这就是父母有威望的原因之一，能够承担和负责目前孩子承担和负责不了的责任。

再大的事，有父母顶着，父母哪怕自己苦点、累点，都会尽量不让孩子受苦，尽自己最大能力给予孩子好的教育和生活条件，如此就能够在孩子心中树立威望。

这点也是父母天然就有威望的原因，因为父母承担了养育孩子的责任。

如果父母没有责任心，只顾自己潇洒快活，也不为孩子未来考虑和着想，甚至认为孩子是累赘，慢慢孩子也会认识到父母没有担当和责任心，父母的威望也会慢慢丧失。

一个家族领袖能承担家族的责任，在整个家族中就会有威望；一个企业家能承担一个企业的责任，在企业中就有威望，能承担一些社会责任，在人民心中就有一定的威望。

（4）有胸怀

佛陀为什么如此有威望，其中一个原因就是佛陀的包容和接纳。在人世间不管是多么不被接纳的人和事，佛陀永远是温和接纳的状态，没有批评指责、攻击谩骂。

每个人内心深处都希望被接纳，这是自我价值最基本的体现。而在成长的过程中会犯错，会有不符合别人的期待等别人不接纳的事，谁能接纳包容，谁就获得了他的心，心里会生出感恩，甚至有臣服感，谁自然就会有威望。

父母本该如此，总是对孩子苛刻、不满，甚至嫌弃，孩子内心只剩下对父母的恐惧、怨恨、敌意，根本没有威望可言。

上面就是有助于树立威望的四个要素，具体父母在孩子心中能有多少威望就看这四点综合做到什么程度。总体概括就是能力、修为和付出。在能力上不断地提高自己，在品行和品质方面要严格要求自己，不断修炼，同时要跟孩子充分地链接，有付出，这样在孩子心中就会有威望。

2.权（权力）的部分

在有威望的基础上，父母同时还要有"权"，这样才能形成能影响孩子的权威。

（1）有权力

这个东西是你的，你就有权力支配它，别人就没有权力支配。

生活在中国的国土上，国家就有权力用中国的法律对你的言行进行约束。任何一个有效的组织都有其规章制度，只要在这个组织内就要受到这些制度的约束，组织有这样的权力。一个国家如此，一个企业如此，一个家庭同样如此。

一个家庭中父母就是"头儿"，父母有教育引导孩子的责任，在孩子不同的阶段拥有不同的权力。

接触了很多有理念的家长，能关注到孩子内在"精神体"的发展，注重孩子的感受，但有时拿孩子没办法。孩子到超市里要买玩具，不买不行，孩子用哭闹打滚等各种方式势必要达到自己的目的，家长左右为难，不买又怕伤害孩子，每次都买一方面是经济上不允许，另一方面就是不想什么都满足孩子，这个时候又不知道怎么办。再比如，孩子因为早晨一个玩具没找到，一直生气，到了学校也不进教室，拉着妈妈不让走，非要妈妈去给他找玩具，妈妈这边急着上班，又不能对孩子凶、发火，把孩子强拉进教室又怕伤害孩子，不知道怎么办。

要知道父母对孩子是拥有一定的权力的，不买就是不买，可以直接带孩子走；可以把孩子直接交给老师。父母有这样的权力。

孩子会不断地跟家长做权力斗争，就是到底听谁的，满足谁？家长一定要清楚，最终的决定权一定是在家长手上！因为孩子的认知有限，家长有权决定哪些能做，哪些不能做，这是家长的权力，只是不同的家长对孩子能做的界限的限制不一样。这些限制有些确实会影响孩子各方面的成长和发展，而有些是家长为满足自己而不是为了孩子，如有的家长不让孩子玩泥巴，觉得脏，有的家长就允许，这就需要家长不断地学习和成长，了解孩子。有些限制无关对错，或很难界定对错，只是不同的家长有不同的认知，如有的家长严格限制孩子喝饮料，不管什么情况下都不能喝，有的家长对于孩子喝饮料就比较宽松，遇到聚餐等情况会允许孩子喝一些。有的限制是为了孩子的健康成长，有可能孩子当下不知道，如不能玩手机、不能说别人坏话。

每个家长的界限是不一样的，但最终的决定权是在家长手上，是家长决定的，家长拥有这样的权力，而不是孩子决定的。

权力的具体表现方式：

● 制止、限制

制止的方式有语言告知孩子，当语言告知不足以让孩子停止或限制孩子时，可以用动作直接制止或限制。

○ 孩子在爬楼梯的栏杆很危险，告诉孩子"不可以，要下来"。如果孩子不听，可以根据孩子年龄直接用行动制止。

○孩子躺在沙发上看绘本，告诉孩子，不能躺着看书。

○孩子早上不肯起床穿衣服上学，告诉孩子"起床穿衣服上学了"。如果孩子不听，直接把孩子从被窝里温和坚定地拉出来。

○孩子要摘别人家树上的橘子，告诉孩子"不可以摘，这是别人的东西，没有经过允许不能摘"。

●剥夺、取消

孩子破坏界限时，可以剥夺孩子的某些权利，取消某些资格。

○教室里的葫芦不能非常用力地敲，会敲破的，如果不听，就取消玩葫芦的资格。

○到吃饭的点如果不吃饭那就没有饭吃了，饿了也要等到下一顿再吃。

●制定规则

可以根据需要给孩子制定具体的规则。

一是限制型规则。可以制定限制型规则，规定言行的边界，只能在某个范围之内，如果突破了这个界限就会被制止、被限制，或剥夺取消权利。

○不能到河塘边去玩。

○不能拿着棍子跑。

○在公共场合不能大声说话。

○出去要统一排队，排好队一起走。

二是预防性规则。对于一些不是立刻就需要停止的界限可以给予孩子一定的时间，发展孩子的自我控制能力，而不要一开始就直接制止、限制、剥夺、取消。

开始可以用语言或简单的动作提示或告诉孩子，不可以做，最大化地给予孩子机会发展他自己的主观能动性。

对于需要立刻停止的言行，可以直接用动作制止或限制孩子。

如果语言或简单的动作提示和告诉孩子，孩子根本不听，或因为意志力不足以立刻能够控制自己，这个时候可以根据不同的情况，结合上面讲的制止、限制、取消和剥夺的方式，给孩子制定预防性规则。

孩子拿着水枪对着人滋水，告诉孩子界限，不能对着人滋水。如果孩子不听，可以给孩子制定规则再对着人滋水就要没收水枪，取消玩水枪的资格。

如果孩子没有经过妈妈的同意对小伙伴作出一些承诺，要求妈妈承担他的承诺，为了让孩子有说话算数、承担责任的思维，第一次如果在能力范围内的就尽可能帮孩子兑现他的承诺。因为孩子也不知道，也没有经历过这种事，但同时要跟孩子讲清楚下次再对别人有承诺是需要妈妈承担的，一定要先征得妈妈的同意。如果第二次孩子依然在妈妈不知情的情况下私自承诺，因为有约定在先，所以这个时候妈妈就可以拒绝孩子，并再次强调一下之前约定的规则，然后可以引导孩子如何处理他的这次承诺。

制止、限制、取消和剥夺的方式可以根据不同的情况决定，如可以去反思角（冷静角）冷静一下，可以限制一段时间的自由，等等。

"童话妈妈时间"到了，孩子们都拿着小凳子围着老师坐好。"童话妈妈时间"是需要安静的，这是规则，孩子们早已熟知也都安静地坐好了等着老师讲故事，这时候只听到阳阳故意"啊"地叫了一声，其他孩子注意力瞬间被吸引过去了，他就喜欢这种被关注的感觉。辅班老师走到阳阳面前做了一个安静的手势，转眼间阳阳又跟他旁边的小朋友窃窃私语，老师走过去分别对他们两个人做了一个安静的手势。老师刚走开，阳阳又"哦"地叫了一下，其他孩子的注意力又再次被分散了。这个时候，老师走到阳阳面前，把阳阳带离了座位，坐到冷静角那里，跟阳阳说："'童话妈妈时间'要安静，这是规则，发出声音会打扰到老师和其他孩子。"阳阳点了点头。"能够做到不发出声音，安静吗？"阳阳又点了点头。"那可以回去了。"结果回去没多久又故意发出了声音，老师立刻又把他带到冷静角："你需要冷静一下，等你准备好了不发出声音了才能回去。"大概十分钟后，老师问阳阳："准备好了吗？""准备好了。"阳阳又重新回到了座位上，直到故事结束也没有发出声音。

（2）有力量

拥有权力是一方面，同时在行使权力的时候一定要有力量，没有力量，权力也执行不了。

如同警察在行使权力的时候不作为，或抓不住坏人，或拿罪犯没办法，这样的警察也起不了稳定社会治安的作用，反而会让社会越来越乱，人心惶惶，国家在人民心目中也会失去权威。

很多家长也是如此，面对孩子破坏界限，不是不管而是管不住，没效果，无计可施。孩子也看穿了家长，知道你拿他没办法，所以也不听，或就是一直跟你磨，挑战你的界限，这种情况就是因为家长没有力量。

要有权威必须有力量，权威的力量不是暴力。

暴力虽然也是力量的一种表现，但暴力是一种主动攻击的力量，是个人的发泄，是对人的不尊重和伤害，会对孩子造成创伤，引起逆反心理。用暴力让孩子遵从那是专制，即使遵从也是因为恐惧或暂时的力量不足以反抗而被迫服从，不是内心主动遵从，会让家长慢慢失去权威。

权威的力量是没有攻击性的力量，不会主动去伤害，而且带着理解，带着温度，这样的力量只是让你知道界限在哪，从而能够主动调整自己，不会有额外的惩罚，即使有惩罚也是触碰界限自然的后果和需要承担的责任，那也是根据触碰界限的程度决定的。权威是"爱而有方，严而有度"。

如同警察在行使权力抓捕犯罪嫌疑人时，不管犯人做了多么伤天害理的事，警察不会抓住以后就用暴力把犯人暴打一顿，那是发泄自己的愤怒，不是权威力量的体现。如果中途有群众控制不住内心的怒火要打犯人，警察也会制止，警察只会把犯人控制住，移交给司法机关，这就是权威力量的体现和方式。

权威的力量如同两个房间之间的一堵墙一样，那堵墙就是两个房间的界限。如果这堵墙是纸糊的，虽然有界限，但界限很容易突破，相当于这个界限没有力量。如果这堵墙是正常的墙壁，那就是明确的界限，而且这个界限是有力量的，想突破这个界限就突破不了。谁想去突破这个界限、突破这堵墙时，有可能自己受伤、难过，但那堵墙不会主动攻击，它的存在会让你认识到这就是明确的界限。

　　有的界限就要如同墙壁一样坚固，这样才能明确，同时墙壁坚固有余而温度不足。

　　如果两个房间之间的界限是一张密不透风、坚固而又柔软的网，柔软决定了它会带着温度，坚固又能够让这个界限牢固，不会轻易被侵犯，有力量。这样的界限既坚固又柔软，柔中带刚，既有力量又带着温暖，这是最理想的界限的力量。

　　这样的力量具体如何体现？

●有力度（温和坚定）

　　有些界限确实不能触碰，要传递给孩子。

　　在行使权力时，一定要有力度，要明确、坚定，而不是给孩子感觉还有可商量的空间，同时要温和。

　　无法给孩子建立界限规则的核心原因就一个，就是成人自己界限不清楚，不坚定明确。

　　温和能够让孩子不会感受到被攻击，跟孩子之间的链接不会断裂。坚定让孩子认识到界限的明确性和有力量维护这个界限。

　　这样的力度首先体现在态度上，态度决定了语言、语气和语态，要温和坚定。

　　这种坚定的态度是一种气质，有一种气场，背后是坚定的信念和明确的价值观，是一种有自我、有自信的状态，而不是给人感觉模棱两可，不太确定，还有可以商量的余地，这样孩子会一直跟你拉扯、磨，家长的精力都耗费在这上面。

　　在游乐场经常看到一些家长，明明自己有急事着急要走，孩子还在玩，时间上不允许让孩子继续玩了，必须立刻走，但跟孩子说的时候就成"乐乐，我们走好不好"。孩子的回答大部分就是"我还要玩的"，或直接不理睬。这样问孩子给孩子的感觉就是商量的语气和态度，可以选择走，也可以选择不走，孩子没玩够，那当然就选择不走了。连问了几次，孩子都是无动于衷，继续玩，这时候妈妈实在来不及了，认为孩子太不懂事了，一点不体谅自己，就对孩子发火了："玩具放下，我们走了！"突然发火把孩子吓一跳，也莫名其妙，哭哭啼啼地被妈妈拖着走了。孩子确实莫名其妙，这是因为开始妈妈传递给孩子的态度就不坚定，没有力量，所以孩子也没有认识到这个界限——必须走了。

凡是觉得孩子难带的，家长或多或少都有这样的问题，就是在界限上没有力量，不坚定。任何事只要态度够坚定，对方就会明确收到、认识到，也不跟你磨了，也没有幻想了。

"蓝蓝的天空是白云的家，高高的大树是鸟儿的家，清清的湖水是鱼儿的家，玩具也要回家啦！"老师唱着收工作的歌曲，孩子们纷纷停下手上的工作，开始收工作。因为是统一玩统一收的，有的工作会有好几个人玩过，所以每个孩子先收完自己手头上的工作，还会帮忙收其他工作，老师也一起收拾，直到全部工作都收完为止。兰兰又玩了一会儿搭建，时不时环顾四周，随后停下来向厕所走去。这几天都是如此，一到收工作的时候就上厕所，上完之后就随便收几个蒙混过关。老师看出了兰兰的小心思，等兰兰上厕所的时候，乐乐跑过来准备收兰兰最后玩的搭建工作，被老师制止了，等兰兰出来以后老师叫住了兰兰："兰兰，把你刚才搭建的工作归位。"

"我还要收其他的工作的。"兰兰回答道，因为这个搭建的材料很多，她不想收。

"你需要先把你搭建的这个收好。"老师温和而坚定地说道。

兰兰看了看老师，看老师这么坚定只好走了过去。"毛毛也玩了，他也要收。"兰兰又试图逃避。

"每个人先收好自己最后玩的工作，这是规则，请你收好你的工作。"老师再次坚定地对兰兰说道。兰兰看老师如此坚定，知道肯定是逃避不了要收了。

"乐乐，我们一起收这个工作吧！"兰兰还不死心，想让自己最好的朋友跟她一起收拾，又是一种方式想逃避。

"不可以让别人一起收拾，首先要自己收拾好自己的工作。"老师再次坚定地告诉她。

"好吧！"兰兰迅速动手收拾，当确定这个工作就是她负责的时候收拾得很快。

　　之前这位老师对孩子温柔有余而力量不足，所带的班级孩子们都很绽放，但孩子也比较"难带"，班级里的秩序经常会被破坏，孩子的界限感和规则意识都不强，让孩子遵守一个界限需要重复好多遍，孩子还不断试探老师的底线。现在这位老师自身内在力量迸发出来了，班级里的各种规则孩子很清晰，并且老师有力量维护这个规则，每天的节奏转换很顺畅。如同城市里机动车道、绿化带、人行横道、单行道、红绿灯，道路上还有单黄线、双黄线、虚线等，清晰明了，有明确的界限。违反交通规则会扣分罚款等，这样整个交通井然有序，而不是一条没有明确界线的大马路，行人可以肆意穿行，这样整个秩序就会乱。

　　豆豆只要跟爸爸在一起就会要手机看动画片，爸爸一般都不会拒绝，但是会提前约定好，只能看一集或两集。但每次看完以后，豆豆还会跟爸爸再谈判一下"再看一个"，如果爸爸不同意，豆豆会再三乞求"再看最后一个，就最后一个短的"，爸爸禁不住他的软磨硬泡只好答应，心想再看一个也无妨。豆豆尝到了甜头，结果看完之后再次死缠烂打，要求"再看最后一个"，直到被爸爸坚定地拒绝才作罢。但跟妈妈在一起他只字不提看手机，因为妈妈的态度很明确，并且坚定，不能看手机，豆豆很聪明，清楚地知道妈妈的界限，甚至有时候趁妈妈不在家偷偷摸摸看一会儿，等妈妈进门了会迅速关掉。

　　只要态度明确坚定，孩子就知道明确的界限在哪里。

　　不同的态度反映了对此事重视的程度和事情本身的严重程度。

　　有些事情可以满足，有些事可以商量、讨论，有些事是明确的界限，不能突破，有些事是绝对不能做的，有些事是"高压线"，不但不能做还要时刻警觉，这些都能通过不同的态度来表达和传递。

　　不要都火烧眉毛了，态度上还一副轻柔无力的样子，这样对方也感受不到真实的事情的状态和严重程度。

　　根据事情的重要程度和对这件事的重视程度，在态度上一般状态就是温和而坚定，如日常生活的一些规则。有些事温和而坚定还不足以让孩子认识到严重性就要严肃，这个时候就没有温和了，如涉及自己和他人安全的，会有伤害的，需要严格遵守的。

　　还有些特别重要的事就需要用严厉的态度来表达，让孩子认识到，如非常危险的事，根本不能有犯错的机会。

　　今天是远足日，孩子们带上野餐的食物，背好自己的水壶，排队准备出发。远足的地方是一个公园，需要穿过一条马路才能到达。大家都排好队准备过马路，突然就看到房房离开了队伍，跑着冲向了马路对面，老师赶紧追上去，冲到一半，在马路中间的时候抓住了他，还好当时没有车。把房房拉回来以后，老师蹲下来很严厉地跟房房说："过马路的时候不可以离开队伍自己跑过去！这样会有危险！如果有汽车过来，会狠狠地撞到你的！"老师还从来没有过这样的态度，房房被老师严厉的态度给震住了，呆愣在原地，其他孩子都感受到了老师的语气，看着老师和房房。"记住了没有！过马路要跟着老师一起走！"老师再次强调了一遍，房房点了点头。房房六岁了，虽然很调皮，但从那次以后，每次过马路都是严格遵守规则。

　　其次，通过动作直接传递力度。

　　语言和态度具有一定的力量，能够传递一些力量，但这种力量的传递不是直接的，还需要对方能够收到，然后主动调整。当对方由于各种原因接收不到，或接收到但就是不做任何调整的时候，语言和态度上的力量就有局限性。

　　所以，经常听到家长说："我也坚定了啊，甚至很严肃了，孩子还是不听啊！"这个时候就需要用动作直接传递这种力量，用动作来直接表达制止、限制、剥夺、取消。

　　如孩子用水枪对着人滋水，告诉孩子不可以，并制定了预防性的规则，如果孩子还是不遵守，就需要执行之前约定好的规则，孩子不愿意，这个时候可以用动作抓着孩子的手，让孩子自己把水枪交上来。

　　动作能够直接传递这种力量，需要注意的是，用动作表达的时候也要最大化地发展孩子的主观能动性。如同对孩子的帮助和引导一样，给孩子一个手指可以就不要给孩子一个手臂，给予孩子最大的自己主动做的空间，发展孩子的意志力、自我控制能力——自律，而不是被动地控制——他律。

　　比如，要没收孩子的水枪，不要粗暴地从孩子的手里夺走，这样孩子感受到的是自己力量的渺小，是被强迫。只需要抓着水枪，跟孩子强调一下之前制定的规则，让孩子自己主动松手，这样就最大化地发展了孩子的主观能动性。

早上孩子不愿意起床，怎么叫、怎么讲道理都没用，这是生活中最常见的问题。

有各种方式，可以前一天跟孩子约定，可以用游戏的方式。

家长可以把被子慢慢掀开，把孩子拉起来，用动作带动他起床。如果还不起，可以拿着衣服先给他穿一只袖子，剩下的让孩子自己穿。

孩子从五岁开始就要承担班级里的一部分劳动，需要打扫卫生、煮饭、洗碗。今天轮到星宇拖地了，吃完饭其他孩子扫完地以后接下来就是星宇的工作了。刚开始排到他值日劳动的时候很积极，都是主动在那等着做，因为之前没有做过，有一份价值感和成就感。这几天新鲜劲过了，不那么积极了，拖地的时候也没那么认真了。今天其他孩子扫完地以后星宇没有过来的意思，而是坐在凳子上淡定地看书。"星宇，轮到你拖地了。"没有回应，星宇就当没听到一样。老师走到他面前蹲下来跟他说："星宇，地已经扫好了，现在轮到你拖地了。"

"我今天不想拖。"星宇看着书，头也不抬地说道。

"不行，这是你的责任，必须拖地。"老师坚定地说道。

"拖地累，我不想拖。"星宇依然纹丝不动。

"这是你的责任，现在轮到你拖了。"老师再次强调。

星宇不吱声，也不理老师，装模作样继续看书。

这个时候老师温和坚定地拉着星宇的手臂，用了一些向上的力，但不会把他拉起来，一边拉一边说"这是你的责任"，用行动直接的力量表达这种坚定，告诉他必须做。

星宇被这种明确的力量指引着站了起来去拖地了。

●有持续度

有些家长说，我也坚定了，也用动作传递力量了，抓着水枪让孩子给我，孩子就是不给啊，没用啊，这个时候很多家长就气急败坏了，会掰开孩子的手直接夺过来，结果导致孩子崩溃大哭。这时就需要用意志力跟孩子"较量"，需要用力量的另一个要素，就是持续度。

力量除了要有力度以外还有一个必不可少的要素就是持续度，两者结合才能发挥最大的作用。

有些界限给孩子一定的力度就可以了，有些界限除了一定的力度还不够，还不足以让孩子遵守界限，那就需要持续度，用意志力来确立界限，不但需要温和坚定，还需要坚持，这样才能内化界限。

孩子天然就有一定的意志力来维护自己的权利，不会轻易妥协。有时即使知道自己应该这样做，但内心就是做不到。成人如果时间足够，需要给予孩子一定的时间，一方面孩子能够"整理"自己，控制自己，另一方面会认识到，这个界限就是如此，不会变的，不管怎么耗，怎么挣扎，都没有用，如两个房间之间坚固的墙一样，突破不了。

成人只需要抓着水枪不松手，一遍一遍跟孩子讲："我们需要遵守规则，水枪需要给我。"过程中不管孩子如何挣扎、反抗，始终温和坚定地坚持，直到孩子自己松开为止。

大自然的规律就是如此，越容易得到的东西也越容易失去，副作用也大。暴力解决的方式最快，同时副作用也大，会对孩子造成各种各样的创伤，不能根本解决问题。一点一点，循序渐进，一步一个脚印地成长、发展，虽然有点慢，但是每一步都很扎实。

豌豆三岁多的时候去小区的游乐场玩，看见一个孩子在骑小三轮车，特别想玩，直接上去一把把人家推开自己骑了上去，被抢走车子的孩子立刻号啕大哭。这是违反界限的行为，需要给孩子树立界限。"豌豆，爸爸知道你很想玩，这是别人的车子，你需要立刻还给人家。如果你想玩，要先征得别人同意才能玩。"我说道。豌豆双手紧紧地抓住车把，显然我的话没起作用。"这是别人的车子，把车还给别人。"我再次坚定地说道。豌豆依然没有松手的意思，想骑着车子走，我抓着三轮车，加以限制，并用动作表达了我的坚定。

"你需要把车还给别人，这是人家的车子。"豌豆太想玩了，根本控制不了自己，骑不动她就试图用手把我的手推开。我手抓着不放，态度依然温和坚定。

豌豆看推不动我，比较着急，开始哭了，一边哭一边推着我的手。我能理解她，界限感还不是很明确，同时还不能很好地控制自己，完全遵循内在本能的指引，这种内在的力量让她能够主动成长的同时也在探索各种界限。这个时候我不能妥协，需要用意志力来明确这个界限，豌豆在通过她的意志力来碰撞这样的界限。哭了好一会儿还是没有下来，这个时候我抓住了豌豆骑车的一个小手臂，要让她能够自己主动松开手，再次告诉她"这是别人的，你要还给别人"，中途跟豌豆讲了很多道理："爸爸知道你很想玩，这是别人的东西，要遵守规则。""你可以问一下小朋友能不能给你玩。"都是一个意思，目的是让她把车还给别人。就这样僵持着，那个被抢走车子的小朋友也停止了哭声，站在一旁默默地等着。过了十多分钟，豌豆终于主动松开了手要我抱，她趴在我肩膀上哭得很伤心。第一次自我控制的时间比较长，要十多分钟，我心里想哪怕二十分钟、半小时也要跟她"耗"下去。第二次、第三次……后面的自我控制的时间会越来越短，这就是自律的发展。

每个人都有"负面"的想法和情绪，成长的过程中都会偷懒、愤怒、生气、嫉妒等，这是正常的，关键就是自己的自控能力、意志力能不能控制住这些想法，能不能自律。成人的温和坚定和坚持就是锻炼孩子的自我控制能力，能够自律。否则，自己想怎样就怎样，养成习惯就会随心所欲，我行我素，没有自律可言。

让豌豆刷牙也经历了这样的过程，在豌豆三岁的时候给她用牙刷和牙膏刷牙。首先给她看了牙刷火车的动画儿歌，并告诉她小朋友都要刷牙，刷牙可以打败口腔里的蛀牙细菌和小怪兽。开始还挺顺利，没过几天就坚决不肯再刷牙了，让她刷牙就哭闹，找各种理由逃避刷牙。有一次晚上早就过了洗漱时间，她故意磨磨蹭蹭到了10点钟依然在客厅玩不肯洗漱，试图逃避刷牙。妈妈对豌豆的小心思了如指掌，抱起她来到洗漱台。她不断挣扎着，大声抗议着："我不要刷牙，我要玩玩具！"此时我跟她妈妈已经做好了迎接"暴风雨"的准备，并事先统一好态度，不管她怎么哭闹怎么反抗要始终温和而坚定，坚持要求她刷牙，妈妈把挤好牙膏的牙刷递到她手上，果然，她极不情愿地接过牙刷瞬间情绪崩溃，哭得撕心裂肺，一边哭一边喊叫："我不要刷牙，我不喜欢刷牙，我要睡觉……"我们丝毫没有被她的情绪左右，温和而坚定地重复告诉她："刷完牙就可以睡觉了，不刷牙，不能睡觉的，爸爸妈妈在旁边等你。"说着我跟她妈妈搬来了小板凳坐在她旁边，抱着必胜的心态准备打持久战。豌豆一看这架势，哭得更卖力了，闭着眼睛用尽全身的力气大哭，小脸也因为太用力憋得通红，她妈妈赶紧把家里所有的门窗关闭以免打扰邻居。就这样僵持了半小时。她各种耍赖找借口，一会儿说牙膏辣，妈妈告诉她不辣，是草莓口味的甜甜的，不信你刷一下试试，一会儿说不喜欢嘴里有泡沫，不舒服，我告诉她泡沫可以打败蛀牙细菌……她依然不肯妥协继续哭闹，以致哭声还招来楼下邻居的投诉，总之不管她怎么闹，我们始终还是一贯的立场，温和而坚定！等哭了整整四十分钟的时候，明显感觉她体力不支，声音越来越小，嗓子也完全哭哑。妈妈告诉她，如果你哭累了可以休息一下，等你休息好了，再刷牙……这时候画风突变，她声音嘶哑着问她妈妈："妈妈你可以抱我一下吗？"我们憋住笑，爽快地告诉她可以。拥抱之后，帮她擦干眼泪，然后她顶着红肿的双眼自己乖乖去刷牙了。

从那次以后，后面几天虽然提到刷牙也会哭，不肯刷，但只要我们态度坚定，也接受刷牙了，没过多久就养成了自己独立刷牙的习惯，不再有任何情绪。

家长会上一位爸爸分享了用温和坚定坚持的方式给孩子带来的变化，让我印象很深刻。

家里所有人都对孩子很宠，之前每天晚上孩子都要看平板电脑看到很晚，到了睡觉时间也不肯睡觉，用各种哭闹耍赖的方式，要看着平板电脑入睡，家人实在拿他没辙，只好由着他。这位爸爸也感觉到不能这样无度地纵容孩子，最后都是用发火等暴力方式解决了，每次这样，孩子晚上会时不时惊醒。

那天学到了可以温和坚定坚持的方法后，当天晚上再面对这个情况的时候，爸爸就采用了这样的方式，温和而坚定地制止了孩子看平板电脑。孩子反应非常激烈，愤怒地拉扯自己的头发以示抗议，这位爸爸就这样平静地坚持着。孩子看爸爸不为所动，转身就去找妈妈，没想到妈妈这次也如此坚持。不管妈妈走到哪，孩子哭哭啼啼地一直寸步不离地跟着。但妈妈跟爸爸是一样的态度，对孩子没有任何的不满或生气不耐烦的情绪。二十多分钟以后，让所有人出乎意料的是，孩子走到爸爸面前，自己擦干眼泪，说了一句："爸爸我去睡觉了。"然后就很安静地走进了卧室，而且晚上睡觉没有任何的状况。

温和，保证跟孩子的链接不断裂，有温度，不会损伤孩子自我价值感。坚定，能够明确具体的界限和界限的坚定程度。坚持，让孩子能够慢慢内化界限，同时也传递了界限的确定程度。

●修复

在用权威给孩子建立规则的时候，特别是孩子极力反抗、不遵守规则、用力量让孩子遵守的时候，孩子会耗费很多的心力，同时有可能认为父母没有满足他是对他的不接纳，不爱他了。等孩子情绪冷静下来以后，需要跟孩子修复一下关系，主动去拥抱一下孩子。很多时候，孩子会主动要求成人拥抱。

3.如何看待挑战权威

在16世纪"日心说"创立之前的一千三百年中，"地心说"一直占统治和权威的地位。

1513年，波兰天文学家尼古拉·哥白尼在四十岁时提出了日心说，认为地球是围绕着太阳运转的，否定了教会的权威。

当时罗马天主教廷认为他的日心说违背《圣经》，这无疑是向教会的权威发起了挑战。

但哥白尼仍坚信日心说，并认为日心说与其并无矛盾，经过长年的观察和计算完成了他的伟大著作《天体运行论》。

当时教会的势力依然庞大，哥白尼几次争辩但毫无成果，最终被判定为异教徒并被处以火刑。

现在随着科学发展，人类对宇宙有了更多更深的认识，知道了哥白尼当时对权威的挑战是多么大的一次进步。

民国时期上海外商丝厂的中国女工任劳任怨的工作，但却没有得到应有的回报，不但休息时间被无限压榨，薪水也少的可怜。十四家丝厂的1.4万余名女工因此而罢工，资本家勾结军警进行无情镇压。中国共产党早期领导人及创始人之一、女权主义领袖向警予直接参与并领导了上海闸北丝厂和南洋烟厂的女工运动、罢工斗争。

向警予又发动女权运动同盟会、全国学生总会、闸北市民协会等团体声援女工的斗争，罢工最终取得胜利。

上述事例看上去好像都是对权威的挑战，实际那样的权威不是真正的权威。天主教会为了维护自己的宗教而固守着"地心说"，不尊重科学的发展，这本身就会让人"不服"，没有威望，这不是真正的权威，这是专制。

上海闸北丝厂和南洋烟厂不尊重女工的权利，肆意压迫女工，剥削女工，这也不是真正的权威，这是霸权。

他们挑战的不是真正的权威，而是专制和霸权。真正的权威不是要求唯命是从，那是专制，是想达到某个目的的控制。真正的权威不但不会打压积极正面的"挑战"，还会鼓励这样积极正面的"挑战"。因为只有不断向上向善，不断突破，打破常规，才能不断成长和进步，所以从这种意义上来说，这样的挑战权威是被鼓励的，是值得的，需要勇气、信心和信念。

权威不会造成故步自封、独裁专制，反而能够让人和事得到不断的成长和发展，允许不同意见、不同想法，允许创新、创造，这样又能不断增加威望，提高权威性。

如一个公司老板的权威不是所有事情都一言堂，员工只要执行自己的想法就行，完全不借鉴和采纳员工的建议，这样的老板会慢慢失去威望，进而丧失权威，员工的能力也得不到充分发展，员工挑战权威的方式就是离职。

只有充分激发员工的能力、创造力、激情，公司才能不断发展。为什么互联网公司发展得比较快，就是因为能够充分激发每个员工的潜能。

作为老板和管理者，只有能够成就员工才能成就自己，这是权威真正的意义所在。

家长也是如此，在孩子小的时候什么都不懂，家长拥有绝对的权威，可以一言堂，什么都听家长的。随着孩子长大，懂得越来越多，也有自己的主见了，这个时候如果家长还一味地要求孩子什么都听自己的，孩子就会反抗，孩子反抗的是家长的专制，这不是权威，反而会让家长失去权威。所以，家长要跟着孩子一起成长，随着孩子慢慢长大，不断地放手，尊重孩子、信任孩子、支持孩子，让孩子成为最好的自己，这样反而能够让家长更加有权威。

向上的，积极正面的，可以挑战，真正的权威也允许和鼓励这样的挑战。

同时向下的界限，这是底线，这些底线或是为了自己、他人和环境的安全，或是一个组织能够健康发展所约定的规则，或是一个组织有更高精神追求的约定，等等。这些界限的目的最终是为了自己、他人和环境的安全或能够更好地发展，不遵守这些界限最终伤害的是自己、他人或环境。遵守这样的界限有些是对自己的某方面的一种约束，不能随心所欲，需要自己控制自己，会痛苦，会难受，但这样的界限是不容突破和挑战的，这是权威应有的力量。

如一个国家的法律，保障了人民最基本的安居乐业，神圣不可侵犯，法律可以不断完善，但不容挑战。

4.敬畏

权威到一定程度能够生出敬畏，由威生敬，由权生畏。敬畏不是害怕、恐惧，而是由权和威产生的发自内心的尊重、有度、谦虚。

曾国藩曾说："心存敬畏，方能行有所止。"

人必须有敬畏之心，没有敬畏之心就会无所顾忌、无所畏惧，想怎么说就怎么说，想怎么做就怎么做，为所欲为，甚至无法无天，嚣张跋扈，伤害自己、伤害他人、伤害环境。

在浩瀚的宇宙中，我们渺小如尘埃。即使人类目前科技如此发达，对宇宙的认知、对自然的认知也才是冰山一角，还有很多是我们认知所达不到的。

随着成长，知道得越多越会发现更多的未知与人的渺小。

"初生牛犊不怕虎"，这是一种勇气，是一种因为认知的不足而具有的勇气，是无知的无畏。

●对自然要有敬畏之心

我们每个人都由自然而生，大自然里拥有人生存的一切资源和条件，拥有无穷的奥秘，这是大自然的"威"。遵循自然的规律，顺应天道，就能与自然和谐相处。自古以来，无数先贤都在探索、体悟天道，产生了无数传世的经典。

肆意破坏自然，不遵循自然规律，违背天道，会造成各种自然灾害、身体的不健康等各种各样的灾难，这是大自然无声无情的"权"。

乱砍滥伐，破坏森林草原，导致水土流失、土地荒漠化，地球无法正常呼吸；乱排污水，污染江河湖海，导致动植物无法正常生长，人类无法饮用清洁水源；滥捕滥杀，残害野生动植物，导致自然生态环境失去平衡，产生连锁的严重后果，人类自身的免疫力也在下降；疯牛病、禽流感、非洲猪瘟、甲型H1N1流感、SARS病毒、埃博拉出血热、艾滋病、新冠肺炎等，层出不穷。

德国哲学家黑格尔说："当人类欢呼对自然的胜利之时，也就是自然对人类惩罚的开始。"

在童·园每个教室的一个角落里都有一张四季桌，桌上会布置成当下季节最美的场景。孩子是不允许触碰四季桌的，只可以观看欣赏，因为四季桌就是大自然的浓缩，代表了大自然，对大自然要有敬畏之心，不能随意破坏，这是界限，也是权威，从小熏陶孩子对大自然的敬畏。

●敬畏先贤、先祖、长辈

中华文明五千年历经各种磨难，始终连绵不断的其中一个原因就是我们的宗祠文化。

家家户户都有祖祠，有的还有家族祠堂，逢年过节都会对先贤和先祖进行祭祀活动。

祭祀就是表达我们对先贤、先祖的敬畏。这些先辈是我们生命的根，是我们文化和智慧的根和本，对先辈的敬畏能够让我们不断传承这样的文化和先辈的智慧，不能断了根、忘了本，这是"威"。一般在祠堂中会有一个家族几代人传承下来的"家训""族规""家法"，这就是一个家族的"权"。这些"权"就是一个家族的界限，也是先辈们沉淀下来的智慧。

长辈同样是我们的根，是先辈的文化、智慧，"家训""族规""家法"的直接传承者。

要敬畏先贤、先祖，敬畏长辈，遵循师道和孝道。

随着全球一体化，国外的一些文化也输入进来，并且越来越被年轻人所接受，我国也在向国外输出我们的一些文化，这是时代发展的必然，文化的交流也促进了各自文明的进步，去其糟粕，取其精华。

我们在接受国外一些文化的同时，不能丢弃我们自己文化的精华。

要重视我们的传统节日和传统文化的精华，表达我们对先辈的敬畏，链接我们的根、本和先辈的智慧。

在生活中，首先父母需要以身作则，遵循师道和孝道，尊重老师、长辈。

●敬畏生命

生命是大自然的奇迹，这个世界因为有生命而多姿多彩、生机勃勃。

生命和生命之间不是孤立的，整个地球所有的生命就是一个整体，相互影响，相互依存，形成一个平衡健康的生态。

每个生命都具足灵性，每个生命都具有其价值，每个生命都有其自己的意义，每个生命都是宝贵的，值得我们尊重、珍惜。

人作为万物之灵，更具灵性和价值。

这是生命的"威"。

生命的灵性和价值使得其不能被随意践踏。乱吃各种野生动物造成人类感染各种无解的疾病；因为人的好恶或贪婪无度，造成某些物种的濒危，导致生态的失衡；这是生命的"权"，最终受到伤害的还是自己。

万物之灵的人同样如此，内在善恶并存，相信人性美好的同时也要认识到人心也有险恶的一面。人有爱，会付出，能创造，能改变世界，让世界变得更加美好；同时人也会消极，有愤怒，有仇恨，能毁灭。对人心要有所敬畏，再不起眼的人也有价值，内在也具有一定的能量。不尊重人，蔑视、践踏人性会激发人心灵里的恶而反噬自己，这同样是生命的"权"。

●谦逊之心

前面所讲的都是要保护好孩子的自我价值感，提高孩子的自我价值感，让孩子有自信，不断变得强大，同时也要认识到自我局限的一面、渺小的一面，要培养孩子谦虚的品质，不能自大甚至狂妄。

人外有人天外有天，要心存敬畏，常怀谦逊之心，如此才能更好地成长。

"谦虚使人进步，骄傲使人落后。"

曾有韩国媒体采访孙兴慜的父亲孙雄政，记者开口就道："孙兴慜作为一个世界级的足球运动员……"然而，对于所谓世界级球员之称，孙雄政却摇了摇头："很抱歉先打断您，（孙兴慜）绝对不是世界级的球员！有很多人跟我说，'你真是太了不起了！培养出了这样的孩子。'但我从来没有这样的想法，每天都如履薄冰，摸着石头过河。我经常跟孙兴慜说的话就是：这是上帝眷顾而给你的机会！"

在孙雄政看来，谦逊的态度才是能够保持稳定前进的关键因素。

"所以我经常跟他强调：谦逊。一定要谦逊！因为这是年轻的时候上天赐予我们奇迹般的机会。尽可能地把退役时间延后，毕竟球员的职业生涯是有限的。真的，就是全身心投入去做一件事情！我也是每天这样过的。"孙雄政这样总结道。

君子之心，常存敬畏。

对自然要有敬畏之心，对先贤、先祖、长辈要有敬畏之心，对生命要有敬畏之心，对万事万物都需要有敬畏之心。心存敬畏，做人有原则，做事有尺度，有所为，有所不为，有取有舍，有进有退，始终能够保持谦逊，这是每个人都需要成长，需要用一生去修炼的智慧。

上面就是《育儿智慧》所有的内容，再把思路和核心总结一下。

首先需要有一个正确的儿童观，孩子是种子而不是白纸，这是所有理念的核心，要把孩子当成种子对待。孩子的生长是由内而外生长的，所以教育最大的意义就是激发一个人的心灵，滋养心灵，触动心灵，影响一个人的心理，让其自信、乐观积极。

因为孩子是"种子"，所以孩子具有与生俱来的生命力，有自己天生的特质，有自己生长的规律和节奏，并且会固执地按照这个规律和节奏发展，成人所要做的就是给予孩子充分的自主和适合的环境，让孩子成为最好的自己，而不是成为成人期待的样子。要真正尊重孩子是一颗"种子"的特性，他有独立的心灵和人格。父母从格局上要认知到，孩子不是属于你的，而是属于社会的，属于大自然的。有这样的认知和格局，自然对孩子的教育理念就会不一样，就不会有那么多控制和专制，无关生智，局外生慧，对孩子的教育就会自然生出智慧。

种子在什么情况下才会被"唤醒"、生根发芽？就是在恰当的季节埋在土壤里，这就相当于孩子的安全感，在有安全感的基础上才会生长。几乎所有的心灵和心理的问题，绝大部分孩子的偏差言行都是缺少安全感导致的。安全感分为两种。一种是自己不能决定的外部安全感，这需要成人给孩子提供，孩子越小越重要。还有一种是影响孩子一生的内在安全感，也就是自我价值感，通俗地讲就是自信。一个人没有自信那就会停滞不前，影响成长发展。自我价值感最初的来源之一就是成人对待孩子的方式。对待孩子不同的方式会让孩子对自我有不同的认知，影响孩子的自我价值感、心理的健康发展。具体就是要接纳孩子、信任孩子、尊重孩子和关注孩子，而不要处处嫌弃孩子、不信任孩子、不尊重孩子、从来不关心关注孩子。

如何跟孩子有效沟通？就是在沟通时要接纳孩子的状态，要会倾听孩子，特别是能够积极倾听孩子。要信任孩子，用"我—信息"来表达自己，信任孩子能够善解人意，主动调整。要尊重孩子，能够倾听孩子的需求，尊重孩子的需求，达到双赢，而不是专制。要关注孩子，主动表达对孩子的爱。

在有安全感的基础上，孩子就要成长发展、要学习了。学习不是由外向内灌输，而是内在吸收外在环境的"营养"，结合自身的特质，一步一步内化，逐步由内而外地生发出来，要建构式地学习。最基础的建构方式就是体验，这是所有学习的基础。吸收，需要"营养"更丰富的环境，才能保证建构不断地进步。重复，有些需要重复才能够不断深入和内化，需要不断地熏陶，刻意练习和记忆。

思考，自己思考出来的就是直接"长"出来的，需要不断提高思考能力，具体的就是增加深刻记忆和长期记忆的信息，并且提高整合环境信息、深刻记忆信息和长期记忆信息的能力。

根据孩子不同发展阶段，不同的学习内容可综合运用不同的建构方式。

建构的顺序是：体验是基础，思考和表达是自己生发，引导、吸收、重复是不断提高，提高以后再运用到实践，去体验，自己再思考，然后再重复和吸收，如此循环就能够不断地建构，不断地成长发展。

在建构时，成人需要明确知道给孩子建构的内容和方向。基础感官和感觉统合是基础，要让孩子动起来，接触大自然；注重孩子思维能力、理解能力、专注能力和社交能力的建构；注重孩子优秀品质的建构；注重孩子良好品行的建构；提高孩子自我效能认知，这是自我价值感的另一个重要的来源，就是明确知道我能做什么，会做什么，我的实实在在的价值是什么；用爱、美、真、乐滋养和触动孩子心灵，能够激发孩子内在最大的心灵的力量。

在成长发展的同时，为了保证不"长歪"，需要给孩子界限。界限同样需要建构，需要让孩子内化界限，否则就是对抗和叛逆。界限分两类。一类就是能理解的界限，能理解就直接能内化了，给孩子立界限首先就应该考虑能不能让孩子理解，让孩子理解的方式有体验和逻辑。还有一类是不能理解的，这类界限有些是不紧迫的，不需要立刻就遵守的，可以通过重复的方式建构，慢慢内化。还有一些必须遵守的，就需要孩子能够愿意听家长的。这就需要家长有权威，要做权威型家长。

要正确理解权威，是否具有权威是别人心里长出来的，是别人认可的。权威首先就要有威望，让别人发自内心认同，同时也要有绝对的权力，这样才能有权威。

对孩子有威望的部分就是跟孩子间首先要有感情，然后随着孩子长大，要有结果，让孩子认可崇拜，能承担孩子不能承担的责任，有胸怀能包容孩子。只有这样，在孩子心中才有威望。

权威还必须有一定的权力，有权力限制孩子，给孩子定界限，同时在执行权力的时候一定要有力量，力量体现在有力度，面对孩子的反抗能够持续，不松动，这样才能有效坚守界限，维护权威，否则孩子根本不会听，依旧我行我素。任何人都不能无视规则，随心所欲，所以必须有敬畏心。

上面就是一个核心的、明确的、完整的育儿理念，这个理念有一个清晰连贯的逻辑和思路，是一个整体、一个系统。这个系统里的各个元素息息相关，相互影响、相互关联，如同一个人身体一样，所有组织器官都相互关联。所以，面对孩子的具体问题，不是头痛医头脚痛医脚，而是要联系整体，在一个系统里找出相关因数来综合解决。每个元素都影响整体，整体也会影响到每个元素。

如家长持有孩子要听话的理念，控制孩子，会影响对待孩子的方式，进而影响孩子的自我价值感，自我价值感又影响孩子的心理和心灵，孩子长大以后又会影响家长的权威。

安全感不足会影响自信，自信又会影响探索，影响自我效能认知，然后又影响心理的发展，心理的发展又会影响一个人的心灵。

孩子不自信，有可能是天生气质类型的原因。有可能是安全感的不足。有可能是成长发展没有发展好，人为带养方式造成基础感官、感觉统合没有发展好等，自我效能认知发展不足导致自我价值低。综合全面地知道这些因素后再根据孩子成长的环境就知道从哪些方面调整，从而解决这个问题。

孩子正式上学以后抗拒上学，有可能是孩子天生的智能特长不是学习；有可能是感统没发展好影响孩子专注力；有可能是上课孩子思维能力和理解能力跟不上，有挫败感，所以抗拒上学；有可能是基础知识不扎实，影响思考能力，导致有挫败感。

孩子叛逆，有可能是成人对孩子的不理解，孩子通过抗争来维护自己的正常的发展需求；有可能是家长对孩子的不接纳、不尊重、不信任而导致孩子逆反心理；有可能是孩子天生气质类型就是生命力比较旺，有主见，不逆来顺受；有可能是家长权威不足，没有力量，拿孩子没办法导致的。

只有建立了完整的思路，知道每个点的核心和原因，才能整体地、全面地看待、考虑问题，面对任何问题才能不困惑，有智慧地系统地解决问题。愿每个家长都能够做有智慧的家长，每个孩子都能成长为最好的自己。